Ron Friedman

COMO SER FELIZ NO MEU TRABALHO?

Copyright © 2014 Ron Friedman. Licença exclusiva para publicação em português brasileiro cedida à nVersos Editora. Todos os direitos reservados. Publicado originalmente na língua inglesa sob o título: *The best place to work*.

Diretor Editorial e de Arte: Julio César Batista
Produção Editorial: Carlos Renato
Revisão: Sueli Capellossa Bergmanhs
Arte da Capa: Carlos Renato e Vivian Kaori
Editoração Eletrônica: Vivian Kaori

Dados Internacionais de Catalogação na Publicação (CIP)
(Câmara Brasileira do Livro, SP, Brasil)

Friedman, Ron
Como ser feliz no meu trabalho? / Ron Friedman;
tradução Flávio Ricardo Vassoler. -São Paulo: nVersos, 2017.
Título original: The best place to work: the art
and science of creating an extraordinary workplace

ISBN: 978-85-8444-161-7
1. Ambiente de trabalho 2. Atuação 3. Cultura
corporativa 4. Comportamento organizacional
5. Motivação (Psicologia) 6. Qualidade de vida no trabalho I. Título.
17-04475   CDD-658.3

Índices para catálogo sistemático:
1. Trabalho : Motivação de pessoal : Administração
 de empresas 658.3

1ª edição – 2017
Esta obra contempla o Acordo Ortográfico da Língua Portuguesa
Impresso no Brasil
Printed in Brazil

nVersos Editora rua Cabo Eduardo Alegre 26 – São Paulo – SP
Tel.: 11 3382-3000
www.nversos.com.br
nversos@nversos.com.br

Ron Friedman

COMO SER FELIZ NO MEU TRABALHO?

tradução: Flávio Ricardo Vassoler

Sumário

Parte I
Projetando uma extraordinária experiência no local de trabalho

Um	O sucesso é superestimado	9
Dois	O poder do lugar	27
Três	Por que você deveria ser pago para se divertir	47
Quatro	O que locais de trabalho podem aprender com um cassino	69
Cinco	Como transformar um grupo de estranhos em uma comunidade	85

Parte II
Motivar a excelência

Seis	O paradoxo da liderança	111
Sete	Melhor do que dinheiro	127
Oito	Como pensar como um negociador de reféns pode torná-lo mais persuasivo, influente e motivador	145
Nove	Por que os melhores gerentes se centram em si mesmos	161

Parte III
Atrair e manter pessoas de alta performance

Dez	Ver o que os outros não veem	179
Onze	O que os esportes, a política e a religião nos ensinam sobre o estímulo ao orgulho	199

Conclusão
Três chaves para criar um local de trabalho extraordinário ... **215**

Agradecimentos ... **221**
Notas ... **223**
Índice ... **277**

Parte I

Projetando uma extraordinária experiência no local de trabalho

Um
O sucesso é superestimado
Por que os grandes locais de trabalhos recompensam o fracasso

Silas Johnson nunca esperava ficar famoso.

Ele, aos 29 anos, se sentia simplesmente agradecido por jogar beisebol. Apenas alguns anos antes estava trabalhando duro na fazenda da família, ao lado de seu pai, da hora em que o sol atingia seu chapéu até o momento em que suas costas começavam a doer. Em uma semana boa, Silas e seu pai conseguiam escapar por alguns minutos para um rápido joguinho de beisebol perto do velho moinho de vento. Seus dias eram igualmente longos e previsíveis.

Tudo mudou na manhã em que Silas viu um anúncio no jornal *Republican Times* (*Tempos Republicanos*), de Ottawa. O time Rock Island Islanders havia aberto peneiras para novos jogadores.

Por que não?, ele pensou. Valia a pena tentar.

Quando chegou lá, Silas se viu competindo com outros 81 rapazes – o suficiente para preencher a lista requerida várias e várias vezes. Silas sabia que era um azarão. No entanto, miraculosamente, ele foi o único jogador que conseguiu uma posição permanente.

Agora, começando como um arremessador dos Cincinnati Reds, diria a quem quisesse ouvir: estava aliviado por haver encontrado um modo mais fácil de ganhar *20 dólares por mês*.

Era 26 de maio de 1935, Silas Johnson estava se preparando para ir ao local de arremesso no Campo Crosley. E, apesar de não ter como saber, estava para vivenciar o jogo mais memorável de sua carreira profissional.

Como em qualquer outro dia, tudo começou bem no local do jogo. Johnson vestiu o uniforme, calçou as chuteiras antiderrapantes e ajeitou o boné, como sempre fazia quando chegava a sua vez de arremessar. Ao pisar no campo, havia mais de 24 mil torcedores, uma multidão incomum para os padrões do Cincinnati. Johnson ouvia seus gritos, e vibravam bem alto antes mesmo que ele tivesse feito o primeiro arremesso.

Ele sabia que os torcedores não estavam lá para vê-lo ou para acompanhar sua equipe, mas sim para ver um jogador do time adversário. Um ponteiro esquerdo (*left fielder*). Aquele que ficava no círculo central, se movimentando e se preparando para sua vez, o terceiro na ordem de batedores.

Não demorou para que Johnson chegasse até ele. No momento em que o ponteiro esquerdo entrou no campo, os fãs do Cincinnati estavam cantando seu nome. Não era nada de extraordinário. Ele já estava acostumado a ser a atração principal onde quer que jogasse.

Mas, naquele domingo, os gritos não duraram muito. Eles foram até o início dos arremessos de Johnson.

Verdade seja dita, Johnson estava longe de ser um atleta de ponta. Ao longo de sua carreira, ele acumulava mais derrotas do que vitórias, além de míseras três remoções de batedores (*strikeouts*) por jogo. Diante das médias atuais, é difícil sequer imaginá-lo como um arremessador iniciante.

Então, quando Johnson removeu o famoso ponteiro esquerdo naquele primeiro lance de arremessos, várias testas e sobrancelhas se franziram. E quando repetiu o feito alguns lances depois, e depois uma terceira vez no mesmo jogo, aquilo o tornou como que uma celebridade. Tanto assim que, de fato, passou a receber cinquenta cartas por semana pedindo seu autógrafo até o ano de sua morte, quase meio século depois daquele dia.

Johnson foi idolatrado por sua *performance* naquela tarde. Mas, para aqueles ali presentes, o jogo foi notável por uma razão diferente. Eles haviam testemunhado a entrada do ponteiro esquerdo para o livro dos recordes. Ele havia alcançado a derradeira marca do fracasso – a última distinção que qualquer rebatedor quereria ver associada a seu nome: *ele havia sido removido do jogo mais vezes do que qualquer outro na história do beisebol.*

E o mais notável era: ninguém se importava. Na verdade, dificilmente alguém notava. Isso porque a marca de remoção não fora o único recorde que o ponteiro esquerdo havia quebrado naquela semana. Menos de 24 horas antes daquilo, ele havia realizado seu 714º *home run*, chegando à maior marca de todos os tempos e entrando definitivamente para o Hall da Fama.

Fracasso ou não, ele era uma lenda viva. E seu nome era Babe Ruth.

OS MÉRITOS DE TER SIDO REJEITADO POR 129 MULHERES

Apenas três anos antes, em um banco sossegado do Jardim Botânico de Nova Iorque, no Bronx, um jovem tímido porém determinado estava para bater seu próprio recorde de futilidade.

Mais tarde em sua vida, ele viria a desenvolver um método inovador de terapia, publicaria mais de 1.200 artigos e oitenta livros e receberia mais votos do que Sigmund Freud na categoria de psicoterapeuta mais influente da história. Mas, nesse momento, Albert Ellis era apenas um rapaz de 19 anos. Um rapaz de 19 anos à procura de uma paquera.

Mas havia um pequeno obstáculo: ele morria de medo das mulheres.

Até onde pudesse recordar em sua memória, sempre havia se sentido desconfortável ao redor de membros do sexo oposto. Em parte, ele culpava a própria infância. Havia crescido como um menino adoentado, vítima de uma doença renal e de amigdalite. Grande parte de sua infância transcorreu em hospitais, onde teve que passar por incontáveis tratamentos, frequentemente por meses a fio. Ele ficou isolado das outras crianças de sua idade, o que, por si só, já teria sido bem difícil. Ademais, seus pais raramente o visitavam. Seu pai geralmente estava viajando a negócios, e sua mãe nunca fora muito afetuosa.

A intimidade simplesmente não era uma experiência familiar para Albert Ellis.

E quando chegou à adolescência, se viu querendo estabelecer uma relação – com uma garota. Ele queria muito falar com uma delas, mas, no entanto, se sentia paralisado com a ideia de realmente fazê-lo.

Para lidar com sua fobia, ele se fechou em si mesmo. Ellis começou a ler com voracidade e raramente falava. Nos dias em que se sentia tomado pela aventura, fazia longas caminhadas no parque próximo à sua casa, onde talvez pudesse roubar secretamente o olhar de uma garota que por ali passasse.

"Eu ficava sentado em um banco do Parque do Rio Bronx", Ellis se lembra, "a uma pequena distância de uma garota aparentemente interessante que estava sentada em outro banco. Eu olhava para ela e ela frequentemente me devolvia o olhar, e eu percebia que algumas dessas mulheres se mostravam interessadas. Mas não importava o quanto dissesse para mim mesmo que era a hora certa de chegar, eu logo hesitava e ia embora, e então começava a me xingar pela minha enorme covardia".

Por um tempo, aquela situação lhe parecia irreversível. Ellis queria muito ter um relacionamento. E, no entanto, a sua mente o estava impedindo de correr riscos. "Eu só fazia ver e ouvir o 'mal' e a possibilidade de uma rejeição 'horrível', então eu ficava com a minha boca grande calada".

E então um dia ocorreu-lhe um plano.

Era o mês de julho. Havia exatamente 30 dias antes que Ellis tivesse que retornar à escola, tempo perfeito para um rápido experimento. Pelo resto do mês, decidiu que continuaria a ir ao Jardim Botânico todos os dias. Mas, dessa vez, não haveria mais flertes à distância ou fugas desajeitadas. Em vez disso, ele se sentaria ao acaso ao lado de todas as mulheres que fossem passear sozinhas pelo parque. E então, em um minuto ou menos, se forçaria em falar com elas.

O que Ellis esperava ganhar com essa prova masoquista? Naquela época, não tinha tanta certeza, mas tinha de fato uma teoria.

Ao tentar evitar o fracasso, ele estava impedindo seu crescimento. Ironicamente, era seu enorme medo de ser rejeitado que o estava impedindo de agir. A única maneira de superar sua ansiedade e conseguir seu objetivo, ele pensou, era encarar seus medos de uma vez.

Mas como? Ao se permitir fracassar.

E ele fracassou. Repetidamente.

Ao longo das semanas seguintes, começou a conversar de maneira estranha, nervosa e descuidada com cada mulher solitária que encontrava no Jardim Botânico de Nova Iorque. No total, ele se aproximou de 130 mulheres. Trinta delas partiram no momento em que ele se aproximou, antes mesmo que pudesse abrir a boca. Entre as cem remanescentes, seus resultados foram um pouco melhores. Noventa e nove delas recusaram de forma respeitosa sua proposta para um encontro.

E quanto à moça que concordou em sair com o jovem Albert Ellis? Infelizmente, ela deu um cano em Ellis e nunca apareceu.

À superfície, o experimento de Ellis poderia parecer um desastre completo. No entanto, há mais detalhes do que os ocorridos naquele mês. Conforme logo descobriu, aquele mês de julho no Jardim Botânico transformou sua vida completamente.

"Eu descobri, empiricamente, que nada terrível havia acontecido", ele escreveu mais tarde. "Nenhuma delas vomitou ou saiu correndo. Ninguém chamou a polícia. Na verdade, eu tive cem conversas agradáveis e comecei a ficar muito bom em falar com mulheres desconhecidas em lugares desconhecidos".

Isso é dizer as coisas de forma suave. Dizer que Albert Ellis ficou "muito bom" em falar com as mulheres é um pouco como dizer que Babe Ruth era "muito bom" em lidar com o taco de beisebol.

Na outra vez em que Ellis realizou seu experimento no banco do parque (e, sim, se aproximou voluntariamente de *outras* cem mulheres), conseguiu marcar três encontros – uma realização impressionante para um rapaz que se desesperava com a ideia de se aproximar do sexo oposto. Ele estava indo muito bem em sua trajetória de se tornar, conforme viria a se chamar mais tarde, "um dos maiores pegadores nos Estados Unidos".

Dificilmente exageramos quanto a isso. Ellis se casou com três mulheres, passou mais de uma década vivendo com uma quarta e escreveu vários *best-sellers* como guias de relacionamentos, com títulos que incluem *A arte e a ciência do amor*, *O sexo e o homem solteiro* e, com alguma ambição, *A enciclopédia do comportamento sexual*.

O que Ellis descobriu ao longo do processo de domínio em relação a seu medo é uma importante verdade sobre a matemática de se correr riscos: *quando o preço da sua tentativa é alto, cada fracasso individual se torna muito menos significativo*.

Donald Trump não entra em uma sala de braços dados com a supermodelo Melania Trump, seguido por uma longa fila de mulheres que o rejeitaram. Nós apenas vemos Melania Trump. Poucas pessoas conhecem os ou se importam com os seus tropeços – românticos ou de quaisquer outros tipos. Em conclusão, é o seu sucesso que desponta.

Para Ellis, já não lhe importava ser rejeitado pela maioria das mulheres. Ele estava abordando tantas que, ao fim de cada mês, sua quantidade de encontros era maior do que a da maioria dos homens. Ademais, ela estava ficando mais sagaz para falar com as mulheres e ia refinando suas abordagens a cada conversa.

Em suma, ele estava improvisando.

Há um *insight* aqui com implicações que se espraiam para além do mundo dos encontros. Aceitar o fracasso não faz com que correr riscos seja mais fácil. Em um número surpreendente de ocasiões, trata-se do único caminho confiável para o sucesso.

O TRAÇO CARACTERÍSTICO DOS RENOMADOS ARTISTAS, ATLETAS E ORGANIZAÇÕES BEM SUCEDIDAS

Dean Keith Simonton é um psicólogo social com uma especialidade fascinante.

Enquanto a maioria dos pesquisadores da área se satisfazem em dissecar a vida do estudante médio da graduação, Simonton investiga uma população diferente. Entre seus temas estão os gostos de William Shakespeare, Ludwig van Beethoven e Leonardo da Vinci.

Simonton estuda os gênios. Gênios criativos, mais especificamente, fazendo perguntas como: *De onde é que isso vem? Como se desenvolve? O que nós podemos fazer para desenvolver isso em nossas próprias vidas?*

Ao examinar as vidas de indivíduos altamente criativos, inclusive suas trajetórias, formações educacionais e produtividade, Simonton pôde oferecer um número de interessantes observações sobre as maneiras pelas quais artistas de sucesso se destacam dos demais em suas áreas.

Então, o que há de diferente em relação aos gênios?

Por um lado, argumenta Simonton, os gênios criativos tendem a desenvolver um conjunto mais amplo de interesses do que a média de seus contemporâneos. Enquanto trabalham para encontrar uma solução em uma área, eles se entretêm em campos não correlacionados, explorando o mundo da arte, da música e da literatura. Pode parecer que eles estão apenas tergiversando, mas é frequente que essas experiências estranhas alimentem suas habilidades para realizar conexões inesperadas.

Simonton também acredita que, comparados a outras pessoas em suas áreas, os gênios criativos recebem apenas um nível moderado de educação. Com poucos estudos formais, faltaria a eles conhecimento suficiente para dar uma contribuição efetiva. Muitos anos na sala de aula, por outro lado, faria com que suas ideias se amoldassem ao *status quo*.

Mas talvez a descoberta mais interessante da pesquisa de Simonton é sua observação de que gênios criativos não oferecem simplesmente mais soluções *criativas*. Eles oferecem mais soluções, e ponto final.

O que Shakespeare, Dickens, Tolstói, Picasso, Monet, Bach, Mozart, Wagner, Schubert, Brahms e Dostoiévski têm em comum? Todos eles produziram muito mais do que os seus contemporâneos.

Fundamentalmente, nem todas as suas criações foram obras-primas. Hoje, na verdade, eles são lembrados por apenas uma fração de suas obras. Os gênios criativos simplesmente não geram obras-primas com regularidade. Ainda assim, a *qualidade* que as distingue seria impossível sem a *quantidade* de tentativas.

Simonton compara o sucesso das ideias criativas a um grupo genético. Se você está lendo as palavras nesta página, você obviamente está vivo e está bem, graças aos genes que programam o seu corpo. Mas será que os seus genes ainda estarão por aqui daqui a um século? Isso depende de uma variedade de fatores, entre os quais o número de crianças que você tiver. Quanto mais filhos você trouxer ao mundo, maiores as chances de seus genes serem transmitidos para as próximas gerações.

Ao ver de Simonton, um princípio similar se aplica às ideias criativas. Quanto mais soluções você gerar, tanto mais provável será a possibilidade de chegar a uma combinação bem-sucedida que permanecerá, porque ela é considerada tanto nova quanto útil.

Vale a pena notar que a quantidade, isoladamente, nunca é suficiente. Se eu abandonasse o meu trabalho para me dedicar pelo resto da vida à pintura de paisagens, a probabilidade do meu trabalho ser exposto no *Metropolitan Museum of Art* (MET), em Nova Iorque, ainda seria muito pequena. Ainda assim, "pequena" é uma vasta melhora em relação à minha situação atual, já que, diante da ausência de quantidade, minhas chances são nulas.

A interessante implicação da pesquisa de Simonton é essa: gênios criativos não tentam apenas chegar a mais soluções – eles também falham frequentemente.

Sempre nos dizem que Thomas Edison falhou centenas de vezes antes de ter sucesso em inventar a lâmpada. Mas nem todas as tentativas de Edison foram salvas por um final feliz. Ele também investiu quase duas décadas (*décadas!*) tentando descobrir maneiras de extrair ferro da areia, como uma maneira de reduzir o custo do metal. Por fim, ele abandonou o esforço e, com relutância, vendeu sua empresa, perdendo uma fortuna no processo.

Dificilmente Edison poderia ser tido como o único inventor famoso que fracassou em escala colossal. Antes que o *iPhone* e o *iPhad* revolucionassem o mundo dos computadores pessoais, Steve Jobs acumulou uma longa lista de notáveis fracassos que inclui o Apple I, o Apple II, a Lisa, o assistente pessoal digital Newton e o *hardware* NeXT.

Uma observação similar pode ser feita em relação a atletas famosos. Quando Babe Ruth estabeleceu o recorde para o maior número de *home runs* e o maior número de remoções em uma mesma semana, ele sabia que as duas coisas estavam inextricavelmente vinculadas. "Se eu apenas tentasse rebater com tacadas seguras e curtas", Ruth disse aos jornalistas, "eu poderia ter chegado à marca de seiscentas rebatidas".

Ruth manteve o recorde de remoções em um mesmo jogo por quase três décadas antes que sua marca finalmente caísse. E quem é que, mais tarde, clamou para si tal distinção embaraçosa? Por um tempo, tratava-se de um All-Star por dezesseis vezes com o manto do Mickey. Então apareceu um defensor externo que superou a marca anterior: Reggie Jackson, vencedor por cinco vezes da World Series (série mundial).

E nenhum um clube ruim para poder jogar.

E não é apenas no beisebol que o fracasso parece acompanhar a grandiosidade. No basquete, Kobe Bryant já perdeu mais arremessos do que qualquer outro jogador na história. No futebol americano, o recorde na carreira para mais interceptações por um *quarterback* é mantido por Brett Favre, onze vezes *Pro Bowler* (melhor jogador da liga) e campeão do Super Bowl.

Conforme Daniel Coyle argumenta em *The Little Book of Talent* (*O pequeno livro do talento*), atletas bem-sucedidos não fracassam apenas durante os jogos. Eles saem da linha tentando evitar falhas nos treinamentos. O astro do *hockey* Wayne Gretzky, por exemplo, tenderia a fracassar no gelo durante os exercícios do treinamento. Não é que ele se esquecera de como patinar. Ele estava forçando deliberadamente seus limites para testar suas habilidades.

Coyle argumenta que, quando a prática é inútil, a aprendizagem para. É caminhando pelo precipício entre suas habilidades atuais e as capacidades mais além que o crescimento acontece. As melhores realizações não alcançam suas marcas desempenhando o mesmo nível dia após dia. Os atletas as alcançam arriscando falhas e as utilizando como testes para suas habilidades.

A vontade de crescer através do fracasso é uma abordagem que não se limita aos indivíduos; um número surpreendente de empresas líderes tendem a fazer o mesmo. Vejamos o Google, por exemplo. Todos nós conhecemos a estratégia de mudança de seus produtos, incluindo sua página de busca, o Gmail e o Google Maps.

Mas e quanto ao Google X, a ferramenta de customização de *homepages* que durou um dia? Ou o *Froogle*, uma ferramenta de comparação de preços cujo nome confundiu tantos usuários que ela teve que ser deixada de lado? Quantos de nós se lembram do Google Reader (Leitor do Google), do Google Web Accelerator (Acelerador de Rede do Google), do Google Answers (Respostas do Google), do Google Video Player ou do Google Buzz?

No diz que diz respeito a erros, não se trata de uma quantidade inconsequente.

"Nossa política é realizar tentativas", disse Eric Schmidt, C.E.O. do Google, quando ele anunciou em 2010 que a empresa estava removendo o Google Wave. "Nós celebramos nossos fracassos. Esta é uma empresa em que tudo está muito bem quando se tenta algo muito difícil, com ou sem sucesso; de qualquer forma, use a aprendizagem e a aplique em algo novo". Larry Page, co-fundador do Google, ressoou a ideia: "Mesmo se você falhar em sua ideia ambiciosa, é muito difícil fracassar inteiramente. É *isso* que as pessoas não entendem".

E, de certa forma, é isso que os torna tão prolíficos. Eis o segredo dos inovadores bem-sucedidos: eles fracassam mais do que o restante de nós.

SPANX E O SEGREDO DO SUCESSO

Em 1998, Sara Blakely, aos 27 anos, revolucionou as roupas íntimas femininas usando um par de tesouras.

Ela estava em pé em frente a seu *closet*, tentando escolher uma roupa para uma festa naquela noite, quando se deparou com um par de calças cremes que queria muito vestir. Mas havia um problema. As calças estavam apertadas e não cabiam em seu corpo perfeitamente. Ela precisava de algo que pudesse vestir por baixo para modelar sua forma.

Encontrar uma solução não ia ser fácil.

"As opções [para as mulheres] não eram muito boas", ela disse, se lembrando do acontecimento para um auditório no Encontro das Mulheres da revista *Inc.*, em 2011. "Nós tínhamos modeladores tradicionais que eram muito grossos e deixavam marcas ou inchaços nas coxas. E depois nós tínhamos as roupas íntimas que deixavam marcas pelo corpo. E então vinham as ligas, que ainda por cima me confundiam, porque tudo o que eu estava fazendo era pôr roupa de baixo exatamente no lugar em que queríamos tirá-la".

Meias-calças anatômicas eram uma possibilidade. Mas Blakely não queria que o nylon estragasse o visual de suas sandálias. E foi aí que a inspiração a tomou. Com as suas meias-calças em uma mão, Blakely buscou as tesouras e, com dois cortes rápidos, criou o primeiro par daqueles que agora são conhecidos por todos os lados pelas aficionadas como os modeladores Spanx.

Blakely voltou para casa naquela noite com um ar satisfeito de inventora. "Eu me lembro de pensar que isso deveria existir para as mulheres".

Hoje Blakely é uma bilionária. Sua empresa vende mais de duzentos produtos de modelagem corporal que vão de modeladores para as coxas e quadris (*Skinny Britches*) a calcinha que delineiam a cintura e trajes de modelagem para o corpo todo. Se você estiver interessada em comprar produtos da Spanx para você mesma, você não precisará viajar para longe. Eles são vendidos em milhares de locais, de lojas varejistas especializadas, incluindo a Saks Fifth Avenue e a Neiman Marcus, a grandes redes como o Target e o Walmart. Isso sem mencionar os outros trinta países onde há vendas. Há também Spanx para os homens, que, por óbvias razões de *marketing*, foi engenhosamente renomeada como *Zoned Performance* (*Performance* em Zona).

Entre a noite inspirada diante do *closet* e sua situação atual como a proprietária multimilionária de uma empresa poderosa, Blakely superou uma série de grandes obstáculos, incluindo a total falta de experiência na indústria de artigos de malha, não ter feito nenhum curso sobre negócios e recursos financeiros então limitados a 5.000 dólares.

Quando lhe perguntam onde ela encontrou coragem para superar essas espantosas dificuldades, Blakely diz que grande parte do crédito pertence ao seu pai. Ou, mais especificamente, à pergunta que ele fazia aos filhos todas as noites durante o jantar.

Alguns pais se satisfazem em perguntar aos filhos, "Você teve um bom dia?" ou "O que você aprendeu na escola?" Isso não acontecia na casa de Blakely. A pergunta a que Sara e seu irmão tinham que responder noite após noite era: "Em que vocês *fracassaram hoje?*"

Quando não havia nenhum fracasso para ser contado, o pai de Blakely ficava desapontado.

"O que meu pai fez foi redefinir o fracasso para o meu irmão e para mim", Blakely disse a Anderson Cooper, repórter da CNN. "Em vez de o fracasso se tornar um resultado, ele se tornou uma *falta de tentativa*. E aquilo me forçou desde jovem a querer me impulsionar para muito além da minha zona de conforto".

Blakely foi ensinada a interpretar o fracasso não como um sinal de fraqueza pessoal, mas como uma parte integral do processo de aprendizagem. Foi essa mentalidade que a preparou para encarar o risco envolvido na abertura de seu próprio negócio. Quando a fragilidade é vista como um caminho para a aprendizagem, quando nós aceitamos que o fracasso é simplesmente uma resposta em relação àquilo que precisamos desenvolver na sequência, correr riscos se torna muito mais fácil.

A pergunta do pai de Sara lhe ensinou uma importante lição: *se você não estiver fracassando, você não está crescendo.*

O que é estranho é que, de muitas maneiras, precisamente o oposto dessa visão é que é defendido em muitas salas de aula. Desde muito novas, as crianças aprendem que o sucesso significa chegar às respostas certas. Que lutar é um mau sinal, o tipo de coisa que você faz quando não está "chegando ao ponto", ou o trabalho é muito difícil. Por boa parte da educação, os estudantes são encorajados a terminar suas tarefas rapidamente. Aqueles que não conseguem, são direcionados para tutores.

Depois de doze anos de doutrinação, não surpreende que muitos de nós vejam o fracasso da forma como o fazemos: como algo a ser evitado a todo o custo. Nós aprendemos implicitamente que lutar significa que os outros nos verão de forma empobrecida, quando, na realidade, é só com o alargamento de nós mesmos que desenvolvemos novas habilidades.

Alguns educadores começaram a reconhecer que esse modo de encarar o fracasso está impedindo o crescimento de seus estudantes a longo prazo. Edward Burger, no entanto, está fazendo algo a esse respeito. Por mais de uma década, o professor de matemática do Williams College vem, literalmente, premiando os estudantes por suas falhas durante as aulas.

"Em vez de apenas propagandear a importância do fracasso", escreveu Burger em um ensaio de 2012 chamado *Dentro da Educação Superior*, "eu agora digo aos meus estudantes que, se eles quiserem tirar um A, eles devem fracassar regularmente ao longo do semestre – porque 5 por cento da nota estão baseados na 'qualidade do fracasso'".

Burger acredita que essa abordagem encoraja os estudantes a correrem riscos. Sua meta é reverter as consequências não intencionais de um sistema escolar consumido pelas provas. O que originalmente era introduzido como um instrumento de avaliação para se chegar a uma melhor aprendizagem alcançou o efeito oposto. Quando nós reduzimos o desempenho a notas As ou Bs, a aprovado ou reprovado, a bom ou ruim, nós dificultamos a apreciação das oportunidades de aprendizagem que o fracasso nos fornece.

Ao fim de cada semestre, os estudantes de Burger devem escrever um ensaio examinando um erro que cometeram. No texto, eles descrevem por que inicialmente pensaram que suas abordagens poderiam funcionar e como o erro os ajudou a desvelar uma nova forma de entendimento para o problema.

O fracasso, por si só, não é suficiente. O importante é explorar o fracasso em busca de um *insight* que possa melhorar sua próxima tentativa.

Para ser justo, com apenas 5 por cento da nota dos estudantes, o esquema de avaliação incomum de Burger dificilmente constitui uma revolução acadêmica. Mas pesquisas sugerem que sua abordagem de recompensar fracassos inteligentes pode exercer mais impacto sobre os estudantes do que inicialmente poderíamos suspeitar, especialmente quando se trata de promover um estilo de pensamento que leva a inovações. A razão, como logo descobriremos, é que quando a possibilidade de fracasso desponta como uma grande ameaça, nossa mente faz coisas estranhas.

Pensar de forma criativa é uma habilidade inata? Pense novamente.

COMO DESENCADEAR A CRIATIVIDADE

Sabe aquela sensação de "aha!" que você tem quando resolve um problema difícil com um *insight* inteligente? Vejamos se nós podemos recriar aquela experiência agora. Nós vamos fazer um pequeno jogo para testar sua criatividade.

Eu vou listar três palavras aparentemente não relacionadas. Sua tarefa é chegar a uma quarta palavra – uma palavra que se conecte *conceitualmente* com as primeiras três palavras em um grupo.

Aqui vai um exemplo:

SUÍÇO   BOLO   COTTAGE   _____

A resposta é queijo (*cheese*): queijo (suíço); *cheese cake* (bolo de queijo; queijo *cottage*. Agora, vamos ver como você se sai nos próximos testes.

PINTAR   BONECA   GATO   _____

CAIR   ATOR   PÓ   _____

BASTÃO   LUZ   ANIVERSÁRIO   _____

Há apenas alguns itens do Teste de Associações Remotas (também conhecido, em inglês, pelo infeliz acrônimo RAT, *Remote Associates Test*), uma ferramenta que os psicólogos utilizam para medir os insights criativos. Para encontrar as respostas corretas – em nosso caso, *casa*, *estrela* e *vela* –, você precisa descobrir uma vinculação entre conceitos ostensivamente não relacionados, a mesma atividade que está no coração de muitos esforços criativos.

Agora, suponha que nós aumentemos a dificuldade. Em vez de fazer os RATs por diversão, eu vou começar a pagar você com base em seu desempenho. Você verá dez itens do RAT. Para cada item que você acertar, eu vou lhe dar uma nota de 5 dólares novinha. OK, preparado?

Espere. Antes de começarmos, vamos parar por um segundo.

Um momento para você examinar a forma como se sente. Você está ansioso? Concentrado? Envolvido? Se estiver, você está propenso a vivenciar o que os psicólogos chamam de um "estado de abordagem motivacional". Quando as pessoas estão em uma mentalidade de abordagem, seus focos se dirigem para o alcance de resultados positivos, porque eles veem o potencial para o ganho.

Contraste isso com o sentimento que lhe ocorre quando nós mudamos levemente os termos do exercício. Em vez de lhe pagar após cada resposta correta, eu lhe darei os 50 dólares bem no início. Nada mal, não? Mas aqui está o ponto: dessa vez, para cada erro que você cometer, eu vou subtrair 5 dólares.

Note a mudança na forma como você se sente. Se você for como a maioria das pessoas, sua atenção já não está voltada para o ganho potencial. Em vez disso, você ficou sensibilizado pela possibilidade de perda. Você entrou no chamado "estado de anulação motivacional".

Todas as tarefas com que nos envolvemos podem implicar uma abordagem de anulação da mentalidade. Realize atividades com desafios relativamente baixos, como ir à academia. Alguns de nós exercitam para ficar com o corpo mais em forma ou para impressionar o parceiro romântico (uma abordagem que visa a um resultado positivo), enquanto o resto de nós vai à academia para parar de ganhar peso ou para abaixar o colesterol (evitar um resultado negativo). Em cada caso a nossa ação é exatamente a mesma. Mas a diferença em nossa constituição psicológica pode influenciar fortemente a nossa experiência, afetando tudo, desde as emoções que sentimos ao pisar em uma esteira até a probabilidade de voltar no dia seguinte.

Nossa mentalidade motivacional é particularmente crítica quando estamos envolvidos com atividades criativas. Pesquisas mostram que quando estamos energizados pela possibilidade de ganho, adotamos um estilo cognitivo flexível que nos permite oscilar facilmente entre categorias mentais. Nós adotamos uma visão mais ampla, vendo a floresta em vez das árvores, enquanto exploramos um arranjo mais vasto de possibilidades. Em suma, quando estamos energizados pela abordagem motivacional, instintivamente usamos as mesmas técnicas mentais que nos tornam mais criativos.

Trata-se de uma história diferente quando a motivação de anulação entra em cena.

No momento em que escapar de um resultado negativo se torna o foco, nossa atenção se estreita e nosso pensamento se torna mais rígido. Nós enfrentamos dificuldades para ver o quadro geral e resistir à exploração mental necessária para se encontrar uma solução. De repente, os *insights* se tornam muito mais elusivos.

Em parte, a razão é psicológica. Essa é a conclusão de um estudo de 2009 conduzido na Universidade de Buffalo, na qual o psicólogo Mark Seery realizou a experiência RAT que nós discutimos e ela de fato funcionou.

No estudo, Seery dividiu os participantes em dois grupos: no primeiro, cada resposta correta no RAT era *recompensada* com um pagamento em dinheiro; no segundo, a cada resposta incorreta havia uma *penalização* com a perda do mesmo montante.

Antes de começar, Seery conectou seus participantes a uma série de aparelhos de monitoramento que mediam suas reações psicológicas enquanto eles faziam o teste.

Inicialmente, ambos os grupos reagiram da mesma forma. Quase todos mostraram batimentos cardíacos elevados quando a tarefa foi apresentada, o que é um bom sinal. Isso queria dizer que eles estavam de fato envolvidos com a tarefa.

Mas então algo estranho aconteceu. Os participantes do grupo das perdas começaram a registrar atividades cardíacas incomuns. A quantidade de sangue bombeada para fora de seus corações caiu e as artérias se contraíram. Seus corpos estavam reagindo como se eles estivessem sendo atacados.

Como enfatiza Robert Sapolsky, neurocientista da Universidade de Stanford, os anos de história evolutiva moldaram nossa resposta biológica a situações perigosas. Quando a nossa mente percebe o perigo, nosso corpo reage e faz com que nosso sistema cardiovascular se acelere. Mas aí vem a questão: só há apenas uma reação. A resposta de luta ou de fuga que vivenciamos quando nos dizem que não devemos cometer erros é a mesma que nos é enviada quando corremos de um leão para salvar nossas vidas.

Não é preciso dizer que encontrar *insights* criativos é difícil quando seu corpo está respondendo como se você estivesse à beira de se transformar em uma presa.

Há ocasiões em que breves irrupções de motivação de anulação podem ser úteis, mas as pesquisas sugerem que elas são melhores quando destinadas a tarefas que demandam persistência. Em um artigo de 2012 intitulado "A necessidade é a mãe da invenção", um grupo de psicólogos de Amsterdã descobriu que quando as pessoas estão em uma mentalidade de anulação, elas trabalham por períodos mais longos, os quais, às vezes, podem alcançar um produto mais criativo. No entanto, eles também descobriram que os participantes em estado de anulação tiveram que despender significativamente mais energia mental do que os participantes em estado de abordagem, apenas para realizar o mesmo nível de trabalho. E isso não é tudo, o grupo de anulação também superestimou a dificuldade da tarefa antes de dar início às atividades.

Isso nos leva a uma conclusão interessante: quando evitar o fracasso é o foco primário, o trabalho não é apenas mais estressante; ele é muito mais difícil de ser feito. E, em longo prazo, esse esforço mental cobra um preço, resultando em menos inovação e na experiência de esgotamento.

Ironicamente, permitir que erros aconteçam pode elevar a qualidade do nosso desempenho. Isso é verdadeiro mesmo em papéis que não demandam criatividade. E, conforme veremos na próxima seção, isso às vezes pode significar a diferença entre a vida e a morte.

POR QUE EQUIPES BEM-SUCEDIDAS COMETEM MAIS ERROS

Em meados dos anos 1990, Amy Edmondson estava analisando os dados daquele que ela considerava um estudo bastante objetivo, quando notou algo peculiar.

Ela estava explorando as dinâmicas de grupo em hospitais como parte de seu trabalho de pós-graduação em comportamento organizacional na Universidade de Harvard. A pergunta central para a pesquisa de Edmonson era a seguinte: será que as enfermeiras que desenvolvem relações mais cordiais no trabalho cometem menos erros?

Ela esperava um estudo bastante simples. Fazia sentido que o trabalho em ambientes colaborativos faria com que as enfermeiras se concentrassem mais em seus trabalhos. É claro que elas cometeriam menos erros, ora!

No entanto, Edmonson descobriu que a tendência contrária era verdadeira. Quanto mais as enfermeiras se relacionavam melhor com seu gerente e colegas de trabalho, mais erros elas pareciam cometer.

Como isso era possível?

A princípio, Edmondson ficou atônita. Mas, aos poucos, a resposta se revelou. As enfermeiras que fazem parte de grupos mais coesos, na verdade não cometem mais erros – elas simplesmente os *relatam* mais. A razão é simples: quando as consequências são muito severas ao se relatar uma falha, os empregados evitam totalmente o reconhecimento dos erros. Mas quando o ambiente de trabalho é psicologicamente seguro e os erros são vistos como uma parte natural do processo de aprendizagem, os empregados se sentem menos propensos a escondê-los. A implicação fascinante é que grupos de trabalhos com medo evitam examinar as causas de suas falhas, tornando mais provável que seus erros sejam repetidos novamente no futuro.

Ter um grupo de trabalho que tem medo de admitir falhas é um problema perigoso, particularmente pelo fato de que os sintomas não são imediatamente visíveis. O que superficialmente parece ser uma unidade bastante funcional, na verdade pode ser um grupo que está totalmente paralisado para admitir as próprias falhas. Em oposição a isso, as equipes que admitem livremente seus erros são mais capazes de aprender com os erros uns dos outros. Eles também podem lançar mão de passos para prevenir aqueles erros ao aguçar a visão sobre seu processo. Em longo prazo, encorajar os empregados a reconhecer erros é, portanto, um passo vital para chegar à melhorias.

Conforme Edmondson enfatiza em sua pesquisa mais recente, nem todos os erros são gerados da mesma forma. Alguns erros são causados pela desatenção e a falta de habilidade, enquanto outros são causados pela incerteza ou pela experimentação. O desafio para muitas empresas é que a pressão para evitar falhas é tão forte que quase ninguém se importa em examinar as causas e raízes. Apenas quando falhas inteligentes são tratadas exatamente como aquelas que são previsíveis, a aprendizagem e a criatividade chega a uma parada.

E quando isso acontece, os resultados são terríveis: uma cultura de inovação é suplantada por uma cultura de autopreservação.

Assim, o que uma empresa pode fazer?

É preciso dizer aos empregados que não há problemas em cometer erros? É preciso encorajar os erros? Recompensar as falhas? Um número surpreendente de empresas de prestígio acreditam que a resposta a essa questão provocativa é um ressonante *sim*.

A MANEIRA CORRETA DE RECOMPENSAR O FRACASSO

Em 2011, a executiva da área de publicidade Amanda Zolten correu um sério risco.

Ela e sua equipe da Grey Advertising estavam para conseguir um cliente importante. Uma grande empresa de processamento de resíduos de animais domésticos estava buscando uma nova agência, e Zolten queria muito vencer a competição. Para se destacar, Zolten sabia que sua equipe teria que mostrar grande originalidade, e ela queria fazer mais do que simplesmente deixar a tarefa sob a responsabilidade do departamento de criação da agência.

No mundo da publicidade, um forte desempenho numa reunião para obter clientes pode fazer a diferença entre uma relação de décadas e o fato de nunca mais se receber uma resposta. Trata-se de algo muito importante. É por isso que Zolten estava determinada a criar uma experiência memorável que colocaria sua equipe em evidência.

Então ela fez algo incomum. Ela decidiu realizar uma experiência com o produto do cliente à frente do tempo conduzindo uma pequena pesquisa. Zolten incluiu na lista sua gata, Lucy Belle, na noite anterior à grande reunião.

A reunião começou normalmente. Seis dos maiores executivos entre os clientes estavam lá, sentados ao redor de uma grande mesa redonda de conferências. Então, em meados da reunião, Zolten viu sua oportunidade. Ela notou casualmente quão efetiva era a coleta de resíduos dos animais para neutralizar odores desagradáveis. E, para sustentar seu argumento, ela fez com que a atenção de todos se voltasse para baixo da mesa. Lá, em meio à sala de conferências, estava uma caixa de coleta de resíduos com a contribuição de Lucy Belle.

A reação não foi uniformemente positiva. Muitos executivos, de forma instintiva, se afastaram da mesa. Dois tiveram que sair da sala. Entre aqueles que permaneceram, risadas desconfortáveis despontaram após um silêncio palpável.

O chefe de Zolten tomou nota de sua abordagem. Mas, ao contrário de castigá-la por ter ofendido um cliente prospectivo, ele lhe ofereceu um prêmio por Falha Heroica e celebrou sua coragem em frente aos outros membros da agência. O presidente da *Grey*, Tor Myhren, disse ao *Wall Street Journal* que ele havia decidido estabelecer um prêmio trimestral para os empregados que corressem riscos, notando que o lado purista de sua agência talvez estivesse tornando seus funcionários "um pouco mais conservadores, talvez um pouco mais lentos".

A Gray Advertising não está sozinha ao recompensar a falha de um funcionário. Nem a abordagem se limita a empresas do ramo criativo. Grandes empresas farmacêuticas começaram a recompensar cientistas que correm riscos em grandes projetos de pesquisas, em um esforço para desencorajá-los de trabalhar em produtos ineficazes por medo de que a admissão da falha pudesse custar seus próprios trabalhos. A Merck & Co., uma das maiores produtoras de medicamentos do mundo, chega a dar opções adicionais em termos de ações financeiras para os cientistas que admitirem que suas pesquisas estão produzindo resultados indesejáveis. Eli Lilly organiza "festas para as falhas".

Quanto mais rapidamente os cientistas falham, mais os pensamentos circulam e mais cedo eles podem ser redefinidos para um projeto com maior potencial. A alternativa é injetar um dinheiro bom após o dinheiro mal empregado. Como diz Peter Kim, antigo chefe de desenvolvimento e pesquisador da Merck, "você não pode mudar a verdade. Você apenas pode atrasar o tempo que leva para que ela seja descoberta".

A SurePayroll, uma empresa de processamento de pagamentos com sede em Illinois, acrescentou uma categoria de Melhor Inovação Errônea à sua lista anual de prêmios para os funcionários. Três vencedores (ouro, prata e bronze) são selecionados a cada ano pelo time de gerentes da empresa e recebem um prêmio em dinheiro. "Se você não encorajar as pessoas a correrem riscos, você acabará para sempre diante de um meras mudanças graduais", diz Michael Alter, o presidente da empresa. "Os erros são o preço que você paga pelo sucesso".

A empresa de desenvolvimento de *software* HCL Technologies dá ainda um passo além ao incentivar os executivos a criarem um currículo de falhas. Para entrar no altamente cobiçado programa de liderança da empresa, os candidatos devem listar alguns dos maiores erros de sua carreira e então explicar o que eles aprenderam a partir de cada experiência. Trata-se do equivalente empresarial para a abordagem de Edward Burger em relação às notas em sala de aula. Para progredir em suas carreiras, potenciais líderes devem primeiramente mostrar que têm a habilidade de transformar fracassos em progressos. Àqueles que não conseguem identificar quaisquer erros, diz-se presumivelmente que agora eles têm algo para colocar no currículo de falhas em futuras candidaturas.

Trata-se de uma abordagem interessante. Uma que requer a seguinte questão: qual seria o currículo de falhas de alguém como Babe Ruth ou William Shakespeare ou Steve Jobs? E como seu currículo de falhas se compararia aos demais?

Uma coisa que podemos prever com alguma certeza é que o currículo de falhas da maioria dos grandes criadores tende a ser surpreendentemente longo. Algo que, se você pensar, é bastante reconfortante. Geralmente, nós não pensamos em quem está no topo como um banda de fracassados crônicos. Mas, de certa maneira, é precisamente isso que eles são. É o que possibilitou seu sucesso em primeiro lugar.

Trata-se de uma lição com fortes implicações para o local de trabalho. Quando as empresas dizem que a falha não é uma opção, elas incorrem em um custo invisível: um custo que estimula a reação psicológica e restringe o pensamento dos empregados, recompensa a mentira, encoraja omissões e alimenta a proliferação de mais erros. Trata-se de uma abordagem que ignora a realidade básica de como a aprendizagem e a novação de fato acontecem.

Nós queremos acreditar que o progresso é simples. Que o sucesso e o fracasso fornecem indicadores claros sobre o valor do nosso trabalho. Mas o caminho para a excelência raramente é uma linha reta.

Se há um *insight* unificador que podemos delinear a partir da experiência dos grandes criadores é esse: às vezes, a melhor maneira de minimizar o fracasso é recebê-lo de braços abertos.

AS LIÇÕES DO FRACASSO
Itens de ação para gerentes

Recompense as tentativas, não apenas os resultados. Você quer ver a criatividade em seu ambiente de trabalho? Então, incentive os funcionários a tentar novas abordagens e, ocasionalmente, a correr riscos. Quando resultados bem-sucedidos são a única coisa a ser reconhecida, os funcionários recuam para abordagens conservadoras, se atendo ao que já foi trabalhado no passado. A única maneira de promover a atitude que aceita os riscos é recompensar as tentativas e reforçar os comportamentos que você quer encorajar.

Troque as falhas por oportunidades. Quando os esforços de uma equipe entram em inércia, é natural que alguém queira se mover enterrando o próprio nariz na próxima tarefa. Mas os especialistas em desenvolvimento sabem que o fracasso frequentemente apresenta dicas poderosas para melhorias, especialmente quando o foco se volta para o que pode ser desenvolvido no futuro. Tenha cuidado, no entanto, para não transformar o pós-luto em uma caça às bruxas ao desvelar *quem* cometeu o erro. É muito melhor fazer perguntas voltadas para o futuro, como "o que é que podemos fazer melhor da próxima vez?"

Jogue com o longo prazo em mente. Ninguém gosta de fracassar. E como gerente, tolerar perdas é certamente um risco. Mas as empresas bem-sucedidas sabem que criar o espaço para falhas inteligentes é um investimento, algo que podem levar a ganhos maiores em longo prazo. Pense como o Google, ou como Gretzky, ou como Jobs. Não se trata apenas do desempenho da sua empresa hoje. Trata-se da *performance* da empresa daqui a cinco anos.

AS LIÇÕES DO FRACASSO
Itens de ação para líderes emergentes

Pergunte-se, "em que eu fracassei hoje?" Grandes criadores não veem o fracasso como uma condenação pessoal. Eles o veem como um sinal de que estão à beira do crescimento. Se tudo o que você faz no trabalho vem com facilidade, considere o seguinte: pode ser que você não esteja se desafiando o suficiente. Desenvolver suas habilidades é como a condução de uma negociação política. Caso a oposição diga sim logo de início, pode ser que você tenha pedido muito pouca coisa.

Antecipe a curva do J. Nós gostamos de pensar sobre o progresso como uma linha reta, na qual um desenvolvimento se vincula ao próximo, levando a uma melhoria firme e constante. Trata-se de um modelo reconfortante. Mas quando se trata de esforços criativos complexos, estamos diante de algo irrealista. O relacionamento entre a criatividade e o progresso é caótico e frequentemente parece menos com uma linha reta e mais com um J, com uma curva pesada no começo que representa os desafios e recuos iniciais. Antecipar suas lutas iniciais torna mais fácil se vincular a ganhos futuros.

O fracasso não é uma opção? Talvez seja hora de ir embora. Em uma economia que se volta para o conhecimento, a menos que você adquira novas habilidades, você, pouco a pouco, vai se tornando obsoleto. Algumas empresas querem funcionários para repetir os mesmos comportamentos reiteradamente sem quaisquer variações. Esse não é o seu interesse. Experimentações no local de trabalho são o único caminho para desenvolver as habilidades de que você precisa para permanecer relevante e valioso.

Dois

O poder do lugar

Como o escritório molda
o nosso pensamento

Imagine um corredor com três portas.

Atrás da porta de número um há uma sala que aperfeiçoa sua criatividade. Atrás da porta de número dois há um quarto que afia a sua atenção em relação aos detalhes. Escolha a porta número três e você se descobrirá pronto para a colaboração.

Isso parece ficção científica? Mas não é. Na verdade, graças à profusão de novos estudos, isso pode representar o futuro do local de trabalho moderno.

Os últimos anos têm testemunhado incríveis viradas no conhecimento sobre a forma como o *design* afeta o nosso pensamento. Hoje, empresas como o Google, a Intel e a Cisco estão investindo milhões de dólares para reestruturar seus prédios, derrubar paredes e reconfigurar as salas de conferências. Não é simplesmente para dar aos funcionários um ambiente de trabalho estimulante – trata-se do reconhecimento da descoberta de que há uma conexão entre o espaço e a inovação.

As pesquisas sugerem que estão às voltas com algo grande.

Considere um estudo de 2007, no qual cem estudantes da Universidade de Rice fizeram uma prova de pensamento abstrato, um precursor vital para insights criativos. Metade dos participantes terminou o exame em uma sala com tetos de, aproximadamente, 3 metros.

Será que a altura de uma sala influencia as respostas das pessoas? A ideia não é tão desproposital como primeiramente pode parecer. Ao longo da história, muitas das estruturas arquitetônicas mais impressionantes no mundo – do Taj Mahal à Torre Eiffel – se vincularam à altura para inspirar os observadores. O mesmo é verdade para igrejas e sinagogas, as quais frequentemente utilizam interiores altos e espaçosos para criar uma sensação de fascínio, assim como o fazem muitas instituições culturais distintas, como museus, casas de ópera e arenas.

Parece óbvio que as pessoas se sentem de forma diferente na Capela Sistina do que quando estão em um elevador claustrofóbico. E também é lógico a inferência de que o contraste no humor pode afetar seu processo de pensamento. Mas será que um modesto ajuste de alguns centímetros ou metros pode ter algum efeito?

Os pesquisadores do estudo em questão suspeitaram que sim, argumentando que quando as pessoas entram em salas com tetos altos, elas se sentem relativamente livres e não constrangidas, o que influencia suas maneiras de pensar. Elas tendem a processar seus ambientes mais abertamente, o que facilita a percepção de quão diferentes são as relações recíprocas das ideias.

E foi isso que o experimentou buscou testar. Para assegurar que aqueles que realizariam a prova notariam a altura da sala, os pesquisadores afixaram algumas lanternas decorativas no teto. Na sequência, eles afixaram aleatoriamente temas às salas, sem mencionar uma palavra sobre a variação na altura. Os resultados foram impressionantes. Os participantes nas salas com tetos mais altos se mostraram significativamente melhores em encontrar conexões entre objetos aparentemente não relacionados do que aqueles cujos tetos eram levemente menores.

A dimensão da sala havia inspirado grandes pensamentos.

A altura, é claro, representa apenas um elemento do *design* interior. Trata-se de um único violino em meio a uma rica sinfonia de um ambiente de trabalho. Ao longo da última década, estudos têm revelado que muitos elementos de *design* que nós tomamos como dados exercem forte influência sobre o nosso pensamento, e, frequentemente, nós não temos consciência de seu impacto.

Tomemos a cor, por exemplo. As pesquisas mostram que uma breve exposição à cor vermelha, que a nossa mente associa automaticamente com sinais de parada, sinais de alarme e sangue, estimula partes do cérebro que nos tornam mais sensíveis ao fracasso. Ver a cor vermelha nos torna mais alertas e vigilantes. Dependendo da situação, isso pode tanto prejudicar como beneficiar nosso trabalho. Um estudo descobriu que revisores têm mais êxito em descobrir nossos erros quando utilizam uma caneta vermelha. Outro estudo, publicado na revista *Science*, descobriu que, enquanto as pessoas expostas ao vermelho eram bem melhores em tarefas que exigiam acuidade e atenção aos detalhes, elas também se mostravam piores em tarefas envolvendo associação livre e pensamento em grande escala.

O som é outro fator surpreendentemente poderoso para exercer influência. Um estudo de 2012 descobriu que o barulho de fundo, que muitos de nós tentamos minimizar quando estamos fazendo um trabalho difícil, pode de fato melhorar nosso desempenho em certas atividades. Quando nós estamos levemente distraídos pelo barulho ao nosso redor – como quando estamos em um café, por exemplo –, nós processamos as informações mais abstratamente, o que pode estimular a nossa criatividade.

Em contraste, ambientes silenciosos são levemente perturbadores. O ouvido humano evoluiu para detectar predadores, razão pela qual nos tornamos um pouco mais conscientes em relação aos nossos arredores quando estamos em um espaço que está completamente tranquilo. Nossa audição se intensifica, amplificando os sons que nós normalmente ignoraríamos, porque, no passado, a atenção mais aguda nos alertava para ameaças potenciais. A quietude extrema intensifica o foco, o qual, como a cor vermelha, pode ser útil no contexto correto. Quando a tarefa que estamos realizando requer precisão e minimização de erros, a sensibilidade estimulada pode ser benéfica ao desempenho, mas quando o nosso trabalho envolve pensamento criativo, o silêncio total pode ser surpreendentemente prejudicial.

Até mesmo os móveis podem distrair nossa atenção. Um experimento de 2013 descobriu que quando as pessoas entram em uma sala com cadeiras dispostas em círculo, elas se voltam para o pertencimento de grupo. Mas quando a disposição envolve um ângulo – como frequentemente acontece em muitas salas de conferência –, o foco muda para a expressão do caráter único e da distinção. Em parte, isso ocorre porque o *layout* da sala comunica um tipo de interação esperada, o que leva a agir de maneira correlata.

Por que nós somos influenciados por tantas características aparentemente triviais do nosso ambiente? É porque a adaptação automática às nossas cercanias é algo de fato bastante vantajoso.

Pense sobre isso como um sistema de controle de velocidade para o cérebro. Nós não temos que parar e refletir sobre como agir todas as vezes em que nos deparamos com um farol vermelho ameaçador ou entrar em uma sala em que nunca estivemos antes. Nossa mente faz isso por nós, lendo nosso ambiente e ajustando nosso pensamento para que consigamos conservar nosso poder mental para coisas mais importantes.

O resultado é o seguinte: a mente humana não opera no vácuo. Ela mapeia constantemente suas cercanias, buscando pistas e usando os dados para selecionar uma abordagem mental ideal. Onde estamos afeta o modo como pensamos.

Olhe à sua volta. Que efeito o seu ambiente está exercendo sobre você agora mesmo?

UMA BREVE HISTÓRIA DO *DESIGN* DE ESCRITÓRIOS

Quando nós pensamos sobre os inventores, pensamos sobre histórias de sucesso: Leonardo da Vinci, Alexander Graham Bell, Bill Gates. Mas nem todos os inventores são igualmente orgulhosos de seu trabalho. Alguns vivem o suficiente para verem suas criações fracassarem, levando-os a questionar o verdadeiro valor de suas contribuições.

Esse é o caso dilacerante de Robert Propst, que, por décadas, viu sua invenção sair dos trilhos sem solução antes de sua morte no ano 2000.

Outrora professor universitário de Belas Artes, Propst foi contratado no fim dos anos 1950 como chefe de pesquisa da Herman Miller, uma empresa de fabricação de móveis cuja matriz se localizava em Michigan. A posição era nova, e Propst recebeu bastante margem de manobra. Ele havia sido escolhido pelo fundador da Herman Miller, D. J. DePree, o qual lhe disse que poderia fazer pesquisas sobre qualquer coisa que pudesse facilitar o crescimento da empresa.

Quase imediatamente, ele orbitou ao redor da ideia de reinventar os móveis dos escritórios.

À época, a maioria dos locais de trabalho parecia quase nada com o modo como se parece hoje. O escritório típico consistia de um vasto espaço aberto, com fileiras e mais fileiras de mesas idênticas colocadas bem próximas umas das outras. Os funcionários tinham muito pouca privacidade, o que se devia ao design. O escritório aglomerado (*bullpen office*), como era conhecido, era uma extensão natural do chão de fábrica. O objetivo era manter todo mundo à vista, como uma maneira de assegurar que as pessoas permaneciam em suas mesas.

Propst atacou sua nova tarefa com a curiosidade intelectual de um antropólogo. Ele observou os empregados enquanto trabalhavam, os entrevistou sobre suas experiências e consultou um conjunto de especialistas, incluindo psicólogos, arquitetos e matemáticos. Ele estudou o modo como as informações fluíam entre os funcionários e examinou as formas pelas quais o layout afetava sua produtividade. A partir de análises exaustivas, Propst chegou às suas conclusões. Sua avaliação foi desoladora. "Os escritórios atuais são uma terra de desperdícios", ele observou. "Eles solapam a vitalidade, bloqueiam os talentos e frustram as realizações. Eles são a cena diária de intenções não realizadas e esforços fracassados".

O moderno local de trabalho, Propst argumentou, precisava desesperadamente de uma revisão. Algo que minimizasse as distrações, oferecesse privacidade e desse aos funcionários algum controle sobre aquilo com que eles estavam trabalhando.

A solução de Propst? O escritório da ação.

Trabalhando junto com o *designer* George Nelson, Propst desenvolveu uma nova visão para os móveis dos escritórios; uma visão que incorporava seus insights de pesquisa e introduzia a estação de trabalho que passava a ser construída segundo as necessidades dos funcionários.

Entre suas características: uma seleção de superfícies de trabalho, incluindo duas mesas e uma pequena escrivaninha, permitindo que os funcionários espalhassem suas tarefas e esticassem as pernas ao longo do dia. Havia cadeiras devidamente ergonômicas, mesas para trabalho em pé e unidades móveis para criar privacidade e oferecer salas para a disposição de trabalhos em progresso. O modelo também oferecia combinações de móveis customizáveis, convidando os funcionários a mesclar e combinar os arranjos, encontrando um *layout* que lhes parecesse o melhor possível.

Lançado em 1964, o escritório da ação recebeu críticas muito elogiosas de revistas conceituadas na área de negócios e ganhou vários prêmios prestigiados da indústria. Mas, comercialmente, foi um fracasso total. Os funcionários reclamavam que o escritório da ação ocupava muito espaço, que era difícil de ser reunido e custava muito mais do que eles estavam dispostos a pagar. Havia algumas características que traziam apelo aos compradores (como a noção de separação dos trabalhadores), mas, no geral, o consenso era que, em sua forma original, o escritório da ação não era viável.

Com relutância, Propst voltou para a mesa de projetos. Ele sabia que estava diante de algo novo, mas sua abordagem original não estava realizando vendas. Algo teria que mudar.

Quatro anos depois, ele retornou com uma versão modificada da sua invenção – uma versão que respondia às colocações dos funcionários. Ela foi chamada de escritório de ação dois, apesar de que, se você é como a maioria das pessoas, provavelmente a conhece com o nome menos formal de *cubículo*.

Propst havia abandonado suas prescrições movidas por *insights* sobre o espaço aumentado, a variedade de superfícies de trabalho e a customização voltada para os funcionários. Em seu lugar, essa nova unidade apresentava partições verticais (para minimizar a distração) que despontavam como parte de uma unidade facilmente agrupável que custava apenas uma fração dos móveis tradicionais.

A segunda tentativa de Propst foi um choque incontestável. Cubículos foram construídos para se voltar à necessidade pessoal de espaço e privacidade. Eles não alcançaram nenhum dos objetivos. Hoje, quase 70 por cento das empresas norte-americanas utilizam alguma versão do escritório da ação, e elas o estão usando para agrupar funcionários em espaços menores. Nos anos 1970, o funcionário médio era alocado com cerca de 150 m² de espaço no escritório. Em 2010, tal número havia sido reduzido para cerca de 60 m².

A privacidade por si só raramente melhora a situação. Apesar de os cubículos poderem impedir que os funcionários mantenham contato visual, a privacidade consiste em algo mais do que não ver alguém que está sentado próximo. A privacidade acústica também é vital. Ouvir alguém que você não pode ver frequentemente leva a mais distração do que ter completa visão das pessoas.

Estudos mostram que o trabalho em um cubículo pode ser mentalmente desgastante, psicologicamente estressante e fisiologicamente danoso. Ser sujeito de constante perturbação, alto nível de ruídos e falta de espaço pessoal eleva nossos níveis de ansiedade e aumenta a pressão sanguínea, o que cobra um preço no sistema imunológico do corpo. Quando os funcionários estão continuamente estressados, sua motivação, desempenho e satisfação tendem a cair, porque eles têm menos energia para trazer ao serviço.

Propst não conseguia deixar de olhar com desdém para a maneira como sua invenção remodelou o ambiente corporativo. Apenas três anos antes de sua morte, ele expressou considerável amargura em relação a como seu trabalho havia sido cooptado às custas do bem-estar dos funcionários, comparando o moderno local de trabalho a uma "insanidade monolítica".

"Nem todas as empresas são inteligentes e progressistas", ele disse em 1998. "Muitas delas são administradas por pessoas crassas que podem ser submetidas ao mesmo tipo de equipamento e podem criar infernos. Eles fazem cubículos reduzidíssimos e os lotam de pessoas. Locais improdutivos, verdadeiros buracos de ratos".

Para sermos justos, as alternativas aos cubículos têm muitas desvantagens. Escritórios privados representam um grande custo imobiliário, apartam os funcionários uns dos outros e introduzem barreiras à comunicação. Frequentemente, quanto mais subimos aos altos escalões de uma empresa, mais espaço disponível existe e mais inacessível a pessoa se torna. O *status* engendra o isolamento, que pode ter um efeito danoso em equipes cujo trabalho depende da colaboração. A inovação, argumenta-se com frequência, vem da interação espontânea. É difícil realizar reuniões ou encontros não planejados para conhecer outras pessoas, pois isto requer um convite pelo *Outlook*.

Em anos recentes, um número crescente de empresas começou a rejeitar tanto o cubículo quanto o escritório angular (*corner office*), adotando um *layout* aberto similar àquele que Robert Propst se contrapunha com tanto fervor. Partidários argumentam que colocar todo mundo em um mesmo lugar promove a colaboração e desenvolve melhor o potencial de comunicação. Trata-se de uma abordagem igualitária que fornece a cada funcionário a mesma quantidade de espaço. Em um mundo em que o sucesso é predicado às equipes de trabalho, que melhor caminho haveria para fazer as pessoas trabalharem juntas do que eliminar os obstáculos para a comunicação e assegurar que todos sejam tratados com igualdade?

Trata-se de uma ideia nobre. Mas ela funciona? As pesquisas levantam algumas sérias preocupações.

Enquanto *designs* de espaço aberto podem aumentar a comunicação entre os colegas de trabalho, elas o fazem frequentemente às expensas do trabalho individual. Os mesmos inconvenientes que inspiraram Propst a retornar o design para o início dos anos 1960 – conversas aleatórias, distração visual, falta de privacidade – continuam a prejudicar os locais de trabalho em espaço aberto. Quando nosso escritório é tomado por interrupções, nós acabamos consumindo todos os recursos mentais de que precisamos para pensar claramente.

Ironicamente, a frustração que experimentamos quando não estamos realizando nosso trabalho interfere, inevitavelmente, com a nossa habilidade para a colaboração. É difícil demonstrar alegria para com os colegas de trabalho quando você sente constantemente que está ficando para trás.

Alguns estudos também questionam se ter colegas tão acessíveis é realmente algo bom. Conforme o professora de Administração Anne-Laure Fayard disse ao *New York Times*, "muitos estudos mostram que as pessoas têm conversas mais curtas e superficiais em espaços abertos porque elas têm consciência de que estão sendo ouvidas". Então, de fato, espaços abertos podem propiciar um número maior de conversas, mas nem toda a comunicação é igualmente válida. E mesmo se a comunicação fosse algo inválido, é importante lembrar que a colaboração representa apenas uma faceta do que significa ser produtivo.

Tudo isso deveria tornar uma coisa bastante clara: em meio a todos os avanços que revolucionaram o local de trabalho moderno nos últimos cinquenta anos – do computador pessoal à *internet* e à tecnologia móvel –, o *design* não é um deles. A maioria das empresas continua a se fiar em um dos três *layouts* de escritórios tradicionais, cada um dos quais comporta riscos significativos para minar o desempenho dos funcionários.

Os cubículos deprimem. Escritórios privados levam ao isolamento. Espaços abertos provocam distrações.

Então, o que uma empresa deve fazer?

O GUIA DO HOMEM DAS CAVERNAS PARA SE CONSTRUIR UM ESCRITÓRIO MELHOR

Pergunte a CEOs (executivos) médios como otimizar um espaço de trabalho, e eles poderão sugerir que você faça uma consulta com um *designer* de interiores. Faça a mesma pergunta a um psicólogo evolucionista, e ele o direcionará a um conjunto totalmente diferente de especialistas: nossos antigos ancestrais.

Psicólogos evolucionistas argumentam que muitas das preferências atuais de *design* podem ser remetidas à nossa história compartilhada na savana. Nós somos afeitos a ambientes que promoviam nossa sobrevivência nos grupos de caçadores e nos sentimos desconfortáveis em situações que colocariam nossos ancestrais em risco. Essas preferências, eles argumentam, são, em grande medida, inconscientes. Nós simplesmente experimentamos medidas seguras como prazerosas e medidas perigosas como repulsivas, sem conseguir identificar exatamente por quê.

Um exemplo: a maioria de nós gosta instintivamente de se sentar em locais cobertos do que em áreas vastas e abertas como parques e oceanos. Pense em propriedades à beira-mar ou nos apartamentos cuja vistas dão para o Central Park. No passado, o desejo para medidas que ofereciam segurança e uma visão das nossas cercanias nos mantiveram vivos e nos posicionavam para que pudéssemos encontrar nossa próxima refeição. Locais que oferecem perspectiva e refúgio são inerentemente agradáveis, enquanto áreas que nos negam abrigo ou boas visões tendem a gerar desconforto. Nós já não precisamos dessas características para sobreviver, mas, ainda assim, não conseguimos deixar de preferi-las.

Pesquisas com imagens cerebrais demonstram a natureza profunda dessas preferências: nosso desejo por perspectiva e refúgio é tão forte que chega a afetar a nossa percepção sobre a arte. Um estudo de 2006 descobriu que os centros de prazer do cérebro se iluminam consistentemente quando estamos vendo paisagens, especialmente quando o ponto de observação é um ponto de refúgio.

O nosso desejo por locais seguros também explica por que se sentar com as costas expostas pode nos fazer sentir tensão. Nós gostamos que os outros cheguem sorrateiramente e buscamos minimizar potenciais ameaças. Conforme a psicóloga ambiental Sally Augustin enfatiza, essa é uma razão pela qual as mesas de restaurantes em locais mais reservados são ocupadas mais rapidamente do que as mesas mais visíveis. O folclore da máfia diz que é melhor se sentar com as costas voltadas para a parede. Parece que nossos ancestrais se sentiam da mesma forma.

Outro *insight* evolutivo: ficamos mais felizes quando estamos próximos dos locais abertos. Entre os grupos de caçadores, estar ao ar livre era essencial para a nossa sobrevivência. Isso significava proximidade com a comida, a água e com as outras pessoas. Um vasto *corpus* de trabalho revela que a natureza é essencial para o funcionamento psicológico. Um estudo de 1984, por exemplo, descobriu que pacientes a serem submetidos a cirurgias requerem menos analgésicos e ficam menos dias no hospital quando lhes são destinados quartos cuja visão sobrelevada se abre para as árvores. Cenas da natureza, argumentam os pesquisadores, reduzem a nossa ansiedade e diminuem a tensão muscular, o que contribui para a cura de nossos corpos.

Também se pôde demonstrar que ter uma visão para o espaço aberto promove o desempenho no local de trabalho. Os funcionários que se sentam perto de uma janela se saem melhor do que aqueles que ficam junto a uma mesa, mostram mais interesse em seu trabalho e apresentam mais lealdade à empresa. Um estudo de 2003 descobriu que quando funcionários de *call centers* – que, frequentemente, giram os assentos – são dispostos perto da janela, eles geram 3.000 dólares a mais de produtividade por ano. As pesquisas até mesmo sugerem que a qualidade de luz solar direta que entra num escritório pode servir para prever, de forma confiável, o nível de satisfação dos funcionários em um local de trabalho.

Mas por que o acesso à natureza nos faz sentir melhor?

Alguns especialistas acreditam que a exposição à luz do sol desempenha um grande papel. A luz solar regular nossos ritmos circadianos, afetando o funcionamento de nossos corpos. Privados da luz do sol, nós experimentamos um desequilíbrio em serotonina e melatonina, prejudicando nossa habilidade de ter uma boa noite de sono e comprometendo nossos sistemas imunológicos. Para que saibamos: um estudo de 2013 descobriu que os funcionários cujos escritórios têm janelas, dormem, em média, 46 minutos mais por noite do que aqueles que trabalham em salas sem janelas. Outro estudo publicado no mesmo ano descobriu que depois que os raios de sol atingem nossa pele, nossos corpos liberam óxido nítrico, um componente que dilata as veias sanguíneas e reduz nossa pressão sanguínea.

Outros acreditam que os benefícios da natureza se estendem para além dos aspectos fisiológicos. Um número de pesquisadores argumenta que os aspectos naturais também são cognitivamente rejuvenescedores e ajudam a restaurar nossos recursos mentais. Em contraste com o tremendo estímulo a que frequentemente somos submetidos no trabalho, onde regularmente somos inundados com chamadas, *e-mails* e mensagens de textos por horas a fio, os aspectos naturais tomam nosso interesse, mas requerem muito pouco da nossa atenção. Nós temos a liberdade de deixar a mente vagar, notando muito ou pouco conforme caminhamos, enquanto entramos em um estado que os psicólogos chamam de "leve fascínio". O resultado é uma elevação tanto no humor quanto no reabastecimento da energia mental que melhora nossa memória e impulsiona nossa criatividade.

Estudos mostram que a mera presença de plantas também pode fornecer benefícios surpreendentemente grandes. Funcionários de escritórios dizem se sentir mais saudáveis e com mais energia quando seus locais de trabalho apresentam plantas e flores naturais. Um estudo de 2011 descobriu que distribuir os participantes aleatoriamente em salas com plantas leva a um desempenho significativamente melhor em tarefas que requerem atenção prolongada e concentração.

Quando as vistas e as plantas não estão disponíveis, até mesmo coisas que lembrem a natureza parecem ajudar. Pesquisas sugerem que o acesso a aquários e lareiras nos trazem conforto e nos tornam propensos a nos relacionarmos com os outros. Quadros de paisagens nos tornam menos ansiosos. Breves exposições ao azul e ao verde, cores sempre presentes em ambientes férteis e ricos em vegetação, água e alimento, nos fazem sentir seguros e melhoram nossas atividades criativas.

Não é difícil para o psicólogo evolutivo ver por que tantos escritórios fracassam em motivar seus funcionários. Privar as pessoas da luz do sol, restringir suas vistas e fazê-las sentar com as costas expostas não é uma receita para o sucesso – é uma receita para a ansiedade crônica. E isso também acontece com a disposição de funcionários em salas muito grandes, inundando-os com estímulos e deixando de fornecer a eles uma área para refúgio, onde eles possam se recuperar da fadiga por conta da concentração.

Nós tendemos a assumir que o envolvimento dos funcionários se volta para o trabalho, que enquanto dermos às pessoas talentosas tarefas desafiadoras e ferramentas para que elas se sobressaiam, elas ficarão felizes. Mas essa fórmula está incompleta. A nossa mente responde aos sinais em nosso ambiente. E quanto menos confortáveis estivermos ao fazermos nosso trabalho, menos recursos cognitivos teremos à disposição.

E é por isso que, afinal, o *design* é importante. Desenvolver o comprometimento nos funcionários cria um ambiente que dispõe as pessoas a darem o seu melhor. O homem paleolítico pode ter sido superado há muito tempo, mas ele ainda pode ensinar algumas coisas quando se trata de realizar o *design* de um local de trabalho melhor.

USANDO O ESPAÇO PARA NARRAR UMA HISTÓRIA

Construir um local de trabalho que estimule o desempenho dos funcionários é um esforço que claramente vale a pena. Mas esse não é o único meio de usar o *design* do local de trabalho para beneficiar uma empresa.

Franklin Becker, professor de Administração da Universidade de Cornell, compara o uso do escritório de uma empresa à sua "linguagem corpórea organizacional". Trata-se de uma analogia cabível. Quando uma pessoa diz uma coisa e seu corpo comunica outra, os ouvintes ficam confusos. O mesmo pode ser dito em relação a empresas que clamam por uma característica particular, mas falham em realizar seu *design* de interiores. Elas despontam como não autênticas para seus funcionários, cujas impressões inevitavelmente alcançam os clientes.

Quanto mais a mensagem de uma empresa é reforçada em um ambiente de trabalho, mais fácil se torna para os funcionários se integrarem a essa visão e transmiti-la às pessoas com quem eles se encontram. É por isso que tantas empresas líderes estão agora investindo em *design* de interiores que são culturalmente peculiares e que transmitem uma mensagem consistente – algo que a empresa queira comunicar ao mundo exterior.

O *design* do local de trabalho também se tornou uma ferramenta importante para atrair e manter os grandes talentos. Estudos mostram que os funcionários usam a qualidade de um ambiente de escritório para realizar inferências sobre a competência dos líderes de uma empresa. Quando um local de trabalho é bem projetado, a confiança dos funcionários em equipe de gerentes aumenta, assim como sua vontade de permanecer na empresa pelos próximos anos.

Como é que se usa o *design* para fazer com que uma empresa se sinta distinta?

Uma abordagem é tomar de empréstimo uma prática usada por muitos comerciantes de sucesso que envolve a criação de um mapa dos pontos que sensibilizam os clientes. Tais mapas antecipam todos os elementos da experiência de um cliente, do instante em que eles entram pela porta até os últimos passos que os levam de volta ao carro, identificando oportunidades de comunicação ao longo do caminho. O objetivo é transformar cada interação com o consumidor em uma marca de experiência que reflita a mensagem do comerciante.

Se você já visitou uma loja da Apple, você provavelmente notou como ali ocorre uma experiência bem diferente em relação às demais lojas de eletrônicos. A decoração é clara e arejada. Não há um mediador entre os clientes e o acesso aos produtos da Apple. Os caixas e as longas filas foram eliminados; na loja da Apple, qualquer funcionário pode realizar a venda e receber o pagamento.

Cada aspecto do *design* da loja da Apple reflete a mensagem de sua marca: simplicidade.

Da mesma forma que a Apple usa seu espaço para comunicar uma mensagem para seus clientes externos, empresas podem usar o ambiente de trabalho para enviar uma mensagem para seus clientes internos. A chave é primeiramente identificar uma mensagem que a empresa queira transmitir – digamos, inovação, insight ou cuidado – e então projetar os pontos que sensibilizam os funcionários para dar vida a esse conceito.

Saguões e corredores representam oportunidades de sensibilização fundamentais que podem ser usadas para compartilhar a história, as tradições e as conquistas de uma empresa. Steve Ferretti, especialista em marcas registradas em ambientes e diretor executivo da Ferretti Designs, já escreveu sobre a importância de se utilizarem as sensibilizações organizacionais para a criação de vínculos emocionais. Há alguns anos, Ferretti havia sido contratado para projetar a exibição de um saguão para uma empresa de aparelhos médicos. A abordagem óbvia seria ter colocado algumas imagens respeitáveis dos fundadores da empresa junto com uma breve história dos equipamentos produzidos. Mas Ferretti queria algo mais evocativo: uma sensibilização com um aspecto emocional. Então ele projetou um painel de vidro que apresentava um par solitário de patins de gelo.

Para qualquer pessoa que entrasse no prédio, os patins pareciam dramaticamente fora de lugar; afinal, tratava-se de uma empresa que produzia instrumentos técnicos tediosos. E esse era o ponto. Apenas depois de ler a legenda, os visitantes descobririam a razão para aquela apresentação. Os patins haviam pertencido à atleta olímpica Bonnie Blair, uma atleta cuja carreira havia sido prolongada graças à tecnologia desenvolvida pelos funcionários da empresa.

Enquanto os locais de acesso ajudam a dar o tom, é importante lembrar que eles representam apenas uma pequena parte da experiência no local de trabalho. Frequentemente, as empresas limitam seus investimentos em *design* para os saguões porque se trata do elemento do ambiente que é mais visível para os clientes. Isso é um erro. Sempre que houver uma desconexão entre a frente e o coração da casa, há um potencial para os funcionários pensarem se a mensagem da empresa é simplesmente uma farsa.

Muitas empresas de sucesso começaram a usar espaços de bastidores para enfatizar um comprometimento com seus funcionários. Por exemplo, a Daxko, uma empresa de consultoria de *softwares* localizada no Alabama, criou uma "parede dos favoritos", em que se dispõem fotos dos funcionários com seus livros e filmes favoritos ou com as camisas de seus times do coração. Uma abordagem correlata, frequentemente utilizada por empresas em indústria de criação, é colocar trabalhos artísticos à mostra, apresentando-os como em uma exibição.

Outra forma de usar o espaço para envolver os funcionários é torná-los pessoalmente comprometidos com o *design* de seu local de trabalho. Quando a Bliss Integrated Communication, uma empresa de *marketing* de Manhattan, se mudou para seu novo escritório em 2012, ela estava decidida a fazer com que seus funcionários desempenhassem um papel. Então, foi realizado um torneio de fotografia durante o verão sobre dois temas centrais para a marca da empresa: a cidade de Nova Iorque e a mídia. Cada funcionário foi convidado a enviar suas fotos, que eram então submetidas a uma votação geral na empresa. As fotos vitoriosas estão agora dispostas pela agência.

Dar nomes a salas de conferências é outro instrumento para tornar único um local de trabalho. Quando nós fornecemos uma identidade para um espaço, nós criamos expectativas nas mentes dos visitantes que dão formas às suas experiências. Um spa que eu visitei recentemente tem armários para os frequentadores que não são diferentes de quaisquer outros que eu já tenha visto – exceto pelo fato de que eles não os chamam de "armários". Eles o chamam de "O Santuário". Trata-se de uma abordagem inteligente. As pesquisas mostram que quando nós antecipamos a vivência de uma experiência positiva, nós temos mais chance de efetivamente vivenciá-la.

Armários são grosseiros. Santuários são reconfortantes.

A maioria das empresas usa nomes genéricos para seus espaços de reuniões, como Sala de Conferência A ou B. Isso não acontece na Poggled, uma empresa de Chicago que vende cupons coletivos para eventos e certificados de descontos para casas noturnas. A empresa está envolvida em mediar experiências noturnas memoráveis, e é por isso que, se você procura a equipe gerencial da Poggled, provavelmente encontrará em um desses dois locais: o "São cinco da tarde em algum lugar", ou o local levemente menos formal que se chama "Fiquem sedentos, meus amigos".

Outro ponto de sensibilização para o local de trabalho: os móveis do escritório. Anteriormente, nós vimos a forma como as disposições e a ergonomia das cadeiras podem sutilmente influenciar o pensamento das pessoas. O modo como as salas são mobiliadas comunica uma mensagem implícita sobre como os comportamentos são apropriados. De forma interessante, não é apenas o *layout* dos móveis que afeta as nossas experiências – é também a composição física. Um experimento de 2010 conduzido por pesquisadores do Instituto de Tecnologia de Massachusetts (MIT) e das Universidades de Harvard e Yale descobriu que pessoas que se se sentam em cadeiras de madeira têm menos disposição de se vincular ao trabalho do que aquelas que se sentam em cadeiras com almofadas confortáveis.

O que essa descoberta sugere é que os móveis que uma empresa escolhe podem ter um impacto na forma como um local de trabalho é vivenciado. Em vez de simplesmente escolher os móveis com base no apelo estético, vale a pena considerar as sensações que eles trazem e a mensagem que comunicam.

Escritórios de advocacia, por exemplo, tendem frequentemente a utilizar grandes mesas de madeira e cadeiras de couro rígidas. A decoração tradicional ajuda a comunicar estabilidade e confiança, o que pode ser útil durante a condução de negociações ou para persuadir um cliente potencial para a contratação dos serviços. Torna-se improvável, no entanto, a ajuda para que os visitantes fiquem tranquilos, silenciem seus censores internos e despontem com ideias criativas e inusitadas.

E aí vem um ponto: o que é bom para um local pode ser inteiramente ruim para outro. A chave é pensar primeiramente sobre como uma sala será usada e, então, construir uma experiência consistente com esse objetivo.

Um ponto de sensibilização organizacional que, com frequência, é misteriosamente negligenciado: o banheiro. A maioria dos banheiros de escritórios é fria e inóspita. Mas, para muitos funcionários, trata-se de uma das poucas oportunidades que eles têm para relaxar um pouco, dar vazão a detalhes triviais e se reconcentrar nos pontos maiores. Em vez de tratar os banheiros com desdém, algumas empresas mais progressistas os estão agora utilizando como uma oportunidade para estimular a criatividade, ao expor neles trabalhos artísticos interessantes, ao disponibilizar revistas interessantes e provocantes ou ao tocar músicas inusitadas.

No Google, por exemplo, os banheiros são os locais aonde os funcionários vão para aprender. Em 2007, um grupo de engenheiros começou a afixar artigos interessantes nos banheiros como uma forma de educar seus colegas sobre novos métodos de testes de segurança. A ideia deu certo, e logo seus colegas de trabalho começaram a reclamar quando o material não era atualizado com a rapidez suficiente. Até hoje, quando o engenheiro do Google diz, "Com licença, eu preciso ler algo sobre testes de segurança", todos sabem aonde ele vai.

Na superfície, isso pode parecer apenas mais uma anedota excêntrica. Mas isso demonstra como até mesmo uma simples ida ao banheiro pode ser usada para reforçar o compromisso da empresa com o crescimento intelectual.

Uma sensibilização final que vale a pena ser considerada é o design dos espaços comuns de uma empresa. Salas de almoço, salas de armários e copas servem funções logísticas importantes, mas elas também desempenham um papel vital para conexão social. Quando faltam espaços comuns ao local de trabalho, a qualidade das relações dos funcionários é prejudicada. Na verdade, pesquisas conduzidas pelo Instituto Gallup mostram que empresas que negligenciam a construção de espaços comuns apresentam *metade* do número de funcionários com um bom amigo no trabalho do que aquelas que não o fazem.

Frequentemente, nós pensamos muito sobre espaços de reuniões formais. Mas, com frequência, são os espaços *informais* que podem ter um impacto maior sobre a qualidade dos nossos relacionamentos nos locais de trabalho. Oferecer espaços internos e externos atrativos para que os funcionários se reúnam é um ponto de sensibilização organizacional vital em qualquer empresa – algo que pode fomentar bons relacionamentos entre os funcionários, criar oportunidades de trabalho e estimular interações criativas.

AS LIÇÕES DA TELECOMUNICAÇÃO: POR QUE OS FUNCIONÁRIOS SÃO FREQUENTEMENTE MAIS PRODUTIVOS EM CASA

Enquanto eu estava escrevendo este livro no começo de 2013, a CEO (executiva) do Yahoo! Marissa Mayer recebeu fortes críticas por eliminar o trabalho flexível da empresa em relação ao *home office*, determinando que os funcionários fossem ao escritórios todos os dias. O argumento de Mayer, que, sem dúvida, havia sido influenciada por sua experiência de trabalho no Google, era simples: a criatividade e a inovação florescem em reuniões efervescentes. E aquelas interações somente podem ocorrer quando as pessoas estão trabalhando de forma colaborativa no mesmo lugar.

Tal determinação atingiu um nervo. Quase imediatamente, um tumulto nacional despontou em relação aos méritos da telecomunicação. Eruditos começaram a disputar a questão para saber se os funcionários trabalham melhor em casa ou no escritório.

"Uma cultura de força de trabalho baseada em longas horas no escritório com pouca preocupação pela família ou pela comunidade não leva inevitavelmente a forte produtividade ou inovação", escreveu a socióloga Jennifer Glass em um artigo inflamado publicado na seção de debates do *New York Times*. A colunista do *U.S. News & World Report* Susan Milligan foi mais simpática: "A tecnologia é ótima; ela nos ajuda a fazer as coisas de forma mais eficiente e barata. Mas, ela também, leva a uma ruptura das interações humanas que é nociva não apenas para a humanidade em geral, como também para os negócios".

Ao acompanhar esse debate, eu comecei a pensar em como ele parecia estar centrado na questão errada. Em vez de perguntar se os funcionários são mais produtivos em casa ou no trabalho – cuja resposta óbvia é que isso depende do indivíduo e da tarefa particular –, o que nós deveríamos perguntar é o que os ambientes do lar podem nos ensinar sobre a construção de um melhor local de trabalho.

Numerosos estudos descobriram que, em muitos casos, funcionários que têm a opção do *home office* são mais produtivos do que seus colegas de trabalho que ficam no escritório. Mas qual a razão pela qual trabalhar em casa estimula os nossos resultados? E mais importante: como é que nós aplicamos esses insights ao escritório para que os funcionários possam ser mais eficientes no trabalho?

Para sermos justos, é preciso dizer que alguns confortos do lar não podem ser replicados, não importa o quanto as empresas tentem fazê-lo. Por exemplo, ficar se depilando durantes duas horas no banheiro do escritório. Eliminar o tempo no trânsito reduz o nível de estresse dos funcionários e lhes permite passar as melhores horas do dia fazendo seu trabalho. Trata-se de um benefício legítimo que merece sérias considerações.

Mas há mais questões envolvidas no trabalho em casa do que apenas menos tempo no trânsito.

Considere o acesso a um espaço silencioso e privado. É impossível desempenhar satisfatoriamente um trabalho mental desafiador quando nós estamos diante de uma constante pletora de *e-mails*, chamadas para conferências e reuniões. Nossos cérebros não conseguem lidar com tanta coisa assim. A capacidade cognitiva que cada um de nós tem é limitada, razão pela qual distrações podem ser tão prejudiciais. Permitir que elas consumam a nossa atenção nos deixa com menos recursos para realizarmos o trabalho que importa.

As distrações no local de trabalho também nos desaceleram mais do que gostaríamos de reconhecer. Uma rápida visita de um colega pode levar apenas 30 segundos, mas as reverberações cognitivas dessa distração podem durar muito mais. Um estudo da Universidade da Califórnia-Irvine descobriu que quando nós estamos distraídos em uma atividade que requer total concentração, leva uma média de mais de 20 minutos para que consigamos recobrar nosso momento anterior à distração.

Diferentemente do que ocorre no local de trabalho, há também menos pressão em um ambiente tranquilo de *home office* para desempenhar múltiplas tarefas. Enquanto nós gostamos de acreditar que somos bons em realizar múltiplas tarefas, as pesquisas sugerem que essa, raramente, é uma estratégia eficiente. O que parece para nós como uma multiplicidade de atividades sendo realizadas de uma vez, frequentemente envolve apenas o embaralhamento das tarefas, fato que gera sérias consequências. Quando realizamos múltiplas tarefas, nosso desempenho é prejudicado e nossos níveis de estresse aumentam. Em parte, isso ocorre porque o redirecionamento da nossa atenção de uma tarefa para outra consome nossos recursos cognitivos, nos deixando com menos energia mental do que se tivéssemos simplesmente devotado toda a nossa atenção para uma atividade por vez. Os pesquisadores também estão descobrindo que realizadores crônicos de múltiplas atividades – aqueles de nós que não conseguem deixar de ler *e-mails* enquanto falam ao telefone, por exemplo – são especialmente propensos a vivenciar tédio, ansiedade e depressão.

Outro benefício de se trabalhar a partir de casa: o caráter pessoal. Em casa nós controlamos muitos aspectos do nosso ambiente – controlamos tudo desde a organização do nosso escritório até a luz da nossa mesa e a temperatura da sala –, o que melhora nosso nível de conforto e nos permite direcionar a atenção para o nosso trabalho.

Mas o conforto pessoal não é a única razão pela qual o caráter pessoal é importante. Seres humanos são animais territoriais. Quando temos a liberdade de moldar as nossas cercanias, vivenciamos um senso mais elevado de controle pessoal, o que reduz o estresse e melhora nossa confiança. Em contraste, acreditar que nos falta controle sobre o nosso ambiente leva a um declínio na motivação.

Psicólogos descobriram que empresas que encorajam seus funcionários a personalizar seus locais de trabalho tendem a ter trabalhadores mais felizes. Decorar um escritório não apenas faz com que os funcionários se sintam mais confortáveis, como também promove um senso de posse pessoal e pertencimento.

Em um experimento, os pesquisadores mediram um aumento de 32 por cento no desempenho entre as pessoas que podiam personalizar seus escritórios, comparadas àquelas cujos escritórios eram mantidos vazios. Outro estudo mostrou que funcionários que não personalizam seus escritórios (quando a personalização é permitida) são, tipicamente, aqueles que estão descontentes com seus trabalhos. Tais descobertas ajudam a explicar por que empresas como a DreamWorks e a Etsy começaram a fornecer aos novos funcionários um modesto orçamento para que eles decorassem seus locais de trabalho. Um pequeno investimento em personalização pode ir bem longe.

Quando trabalhamos em casa, temos acesso a experiências restauradoras, como olhar pela janela, sair para dar uma corrida ou tirar um cochilo. Na maioria das empresas, oportunidades como essas são raras. Ter a liberdade de se revigorar é uma forma que muitos locais de trabalho desencorajam e, sem dúvida, isso desempenha um papel facilitador na produtividade daquele que trabalha à distância.

Não surpreende, então, que muitos funcionários acreditem que eles sejam mais produtivos trabalhando fora do escritório. É porque, em muitos casos, eles de fato o são. Quando somos colocados em um ambiente que é favorável ao pensamento complexo, nossa mente responde.

Mas a verdadeira lição do trabalho à distância, aquela que todos os CEO (executivos) fariam bem em considerar, é que há algo profundamente errado com o *design* de um local de trabalho quando a única forma de um funcionário se sentir produtivo é sair do prédio fisicamente. Quando chegar cedo, sair tarde e trabalhar nos fins de semana se tornam requisitos para a sobrevivência, a coisa fica clara: o modelo atual está falido.

Então, qual é a alternativa?

CAVERNAS E FOGUEIRAS DE ACAMPAMENTOS

O que os estudos nos dizem é que podemos estimular o desempenho dos funcionários ao alavancar suas cercanias. Que nós podemos motivar melhores resultados ao projetar ambientes que ajudem os funcionários a encontrar as demandas cognitivas de seus trabalhos.

Infelizmente, essa está longe de ser a realidade da maioria dos escritórios projetados. Em vez disso, a maioria das empresas adota uma abordagem unilateral e reducionista, ordenando que cada funcionário lide com o mesmo arranjo, independentemente de suas efetivas tarefas de trabalho. Publicitários, contadores e vendedores são todos agrupados conjuntamente em espaços de escritórios idênticos e espera-se que realizem excelentes trabalhos, com pouquíssima acomodação ambiental.

Mas há uma alternativa para essa abordagem. E se trata de uma alternativa que está rapidamente ganhando campo no setor tecnológico – uma indústria que tem estado na vanguarda da aplicação dos *insights* psicológicos para o design do local de trabalho. Para muitas empresas progressistas, tais como o Google, a Cisco, a eBay, o modelo para o local de trabalho moderno já não é uma versão evoluída do chão de fábrica, mas uma versão modificada do *campus* universitário.

O que as empresas podem aprender a partir de um *campus* universitário? Elas podem aprender a criar um ambiente que estimule a autonomia, para começar. Em meio a um arranjo universitário, os estudantes recebem um conjunto de expectativas no início do semestre. O modo como eles abordam seu trabalho depende deles. Se eles obtêm êxito, eles são recompensados com boas notas e com a projeção de um futuro melhor. Se eles fracassam, pode ser que eles tenham que sair da universidade.

As universidades oferecem aos estudantes uma variedade de arranjos que vai de quartos em dormitórios privados ou semiprivados a bibliotecas silenciosas, espaços comuns como cafeterias, pátios e academias. O *campus* serve como um instrumento. Depende dos estudantes utilizarem as instalações e desenvolverem suas próprias fórmulas para o sucesso.

Muitas empresas estão agora projetando locais de trabalho que adotam uma abordagem similar, oferecendo aos funcionários uma variedade de arranjos e dando a eles a opção de escolher seus próprios caminhos. Os funcionários recebem uma mesa que lhes pertence, uma variedade de espaços comuns que facilitam tanto a colaboração quanto as interações espontâneas. Dependendo do tipo de trabalho que uma empresa realiza, eles também podem escolher a incorporação de algumas diversões, de *designs* ecléticos, criar em uma série de locais (em um café, em uma biblioteca silenciosa, em uma sala inspiradora) o que os funcionários sugerirem para realizar seus projetos.

O valor desse método é que ele permite aos funcionários adaptar seus arranjos às demandas de seus trabalhos, em vez de se dar o oposto. Quando as empresas oferecem aos funcionários uma escolha de local, elas não criam apenas um ambiente que posiciona melhor os trabalhadores para serem bem-sucedidos – elas dão poder aos membros de suas equipes, demonstrando confiança em suas habilidades de tomar decisões.

Há um outro benefício em fornecer aos funcionários uma variedade de opções, e se trata de criar um ambiente que é rico tanto em *cavernas* quanto em *fogueiras de acampamentos*. Gary Jacobs, ilustrador de arquiteturas e consultor de *design*, usa esses termos para descrever nossa inclinação evolutiva por espaços silenciosos e restauradores e por arranjos de grupos interativos. Ele argumenta que alguns de nós temos personalidades que tornam as cavernas mais atrativas, enquanto outros têm personalidades que os fazem voltar para as fogueiras de acampamentos. Mas todos nós precisamos ter acesso a ambos os arranjos para que possamos nos desenvolver, que é o que o modelo do *campus* possibilita. Ele permite que as pessoas em ambos os extremos encontrem seu ambiente preferido em um único local de trabalho.

Uma abordagem como a do *campus* pode parecer complicada ou cara, mas ela não precisa ser assim, não. É claro, ter o complexo do Google de 26 acres (aproximadamente, 105.000 mil m²) à sua disposição tornaria a tarefa mais fácil. Mas até mesmo escritórios menores podem zonear espaços de acordo com as atividades. Transformar o escritório do canto em um "local de pensamento" público, aonde os funcionários vão para se concentrar, pode ser muito mais benéfico para o retorno de investimentos de uma empresa do que usar a mesma sala para entrincheirar seu executivo mais talentoso. E quando salas maiores não estão disponíveis, divisórias e aparelhos de som podem ser usados para espaços distintos com um sentido único.

Anteriormente neste capítulo, nos deparamos com uma questão difícil: como é possível escolher entre cubículos, escritórios privados e espaços abertos quando todos os três apresentam desvantagens significativas?

Há uma resposta simples: você não precisa escolher.

Ao romper com o modelo de espaço único, as empresas podem alavancar muitos dos *insights* de produtividade que descobrimos neste capítulo. Uma coisa que os estudos nos ensinaram é que não há um único ambiente que seja favorável a todas as tarefas. Ao oferecer uma seleção de opções, as empresas podem dar apoio tanto ao trabalho concentrado quanto à colaboração, usando o espaço que elas têm para estimular os esforços de seus funcionários.

O que nos leva de volta ao ponto original...

Imagine um corredor com três portas. A porta número um nos leva a uma sala com plantas, teto alto e visões vastas. É o local aonde você vai para chegar às grandes ideias.

Atrás da porta número dois há uma pequena sala com isolamento acústico, paredes lisas e um grande número de canetas vermelhas. É o local aonde você vai para pinçar, corrigir e reformular os erros.

Entre pela porta número três e você estará em um espaço bem aberto, onde você e seus colegas podem colocar os *notebooks*, pegar um petisco e realizar os projetos em companhia dos demais. É o local aonde você vai quando você está buscando uma centelha de colaboração.

Nós podemos continuar a imaginar aspectos desse local de trabalho ou, então, podemos construí-lo.

AS LIÇÕES DO *DESIGN* DO LOCAL DE TRABALHO
Itens de ação para os gerentes

Projete com a finalidade em mente. Algumas atividades requerem atenção disciplinada e sem quaisquer distrações. Outras se beneficiam de comunicações instantâneas e interações colaborativas. As melhores empresas projetam locais de trabalho com a finalidade em mente, criando espaços que facilitam o trabalho que seus funcionários realizam. Nenhum ambiente único é efetivo para todas as tarefas, e é por isso que mais e mais empresas estão criando espaços híbridos que oferecem aos funcionários uma variedade de usos.

Pense como um homem das cavernas. Muitos dos *insights* partilhados por pensadores evolutivos podem ser facilmente aplicados para estimular os arranjos dos escritórios. Alguns elementos de design, tais como a colocação de plantas, aquários e imagens da natureza, são relativamente baratos. Outros, como oferecer bastante luz natural e assentos com vistas para o exterior, valem a pena ser considerados quando se trata de selecionar ou projetar um novo espaço.

Crie uma marca para sua experiência no local de trabalho. Grandes empresas fazem mais do que dar conforto a seus funcionários. Elas desenvolvem experiências que podem tornar distintos seus locais de trabalho. Um local de trabalho único comunica as prioridades de uma empresa, demonstra competência gerencial e aumenta o envolvimento dos funcionários. Você pode começar mapeando os pontos de sensibilização da empresa (como o saguão, os banheiros e a sala de intervalo e descanso) e descobrir maneiras de estimular a experiência de cada funcionário de uma forma consistente com a sua marca.

AS LIÇÕES DO *DESIGN* NO LOCAL DE TRABALHO
Itens de ação para líderes emergentes

Invista no seu conforto psicológico. Muitos funcionários raramente levam em consideração a decoração dos seus locais de trabalho. Pesquisas sugerem que eles poderiam ser mais produtivos se dessem atenção a esse fator. Quanto mais confortáveis eles estiverem, mais recursos cognitivos terão à disposição para se concentrarem em seus trabalhos. É por essa razão que usar um tempo para personalizar seu espaço de trabalho (na extensão que for possível), da modificação do *layout* e da disposição dos móveis até a realização de modestas mudanças, tais como ajustar a altura do seu monitor ou a intensidade da luz sobre a mesa, tudo isso pode surtir efeito sobre a sua produtividade.

Para recompor sua concentração, dê uma circulada fora do trabalho. A maior do trabalho que fazemos requer profunda concentração, da qual temos apenas uma pequena porção. Mas estudos mostram que nós podemos recompor nossos recursos mentais andando fora do local de trabalho. Quando nós estamos em meio à natureza, é mais fácil deixar a atenção vagar e permitir que a nossa mente recarregue as energias. Não importa quão bem seu escritório tenha sido projetado, já que sair dele por breves períodos pode ajudar você a se tornar mais eficiente.

Crie uma trilha sonora para o local de trabalho. Frequentemente, tomamos como dados os níveis de ruído em nosso ambiente, mas estudos revelam que o som pode influenciar o nosso desempenho de maneiras surpreendentemente poderosas. Sair do escritório não é uma opção? Um par de fones de ouvido pode servir. Páginas da *internet* como a *Coffitivity.com* recriam os ruídos de um café, coisa que as pesquisas sugerem que pode fornecer um impulso criativo, enquanto a página Simplynoise.com oferece o sibilar de ruídos constantes para mascarar as distrações quando o trabalho requer concentração profunda.

Três
Por que você deveria ser pago para se divertir

Em uma noite de quinta-feira de abril de 2011, menos de nove meses das potenciais primárias para o estado de New Hampshire, Barack Obama se viu na Sala de Resolução de Problemas da Casa Branca enfrentando uma das decisões mais difíceis de sua carreira.

Eram pouco menos de 19 horas, e todos os principais consultores militares de Obama haviam se reunido para receber as ordens do presidente.

Oito meses antes, operações de inteligência haviam identificado um misterioso complexo ao norte do Paquistão. Inicialmente, assumiu-se que se tratava da casa de um mensageiro terrorista de baixo escalão e sua família. Mas quando as fotografias revelaram um muro de concreto de, aproximadamente, 5 metros e meio e arame farpado cercando a residência, as suspeitas cresceram.

Por que um simples mensageiro necessitaria de tal nível de proteção? E como é que ele poderia custear tudo isso?

A CIA [*Central Intelligence Agency* (Agência Central de Inteligência)] não perdeu tempo e começou a realizar uma vigilância intensa. Devia haver algo mais acontecendo. Do outro lado daquele muro, eles pensaram, deveria haver um alvo de grande valor.

A princípio, nada ocorreu. Então, algo surgiu. Projeções aéreas de um tipo magro vestindo o traje tradicional do Paquistão. A extensão de sua sombra sugeria que aquele homem era alto, muito mais alto do que o mensageiro ou qualquer um em sua família.

Quem era esse homem? Quase nada era conhecido, exceto isso: muitas vezes durante o dia ele ficava circulando pelo quintal da casa. Nenhuma das imagens era próxima o suficiente para que fosse possível identificar seu rosto, então os investigadores lhe deram um apelido: *o andarilho*.

O presidente havia sido informado sobre as andanças pelo quintal meses antes. As instruções que ele dera foram claras: desenvolvam em detalhes um plano de ação com os próximos passos. Agora seus conselheiros haviam retornado, apresentando ao presidente duas opções.

A questão que Obama enfrentava era a seguinte: enviar equipes da marinha e tentar uma captura ou empregar bombardeiros para destruir a casa?

Ambas as opções apresentavam inconvenientes.

Realizar uma invasão por terra era, claramente, uma opção mais arriscada. Os soldados poderiam ser alvejados no ar, dando tempo de fuga aos moradores da casa. Ou, pior ainda, tudo isso poderia acontecer em solo estrangeiro sem o consentimento do governo do Paquistão. Uma aeronave norte-americana poderia ser derrubada de forma legítima por invadir o espaço aéreo do país. O presidente se arriscaria a um incidente internacional e, ao mesmo tempo, estaria arriscando as vidas de altos quadros militares.

Jimmy Carter havia arriscado *seu* futuro político em uma operação secreta em 1980. Ela não deu certo.

A alternativa – bombardear a casa – apresentava suas próprias desvantagens. Tratava-se de um bairro residencial no meio do Paquistão. A CIA havia avaliado que havia um total de três famílias dentro da casa, muitas delas crianças. Um ataque por meio de *drones* seria uma sentença de morte para cada uma delas.

Reduzir a casa a escombros também significaria a perda de potenciais aspectos de inteligência e, é claro, a possibilidade bem provável de que as identidades dos moradores jamais seriam reveladas.

Uma decisão era necessária. O tempo estava se acabando. A qualquer momento, o andarilho poderia desaparecer.

Como frequentemente fazia, Obama perguntou a cada um dos seus conselheiros o que eles fariam em seu lugar.

O secretário de Defesa Robert Gates, um homem que havia servido em sete administrações presidenciais anteriores, se mostrou a favor de um ataque com um *drone*. "Há um nível de risco associado com o ataque aéreo diante do qual eu não me sinto confortável", ele disse ao presidente. O vice-presidente da Liga de Chefes Militares, General James Cartwright, concordou. O vice-presidente Joe Biden foi ainda mais enfático sobre a não utilização dos membros da Marinha. "Sr. Presidente", ele disse, "minha sugestão é: *não vá*".

Do outro lado do debate estavam o diretor da CIA, Leon Panetta, o almirante Mike Mullen e a secretária de Estado Hillary Clinton, entre os quais havia indecisão, mas todos acabaram favorecendo uma ação por terra.

O debate durou por algum tempo. Finalmente, Obama falou.

"Trata-se de algo muito complexo, uma situação que demanda uma decisão que eu *não* estou pronto para tomar agora", ele disse, surpreendendo a todos. "Eu preciso pensar mais sobre isso".

QUANDO AS MELHORES DECISÕES SÃO TOMADAS INCONSCIENTEMENTE

Muito antes daquela noite em Washington, de volta ao tempo em que Barack Obama ainda era um senador novato e a residência do mensageiro paquistanês ainda precisava ser construída, pesquisadores na Holanda estavam conduzindo uma série de experimentos sobre decisões complexas similares àquelas que o presidente viria a enfrentar. No cerne de sua pesquisa havia uma questão simples: quando é preciso fazer uma escolha difícil, é melhor pensar muito e de forma complexa sobre o problema ou é melhor se distrair fazendo alguma outra coisa?

Para alguns, a própria noção de que a distração possa servir como uma opção viável talvez desponte como algo absurdo. Digamos que você esteja se preparando para uma importante apresentação para um cliente. Você foi delimitando sua abordagem entre as várias possibilidades que se apresentavam, cada qual possuindo seus prós e contras. Você tem algumas horas para tomar uma decisão. Certamente, é melhor dirigir sua atenção integral ao problema e analisar cuidadosamente suas escolhas. Que bem poderia advir, digamos, de ir ao cinema em vez disso?

A equipe de pesquisadores holandeses tinha suas suspeitas. Relatos históricos estão repletos de histórias de *insights* criativos que aparecem quando menos se esperam, e alguns luminares intelectuais são reconhecidos pelo seu uso da distração estratégica. Albert Einstein recorria ao seu violino sempre que se sentia preso. Ludwig van Beethoven tornou um hábito longas caminhadas. Woody Allen frequentemente muda de quartos e toma vários banhos por dia com o propósito expresso de estimular *insights*.

É possível que deliberações conscientes limitem nossos pensamentos? – perguntaram os pesquisadores. Talvez seja porque quando deixamos de tentar resolver um problema que requer solução imediata, é que chegamos às melhores decisões.

Para investigar tal questão, os pesquisadores projetaram um inteligente experimento no qual se pedia aos participantes que imaginassem que eles iriam sair para comprar um carro. Eles poderiam escolher entre quatro veículos. Cada um vinha com uma lista de características que os participantes precisavam revisar antes de tomar suas decisões.

Na vida real, a maioria dos carros de determinada faixa de preço é bastante equiparável. Não há muita coisa separando, por exemplo, um *Nissan Altima* de um *Toyota Camry*. Um pode parecer um pouco mais esportivo, e o outro pode oferecer um pouco mais de custo-benefício em relação à rodagem com o combustível. Mas, no geral – na opinião da maioria dos especialistas, de qualquer forma –, não há uma escolha intrinsecamente errada.

Aqui, os pesquisadores queriam evitar a ambiguidade. Então eles manipularam as opções. Dos quatro carros disponíveis, um deles tinha significativamente mais características positivas do que os outros três. A questão era: quantos participantes escolheriam o melhor carro?

Metade dos participantes recebeu muitas informações sobre cada veículo (doze características por carro, para um total de 48 tipos de informações), tornando complexas as suas decisões. A outra metade dos participantes, enquanto isso, recebeu consideravelmente menos informações (quatro características por carro, para um total de dezesseis tipos de informações), dando a eles escolhas bastante simples.

Agora é aqui que o experimento fica interessante. Depois de ler sobre os carros, os participantes do estudo eram novamente divididos em dois grupos. Metade tinha 4 minutos para revisar suas opções e deliberar cuidadosamente sobre o problema. Esse era o grupo da *reflexão consciente*. A outra metade foi distraída inteiramente sobre o pensamento a respeito dos carros e recebeu um conjunto de palavras cruzadas para serem resolvidas durante a mesma quantidade de tempo. Esse era o grupo da *reflexão inconsciente*.

Qual grupo tomou a melhor decisão – o grupo de reflexão consciente ou o grupo de reflexão inconsciente? Quando a escolha entre os carros era simples (quatro características por carro), a reflexão consciente apresentou os melhores resultados. Não há surpresa aqui: ser capaz de examinar de forma rente as opções limitadas contribuiu para o resultado. Mas quando a decisão era complexa (doze características por carro), as pessoas do grupo de reflexão inconsciente não apenas se saíram melhor – elas apresentaram quase *três vezes* mais chances de selecionar o melhor carro.

O estudo, que apareceu em uma das revistas acadêmicas mais prestigiadas, a *Science*, no verão de 2006, chegou a uma séria conclusão: "reflexões conscientes nem sempre levam a escolhas sólidas".

Por que a reflexão consciente poderia sair pela culatra no caso de decisões complexas? Uma razão é que nossa mente consciente tem uma capacidade limitada. Nós só conseguimos processar uma determinada quantidade de dados de cada vez. Quando nos deparamos com mais informações do que a quantidade com que conseguimos lidar, tentamos simplificar as nossas decisões nos concentrando frequentemente em apenas um pequeno conjunto de fatos. Como resultado, nós tendemos a superestimar a importância das características menores às expensas do quadro geral, o que faz com que nos percamos.

Pense em sua própria experiência ao escolher uma casa. Você poderá começar com um conjunto bastante grande de critérios – por exemplo, um apartamento de dois quartos no centro de Brooklyn, em Nova Iorque. Talvez, depois de visitar alguns lugares, você delimite a sua decisão a apenas algumas opções. Como você escolhe entre elas? É virtualmente impossível sopesar os méritos relativos de cada característica importante – custo, locação, vista, idade do prédio, distância do transporte público, tamanho da cozinha, iluminação, nível de ruído, número do andar etc. –, e é por isso que é tão fácil se desviar do curso principal. Antes que você saiba, você acabará decidindo viver com base na decoração do saguão; uma característica que não era importante no começo da pesquisa e que provavelmente contribuirá muito pouco para sua satisfação no apartamento.

As pesquisas sugerem que diferentemente da atenção consciente, que é limitada em termos de capacidade, a atenção inconsciente é muito melhor para processar grandes blocos de informações simultaneamente. E isso não é tudo. Estudos mais recentes acrescentaram a surpreendente evidência de que o pensamento inconsciente também é apropriado para a solução criativa de problemas.

O motivo? Quando nós tentamos resolver um problema conscientemente, tendemos a pensar de forma rígida e linear. Mas quando nós absorvemos um problema e então o colocamos de lado, as ideias que nos surgem são muito menos óbvias. A mente inconsciente é menos contida em sua abordagem, realizando associações que são frequentemente inacessíveis quando estamos nos concentrando muito.

Um estudo pediu para que as pessoas imaginassem e listassem, em 60 segundos, quais os vários usos para um tijolo. Tijolos podem ser utilizados para construir casas, é claro, mas eles também poder ser utilizados como peso de papel, como uma arma e como um instrumento musical. Como no experimento da compra do carro, os participantes foram divididos em grupos de reflexão consciente e inconsciente. Mas, de forma importante, um terceiro grupo foi adicionado a esse estudo. Os participantes desse grupo de controle foram instruídos a simplesmente listar suas ideias de uma vez. Ao incluir um grupo neutro, os pesquisadores puderam comparar os resultados com os dos outros dois grupos para determinar se o pensamento inconsciente elevava o desempenho ou se o pensamento consciente simplesmente o tornava pior.

Surpreendentemente, o pensamento consciente não fez virtualmente nada para elevar a criatividade. Os participantes que tinham 3 minutos para pensar antes de começar (o grupo de reflexão consciente) não se saíram melhor do que aqueles que responderam de uma só vez (o grupo de controle). E quanto aos participantes que foram instruídos a se distrair com uma tarefa não correlacionada antes de responder (o grupo de reflexão inconsciente)? Os resultados mostraram que suas soluções foram mais criativas do que as dos outros dois grupos.

A ideia de que a nossa mente está trabalhando inconscientemente com os problemas que estamos tentando resolver, mesmo quando fazemos outras coisas, exerce atração de forma inerente. Mas será verdade? Talvez esses estudos reflitam meramente o benefício de se fazer uma pausa. Ou então, dar um novo olhar a um velho problema. Talvez o que realmente estamos vendo de fato é que é útil relaxar antes de tomar uma decisão importante.

Por um longo tempo a resposta não estava clara. A única forma de saber ao certo, parecia ser a de entrar na cabeça das pessoas. Então, em 2013, um estudo de imagem cerebral da Universidade Carnegie Mellon fez precisamente isso.

Uma equipe de pesquisa conduzida por J. David Creswell reuniu um grupo de adultos e pediu-lhes para escolher entre os mesmos tipos de carros apresentados no estudo holandês original. Mas antes de permitir que os participantes tomassem suas decisões, eles os distraíram fazendo com que memorizassem uma sequência de números. Ao longo do experimento, a neuroimagem acompanhou o fluxo sanguíneo em seus cérebros.

As ressonâncias se mostraram reveladoras. Como esperado, as regiões cerebrais ativas na memorização apresentaram um vermelho brilhante, indicando que aquelas áreas estavam sendo utilizadas. Mas, surpreendentemente, mesmo que os participantes estivessem completamente imersos na memorização, seus córtices pré-frontais – a área do cérebro responsável pela tomada de decisões – também se acendeu, sugerindo que a deliberação continuava.

A mente consciente pode ter sido distraída, mas a mente inconsciente continuava a trabalhar.

COMO UMA BRINCADEIRA TORNA MAIS FÁCIL A RESOLUÇÃO DE PROBLEMAS

O que as pesquisas demonstram é que quando se trata de resolver um problema difícil ou de se buscar uma solução criativa, trabalhar muito arduamente pode sair pela culatra. A atenção consciente limita nosso foco, nos impedindo de processar informações complexas e de ver o quadro geral. Nós ficamos paralisados. E quanto mais nós lutamos com um problema particular, mais difícil se torna para considerar novas alternativas.

Isso nos leva a uma conclusão improvável: às vezes, o que parece para o mundo exterior uma tergiversação, na verdade é o caminho para decisões mais inteligentes e para ideias mais inovadoras.

Frequentemente, nossos *insights* mais brilhantes surgem no intervalos entre o trabalho mais árduo, quando nós abaixamos a guarda e permitimos que ideias heterogêneas surjam. São os momentos em que nos distraímos com uma ida ao banheiro, com as viagens a trabalho ou com o filme no avião durante uma viagem de negócios.

Pense sobre a sua última grande ideia relacionada ao trabalho. Agora pergunte-se: onde você estava? É provável que você não estava sentado atrás de sua mesa.

De muitas maneiras, aqueles que resolvem problemas são como artistas. Recuar alguns passos dá aos pintores uma nova perspectiva sobre seus quadros, dando-lhes um novo ângulo para se aproximar dos trabalhos. A solução de problemas segue uma receita similar, mas nós não precisamos tanto da distância física quanto necessitamos da distância psicológica – espaço mental para que novos *insights* surjam. Afastar-se fisicamente não faz com que nosso inconsciente trabalhe: isso nos ajuda a ver o nosso problema com uma nova perspectiva. Nós nos tornamos menos vinculados emocionalmente e nos libertamos da influência daqueles que estão em nossas cercanias imediatas.

Uma forma com que muitas empresas – particularmente aquelas cujos empregados estão envolvidos com reflexões de alto nível, como o Google e a 3M – potencializam esse *insight* é com a estruturação deliberada de brincadeiras durante o dia de trabalho. Brincar pode parecer um domínio das crianças, e, de certa forma, esse é o ponto. Nós somos naturalmente criativos enquanto jovens, em parte porque nossos cérebros ainda não desenvolveram completamente a capacidade de prejulgar e censurar nossas ideias. Colocar-nos na mentalidade infantil abre-nos formas alternativas de pensamento.

Em um estudo fascinante publicado em 2010, psicólogos da Universidade Estadual de Dakota do Norte pediram a um grupo de estudantes universitários que imaginassem que suas aulas haviam sido canceladas naquele dia. Em seguida, eles pediram aos estudantes que respondessem a algumas questões: *o que vocês fariam? Aonde vocês iriam? Como vocês se sentiriam?*

Estudantes de um segundo grupo receberam a mesma tarefa, com uma diferença fundamental. Junto com as instruções havia uma breve frase que os levou a pensar de forma diferente sobre o dia de folga: "vocês têm 7 anos de idade".

Os participantes de ambos os grupos tiveram, então, que completar uma série de exercícios criativos. Será que se colocar no lugar de crianças de 7 anos faria alguma diferença? Os resultados foram notáveis. Aqueles que primeiramente conseguiram pensar sobre si mesmos como uma criança fizeram significativamente mais pontos em uma série de medidas criativas, sugerindo que, se você está buscando reflexões incomuns, projetar a mentalidade infantil pode ser bastante produtivo.

Conforme nós envelhecemos, somos treinados para acreditar que brincadeiras são uma perda de tempo, isto é, a menos que estejamos produzindo ou consumindo informações, nosso tempo está sendo desperdiçado. Mas, conforme a complexidade do nosso trabalho aumenta, a brincadeira pode realmente servir como um veículo para inovações, ao fornecer oportunidades para que a reflexão inconsciente ocorra.

Mas há mais coisas relacionadas às brincadeiras do que uma simples distração. Quando nós brincamos, somos recompensados por explorar novas possibilidades, por praticar a resolução de problemas e por correr riscos. Tudo isso nos ajuda a cultivar uma atitude de curiosidade e interesse, o que frequentemente beneficia o nosso trabalho. Sentir-se em um clima lúdico também nos torna mais otimistas, o que aumenta a nossa vontade de assumir desafios e nos ajuda a manter uma mentalidade flexível.

Qual é a forma correta de incorporar brincadeiras no local de trabalho? O Twitter tem uma parede de escalada, a Zynga disponibiliza em seus corredores máquinas de fliperama, e o Google conta com várias quadras de vôlei. Isso significa afirmar que amenidades no local de trabalho é a solução para fazer com que os funcionários brinquem com regularidade? Como afirma Stuart Brown, psiquiatra e fundador do Instituto Nacional para Brincadeiras, não necessariamente. As brincadeiras, ele argumenta, envolvem uma mentalidade, não uma atividade. Elas têm menos a ver com a diversão que tende a acontecer no escritório do que com que as atitudes que os gerentes expressam em relação à utilização do tempo para descobertas e explorações.

Por fim, é importante que os funcionários se sintam seguros sobre a busca de interesses ocasionalmente tangenciais sem ter que se preocupar de forma incessante com os resultados. Isso é o que mais contribui para uma atmosfera lúdica.

Certamente, é bom para os funcionários ter acesso a atividades estimulantes no escritório. Isso sem dúvida torna mais comuns as oportunidades para as brincadeiras. Mas colocar mesas de bilhar de 5 mil dólares na sua sala de descanso não vai garantir um ambiente lúdico de trabalho – especialmente se os membros de sua equipe gerencial raramente tocam as mesas e se houver um estigma sobre fazer intervalos.

POR QUE FAZER EXERCÍCIOS NOS TORNA MAIS INTELIGENTES

Toda essa conversa sobre diversão e jogos pode levar você a acreditar que nossos melhores *insights* surgem quando nos deixamos descansar. Mas, às vezes, a melhor abordagem para estimular a mente é exercitar o corpo.

As pesquisas mostram que os exercícios melhoram o humor. Estudos recentes descobriram que um regime regular de exercícios é um estimulante de humor ainda mais poderoso do que a prescrição de antidepressivos. O que é menos conhecido, no entanto, é o profundo impacto que os exercícios têm sobre a aprendizagem, a memória e a criatividade.

A fim de entender como os exercícios podem influenciar sua produtividade no trabalho, é útil considerar para qual finalidade o nosso corpo originalmente foi projetado. Como afirma o médico John J. Ratey, em seu excelente livro *Centelhas*: a nova e revolucionária ciência dos exercícios e do cérebro, o corpo humano foi construído para despender uma grande quantidade de energia diariamente. Nossos antigos ancestrais tinham que andar entre 8 e 16 quilômetros por dia, apenas para encontrar comida para sobreviver. Hoje, é claro, a maioria de nós passa grande parte do dia sentado em frente a um computador, e a relativa falta de mobilidade cria um desequilíbrio no funcionamento do corpo.

Essa não é a única forma pela qual nos diferenciamos de nossos ancestrais. Comparada à vida do homem paleolítico, nossa vida é consideravelmente mais exasperante. Evidentemente, o nosso ambiente já não é povoado por predadores, mas, ao mesmo tempo, o número de agentes de estresse a que somos expostos diariamente tem crescido exponencialmente. Muitos de nós temos pouco controle sobre a própria rotina. Nós enfrentamos prazos para términos de trabalhos constantemente. E, graças a ciclos de notícias que giram 24 horas por dia, somos continuamente informados sobre assassinatos, acidentes de avião e desastres naturais que coincidem com a nossa existência no planeta.

Em geral, há muito mais coisas com as quais devemos ficar preocupados. E a tensão aumenta. Deparar-se com eventos ameaçadores ativa uma resposta de luta, liberando substâncias químicas na corrente sanguínea que impelem nosso corpo a se colocar em ação. Quando nós negamos tal ação ao instinto, nós corremos o risco de sofrer efeitos colaterais que incluem ansiedade, perda de atenção e depressão.

Exercícios físicos restabelecem o equilíbrio. O corpo foi projetado para queimar energia em excesso por meio da exaustão física. A boa estruturação emocional requer alívio fisiológico.

É interessante que, quando nos exercitamos, nós não apenas melhoramos nosso humor com as endorfinas, mas também arejamos nosso cérebro para absorver mais informações. Estudos neurológicos mostram que quando nos exercitamos fisicamente, nós produzimos uma proteína chamada fator neutrófico de derivação cerebral (em inglês, *brain-derived neurotrophic factor*, BDNF) que promove o crescimento de neurônios, especialmente nas regiões de memória do cérebro. Um estudo de 2007 descobriu que corridas de apenas 2 ou 3 minutos são suficientes para elevar a secreção de BDNF nos corredores, correspondendo a uma melhora na memorização em uma ordem impressionante de 20 por cento.

Por que os exercícios físicos promoveriam uma melhor capacidade de memorização? Ratey sintetiza isso muito bem:

> *O corpo foi projetado para ser provado, e ao testar nosso corpo nós também testamos nosso cérebro. A aprendizagem e a memória evoluíram em conjunção com as funções motoras que permitiram aos nossos ancestrais buscar comida; assim, no que se refere ao nosso cérebro, se nós não estamos nos movendo, não há verdadeira necessidade de aprender o que quer que seja.*

O choque cognitivo que experimentamos após os exercícios também pode impulsionar um produto mais criativo. Um estudo de 2005, por exemplo, revelou que apenas 30 minutos de esteira levaram a melhorias no desempenho criativo e que os benefícios duraram por 2 horas inteiras. Correr também tem sido relacionado com uma maior flexibilidade cognitiva. A melhora no humor, combinada ao maior fluxo sanguíneo para o cérebro, estimula os corredores com um arejamento mental significativo.

Para sua própria melhoria, um número de empresas resolveu se aproximar dessas descobertas e passou a buscar maneiras de incorporar os exercícios ao local de trabalho. Em muitas empresas, já não é algo surpreendente entrar em um escritório e encontrar uma recepcionista sentada em uma grande bola de borracha. Ou descobrir que seu gerente desistiu de ficar sentado e agora permanece de pé o dia inteiro em frente a uma mesa elevada.

Algumas empresas, como a Salo, uma consultoria financeira de Minneapolis, chegaram a adaptar suas salas de conferências com esteiras dispostas umas em frente às outras, para que os funcionários possam correr juntos enquanto conversam sobre suas projeções trimestrais. Trata-se de uma tendência que parece estar se impondo. A empresa Texas Recursos de Saúde, por exemplo, estendeu a abordagem a uma sala de reuniões repleta de bicicletas ergométricas

Há um caráter bastante atrativo na noção de se combinar exercícios com o trabalho. Infelizmente, isso nem sempre funciona.

John Osborn, CEO (executivo) de uma das empresas de publicidade líderes em Nova Iorque, a BBDO, foi um dos primeiros a adotar uma visão que se torna cada vez mais comum em muitos locais de trabalho: a mesa-esteira. "Eu passei a utilizar a mesa esteira, porque ouvi falar que ela é muito saudável e pode ajudar a queimar calorias e acrescentar anos à nossa vida", ele disse à revista *Ad Age* (Ganhe Anos). Para manter Osborn motivado, seu chefe (o executivo global da BBDO), pendurou um *doughnut* de chocolate no teto pairando acima do computador dele. Uma pequena motivação visual do que logo poderia ser dele se Osborn mantivesse seu regime ambicioso.

Os primeiros resultados pareceram promissores. Osborn passava quase 80 por cento de seu dia na esteira e parecia até mesmo estar perdendo peso. Mas então, quase inexplicavelmente, o reverso aconteceu. Os exercícios contínuos começaram a alterar o metabolismo de Osborn, deixando-o com uma fome insaciável.

Antes que se desse conta, ele havia ganhado quase 3 quilos.

Mas o que realmente fez Osborn questionar o valor das esteiras nos escritórios (e, sem dúvida, contribuiu para que ele reduzisse as caminhadas diárias a um percentual mínimo de 10 por cento de sua rotina), foi o efeito que isso teve sobre seu desempenho: "você logo se dá conta de quão difícil é digitar qualquer coisa mais longa do que uma frase".

O que Osborno descobriu, e o que os outros funcionários-atletas estão propensos a descobrir, é que atividades físicas combinadas com múltiplas tarefas raramente constituem uma estratégia eficiente.

Um estudo de 2009 da Universidade do Tennessee colocou a caminhada na esteira como prova para medir seu efeito em atividades comuns nos locais de trabalho. Em sua tese de doutorado, o professor de Ciências Naturais Dinesh Josh simulou o trabalho de escritório ao fazer com que os participantes usassem seus *mouses* para clicar e arrastar objetos, digitar frases e resolver problemas simples de matemática. Metade estava sentada durante o experimento, enquanto a outra metade caminhava em uma mesa-esteira colocada na velocidade modesta de 1,5 quilômetro por hora. O resultado? Os andarilhos das esteiras significativamente se saíram piores em todas as tarefas.

É possível, é claro, que, com mais prática, andarilhos de esteiras possam se adaptar ao movimento constante e consigam reobter a proficiência que eles tinham enquanto trabalhavam sentados. Um estudo publicado em 2014, por exemplo, acompanhou andarilhos de esteira por um ano inteiro e descobriu que, em muitos casos, um efeito de reversão de fato ocorre. Mas, em média, a recuperação do desempenho somente aparece após uma queda inicial que dura vários meses.

Dadas as limitações do corpo para desempenhar múltiplas atividades físicas ao mesmo tempo, uma abordagem mais sábia envolve descobrir oportunidades para que os funcionários se exercitem longe dos computadores, de maneiras que lhes permitam exercitar o corpo sem prejudicar a qualidade de seu desempenho no local de trabalho.

A maioria das empresas não pode custear uma academia interna. Mas elas podem dar aos funcionários fones de ouvido sem fio, e assim estimulá-los a andar ao redor do escritório durante longos telefonemas de conferência. Outra abordagem de baixo custo: oferecer aos funcionários halteres para que eles possam utilizar ao longo do dia. Recompensar aqueles que se exercitam durante o dia com um horário de almoço mais longo também pode beneficiar o desempenho no local de trabalho. De acordo com um estudo de 2004 da Universidade Metropolitana de Leeds, nos dias em que os funcionários se exercitaram durante o almoço, a maioria apresentou mais interações com os colegas, utilizando melhor o seu tempo e cumprindo as metas e os prazos com mais eficiência.

A academia não é o único lugar em que os funcionários podem fazer exercícios. Uma empresa de desenvolvimento de *softwares* de São Francisco chamada Atlassian, por exemplo, mantém bicicletas no saguão para que os funcionários possam se exercitar durante o almoço. Em Chicago, uma empresa de brinquedos chamada Radio

Flyer encoraja seus funcionários a irem trabalhar de bicicleta com um incentivo de 50 centavos por quilômetro percorrido.

Outro método para motivar os funcionários com destinos atrativos, é encorajá-los a irem a pé. Um exemplo, pode ser uma galeria de arte próxima, na qual podem se tornar membros e com isso fazerem um rápido passeio. Empresas também podem se oferecer para reembolsar funcionários que realizam reuniões em um café próximo ao local de trabalho. Reuniões andarilhas podem não ser ideais para todas as conversas, mas elas podem motivar novas ideias ao tirar os funcionários do escritório e expô-los a um ambiente diferente.

A elevação compartilhada da pulsação cardíaca que advém da caminhada conjunta também pode prover um benefício adicional: melhores relacionamentos no local de trabalho. Conforme nós descobriremos no capítulo 5, o aumento do estímulo para a companhia dos demais frequentemente potencializa os vínculos interpessoais. Exercitar-se com um colega pode, assim, significar muito mais para melhorar a sua saúde. Isso pode torná-lo mais simpático e atrativo.

A DIETA DE CRIATIVIDADE

Até agora nós vimos como o pensamento inconsciente, as brincadeiras e os exercícios podem contribuir para um local de trabalho mais inteligente. Mas quando se trata de estimular a inovação, esses seriam os únicos fatores?

A resposta, é claro, é não.

Uma diversão em boa hora pode ajudar os funcionários a processar informações que eles já têm de forma a conduzir a melhores *insights*. Mas quando você está buscando soluções não convencionais, às vezes aquilo de que você realmente precisa é uma forma de encorajar os funcionários para que eles sejam mentalmente aventureiros.

Considere este exemplo de dois gerentes regionais de *marketing* de uma distribuidora nacional de flores – Bob e Jeremy –, ambos desafiados a maximização o lucro de suas equipes. Ambos conseguiram estabelecer recordes impressionantes. Mas eles utilizam abordagens bastante diferentes para desenvolver recomendações.

Bob começa a agir de forma entusiasmada, entrevistando todos de sua equipe, estudando as ofertas de sua empresa e devorando materiais prévios de *marketing*. Ele olha para as tendências do passado e realiza reuniões com as equipes de operações. Ele utiliza sua equipe nos trens e metrôs para analisar previsões de vendas. Em poucas semanas ele se torna um especialista de produtos. Ele sabe exatamente onde sua equipe esteve, como eles estão se preparando para a próxima temporada de férias e a quantidade precisa de vendas que eles tenderão a vender nos próximos doze meses.

Jeremy atua de maneira diferente. Ele utiliza seus dias iniciais para examinar as ofertas de sua empresa, mas só até o ponto em que ele sente que as entendeu suficientemente bem para chegar a uma avaliação geral. Ele então estende sua pesquisa a outras indústrias e produtos não relacionados: doces, cartões de saudações, *lingerie*. Ele utiliza as idas e vindas relacionadas ao trabalho para analisar revistas, buscando conexões entre as estratégias de *marketing* de outras empresas e aquelas que ele poderá utilizar.

Após um mês acompanhando seus trabalhos, Bob e Jeremy são convocados à sede da empresa para que possam fazer recomendações. Quem poderia oferecer abordagens mais criativas?

Na verdade, essa é uma escolha falsa. O conhecimento dos produtos e a *expertise* em relação a atividades interindustriais não são mutuamente excludentes. Um bom gerente de *marketing* desempenha ambas as funções. Mas isso de fato exemplifica um ponto importante:

O que nós criamos é uma função das informações que consumimos.

Nossa mente naturalmente busca conexões entre ideias. E os locais para onde voltamos a nossa atenção determinam as combinações que encontramos. Quando nós olhamos para um problema usando um único par de lentes, é difícil ser criativo. Nós ficamos presos em formas de pensar antiquadas. Para descobrir novas soluções, nós precisamos romper com as molduras de nossos pensamentos.

Uma série de estímulo mental diverso é um componente vital do pensamento criativo. Você se lembra do psicólogo Dean Simonton, o pesquisador que descobriu que os gênios criativos têm um índice de fracasso surpreendentemente alto? Bem, isso não foi tudo que ele descobriu. Suas pesquisas também mostram que, em média, gênios criativos tendem a ter interesses e *hobbies* mais incomuns do que seus pares menos bem-sucedidos, o que provavelmente contribui para suas visões distintas em relação aos problemas.

Steve Jobs, possivelmente um gênio dos dias modernos, disse o seguinte sobre a criatividade em uma entrevista de 1996 para a revista *Wired* ("Conectado"):

> *A criatividade envolve apenas conectar as coisas. Quando você pergunta a pessoas criativas como elas fizeram algo, elas se sentem um pouco culpadas, porque elas na verdade não o fizeram, apenas viram algo. Isso já parecia óbvio para elas depois de um certo tempo. Tal fato acontece porque conseguiram conectar experiências que tiveram e sintetizar novas coisas. E a razão pela qual elas foram capazes de fazer isso foi que elas tiveram mais experiências ou pensaram mais sobre suas experiências do que as outras pessoas.*

Quanto mais somos expostos a várias ideias, mais provável se torna a descoberta de novas soluções. Forneça estímulos suficientes, e novos resultados emergirão. Conforme afirma Todd Henry, autor do prestigiado livro e *podcast A criatividade acidental*, "se você quiser gerar ideias brilhantes de forma recorrente, você deve ser bastante determinado sobre o que está surgindo em sua mente".

O desafio na maioria dos locais de trabalho é que os funcionários estão expostos às mesmas informações dia após dia, o que torna difícil a criação de soluções inovadoras. Mas um número crescente de empresas, inspiradas pelas conhecidas histórias de sucesso do Google, do Yahoo! e do Facebook, estão tentando romper com esse cerceamento mental. Elas começaram a incentivar os funcionários a separar uma parte de seu tempo a cada semana para explorações livres e para a busca de projetos que eles mesmos possam escolher. O único requisito é que seus esforços tenham o potencial de beneficiar a empresa de alguma forma.

A prática não é tão desestruturada como a princípio pode parecer. No Google, por exemplo, empresa em que os criadores dedicam até 20 por cento do seu tempo a projetos próprios, os funcionários são encorajados a trabalhar juntos em grupos. A dinâmica interpessoal e a responsabilidade partilhada torna os projetos produtivos das equipes uma questão de orgulho. Os funcionários naturalmente querem que a contribuição de sua equipe desponte, porque, entre outras coisas, isso leva a uma elevação de seu *status* na empresa. Na 3M, os funcionários apresentam seu trabalho para o resto da empresa usando pôsteres similares aos de uma feira anual de ciência. E os maiores inovadores na Qualcomm são premiados com prêmios em dinheiro e em ações.

Dar aos funcionários as chaves para 20 por cento de seu tempo pode não ser factível ou mesmo recomendável em todas as empresas. Mas isso de fato traz alguns benefícios inegáveis cuja consideração vale a pena, não importa em que ramo de negócio você esteja.

Ao pedir que os funcionários identifiquem um interesse relacionado ao trabalho e ao lhes dar poder para o aprofundamento ativo de sua base de conhecimento, empresas como o Google estão transformando os funcionários de recebedores de ordens em co-criadores de trabalhos. Trata-se de uma abordagem que ajuda os funcionários a se sentirem autônomos, que os motiva a se manterem atentos a novas oportunidades de negócios e que transforma cada funcionário em um criador.

Com 20 por cento do tempo, há *sempre* outro produto em desenvolvimento.

Para o Google, a aposta tem sido claramente recompensada: Gmail, Google News, Google Earth e AdSense – um veículo de publicidade que provê ao Google 10 bilhões de dólares por ano – são apenas alguns dos produtos que foram desenvolvidos durante os 20 por cento de tempo.

Isso levanta a questão: será que o Google seria tão lucrativo se seus funcionários ficassem sentados esperando que Larry Page e Sergey Brin lhes dissesse o que fazer?

UM AUMENTO DE PRODUTIVIDADE MAIS FORTE DO QUE CAFÉ

São 14 horas e 14 minutos.

Suas pálpebras estão pesadas, e agora você está bocejando. Alguns minutos atrás, você voltou ao escritório após um bom almoço. Mas agora você está sentindo os efeitos do que certamente será uma tarde dura.

Você pega sua caneca de café e vai até a cafeteira, quando um colega de trabalho cruza com você no corredor. Ele lhe diz que descobriu um tratamento alternativo. Como a cafeína, ele melhora a concentração e alivia a sonolência. Mas ele não lhe traz azia ou aumenta sua pressão cardíaca. Também foi clinicamente comprovado que ele melhora seu humor, estimula sua criatividade e melhora sua memória.

Parece muito bom para ser verdade?

Mas acontece que você costumava utilizar essa técnica o tempo todo, assim como seus antigos ancestrais. Trata-se da soneca.

Agora, antes que você descarte a ideia de soneca no local de trabalho como algo fora de mão (como eu fiz antes de realizar as pesquisas para este livro), analise os fatos. Conforme a pesquisadora do sono Sara Mednick nota em seu livro, *Dê um cochilo! Mude sua vida*, cochilos de 20 a 30 minutos puderam contribuir para os seguintes fatores:

- aumento de produtividade;
- aumento do estado de alerta;
- aceleração dos reflexos motores;
- aumento da precisão;
- elevação das percepções;
- fortalecimento da estamina;
- melhoria das tomadas de decisões;
- melhoria do humor;
- estímulo da criatividade;
- fortalecimento da memória;
- diminuição do estresse;
- redução da dependência de drogas e álcool;
- diminuição da frequências de enxaquecas e úlceras;
- promoção da perda de peso;
- diminuição da probabilidade de doenças cardíacas, diabetes e risco de câncer.

Nada mal para a mesma quantidade de tempo que levamos para ir até um *Starbucks*.

Alguns estudos têm mostrado que a aprendizagem após o cochilo é tão efetiva como a aprendizagem após uma noite inteira de sono. Então, por que a maioria de nós repele a ideia de um reinício mental quando nossos corpos sinalizam a necessidade de descanso?

Em parte, é porque nós não entendemos muito bem o conceito de cochilo.

Como nossos níveis de energia diminuem após o almoço, nós tendemos a pensar que a sensação de sonolência é uma consequência de termos comido muito. No entanto, as pesquisas mostram que as pessoas ficam igualmente sonolentas depois de 8 horas acordadas mesmo depois de ter almoçado anteriormente ou não. Se você acha que isso é algo difícil de acreditar (como eu mesmo), considere a forma como você se sente depois do café da manhã. A primeira refeição do dia nos dá energia. Por que a segunda não faz isso?

Outra concepção errônea sobre o cochilo deriva do fato de que as pessoas ocasionalmente acordam de um descanso no meio do dia se sentindo grogues, ou então elas acham que o cochilo prejudica seu ciclo de sono noturno. Esse problema surge se você dormir muito profundamente. Diferentemente do descansado noturno, que envolve todos os cinco estágios do ciclo do sono, o cochilo é mais efetivo quando despertamos nosso corpo *antes* de chegarmos ao sono profundo.

Nós temos uma necessidade biológica de descanso que não exerce menos pressão do que nossa necessidade biológica por comida ou água. Quando nós estamos cansados, menos fluxo sanguíneo atinge as áreas do nosso cérebro que são críticas para o pensamento. É claro que nós podemos fortalecer isso durante o trabalho árduo ao longo do dia quando precisamos – mas apenas com um nível reduzido de funcionamento.

Talvez a maior razão para nós continuarmos a ter ressalvas quanto ao cochilo, conforme notou Tony Schwartz, autor do livro *O modo como estamos trabalhando não está funcionando*, é que nós nos enganamos ao equalizar horas no trabalho com produtividade. Se você acreditar que o desempenho é, inteiramente, uma função do esforço, você acaba vendo qualquer pessoa que tira um tempo para descansar como um preguiçoso.

No passado, essa visão teve seu mérito. O valor dos trabalhadores da linha de produção *estava* vinculado à quantidade de horas que eles despendiam no chão de fábrica. Mas a vasta maioria de nós já não trabalha em uma indústria. No conhecimento econômico de hoje, é a qualidade do seu pensamento que mais importa, e o pensamento de qualidade está diretamente vinculado ao nível de energia.

Um argumento correlato pode ser estabelecido em relação à importância crescente de se manter o bom humor. Em um mundo em que a maioria dos trabalhos envolve a construção de conexões interpessoais e o estabelecimento de colaborações, sentir-se irritado pode ter sérias implicações sobre o desempenho. As pesquisas mostram que quando nós estamos cansados, envolvemos em mais discordâncias, e não apenas porque estamos com menos paciência. É porque a nossa habilidade de ler as outras pessoas diminui.

Um breve descanso no meio dia recarrega a nossa mente e permite que nossa memória se consolide. Ele relaxa nossos filtros mentais e permite que ideias não convencionais venham à tona. Ele restabelece nossa habilidade de nos concentrarmos e restaura nossa composição emocional.

Vagarosamente, a maré está mudando em relação ao cochilo no local de trabalho. De fato, algumas empresas estão tão convencidas de que o sono melhora o desempenho, que elas estão investindo milhares de dólares todos os anos no encorajamento para que seus funcionários literalmente durmam no trabalho. Entre as empresas que mais investem estão o Huffington Post – AOL, P&G e a Cisco, as quais instalaram entrepostos de energia em seus escritórios. Custando em torno de 8 mil dólares, os entrepostos de energia são o *rolls-royce* das acomodações para cochilos. Entre em uma cápsula com aparência futurista e você se descobrirá reclinado em um sofá de couro que inclina seus pés sobre o coração, melhorando a circulação. Um visor impede que a luz entre, enquanto os sons ambientes vagarosamente o levam a dormir. Após 20 minutos de recomposição pacífica, um alarme entra em funcionamento, acordando você com uma suave vibração.

O Yahoo! e a Time Warner terceirizaram o cochilo para *spas* locais que permitem aos funcionários se recompor em quartos privados, que disponibilizam aromaterapia e uma seleção de músicas naturais. A Zappos, a Ben & Jerry's e até mesmo a Nike (a Nike!) estabeleceram "quartos tranquilos" dentro dos escritórios para os empregados dormirem ou meditarem.

Nem todos os locais de trabalho são afortunados o suficiente para terem espaço suficiente para um quarto tranquilo. Mas isso não impediu a *Workman Publishing*. A editora de Nova Iorque distribui colchões de ioga e máscaras para os olhos e encoraja os funcionários a tirar cochilos entre as divisórias das salas ou sob suas mesas (em estilo George Constanza).

Os cochilos no meio do dia podem soar como uma indulgência extravagante que paparica os funcionários. E é verdade que os funcionários colhem vantagens consideráveis. Mas, em última instância, os beneficiários da permissão para o descanso são as empresas que criam as condições para o funcionamento mais eficaz.

Nenhuma pessoa razoável espera ir a uma academia e levantar pesos continuamente sem fazer uma pausa. Nós reconhecemos abertamente as limitações de nossos músculos. Mas nós não fazemos isso para a nossa mente. A queda de desempenho não é tão prontamente visível para nós no escritório como ela é na academia, e então nós continuamos a nos esforçar, esquecendo-nos do fato de que estamos contribuindo com uma fração do nível que tínhamos anteriormente.

Ignorar a necessidade do corpo para recuperação ou dopá-lo de forma a submetê-lo a isso pode fazer com que os funcionários fiquem acordados. Mas o que isso não fará é dispô-los para realizar seus melhores desempenhos.

POR QUE O ATO DE SE DESCONECTAR É TÃO MAIS DIFÍCIL DO QUE PARECE

Com qual frequência você verifica seu celular após sair do trabalho? A resposta pode revelar sua produtividade futura.

De acordo com um estudo de 2010 publicado no *Jornal de Psicologia Aplicada*, quanto menos os funcionários se desvinculam psicologicamente durante o tempo livre, maior será sua exaustão emocional durante os doze meses do ano.

Permanecer conectado é algo que vicia. Isso faz com que nos sintamos necessários, com conhecimento e produtivos. Mas a comunicação constante tem um custo. Uma avalanche de *e-mails*, mensagens de texto e telefonemas eleva um senso de emergência perpétua, desenvolvendo uma resposta de estresse contínuo no cérebro. E, conforme já vimos, pressão contínua tem um efeito deletério em relação à maneira como pensamos e sentimos.

Quando não conseguimos nos desconectar completamente, não conseguimos nos recuperar completamente.

Jim Loehr é um psicólogo esportivo que treinou alguns dos maiores atletas do mundo. No início de sua carreira, Loehr dedicou horas incontáveis ao estudo dos tenistas de elite, tentando descobrir o que os torna melhores do que todos os demais. O que ele descobriu surpreendente. De acordo com Loehr, a diferença chave não pode ser encontrada nos diferenciais dos jogadores, em seus voleios ou em seus jogos na rede. Não se trata nem mesmo em dizer que suas experiências ou habilidades inatas os destacam. Trata-se do que eles fazem *entre* os pontos. Alguns atletas são melhores em acalmar os nervos e restaurar o foco, e, na maioria das vezes, são os que tendem a vencer.

A observação de Loehr é tão aplicável ao local de trabalho quanto à quadra de tênis. Um equilíbrio cuidadoso entre trabalho e recuperação é tão vital para os atletas mentais quanto para aqueles cujo trabalho é ter excelência em termos físicos. Em ambos os casos, quando nós negamos a nós mesmos a oportunidade de recuperação, o nosso desempenho invariavelmente sofre.

Em muitas empresas, estar disponível para trabalhar mais horas se tornou uma expectativa extraoficial. Quando um gerente envia *e-mails* tarde da noite, ele endossa implicitamente uma cultura de trabalho extra, construindo caminho para o estresse além do horário, e que acaba respingando em casa, onde um breve *e-mail* pode estragar um jantar ou arruinar um fim de semana.

Enquanto, sem dúvida, há momentos em que permanecer conectado é uma necessidade legítima, é raro que um negócio demande que todos os membros de uma equipe permaneçam conectados continuamente. Além do mais, é do interesse da empresa que os funcionários possam se recuperar. Caso um associado trabalhe com frequência até tarde da noite e nos fins de semana, provavelmente o faz pelo longo tempo de vinculação à empresa.

Era costume os gerentes pressionarem os funcionários para que trabalhassem mais. Em muitas empresas, um dos recursos era manter grandes talentos trabalhando sem pausa. Hoje, o oposto parece estar acontecendo. Esta é a razão pela qual algumas empresas pioneiras começaram a tomar os problemas em suas próprias mãos, dando aos funcionários pouca autonomia para que se restabelecessem devidamente.

A Volkswagen, por exemplo, começou a desativar seu servidor de e-mails 30 minutos após o fim de um turno para voltar a ligá-lo apenas antes do início do próximo turno. E ela não está sozinha na limitação do acesso. Outras empresas, como a Empower Public Relations (Relações Públicas Empoderamento), em Chicago, também estão adotando uma política de bloqueio dos *e-mails*, porque elas descobriram que isso ajuda os funcionários a chegar ao trabalho mais revigorados no dia seguinte.

A Daimler, outra montadora alemã, programou seus servidores para apagar automaticamente os e-mails recebidos dos funcionários em férias, informando aos remetentes com quais pessoas poderiam entrar em contato em caso de ausência de um deles. Até mesmo o altamente prestigiado Boston Consulting Group (Grupo de Consultoria de Boston) começou a monitorar as horas extras dos funcionários – não para identificar os funcionários que utilizam seu tempo pessoal trabalhando mais, mas para chamar a atenção deles sobre as horas trabalhadas sem fazer intervalos.

Um número surpreendente de empresas parou de limitar o tempo de férias, incluindo-se na lista a IBM, a Evernote e o Netflix. Trata-se de uma forma de comunicar confiança em seus funcionários e de encorajá-los a utilizar o tempo de que eles precisam quando eles precisarem.

Mas qual o local de trabalho que, de forma mais chamativa favorece a política de descanso? Sem dúvida, esse título pertence à FullContact, uma empresa de *softwares* de Denver que, em 2012, implementou um programa que de fato paga aos funcionários 7.500 dólares para que eles saiam de férias com suas famílias. Há, no entanto, algumas condições. Para receber o bônus, os funcionários devem, primeiramente, concordar com três aspectos estritamente estabelecidos, conforme consta do blog de Bart Lorang, executivo da FullContact:

1. Você tem que sair de férias, ou então você não recebe o dinheiro.

2. Você deve se desconectar.

3. Você não pode trabalhar enquanto estiver de férias.

E por que eles estão sendo tão generosos? Lorang explicou dessa maneira: "Nós teremos uma empresa melhor se os funcionários se desconectarem".

COMO PEGAR UM TERRORISTA

Na manhã do dia 29 de abril de 2011, Barack Obama reuniu alguns de seus principais conselheiros na sala de recepção diplomática da Casa Branca. A atmosfera era tensa. Ninguém tinha sequer uma pista do que ele iria dizer após a discussão da noite anterior.

Antes que qualquer outra pessoa falasse algo, o presidente deu sua resposta.

"Vamos adiante", ele anunciou. Todos sabiam o que ele queria dizer. Ele estava enviando os soldados da Marinha.

Dois dias depois, as Forças Especiais se dirigiram para a casa no Paquistão. Quando a operação terminou, o andarilho, cuja identidade foi confirmada como sendo Osama Bin Laden, estava entre as baixas. Seu corpo foi jogado ao mar para que um mausoléu não fosse construído para seus admiradores.

O que teria convencido Obama a autorizar o ataque? Em parte, isso se deveu ao fato dele ter dado dois passos atrás para poder apreciar o grande cenário.

Não havia dúvidas de que uma ofensiva por terra colocaria vidas norte-americanas em risco. E era verdade: um ataque com um *drone* seria consideravelmente mais seguro. Vista por essa perspectiva, a decisão parecia depender de um único fator: será que o risco se justificaria? Será que o presidente deveria jogar com vidas norte-americanas para obter a confirmação da identidade de Bin Laden e garantir o acesso a quaisquer dados de inteligência que pudessem estar armazenados naquela casa?

No entanto, há algo que falta a essa análise: o contexto.

O que a dicotomia alto risco/baixo risco deixa de lado é a frequência com a qual os soldados da marinha enfrentam circunstâncias arriscadas. Para eles, lidar com situações envolvendo risco de morte não é algo incomum, é a norma. Com que frequência os soldados da marinha estão envolvidos em missões de perigo? Conforme o outrora Chefe Conjunto de Pessoal Mike Mullen enfatizou, invadir a casa de Bin Laden não era sequer a única operação da Marinha que ocorreria *naquela noite*. Havia várias unidades envolvidas em missões análogas, algumas consideravelmente mais perigosas.

O que pode não ser conhecido é que, além da operação daquela noite, havia múltiplas operações acontecendo exatamente como aquela que estava ocorrendo no Afeganistão. Algumas delas eram de fato mais difíceis do que a missão que abateu Bin Laden. E, quando eu digo mais difíceis, eu não me refiro a um maior risco estratégico e nem que elas eram mais importantes, mas que elas eram fisicamente mais difíceis e mais perigosas do que aquela que nossas grandes Forças Especiais executaram.

Na superfície, a decisão de Obama parecia se centrar sobre se o presidente deveria ou não colocar os soldados da Marinha em risco. Mas, na realidade, os soldados da Marinha estão constantemente em risco, e essa missão não estava fora da norma do que eles regularmente fazem. Apesar do perigo, foi a percepção de Obama que consolidou o pensamento de que invadir a casa de Bin Laden estava dentro da especialidade da Marinha.

"A razão pela qual eu quis tomar a decisão de enviar nossos soldados da Marinha para tentar capturar ou matar Bin Laden em vez de escolher outras opções", ele disse ao jornalista da NBC Brian Williams, "foi porque, ao fim e ao cabo, eu tinha 100 por cento de confiança nos soldados da Marinha".

Seria ingênuo pensar que a escolha do presidente de demorar um pouco tenha sido a razão pela qual o terrorista mais procurado do mundo já não esteja vivo. Obama passara meses refletindo sobre o assunto, debatendo os prós e contras com conselheiros, sopesando as ramificações políticas, avaliando os riscos militares e diplomáticos. A decisão de invadir "por terra" já era algo antigo. E, apesar dos consideráveis benefícios do sono, nenhum cientista sério sugeriria que o descanso (ou o pensamento inconsciente que o sono facilita) é um substituto legítimo para a descoberta de fatos por meio do trabalho árduo, da análise cuidadosa e da avaliação intelectual.

O que isso de fato reflete, no entanto, é o estilo de tomadas de decisões de um homem que está acostumado a processar um montante inconcebível de dados e chegar a escolhas que frequentemente se mostram bem-sucedidas.

Obama não realiza suas atividades trabalhando de forma incessante. Ele as faz coletando informações, avaliando suas opções e, criticamente, fazendo frequentes pausas.

Sua primeira ordem de negócios são seis dias por semana de exercícios: quarenta e cinco minutos, alternando entre treinamento com pesos e exercícios cardiovasculares. Ele reserva um tempo para jogar, colocando o basquete e o *golf* em sua rotina semanal. Ele lê história e livros de não ficção, mas também lê literatura, mistérios *noir* e poesia moderna. Durante seus primeiros quatro anos no poder, Barack Obama tirou 131 dias de férias, em média mais de um mês por ano.

"Nada que vem à minha mesa tem resolução perfeita", disse Obama ao jornalista da revista *Vanity Fair* Michael Lewis, em 2012. "Se fosse assim, alguém já teria resolvido o problema. Então você acaba lidando com probabilidades. Qualquer decisão que você tomar terá que lidar com algo em torno de 30 a 40 por cento de chance de que não dará certo. Você tem que aceitar isso e se sentir confortável com o modo como você toma decisões".

Você não precisa ser o presidente dos Estados Unidos para enfrentar um nível similar de incerteza no trabalho. Frequentemente, nossos dias estão repletos de decisões complexas em que a solução correta está longe de ser óbvia. E mesmo que as decisões que tomamos possam não determinar o destino do mundo livre, isso não significa que não as levemos tão a sério.

É por isso que ajuda muito saber que pensamentos inteligentes e tempo de descanso não são incompatíveis. E que, de fato, há situações em que a abordagem mais eficiente para alcançar um grande resultado é simplesmente parar.

Quando a complexidade abunda, o trabalho árduo pode semear o terreno para os *insights*. Mas é a distração ocasional que os faz florescer.

AS LIÇÕES DOS JOGOS
Itens de ações para os gerentes

Comece a fazer jardinagem. Confiar exclusivamente nos líderes para que eles cheguem a soluções surpreendentes é algo que remonta ao passado. Como é que as empresas inovadoras de nossos dias fazem para serem bem-sucedidas? Elas incentivam a criatividade em todos os setores. A partir de uma entrevista com o executivo da *Amazon* Jeff Bezos, o colunista do *New York Times* Thomas Friedman levou em consideração seu *insight* sobre a liderança na era da informação: "Você tem que pensar sobre si mesmo não como um *designer*, mas como um *jardineiro* – semear, alimentar, inspirar, cultivar as ideias que vêm de baixo, e então fazer com que as pessoas as executem". Se as grandes ideias são importantes para a sua empresa, comece a criar as condições que promovam o pensamento inovador. Integrar jogos, exercícios e pausas ocasionais promove a criatividade.

Distraia-se estrategicamente. Expor as pessoas a ideias novas e inesperadas as torna mais criativas. Como é que você pode utilizar esse *insight*? Ao disponibilizar tempo todas as semanas para uma exposição de grupo a uma palestra de um funcionário, ou ao marcar uma exposição mensal sobre as tendências da indústria. Você não pode começar um clube de "você não precisa ler o livro" (como fez a Mercedes-Benz) para estimular as discussões sobre novas ideias. A criatividade não se desenvolve quando nós nos afundamos na rotina. É quando tornamos a exploração um hábito que encontramos soluções inesperadas.

Redirecione o seu hábito internalizado de trabalho excessivo. Como um gerente, se você se senta à sua mesa por 12 horas diárias e passa seus fins de semana respondendo a *e-mails*, a mensagem é clara: desconectar-se é algo ruim. Para obter o máximo de sua equipe e mantê-los envolvidos, dê a seus funcionários espaço para que eles possam se recompor. Vá em frente e mande aqueles *e-mails* noturnos e de fim de semana se você quiser, mas os programe para que eles cheguem durante o horário de trabalho, para que seus funcionários possam aproveitar de fato suas horas de descanso em casa.

AS LIÇÕES DO JOGO
Itens de ação para líderes emergentes

Coloque o seu inconsciente para trabalhar. As deliberações conscientes são úteis para resolver problemas simples, mas quando o desafio que você está enfrentando é complexo, é mais provável que encontre *insights* mais claro depois de um período de incubação. Para obter o máximo do seu pensamento inconsciente, faça o trabalho de esclarecer seu objetivo e de absorver os dados à sua disposição. Então, distraia-se dando uma volta, lendo um artigo ou trabalhando com algo não diretamente relacionado. As pesquisas sugerem que uma diversão de 30 minutos é, frequentemente, ideal. Quando você volta à sua tarefa original, é provável que veja as coisas de forma diferente do que quando você as havia deixado.

Use as manhãs para a aprendizagem e busque *insights* à noite. O mesmo relógio interno que faz com que seu corpo se sinta com preguiça à tarde também influencia outros aspectos do seu desempenho. Estudos mostram que as habilidades cognitivas são mais aguçadas pela manhã, quando o trabalho com o memória atinge o ápice, mas que conforme o dia transcorre nós tendemos a reter menos informações. Sentir-se cansado também traz suas características inusitadas. Quanto mais fatigados nos sentimos, mais fraco nosso filtro mental interno, o que significa que mais associações incomuns vêm à mente. Quando você está buscando uma solução criativa no trabalho, tente reexaminá-la mais tarde à noite. Você provavelmente descobrirá uma forma nova e inesperada de ver as coisas.

Considere a prática de exercícios físicos como parte do seu trabalho. Os exercícios não melhoram apenas a sua saúde; eles aumentam a sua capacidade mental. Muitos de nós negligenciam a ida à academia, especialmente durante as noites dos dias de semana, quando nós estamos preocupados em realizar o trabalho ou descansar. Mas o que pesquisas recentes mostram é que exercícios regulares podem estimular a memória, elevar a criatividade e melhorar a eficiência. Em suma, eles podem torná-lo um melhor funcionário. Quanto mais complexidade houver no seu trabalho, mais benefícios você terá em manter seu corpo fisicamente em forma.

Quatro
O que locais de trabalho podem aprender com um cassino

Quando eu tinha 19 anos, tive uma experiência que mudou minha vida em um cassino.

Eu estava em algum lugar no meio do Oceano Atlântico, a bordo de um cruzeiro pelo Caribe que meus pais haviam organizado para uma viagem em família. O navio era formidável, e não havia falta de opções de entretenimento: banheiras com água quente, mesas de pingue-pongue, uma quadra de basquete. A comida era tão farta quanto deliciosa. Lá fora, o tempo ensolarado beirava à perfeição.

Mas quando nós alcançamos as águas internacionais, nada daquilo parecia importar. Porque, agora, o cassino estava aberto para as apostas.

Eu tinha ouvido que havia um cassino a bordo e viera preparado. Uma semana antes, depois de descobrir que o navio permitia apostas de qualquer pessoa que tivesse mais de 18 anos, eu não perdi tempo e li um livro que prometia revelar os segredos do jogo de vinte e um. Eu o estudei religiosamente, devorando-o várias vezes enquanto tomava notas nas margens das páginas.

Quando nós estávamos embarcando, eu estava mais do que preparado. Eu desenvolvera um sistema.

Minha abordagem era simples. Eu apostaria um mínimo de 5 dólares na primeira mão. Se eu ganhasse, me ateria a essa quantidade, continuando a apostar mãos de 5 dólares. No entanto, no momento em que eu perdesse, eu dobraria o tamanho de cada aposta, em busca de recuperação para a perda anterior. Primeiramente, eu apostaria 10 dólares, depois 20 e, finalmente, 40 dólares. A ideia era me dar quatro chances para me tornar um vencedor. Depois da quarta perda, eu aceitaria a derrota, voltando ao nível original de 5 dólares.

Se você assume que a chance de ganhar uma mão no vinte e um é quase a mesma do cara e coroa (50%), então a chance de se perder quatro mãos em sequência é de 6,25% (50% × 50% × 50% × 50%). Isso significa que, como apostador, você tem 93,75% de chance de ganhar a cada vez. Mesmo antes de assistir às minhas primeiras aulas de estatística, eu sabia dizer que eram ótimas probabilidades.

Na primeira noite do cruzeiro, enquanto minha família estava curtindo a música junto à piscina, eu fiz a minha primeira aposta na mesa e ganhei. Meu objetivo era ganhar 50 dólares e sair dali. Em retrospectiva, isso não parece uma grande meta financeira, mas, à época, eu a considerava uma soma de dinheiro principesca, grande o bastante para bancar um verdadeiro banquete no McDonald's. Em menos de 20 minutos, eu havia alcançando minha noz (uma expressão de jogo que eu aprendera no livro) e voltei eufórico para a minha cabine.

As noites seguintes trouxeram resultados similares: 55 dólares numa noite, 65 dólares na outra. No sexto dia eu havia acumulado 300 dólares. Eu não havia juntado uma fortuna, mas eu estava ganhando de forma consistente. E isso parecia trazer uma prova definitiva de que o meu sistema estava funcionando.

Então chegou a última noite no cruzeiro.

Por razões que eu não conseguia entender, minha técnica não estava funcionando com sua magia usual. Antes daquela noite eu havia perdido quatro mãos consecutivas apenas uma vez. Mas, agora, em meros 40 minutos, isso já havia acontecido três vezes Eu assisti horrorizado à perda de metade dos meus ganhos durante a semana.

Meu sistema pedia que eu realizasse sérias reconsiderações. Era preciso jogar de maneira conservadora. Vagarosamente, era preciso voltar às perspectivas positivas usando o regime de apostas de 5 dólares Mas eu já não tinha mais paciência. Minha disciplina já havia me abandonado. E, antes que eu me desse conta, todo as fichas que eu havia acumulado nos seis dias anteriores estavam em jogo.

Eu havia apostado tudo em uma única mão.

O QUE OS OPERADORES DE CASSINO SABEM

Uma coisa curiosa acontece com o seu cérebro dentro de um cassino.

O pensamento racional se torna elusivo. A lógica e o autocontrole sucumbem. Subitamente, você se vê tomado por uma vontade de gratificação imediata.

A montanha russa emocional de ganhos e perdas é uma razão pela qual é difícil manter o aprumo, mas há mais coisas além disso. Os cassinos também desempenham um papel de promover uma mentalidade propensa a correr riscos. Eles o fazem usando técnicas sutis que influenciam nosso humor, moldam o pensamento e nos impelem gentilmente em direção à jogatina.

Alguns métodos são mais óbvios do que outros. Considere as fichas, por exemplo. Os cassinos minimizam o uso de dinheiro real, porque isso torna a jogatina mais agradável. É difícil sacar uma nota novinha de 20 dólares da carteira quando você está disposto a fazer uma aposta, e é ainda mais difícil ver o *croupier* tomá-la de você. Apostar com fichas plásticas coloridas promove a abstração das perdas e permite que a jogatina se pareça mais com um jogo.

Em anos recentes, os cassinos têm trabalhado de forma inteligente para ampliar a distância psicológica entre os jogadores e seu dinheiro. Os jogadores já não andam pelos cassinos com copos de plástico repletos de fichas. Em vez disso, o dinheiro deles é convertido em "unidades" eletrônicas e gravado em *vouchers* de papel. Máquinas de aposta sem dinheiro tornam a jogatina mais rápida – o que significa que há menos tempo gasto pelos jogadores para pegar uma moeda e introduzir no orifício da máquina – e isso elimina sinais irritantes que torna o ato da perda mais óbvio. Visitantes de cassinos já não têm o benefício de ver suas moedas minguarem ou de sentir seus copos mais leves.

Máquinas caça-níqueis podem apresentar truques de outras maneiras também. Costumava acontecer quando você ia até uma máquina caça-níquel, puxava a alavanca e esperava pelas três cerejas. Hoje em dia, ganhos em uma única coluna são bastante raros. A maioria das máquinas permite um grande número de combinações de vitórias por meio de múltiplas colunas. Na superfície, isso parece ótimo. Mas o pagamento para as colunas combinadas é bem menor e frequentemente resulta em jogadores "ganhando" uma fração de sua aposta original.

Por que os cassinos se incomodariam em dizer aos jogadores que eles ganharam quando eles na verdade não ganharam? Porque os pagamentos frequentes e irregulares promovem a *sensação* de vitória, que leva os jogadores a apostas contínuas.

Se tudo isso não for suficiente, o ambiente dos cassinos bombardeia os sentidos. Luzes que piscam e cores variadas parecem excitar, impelir e desorientar. Ícones visuais de frutas, desenhos e programas populares de TV são usados para tranquilizar os visitantes para que eles se sintam seguros. E, enquanto isso, mulheres bem decotadas vestidas de coelhinhas andam para baixo e para cima, distribuindo drinques alcoólicos de graça.

O que os cassinos estão fazendo é estimular uma série de técnicas psicológicas para aumentar a tolerância das pessoas ao risco, incitando sua vontade de jogar.

Então, o que é que tudo isso tem a ver com o local de trabalho? Mais do que você pensa.

Na maioria das empresas, correr risco tem obviamente um valor limitado. Mas existem certas mentalidades que *valem a pena* ser promovidas entre os funcionários. Como a felicidade, por exemplo.

As pesquisas mostram que pessoas felizes tendem a ser mais eficientes em seus trabalhos. Quando nós estamos nos sentindo bem em nossas vidas, nós nos relacionamos com os outros com mais facilidade, pensamos de forma mais otimista e liberamos valiosos recursos mentais para nos concentrarmos em novas ideias. A felicidade também alimenta a confiança. O humor positivo torna nossa situação mais controlável, o que nos dá ímpeto para lidar com tarefas desafiadoras.

Como exatamente você estimula a felicidade no local de trabalho? Ao observar os cassinos e inserir gatilhos psicológicos na experiência dos funcionários que promovam uma mentalidade positiva.

Em anos recentes, os cientistas têm realizado tremendas descobertas em relação à compreensão das condições que estimulam a felicidade. Parece que, quando se trata de manter a felicidade, algumas pequenas mudanças podem ter um impacto surpreendentemente grande. Neste capítulo, nós observaremos algumas das descobertas mais intrigantes e examinaremos as maneiras como as empresas podem adaptá-las ao local de trabalho.

POR QUE É DIFÍCIL ENCONTRAR FELICIDADE NO LOCAL DE TRABALHO

Um dos fatos mais inquietantes a respeito da natureza humana é que nós não somos particularmente bons em permanecer felizes. Emoções positivas se esvaem. Ainda que ganhemos uma promoção no trabalho, alcancemos um novo cliente ou nos mudemos para o escritório na esquina, com o tempo nós tendemos para a nossa linha de base da felicidade.

Frequentemente, o processo não dura muito tempo. Pense no que acontece quando você pede um prato maravilhoso em um restaurante novo. A primeira mordida é fabulosa. A segunda, muito boa. Na terceira, você se sente pronto a dividir a comida. Quanto mais você come, menos alegria você sente com a comida, até que, chegado um determinado momento, você já não consegue suportar outra mordida.

É provável que na próxima vez que você retornar ao restaurante e pedir o mesmo prato, talvez pareça estar faltando algo a ele. Isto é: a novidade.

A boa notícia sobre a nossa tendência a nos adaptarmos é que o mesmo processo psicológico responsável para nos aclimatar a acontecimentos positivos também funciona quando nós vivenciamos uma tragédia. Estudos mostram que ganhadores de loteria, por exemplo, voltam à sua linha básica de felicidade ao redor de um ano depois de eles terem recebido suas boladas. Vítimas de acidentes apresentam um padrão similar. Apenas 12 meses depois de perder o movimento das pernas, paraplégicos estimam que se sentirão tão felizes no futuro quanto se sentiam antes de seus acidentes.

Nosso cérebro está programado para se adaptar às nossas circunstâncias, e por uma boa razão. Se nos sentíssemos muito felizes, nos faltaria qualquer impulso para a ambição; se nos sentíssemos muito tristes, nós nunca sairíamos da cama.

Para alguns, aprender sobre a existência de uma linha básica de felicidade pode ser incrivelmente libertador. Isso significa que não importa quão mal você realize seu próximo projeto, sua frustração inevitavelmente passará e você voltará ao seu estado de felicidade. Então, por que não correr alguns riscos? Afinal, você está trabalhando com uma rede de proteção emocional.

Para outros, isso pode parecer bastante depressivo. Caso a felicidade seja fugaz, qual é o sentido de sequer tentar algo? É a razão pela qual alguns pesquisadores têm igualado a condição humana a uma "esteira da felicidade". Nós lutamos o mais arduamente que podemos, apenas para conseguirmos permanecer presos no mesmo lugar emocional.

Recentemente, os psicólogos começaram a examinar formas de desacelerar o processo de adaptação como um meio de prolongar as experiências de felicidade. Se nós pudermos evitar a aclimatação muito rápida a experiências positivas, o argumento afirma, nós podemos manter a felicidade inicial por períodos de tempo mais longos.

Como você retarda a adaptação? Eis um panorama do que conseguimos aprender até agora.

INSIGHT #1: FREQUÊNCIA É MAIS IMPORTANTE DO QUE TAMANHO

Toda experiência positiva requer um certo tempo de adaptação. E quanto mais positivos são os eventos, mais tempo leva para voltarmos à linha básica. O que nos leva ao nosso primeiro *insight* sobre a felicidade: *prazeres pequenos e frequentes podem nos manter felizes por mais tempo do que prazeres não frequentes e grandes.*

O que isso significa, a partir de uma perspectiva prática, é que levar para casa um arranjo de flores de 10 dólares todas as sextas-feiras durante um mês é uma estratégia de promoção de felicidade mais sábia do que buscar um único buquê de 40 dólares. Assim como é melhor espaçar nossos passeios de fim de semana ao longo do ano em vez de sair de férias uma única vez durante duas semanas.

Quanto mais frequente é a nossa felicidade, por mais tempo nosso humor permanece acima da linha básica.

As implicações, a partir de um ponto de vista empresarial, podem ser profundas. Por um lado, nós podemos nos sentir melhores ao dividir eventos anuais positivos em eventos trimestrais. Empresas frequentemente dão bônus no fim do ano, mas dar premiações menores e bônus trimestrais pode ser uma estratégia mais eficiente. A mesma lógica se aplica às festas. Em vez de esbanjar os gastos em uma festa nas férias, pode ser mais sábio dividir os gastos em parcelas menores, promovendo reuniões e encontros de tempos em tempos.

A importância de eventos positivos frequentes também fornece uma nova visão para a apreciação do valor psicológico dos estímulos no escritório. Oferecer aos funcionários benefícios relativamente baratos no local de trabalho – por exemplo, por meio de uma máquina de café expresso ou colocar na geladeira bons comes e bebes – representa algo mais provável para garantir os níveis de felicidade diária do que aumentos esporádicos no pagamento.

A partir da perspectiva do funcionário, ter acesso a estímulos no escritório frequentemente representa mais do que melhorar o humor temporariamente: tal fato também dá um sinal implícito de que a empresa se importa com eles. Enquanto os bônus financeiros tendem a ser vistos como pagamentos pelo desempenho, estímulos dão mostras em nível emocional e fornecem um ímpeto motivacional. Estudos mostram que quando os funcionários se sentem importantes, eles tendem a retribuir com mais trabalho. Um experimento de 2012 conduzido por economistas comportamentais da Universidade de Zurique, por exemplo, descobriu que estímulos e recompensas no trabalho são significativamente mais motivadoras do que bônus em dinheiro de idêntico valor.

Em 2013, os executivos da Pictometry, uma empresa de imagens aéreas sediada em Rochester, Nova Iorque, tomou a decisão de separar 2.500 dólares por semana para alimentar seus funcionários. Tudo, desde pipocas e congelados até refeições de micro-ondas se tornou disponível para que todos pudessem comer ao longo do dia. A empresa pediu aos funcionários que dissessem como eles pensavam que o dinheiro deveria ser gasto.

Então, algo curioso aconteceu. Um técnico perguntou se ele poderia usar uma porção do estipêndio para fazer bolos no fim de semana, se oferecendo para trazê-los aos colegas. Outro funcionário pediu que o escritório comprasse um fogão e se candidatou a trazer os ingredientes para um guisado. Hoje, não é incomum encontrar funcionários da *Pictometry* sentados juntos para almoços conjuntos que eles próprios prepararam.

Para ser justo, 2.500 dólares por semana não representam, de forma alguma, um pequeno gasto. Multiplique essa quantia por 52 semanas por ano e você chegará a um montante de 130.000 dólares por ano. Será que vale a pena?

Aqui é instrutivo observar a alternativa: se a Pictometry abolisse seu generoso estipêndio para alimentação e dividisse o dinheiro que ela agora está gastando entre os 250 funcionários, cada um deles receberia um aumento salarial de um quarto por hora trabalhada. O que você preferiria: um aumento de salário de 2 dólares por dia ou acesso a um cardápio ilimitado e a refeições ocasionalmente feitas em casa?

INSIGHT #2: A VARIEDADE EVITA A ADAPTAÇÃO

Aumentar a frequência de eventos positivos não é a única maneira de postergar a adaptação. A introdução da variação também contribui.

Pelo fato de nosso cérebro estar programado para se habituar rapidamente às nossas circunstâncias, nós tendemos a deixar de prestar atenção a eventos que acontecem de forma repetida, não importa quão positivos eles sejam. Nossa mente entra em piloto automático quando nosso ambiente é previsível, conservando energia mental para quando as mudanças ocorrerem. Nós precisamos de novas experiências para nos mantermos emocionalmente envolvidos.

A partir de uma perspectiva evolutiva, trata-se de um processo que nos tem servido bem. O inevitável tédio que desponta quando nos adaptamos às nossas circunstâncias é o que nos faz lutar por algo maior e melhor, não importa o quanto já tenhamos alcançado. O que isso não fez, no entanto, foi nos tornar muito bons em saborear as experiências positivas quando elas acontecem. Quanto mais nós fazemos as mesmas coisas prazerosas, menos atenção prestamos a elas. Isso é algo que nos ensina uma importante lição sobre a felicidade: às vezes, para continuar a aproveitar algo que nós amamos, precisamos que essa coisa desapareça temporariamente.

É por essa razão que viajar pode trazer sensações tão reconfortantes. Quando nós viajamos, rompemos com a rotina do cotidiano. Não ter acesso à sua cama, ao seu carro e a seu canto favorito de leitura pode ser algo que você não nota enquanto está viajando. Mas, quando você volta para casa, subitamente redescobre as pequenas coisas que contribuem para o seu conforto. De certa forma, o verdadeiro benefício de uma viagem é nos ajudar a reconhecer os prazeres de estar em casa.

A variedade nos ajuda a evitar a adaptação, razão pela qual a criação de um local de trabalho feliz envolve mais do que apenas repetir sempre as mesmas atividades prazerosas.

Uma forma de introduzir a variedade no local de trabalho se dá por meio da conexão de certos rompantes de felicidade a estações específicas. Na Plante Moran, uma empresa de consultoria contábil, funcionários fazem pausas nos meses mais quentes para juntos tomarem sorvete e, quando a temperatura cai, eles dividem cidra de maçã e comem *doughnuts*. Churrascos de verão, piqueniques de outono, concursos de preparação de abóboras para o *Halloween* e preparação de pratos quentes para o inverno são apenas algumas amostras de eventos sazonais que podem rapidamente se tornar tradições nos escritórios.

Alguns locais de trabalho dão um passo além e projetam eventos sazonais únicos que refletem a cultura da empresa. A Hitachi Data Systems, empresa situada em Santa Clara, por exemplo, realiza todos os verões, um dia anual do cachorro, no qual os funcionários não apenas trazem seus cachorros para o trabalho e podem tratá-los com um conjunto de atividades que inclui serviços de *pet shop*, treinamento profissional e show de talentos. Trata-se de uma forma de elevar o moral e enfatizar o compromisso da empresa com a família. A Qualcomm é outra empresa que adotou as atividades sazonais. Durante os meses de verão eles convidam fazendeiros locais para estabelecerem lojas na empresa como se fossem um mercado semanal com produtos da fazenda, dando aos funcionários acesso a frutas frescas, mel e flores.

Ao correlacionar eventos positivos com certos meses do ano, as empresas podem estimular um impacto emocional de atividades enquanto acrescentam uma camada adicional à experiência: dar aos funcionários algo pelo qual eles possam ansiar.

Outra forma de assegurar a variedade envolve a adoção de uma técnica similar àquela usada pelo Admiral Group, uma empresa de seguros com escritórios no Canadá e no Reino Unido. A empresa criou um "Ministério da Alegria" que reveza os funcionários mensalmente, dando aos novatos uma oportunidade de lidar com novas atividades para tornar o local de trabalho mais agradável. Como o nome "Ministério da Alegria" pode não ser apropriado para todas as empresas, a ideia de listar a ajuda dos funcionários de forma contínua tem um valor considerável. Novas sugestões são mais fáceis de surgir quando todos os membros de uma empresa investem em encontrar novas formas de elevar a experiência no local de trabalho.

INSIGHT #3: PRAZERES INESPERADOS, MAIORES EMOÇÕES

Imagine o seguinte: você chega ao escritório em uma segunda-feira pela manhã e descobre que seu saguão está tomado por um mar de bexigas. Uma banda local está tocando perto do elevador. Garçons trajando smokings estão servindo aperitivos para o café da manhã.

O que você pensaria sobre isso?

Quando algo surpreendente acontece, nosso cérebro automaticamente presta mais atenção, dando a eventos inesperados mais carga emocional. Nós nos sentimos motivados a dar sentido para eventos que não previmos e devotamos mais energia mental para pensar sobre eles depois que ocorreram.

Dessa forma, surpresas trazem um ponto de exclamação emocional, estimulando o impacto de qualquer evento – bom ou ruim.

Em *Os mitos da felicidade*, a psicóloga Sonja Lyubomirsky escreve que uma razão pela qual o início de um relacionamento romântico é tão florescente é que cada encontro revela algo novo sobre o parceiro. A cada atividade compartilhada surge uma nova revelação sobre os interesses dele ou dela, sobre a história e os objetivos. O fluxo constante de surpresa nos torna envolvidos.

Mas, com o tempo, nós passamos a conhecer o parceiro. As descobertas param de acontecer, e, nesse momento, muitos relacionamentos correm o risco de perder o brilho.

A mesma coisa pode ser dita sobre muitos trabalhos. Quando nós acabamos de entrar em uma empresa, cada dia envolve conhecer novas pessoas, explorar novos locais e aprender novas práticas. Então, uma manhã as surpresas param de acontecer. Nós sabemos quase tudo sobre nosso local de trabalho, e, subitamente, nosso emprego se torna previsível.

Dado que as surpresas estimulam o impacto de um acontecimento, é irônico que a maioria dos locais de trabalho apenas use as surpresas para comunicar informações negativas. Um colega foi demitido; um departamento vai ser reorganizado; um produto sai de linha. Algumas más notícias são claramente inevitáveis, e não como mudar o fato de que certas informações precisam ser mantidas em segredo. Mas quando eventos assim são inesperados, isso nos faz ficar mais alertas do que normalmente ficaríamos.

Ao aumentar as surpresas positivas no local de trabalho, as empresas podem obter um ganho emocional maior. Como você surpreende os seus funcionários? Uma ideia pode ser alugar uma sala de teatro e levar a todos para assistir à estreia de um grande lançamento. Ou então contratar um massoterapeuta para circular pelo escritório por um dia. Ou então pagar um imitador profissional para ligar para um funcionário no dia de seu aniversário.

O objetivo não é apenas melhorar o humor temporariamente, mas criar um ambiente de expectativas positivas. Quanto mais os funcionários anteciparem o acontecimento de coisas positivas, com mais probabilidade eles poderão encontrá-las.

INSIGHT # 4: EXPERIÊNCIAS RECOMPENSAM MAIS DO QUE OBJETOS

Suponhamos que você tenha realizado um ano de muito sucesso. Sua carteira de clientes se expandiu e sua renda aumentou. Acaba de ser anunciado que você pode esperar um orçamento maior para o próximo ano fiscal. As coisas estão indo bem na sua divisão, e que você quer garantir a manutenção da equipe atual.

Qual é a melhor maneira de investir o dinheiro para fazer os funcionários felizes?

Quando se trata de escolher entre diferentes formas de aquisições, uma linha de pesquisa que vale a pena consultar é a ciência emergente do gasto inteligente. Recentemente, alguns psicólogos começaram a observar a taxa de retorno de investimento da felicidade em relação a vários produtos e serviços. O que eles descobriram é que o investimento em experiências de vida (por exemplo, uma viagem de balão, provar uma taça de vinho ou uma viagem para a Itália) tende a trazer mais felicidade do que gastar um montante comparável em objetos materiais (por exemplo, uma televisão de tela plana, um terno fino ou uma bolsa).

Por que isso acontece? Por um lado, isso acontece porque as experiências tendem a envolver outras pessoas, e estar em companhia de outras pessoas eleva a nossa felicidade. Experiências também nos expõem a novas ideias e lugares, expandindo a nossa curiosidade intelectual e os nossos horizontes. Objetos materiais, por outro lado, são frequentemente utilizados de forma privada, quando nós estamos longe de amigos e da família, e raramente eles nos trazem novas aventuras.

Diferentemente dos objetos materiais, as experiências tendem a melhorar com a idade. Pense em uma viagem de férias que você fez no passado. Você se divertiu? Pesquisas mostram que nos lembramos de eventos de forma mais positiva quanto mais distantes eles estiverem em nosso espelho retrovisor. Mas, e quanto ao relógio caro que fica enterrado em seu guarda-roupa? Ele sofreu alguns arranhões e já não parece tão chique quanto no dia em que você o comprou.

Ao enfrentar uma escolha sobre os gastos dos departamentos, é importante ter esse *insight* em mente. Investir nas experiências dos funcionários – ao mandar membros da equipe para conferências, ao patrocinar saídas de grupo estimulantes ou ao proporcionar uma viagem de fim de semana em vez de um pequeno bônus – pode propiciar uma felicidade maior do que investir em novos móveis ou em melhorar o seu sistema de telefonia.

Um aviso: se o equipamento do seu escritório é uma fonte constante de frustração e impede seus funcionários de fazer seus trabalhos, investir na infraestrutura do seu negócio faz bastante sentido. Mas se a sua equipe está relativamente satisfeita com o arranjo do escritório, aí está o momento de favorecer as experiências. As experiências não apenas podem aumentar o humor no escritório, mas também propiciar relações mais fortes entre os colegas e ajudá-los a ver o local de trabalho como um veículo de crescimento contínuo.

INSIGHT # 5: NÓS NEM SEMPRE SABEMOS POR QUE ESTAMOS FELIZES

Conforme nós descobrimos no capítulo 2, nosso ambiente frequentemente tem um impacto poderoso sobre o nosso comportamento. Nossa mente absorve uma quantidade enorme de informações sobre as nossas cercanias e as utiliza para guiar nossos pensamentos, sentimentos e comportamentos. E a maioria desse processo acontece fora da nossa zona de consciência.

Uma característica do nosso ambiente à qual nós raramente prestamos atenção é o odor. Pesquisas mostram que quando nós somos expostos a odores positivos – como quando estamos fora de um café, uma loja de doces ou uma padaria, por exemplo –, nós tendemos a nos tornar mais felizes e não sabemos por quê. De forma interessante, a mudança no humor frequentemente afeta o nosso comportamento. Nós nos tornamos mais prestativos, menos competitivos e mostramos maior generosidade.

Um estudo da Universidade do Estado de Washington descobriu que lojas que aspergem odores agradáveis por meio de seus sistemas de ventilação (uma prática conhecida na indústria como *marketing* de aroma) são classificadas como mais coloridas, alegres e modernas. Os compradores também classificam os produtos vendidos nesses locais como de "maior qualidade" e mais "atuais", o que explica por que eles tendem a retornar mais para lojas aromatizadas do que para seus competidores sem aroma.

O fato de que o odor pode conscientemente fazer com que as pessoas tenham bom humor não escapou à atenção dos cassinos. Não é por acaso que muitos dos mais bem-sucedidos destinos de apostas do mundo tendam a aspergir fragrâncias nos andares de jogos, apesar do fato de que fumar em suas instalações (o que costumava ser a principal razão para modificar o odor de um cassino) tenha sido banido há anos. Pesquisas mostram que máquinas automáticas de venda próximas de odores agradáveis propiciam 50 por cento mais de vendas do que aquelas em locais sem aroma.

A música também pode melhorar nosso humor de forma inconsciente. Nossa taxa de batimento cardíaco tende a se sincronizar com os sons que ouvimos, razão pela qual o *techno* faz com que nossos batimentos aumentem, enquanto o compasso de Frank Sinatra nos ajuda a relaxar. Comerciantes frequentemente usam a música como um instrumento para influenciar os compradores, e as pesquisas mostram que isso é efetivo. Quando a música em nosso ambiente está lenta, nós tendemos a nos mover de forma correspondente. Estudos mostram que compradores se vinculam a lojas e restaurantes que tocam música relaxante, o que frequentemente os faz comprar mais. Para os donos de bares, no entanto, uma estratégia diferente se aplica. Quanto mais rápida a música, mais rapidamente as pessoas pensam e tanto mais irão consumir.

Obviamente, nenhum escritório quer ter o odor de um cassino ou tocar a música de bares. Ainda assim, as descobertas iluminam maneiras sutis para que locais de trabalho possam estimular seus ambientes a promover melhor o humor. Sachês de lavanda nos corredores ou flores perto da entrada podem fornecer um ganho psicológico. Também o *jazz* ou uma coleção das músicas favoritas dos funcionários nos banheiros.

Nenhuma dessas mudanças, de forma isolada, consegue transformar o local de trabalho. Mas, reunidas, elas somam umas às outras.

INSIGHT # 6: UMA MENTE GRATA É UMA MENTE FELIZ

Há uma outra coisa que nós podemos fazer para estimular a felicidade no local de trabalho: treinar-nos para sermos gratos.

É muito mais difícil do que parece. De muitas formas, nós somos implicitamente encorajados a sermos positivos enquanto estamos trabalhando. A maior parte do nosso dia é consumida com o pensamento sobre prazos futuros e tarefas que ainda temos de realizar. O processo pode cobrar um preço. Ao longo do tempo, uma atenção contínua em relação ao que *está faltando* treina a nossa mente a se centrar no que é negativo.

É raro pararmos para saborear o que já conseguimos alcançar. No momento em que um projeto exaustivo termina, o próximo começa. Mas ao lançarmos mão de um momento para direcionar a nossa atenção para as coisas que estão dando certo, nós aumentamos a nossa fruição e desestabilizamos o processo de acomodação. A gratidão nos ajuda a apreciar os acontecimentos positivos quando eles acontecem, tornando-os mais duradouros. Nós restabelecemos um equilíbrio para o nosso pensamento que eleva o humor e previne a eclosão de emoções negativas como o ressentimento, a inveja e o arrependimento.

Psicólogos descobriram que simplesmente ao pedir para as pessoas identificarem aspectos de suas vidas em relação aos quais elas se sentem gratas altera suas perspectivas de formas poderosas. Quando nós apreciamos nossas circunstâncias correntes, nós nos sentimos mais alegres em relação ao presente e mais otimistas sobre o futuro, o que melhora a qualidade do nosso trabalho. Pessoas gratas também se recuperam do estresse mais rapidamente e agem de forma mais generosa em relação àqueles que estão ao seu redor.

Uma atividade que os pesquisadores recomendam para cultivar a gratidão em nossas vidas é a apresentação de acontecimentos positivos, tanto em termos eletrônicos quanto por escrito. A prática simples de manter um diário de gratidão tem demonstrado promover mais saúde mental e reduzir as chances de desenvolvimento de depressão.

Enquanto a feitura de diários pode ser benéfica para indivíduos, a implementação de tal prática em nível organizacional apresenta desafios consideráveis. No momento em que você começa a pedir aos funcionários que documentem acontecimentos positivos, a prática ganha todo o apelo de preenchimento de grades de tempo.

Então, o que você pode fazer para ajudar os seus funcionários – e a si mesmo – a se sentirem gratos?

Uma solução envolve a disponibilização de tempo entre algumas semanas para que os funcionários partilhem seus mais recentes resultados como um grupo. Pense em uma reunião tradicional dos funcionários – mas, agora, com uma importante mudança.

Na maioria das empresas, as reuniões dos funcionários envolvem um pequeno grupo de colegas discutindo tarefas que não foram terminadas. Elas são feitas para atualizar todas as pessoas de um departamento sobre os projetos correntes e para criar planos para a próxima semana. Ainda que as reuniões tradicionais certamente tenham seu lugar, seu foco em relação ao que está faltando faz muito pouco para promover o senso de gratidão. Uma alternativa a essa abordagem é incluir um grupo maior, convidando funcionários de outros departamentos para um encontro planejado. Em vez de pedir que todos falem sobre o que não fizeram, use a reunião como uma oportunidade para que os membros da equipe compartilhem aquilo que têm mais orgulho de ter conquistado desde a última reunião.

É fascinante acompanhar o desenvolvimento do processo. Quando se pede às pessoas que falem sobre seus resultados diante dos outros, elas frequentemente tentam tirar o foco de si mesmas. Inevitavelmente, durante essas reuniões um funcionário vai agradecer um(a) colega por uma contribuição que ele(a) fez. E quando isso acontece, os outros tendem a imitar esse comportamento com o reconhecimento em relação aos colegas de trabalho e à ajuda que eles prestaram. Logo, a prática de expressar gratidão – não apenas em relação às próprias circunstâncias dos funcionários, mas em relação aos próprios colegas – acaba despontando.

Ao mudar o foco sutilmente daquilo que *está faltando* para o que foi alcançado, reuniões voltadas para o progresso permitem que os funcionários reflitam sobre aspectos do seu trabalho que estão dando certo, em vez de cair na armadilha daquilo que *está dando errado*. Em seu livro publicado em 2011, *O princípio do progresso*, a professora da Faculdade de Administração de Harvard Teresa Amabile e o pesquisador Steven Kramer apresentam fortes evidências de que a experiência do progresso é o componente mais importante de um dia de trabalho satisfatório. E, ainda assim, na maioria das empresas, é raro que os funcionários considerem os resultados que eles alcançaram ou o crescimento obtido.

Reuniões voltadas para o progresso tornam essas experiências mais fáceis de serem notadas e de maior apreciação. Além disso, elas também expõem os funcionários ao trabalho de seus colegas, construindo um sentido de conexão entre os funcionários da equipe, da mesma forma que permite que todos percebam a maneira pela qual os esforços estão correlacionados.

O LADO OBSCURO DA FELICIDADE

Lembro-me de ter ficado enjoado no momento em que soltei minhas fichas. Os ganhos de uma semana inteira estavam para ser perdidos, e tudo isso por causa de um estúpido impulso. Levou uma eternidade para o jogador começar com a mão. Eu não consegui deixar de recuar, mas estremeci ao balanço do navio que de repente ficou mais forte.

Meus olhos se abriram quando eu vi as cartas: um rei e uma rainha, para um total de vinte. Nada mal. Por um segundo eu senti uma onda de alívio imerecido, da forma como acontece quando você acidentalmente passa sem parar por um sinal de pare sem atrair a atenção da polícia. Eu olhei para a mão do jogador. Ele estava mostrando um cinco de copas – uma das jogadas iniciais mais fracas para um jogador. Vagarosamente, me dei conta de que estava enfrentando uma escolha: eu poderia jogar de forma conservadora e ficar com os meus vinte, ou então eu poderia "dividir" o meu rei e a minha rainha em duas mãos, o que me levaria a dobrar minha aposta inicial, mas o que também me daria duas chances de vencer. O livro que eu havia lido deixara absolutamente claro que uma mão inicial de cinco resultados na aposta de um jogador desponta mais de 40 por cento das vezes. Seria uma estupidez não dividir minhas cartas, seria dar o sinal de que eu não sabia jogar.

De forma relutante, saquei minha carteira e a esvaziei, mal conseguindo chegar ao valor requerido para a aposta.

O resto da mão é algo como uma névoa. Mas eu de fato me lembro disso: ficou tudo em silêncio quando o jogador virou sua segunda carta e abriu um seis. E, então, ficou um barulhão quando ele virou um dez, despontando com um total invencível de vinte e um.

A volta para a cabine foi aterradora. Eu não apenas tinha fracassado em lucrar depois de investir durante seis noites em um cassino, como, também, estava saindo dali praticamente falido. A mescla de humilhação, enjoo e autocomiseração durou por algum tempo. Porem, foi naquela infelicidade que eu aprendi algo importante sobre mim: o jogo de apostas não é uma atividade para a qual eu sou talhado.

Muitos anos mais tarde, bem depois do vacilo daquela experiência no cassino, eu me sentei com o professor Ed Deci, cuja pesquisa sobre motivação inspirou o livro *best-seller* de Daniel Pink intitulado *Drive (Impulso)*. Eu havia me candidatado a uma vaga em seu laboratório e estava visitando a Universidade de Rochester para realizar uma entrevista.

"Então, me fale sobre a felicidade", ele disse, fazendo menção ao ensaio que eu havia escrito para a candidatura para a pós-graduação. Eu lhe respondi fazendo um panorama do que eu havia escrito em meu texto: que eu estava querendo estudar a felicidade porque eu não conseguia imaginar algo mais importante na vida das pessoas. Até hoje eu me lembro da resposta do Ed: "Bem, na verdade eu acho que a felicidade é um monte de besteira".

Eu fiquei confuso. Lá estava um psicólogo que havia feito uma carreira estudando a otimização do funcionamento humano. O que ele poderia considerar questionável sobre a felicidade?

Então ele explicou.

Quando nós estamos completamente voltados para a tentativa de sermos felizes o tempo todo, Ed me disse, nós subestimamos o valor das emoções infelizes, tais como a raiva, o embaraço e a vergonha. Essas experiências podem não ser prazerosas quando estão acontecendo, mas elas existem por uma razão. As emoções negativas ajudam a direcionar a nossa atenção para elementos do nosso ambiente que requerem uma resposta. A partir da perspectiva do Ed, tolher artificialmente as emoções negativas desponta com um preço. Isso nos impede de reconhecer os erros e de adaptar nossos comportamentos.

Em um artigo fascinante de 2011 que reverbera as preocupações de Ed, as psicólogas June Gruber, Iris Mauss e Maya Tamir identificaram outras formas surpreendentes pelas quais se sentir mal pode servir aos nossos interesses. Quando nós nos sentimos mal, por exemplo, mandamos um sinal social para aqueles que estão ao nosso redor dizendo que precisamos de ajuda. Pense na última vez em que você viu alguém chorando. Se você for como a maioria das pessoas, você sentiu um impulso imediato para fornecer conforto e ajuda. E foi a tristeza que o fez recuar.

Sentir culpa, também, pode ser útil. Isso nos motiva a reparar algo prejudicial que nós fizemos para ferir um relacionamento. Até mesmo o embaraço tem o seu lado positivo. Ele nos diz que nós cometemos uma infração social e nos leva a corrigir a situação (por exemplo: ao dizer para nós mesmos que nunca mais voltaremos a jogar).

De forma interessante, as pesquisas sugerem outro ponto negativo para a felicidade excessiva: uma tendência crescente para cometer erros. Quando estamos felizes, nos tornamos confiantes, o que às vezes pode nos levar a superestimar nossas habilidades e ignorar os potenciais perigos. Nós podemos nos tornar mais confiantes, menos críticos e, ocasionalmente, irrealistas.

Em 2007, os psicólogos Shigehiro Oishi, Ed Diener e Richard Lucas publicaram um artigo ambicioso intitulado "O nível ótimo de bem-estar". Nele, eles descrevem um estudo envolvendo mais de cem mil pessoas ao redor do mundo, em que cada uma delas relatava seus níveis de felicidade várias vezes ao longo de um período de vinte anos. Os pesquisadores, então, examinaram como os índices de felicidade das pessoas se relacionavam com as circunstâncias de suas vidas, incluindo quanto elas ganhavam, seus níveis de educação e seus relacionamentos sociais.

Suas descobertas foram esclarecedoras.

Como esperado, pessoas extremamente felizes relataram melhores relacionamentos e mais envolvimento comunitário, mas, surpreendentemente, elas ficavam para trás em termos de renda e educação. Quem ganhava os maiores salários e tinha os maiores títulos acadêmicos? Essa distinção pertencia àqueles que estavam levemente insatisfeitos.

Pelo fato desses resultados serem correlacionais, não podemos dizer ao certo se a insatisfação causa níveis mais altos de resultados por si mesma. Mas o que nós podemos concluir a partir dos dados é o seguinte: renda e educação mais elevadas são comuns entre as pessoas que não estão continuamente extáticas sobre suas vidas.

Então, o que nós podemos fazer com essas descobertas? Vale a pena realizar uma série de observações.

Em primeiro lugar, a felicidade no local de trabalho é benéfica, mas apenas até um certo ponto. Como regra geral, os funcionários que estão felizes são mais produtivos do que aqueles que se sentem insatisfeitos. Mas níveis extremos de felicidade também podem interferir com essa qualidade. Apesar do que nós sempre ouvimos, a felicidade no local de trabalho não é simplesmente um bem sem qualificação.

Em segundo lugar, estar de bom humor pode beneficiar algumas atividades mais do que outras. Isso significa que se sentir feliz pode nos tornar melhores em certos aspectos de nossos trabalhos e nos tornar piores em outros. Em vez de simplesmente assumir que a felicidade intensa melhorará o desempenho de todos, é algo sábio por parte dos gerentes considerar em primeiro os tipos de atividades que se esperam dos funcionários. Um clima emocional que é vantajoso para uma equipe de vendedores é frequentemente diferente daquele que beneficia um grupo de contadores.

E, por fim, quando as empresas se baseiam na expectativa de que cada funcionário deveria se sentir feliz no trabalho o tempo todo, elas prestam um desserviço a seus funcionários. Uma coisa é promover a felicidade no local de trabalho, e outra coisa é torná-la um requisito do trabalho. Estudos mostram que quanto mais pressão nós colocamos em nós mesmos para nos sentirmos felizes, menor será a chance alcançaremos o objetivo. E, como vimos, emoções negativas podem ser ocasionalmente úteis e de fato melhoram o desempenho em certas atividades, particularmente daquelas que requerem persistência e atenção a detalhes.

O psicólogo Jeremy Dean observa que há um nome para as pessoas que não vivenciam emoções negativas: psicopatas. Tal fato sublinha um ponto importante: felicidade incessante é anormal, insalubre e contraproducente.

Há algum valor em promover a felicidade no local de trabalho? Sem dúvida, mas apenas quando isso é feito de maneira a complementar os requerimentos das tarefas dos funcionários e a permitir que eles tenham experiências autênticas. Nesse caso, podemos esperar resultados bem-sucedidos.

AS LIÇÕES DA FELICIDADE
Itens de ação para gerentes

O planejamento da felicidade estimula atividades de trabalho específicas. Pesquisas mostram que, quando estamos felizes, somos melhores em nos relacionar com os outros, conseguimos ver um quadro mais geral e ter ideias criativas. Isso significa que, se você está tentando entrar em um grupo para estabelecer conexões e pensar de forma flexível – como em uma reunião com clientes ou em um *brainstorming* de equipe –, elevar o humor das pessoas desde o princípio lançando mão de comes e bebes, boas notícias ou uma atividade de interação, pode ser uma abordagem sábia. No entanto, tenha cuidado ao utilizar a mesma estratégia quando sua equipe estiver voltada para encontrar erros ou conduzir análises cuidadosas. Sentir-se bem por levá-los a analisar com demasiada rapidez potenciais ameaças, algo que prejudicará seus desempenhos. Lembre-se de que as emoções positivas podem ajudar ou prejudicar, a depender da tarefa. O truque é promover uma mentalidade que beneficie as atividades que você está para realizar.

Pense pequeno. Você pode obter um impulso psicológico maior com experiências positivas pequenas e frequentes (por exemplo, o local de trabalho se beneficia com experiência assim em termos diários) do que com grandes experiências positivas que só acontecem de vez em quando (por exemplo, o bônus anual). Benefícios modestos no local de trabalho, tais como uma máquina de fazer cappuccino ou doces artesanais, podem parecer frívolos, mas, em muitos casos, eles se pagam pela elevação do humor dos funcionários, fazendo do local de trabalho um lugar distinto e melhorando a produtividade.

Alguns benefícios são mais sábios do que outros. Benefícios fornecidos pelas empresas podem fazer mais do que manter o bom humor; eles também podem estimular os funcionários a tomar decisões melhores. Ter frutas e amêndoas à disposição nas salas de conferência, por exemplo, promove a alimentação saudável. Complementos dizem respeito ao estímulo para que os funcionários se exercitem em uma academia próxima. Outro benefício inteligente que vale a pena considerar: incentivar os funcionários a morarem perto do escritório. A Imo, uma empresa de tecnologia do Vale do Silício, por exemplo, paga aos funcionários que moram perto de trabalho um extra de 500 dólares por mês. Não se trata de um valor pequeno, mas a empresa vê isso como um investimento. O tempo menor rumo ao trabalho significa que os funcionários dormem melhor, passam mais tempo com a família e, presumivelmente, têm relações mais próximas com os colegas de trabalho que podem ser seus vizinhos. Quando morar próximo ao trabalho é algo irrealista, recompensar os funcionários que vêm juntos ao trabalho em um mesmo carro também pode trazer consideráveis benefícios à empresa.

AS LIÇÕES DA FELICIDADE
Itens de ação para líderes emergentes

Peça variedade. É fácil ficar entediado com um trabalho que envolve um pequeno número de atividades de forma reiterada. Quando o trabalho que fazemos se torna previsível, nossa atenção oscila e nosso envolvimento diminui. Pesquisas mostram que os funcionários cujo trabalho envolve uma gama ampla de atividades tendem a disfrutar de mais satisfação no trabalho, em parte porque a variedade retarda a adaptação. Para uma experiência mais feliz no trabalho, busque novas formas de aplicar suas habilidades em vez de esperar que a mesma rotina de sempre recapture o seu interesse.

Sentir-se infeliz pode ser bom para você. Enquanto a mente é projetada para maximizar o prazer e minimizar a dor, pesquisas sugerem que interlúdios de infelicidade nos permitem aproveitar melhor os momentos positivos em nossas vidas quando eles ocorrem. Quando nós vivenciamos raiva ou tristeza, tipicamente há uma boa razão para isso. Notar a forma como você se sente e então examinar a razão por detrás dessa emoção – seja no trabalho, seja em outros lugares – pode ajudar você a identificar as mudanças que precisa fazer para estimular a felicidade genuína.

Encontre uma forma de fazer a gratidão trabalhar para você. Apreciar as coisas que estão dando certo em sua vida é um requerimento básico para a felicidade sustentável. Mesmo assim, a gratidão não é algo que frequentemente desponta de forma natural. Observar os aspectos positivos do seu dia é uma abordagem, e muitos aplicativos para *smartphones* (como o *Happy Tapper* e o *Gratitude Journal 365*) mandam avisos automáticos que tornam fácil o processo. Alguns até mesmo permitem que os usuários tirem fotos de acontecimentos positivos, abandonando os requerimentos de escrita que fazem com que várias pessoas se desconectem. Outra maneira simples de praticar a gratidão: tente trazê-la para a sua rotina durante o jantar. Isso é algo que começamos a fazer na minha casa. Nós andamos ao redor da mesa e fazemos com que todos façam um brinde em relação a algo que os façam sentir-se agradecidos. Nós tentamos isso uma vez de maneira aleatória, e a prática permaneceu. Eu a recomendo fortemente. Você ficará surpreso ao saber como isso soa natural, quanto você aprende sobre as pessoas com as quais está e quão rápido o humor melhora.

Cinco

Como transformar um grupo de estranhos em uma comunidade

No fim dos anos 1960, depois de quase vinte anos lecionando Psicologia Educacional na Universidade de Nebraska, Donald Clifton tomou a incrível decisão de pedir demissão.

Ele descobriu uma oportunidade melhor – em seu porão.

Clifton nunca parecera com os outros pesquisadores de sua área. Enquanto a maioria dos psicólogos se voltava para a cura das doenças mentais, Clifton tinha outros interesses. Ele estava mais preocupado com os meios pelos quais a mente podia se desencaminhar do que com a identificação do que a mente fazia quando as coisas estavam dando certo.

O que havia de diferente com as pessoas que conseguem altos desempenhos? Clifton se perguntava. Ele estava convencido de que em algum lugar nos dados havia *insights* que poderiam ajudar as pessoas comuns a alcançar vidas mais recompensantes.

A princípio, Clifton buscou respostas em estudos acadêmicos. Ele passou anos analisando professores e conselheiros formidáveis. Mais tarde veio a descobrir que seus objetivos serviriam melhor para o mundo corporativo, no qual havia um forte apetite pelo entendimento dos fatores que contribuem para o sucesso das pessoas. E então, aos 45 anos, Clifton desistiu do seu trabalho fácil como professor e abriu uma empresa especializada em encontrar funcionários excepcionais.

Clifton morreu em 2003, mas você provavelmente vai reconhecer o nome de sua empresa. Ela tem quarenta filiais em 27 países e mais de 2.000 funcionários. Ela se chama *Gallup*.

Menos de duas décadas depois que Clifton começou a prestar seus serviços, sua empresa tinha se tornado tão próspera que ele conseguiu comprar a famosa empresa de pesquisa de opinião e, então, de forma sábia assumiu o nome Gallup.

Antes de sua morte, Clifton desenvolveu uma pesquisa que de várias maneiras representava a culminância do trabalho de sua vida. Ela é conhecida como a Q12, e até hoje representa uma das ofertas de assinatura do Gallup. A medida de Clifton é feita de doze itens de pesquisa que ele acreditava serem os melhores indicadores para o envolvimento dos funcionários. Entre eles há uma questão que tem atraído um pouco mais de atenção do que todas as outras – e nem tudo tem sido positivo. Na verdade, os pesquisadores do Gallup admitem livremente que vários executivos seniores resistiram a utilizar o Q12 como um todo, porque eles não conseguiam entender de fato por que o item estava lá, em primeiro lugar.

A questão que estava no coração da controvérsia: *você tem um melhor amigo no trabalho?*

Clifton insistia em medir as amizades no local de trabalho por uma boa razão: trata-se de uma das mais fortes previsões em relação à produtividade. Estudos mostram que funcionários com um melhor amigo no trabalho tendem a ser mais concentrados, gostam mais do que fazem e são mais leais às suas empresas. Eles adoecem menos, sofrem menos acidentes e mudam de trabalho com menos frequência. Eles chegam até mesmo a ter clientes mais satisfeitos.

Por que seria melhor os amigos trabalharem juntos do que os conhecidos?

Um estudo conjunto feito por professores de Administração da Universidade da Pensilvânia e da Universidade de Minnesota oferece uma pista. Os pesquisadores começaram a pedir aos estudantes de um grande curso que identificassem colegas de classe com quem eles tinham um "relacionamento interpessoal próximo". Então, eles usaram essa informação e designaram estudantes para pequenos grupos constituídos de amigos próximos ou de conhecidos.

O que os pesquisadores queriam saber era o seguinte: será que amizades pré-existentes poderiam se beneficiar de *algumas* atividades, mas interferir com outras? Para descobrir isso, eles fizeram com que todos os grupos realizassem duas diferentes tarefas. A primeira era um projeto envolvendo a tomada de decisões e o pensamento colaborativo, e o segundo uma tarefa de construção modelo envolvendo trabalho manual repetitivo.

Os resultados se mostraram definitivos: os amigos superavam o desempenho dos conhecidos em *ambas* as tarefas, a razão? Os amigos estavam mais comprometidos no começo do projeto, mostravam melhores comunicações durante a atividade e ofereciam aos colegas de equipe encorajamento positivo a cada etapa. Eles também avaliavam as ideias mais criticamente e davam respostas diferentes uns aos outros quando eles estavam se distanciando da meta.

Os conhecidos, por outro lado, realizavam uma abordagem diferente. Eles pareciam preferir o trabalho individual, envolvendo-se uns com os outros somente quando era absolutamente necessário. Também se sentiam menos confortáveis em procurar ajuda e resistiam em apontar quando um de seus colegas de trabalho estava cometendo um erro. Em vez de se vincular a um grupo e aumentar as forças uns dos outros, sua falta de conexão os estava deixando para trás. Eles estavam operando em silos.

Pesquisas sugerem que as amizades do local de trabalho geram funcionários mais produtivos, e não apenas porque é mais fácil trabalhar com os amigos. É também porque há mais coisas envolvidas. Sentir uma conexão com os colegas pode motivar os funcionários a trabalharem mais por uma razão simples. Quando os colegas são próximos, um esforço pequeno significa mais do que um cliente insatisfeito ou um gerente infeliz. Significa desapontar seus amigos. A pressão social para fazer um bom trabalho frequentemente pode servir como um motivador mais forte do que qualquer coisa que um chefe possa dizer.

Amizades no local de trabalho também beneficiam as empresas por outra razão: funcionários com amizades melhores tendem a ficar em suas empresas por períodos de tempo mais longos. No mundo de hoje, a lealdade a uma empresa se tornou um conceito antiquado, algo que raramente determina as decisões de carreiras das pessoas. Mas quando nossos colegas de trabalho são nossos amigos, de repente fica mais difícil sair da empresa. Frequentemente, é nossa lealdade aos nossos colegas que nos impede de aceitar salários maiores e posições melhores em outra empresa.

O que acontece quando há uma falta de amizades no local de trabalho? Os psicológicos chamam tal situação de *perda processual*, e se você já trabalhou com um colega difícil, você já vivenciou isso em primeira mão. A definição técnica é "energia desperdiçada e perda de produtividade causadas por dificuldades interpessoais". Todos nós reconhecemos os sintomas. A versão branda envolve o ruído de comunicação ocasional. Casos mais agudos estão repletos de tensões não resolvidas, rupturas na colaboração e, eventualmente, disputas completas por poder. Em vez de voltar sua atenção para o seu trabalho, você se vê desviado por dramas interpessoais, os quais, invariavelmente, tornam você pior em seu trabalho.

Clifton tinha razão quando ele insistia que as empresas deveriam questionar os funcionários sobre o estado de seus relacionamentos com os colegas de trabalho. E não apenas porque as amizades no local de trabalho são parâmetros para um maior envolvimento dos funcionários com a empresa, mas porque as empresas que não fazem isso estão *perdendo lucros*.

Em vez de perguntar se as empresas deveriam avaliar as amizades no local de trabalho durante todos esses anos, a pergunta real que os detratores de Clifton deveriam fazer talvez fosse a seguinte: quanto custa às empresas relegar ao acaso as amizades dos funcionários?

COMO A SOLIDÃO TORNA VOCÊ ESTÚPIDO

Parte da razão pela qual tantos executivos têm dificuldade em levar a sério as amizades dos funcionários é que é fácil confundir o conceito de amigos no escritório com a noção de se desviar do trabalho. Relacionamentos informais de colegas são muitas vezes vistos como fontes de fofoca, favoritismo interpessoal e distrações gerais no local de trabalho.

Mas as pesquisas sugerem que essa é uma forma errada de pensar sobre o que acontece quando você está trabalhando com amigos. Conexões significativas são vitais para o nosso bem-estar psicológico e físico. Tanto é assim que, na verdade, muitos cientistas agora acreditam que é impossível estar saudável, *a menos* que estejamos nos sentindo conectados com os outros.

Estudos mostram que a solidão pode ter um efeito deletério sobre o nosso corpo. Pessoas solitárias têm sistemas imunológicos mais fracos, artérias mais rígidas e maior pressão sanguínea. Elas apresentam mais estresse, têm mais dificuldade para relaxar e sentem menos prazer diante da possibilidade de serem recompensadas. Muitas vezes, elas perdem o sono, o que precipita deteriorações mentais a posteriori. Com o tempo, períodos prolongados de solidão podem levar ao declínio cognitivo por meio de déficits de memória e aprendizagem.

Se não for tratada, a solidão crônica pode ameaçar a sua vida.

Um estudo de 2011 demonstra que a solidão no local de trabalho não é meramente uma experiência pessoal desconfortável – ela pode interferir com o desempenho de toda uma equipe. Professores de administração da Universidade Estadual da Califórnia e da Escola de Negócios Wharton entrevistaram centenas de funcionários duas vezes em um período de seis semanas. Quanto mais solitário um funcionário se sentia no começo do estudo, mais fraco seu desempenho na conclusão do estudo em três níveis distintos: execução individual do trabalho; efetividade em se comunicar com os outros; contribuição para o grupo. Quando os funcionários vivenciam a solidão, eles se tornam mais desvinculados dos colegas. Sua habilidade de se concentrar se deteriora e o desejo por sucesso se arrefece. Frequentemente, eles desperdiçam recursos cognitivos valiosos tentando esconder a solidão dos outros e deixando ainda menos capacidade mental para desempenhar o trabalho.

Em resumo, eles se tornam menos capazes de desempenhar o trabalho.

Isso nos leva ao grande elefante em meio à sala: mesmo que as amizades *sejam* vitais para o desempenho no local de trabalho, o que as empresas podem fazer a esse respeito? As amizades, afinal, são voluntárias. Você não consegue persuadir as pessoas a se tornarem amigas.

Ou será que consegue?

A CIÊNCIA DE FAZER AMIZADES

As empresas têm muito mais influência sobre as amizades dos funcionários do que elas conseguem reconhecer. Para entender como as empresas podem promover vínculos entre os colegas de trabalho, vamos examinar primeiramente alguns dos ingredientes comuns que fazem parte do coração das amizades bem-sucedidas.

O que faz as pessoas gostarem umas das outras? Pesquisas sugerem que há três componentes básicos, e todos eles são surpreendentemente diretos. O primeiro deles é evidenciado em um estudo clássico de psicologia social conduzido em um local inusitado: a academia de treinamento da Polícia do Estado de Maryland. Quando os cadetes policiais se apresentam inicialmente para o serviço, a maioria não se conhece. Mas depois de um programa de treinamento intenso que dura várias semanas, não é incomum que amizades próximas despontem.

O que leva os cadetes a se conectar com alguns colegas e não com outros? Para descobrir isso, os pesquisadores os investigaram ao fim do programa e pediram a cada um que listasse seus amigos mais próximos no trabalho. À primeira vista, os resultados pareciam enigmáticos. Os O'Briens tendiam a listar os O'Malleys, e os Fosters tendiam a mencionar os Franklins. Mas as chances de um O'Brien se conectar com um Foster ou um O'Malley que se dava bem com um Franklin eram bem menores.

A questão era por quê.

A razão, os pesquisadores descobriram, era simples. Tanto os dormitórios quanto os assentos dos cadetes haviam sido dispostos na academia por ordem alfabética. Os sobrenomes dos cadetes determinavam com quem eles passariam o tempo, e quanto mais tempo os recrutas ficavam juntos, com maior probabilidade eles se tornariam amigos.

Isso traz à luz o primeiro ingrediente para a amizade: *proximidade física*. Inicialmente, a proximidade física pode parecer um aspecto óbvio para a amizade, algo que dificilmente precisa ser mencionado; no entanto, suas implicações são profundas. Considere o número de amizades próximas que você fez enquanto morava, estudava ou trabalhava perto de pessoas que você considera importantes. Quantos desses relacionamentos teriam se desenvolvido se a disposição dos assentos tivesse sido ligeiramente diferente?

A mesma observação se aplica ao domínio do romance. Acha que você e a sua esposa foram feitos um para o outro? Talvez, mas se dos 7 bilhões de habitantes do planeta, você e sua alma gêmea chegaram a dividir um mesmo CEP quando se conheceram, talvez as coisas se devam menos ao destino cósmico do que com o princípio da proximidade.

Quando um colega de trabalho está frequentemente por perto, suas chances de amizade são muito maiores do que se vocês dois trabalhassem em departamentos diferentes. Deve haver alguém na sua empresa sentado agora junto à mesa de trabalho que poderia se tornar o melhor amigo que você já teve. Porém se as suas oportunidades para interagir com essa pessoa são limitadas, você pode passar a vida inteira sem saber disso.

Um segundo aspecto importante para a amizade: *familiaridade*. Em média, nós tendemos a gostar das pessoas com a frequência com que as vemos, e, geralmente, o efeito é inconsciente.

Considere os resultados de um estudo inteligente, no qual os investigadores pediram a quatro mulheres igualmente atraentes que se sentassem em um grande auditório durante um curso de um semestre. Para testar o efeito da familiaridade, os pesquisadores variaram o número de vezes em que cada mulher ia às aulas. A primeira mulher foi às aulas cinco vezes, a segunda, dez vezes, a terceira, quinze vezes, e a quarta não foi nenhuma vez. Nenhuma das mulheres disse uma única palavra durante o semestre inteiro. Elas simplesmente chegavam alguns minutos antes da aula, se sentavam perto da frente do auditório e faziam anotações.

No final do semestre, os pesquisadores perguntaram aos estudantes do curso se eles se lembravam de ter visto alguma daquelas mulheres. Quase todo mundo disse não. Ainda assim, quanto mais frequente houvesse sido a presença de uma mulher, tanto mais os estudantes diziam que ela lhes parecia atraente.

Como é que nós lidamos com essas descobertas? Os psicólogos a chamam de *efeito de mera exposição* e argumentam que nossa mente é projetada para se distrair do que não é familiar. Há uma incerteza que nós sentimos quando encontramos alguém pela primeira vez. Mas com a exposição reiterada nós desenvolvemos um sentido de segurança e conforto em relação às pessoas. É por isso que a familiaridade tende a desenvolver a afeição.

Estudos mostram que o efeito de mera exposição não afeta apenas as nossas impressões sobre as pessoas. Ele também se aplica a pinturas, músicas e produtos de consumo. Você já se perguntou por que a Coca-Cola ainda continua a investir em propaganda, uma vez que quase todo mundo no planeta já provou da bebida? O efeito de mera exposição oferece uma perspectiva: quando mais nós vemos uma marca, mais tendemos a gostar do (e, portanto, a comprar o) produto.

O terceiro e mais forte aspecto que contribui para a amizade é a *similaridade*. Quanto mais nós temos em comum com os outros – seja o curso universitário, um programa de TV favorito ou até mesmo o dia do aniversário –, mais nós temos a gostar deles. Como o escritor C.S. Lewis certa vez observou, "a amizade nasce no momento em que uma pessoa diz para a outra, 'O quê? Você também? Eu pensei que eu era único'".

Por que isso acontece? Porque a similaridade reafirma identidades. Se eu gosto de Malcolm Gladwell e você gosta de Malcolm Gladwell, sua opinião valida a minha própria opinião e faz com que eu me sinta bem.

Em um estudo sobre melhores amigos que conseguiram ficar próximos por quase vinte anos, os pesquisadores descobriram que o indício mais forte de vínculos duradouros é o nível de similaridade quando eles se encontram pela primeira vez. O mesmo princípio se aplica a relacionamentos íntimos. Comédias românticas e seriados podem tentar nos convencer de que o oposto nos atrai, mas a pesquisa é conclusiva: quando se trata de relacionamentos longos, a similaridade derrota as diferenças sempre.

Enquanto todas as amizades estão baseadas nos pilares de proximidade, familiaridade e similaridade, os psicólogos descobriram que pode haver os três elementos e, ainda assim, não haver o florescimento da amizade. Ainda há algo desconhecido, um ingrediente vital que faz irromper o processo das relações.

Qual ingrediente? Segredo.

COMO TRANSFORMAR CONHECIDOS EM AMIGOS

O ano era 1997, e o especialista em relacionamentos Art Aron estava enfrentando um problema.

Ele e seus colegas haviam passado décadas estudando a ciência dos vínculos humanos, artigos inovadores sobre relacionamentos e amizades. Mas Aron não estava satisfeito. Ele sentia que algo estava faltando.

À época, a maioria dos estudos sobre relacionamentos próximos se baseava em comparações entre casais: relacionamentos românticos em comparação com relacionamentos platônicos, casais felizes e casais infelizes, casamentos bem-sucedidos e malsucedidos. As descobertas foram intrigantes, mas se baseavam fortemente, na visão de Aron, em relacionamentos que haviam sido estabelecidos *antes* de os casais chegarem ao laboratório, fazendo com que muitos processos críticos do relacionamento ficassem invisíveis.

Todos os bons cientistas tentam minimizar ambiguidades, e Aron não fugia a esse padrão. Então ele levantou uma questão provocativa: será que podemos recriar o processo de amizade em laboratório?

Para descobrir, ele e um grupo de colegas convidaram cem voluntários que nunca haviam se encontrado antes e os dividiram em pares. Então eles lhes pediram que fizessem uma coisa ao longo dos próximos 45 minutos: conversar.

Aron tinha uma teoria sobre o desenvolvimento das amizades. Ele acreditava que era possível induzir as pessoas a se conectarem com as outras, mesmo se elas haviam acabado de se conhecer. A chave era fazer com que elas falassem sobre as coisas certas. Para testar sua hipótese, ele e sua equipe dividiram os pares em dois grupos e forneceram a cada um uma lista de questões para ajudar a estabelecer as conversas.

Veja se você consegue identificar aquelas que levaram a uma maior proximidade ao fim do estudo.

Questões amostrais da lista A:

- Como você festejou o último Halloween?

- Descreva o último animal de estimação que você teve.

- Quando foi a última vez em que você andou por mais de uma hora? Descreva aonde você foi e o que você viu.

Questões amostrais da lista B:

- Se você pudesse convidar qualquer pessoa no mundo, com quem você gostaria de jantar?

- Você gostaria de ser famoso? De que forma?

- Antes de fazer uma ligação, você já chegou a ensaiar o que vai dizer? Por quê?

Segundo Aron, nem todas as conversas se desenvolvem igualmente. Algumas são mais significativas e profundas do que outras, e seus procedimentos ajudam a elucidar o por quê.

As questões na lista A, às quais Aron se referiu como a condição de "breve conversa", foram desenvolvidas para promover uma troca de informações factuais, mantendo revelações pessoais em um nível mínimo. A outra metade dos participantes recebeu as questões na lista B, as quais foram escritas com o objetivo de encorajar os pares a se abrirem e partilharem informações emocionais mais sensíveis.

Se você quer que duas pessoas se conectem, Aron argumenta, trocas factuais não são suficientes. O que você precisa é que as pessoas relevem informações íntimas sobre elas mesmas de forma recíproca. Fazer com que uma pessoa fale e a outra ouça não vai resolver a situação; isso apenas vai fazer com que uma pessoa se exponha.

Para que a intimidade se desenvolva, ambos os parceiros precisam se abrir.

Outra característica importante que Aron incorporou ao seu estudo é a observação de que em relacionamentos próximos o nível de abertura tende a aumentar com o tempo. Quando nós encontramos um amigo ou um colega pela primeira vez, as revelações que fazemos tendem a ser superficiais na maioria das vezes. Mas, conforme nos aproximamos, nos sentimos mais confortáveis para partilhar detalhes íntimos e esperamos que os parceiros façam o mesmo.

A progressão é importante. Sem revelações mais profundas, um relacionamento pode não se desenvolver.

Para replicar esse processo em laboratório, Aron estimulou vagarosamente a intensidade das aberturas fornecendo três rodadas de perguntas. As questões acima foram extraídas da primeira rodada, durante os quinze primeiros minutos da interação. Quando da terceira rodada, Aron fez com que os participantes respondessem as perguntas que incluíam:

- Quando você chorou pela última vez em frente de outra pessoa? Caso você morresse esta noite sem ter uma chance de se comunicar com outra pessoa, do que você mais se arrependeria de não ter dito a alguém? E por que você ainda não disse?

- De todas as pessoas da sua família, qual morte você acharia mais perturbadora?

Não é preciso dizer que, se Aron tivesse começado seu estudo com essas perguntas, boa parte dos participantes teria abandonado o laboratório. Mas, graças aos vínculos partilhados que haviam ocorrido durante as aberturas prévias, havia uma vontade de discutir diferentes tópicos que, de outra forma, teriam sido inimagináveis.

Ao fim do estudo, os participantes que tiveram conversas de abertura relataram se sentir significativamente mais próximos um do outro do que daqueles que haviam passado igual período de tempo envolvidos em breves conversas. Eles também relataram maior interesse na colaboração com seus parceiros em projetos futuros. Alguns até se tornaram amigos de verdade.

De certa forma, o que Aron fez foi recriar a formação da intimidade. Ao pedir que os participantes fossem gradualmente partilhando informações com aprofundamento contínuo do nível de abertura, ele conseguiu condensar um processo que tipicamente leva anos em menos de uma hora, transformando de forma bem sucedida estranhos em amigos. E só foram necessárias algumas questões sobre os tópicos certos.

ABERTURA DE SI NO LOCAL DE TRABALHO

Quão relevantes são as observações de Aron sobre as amizades no local de trabalho? Afinal, a abertura de si pode ser uma boa maneira de se conectar com um colega na academia ou com um novo vizinho. Mas em um ambiente competitivo de trabalho, onde tudo o que dizemos e fazemos tem reflexos em nosso nível de profissionalismo, nós não deveríamos ser mais discretos? Será que se abrir e partilhar informações emocionalmente mais sensíveis com colegas de trabalho é de fato uma abordagem sábia?

Uma pesquisa conduzida pela professora Patrícia Sias, da Universidade Estadual de Washington, sugere que sim, a não ser que o seu objetivo seja fazer amigos. Sias e seu colega Daniel Cahill investigaram o desenvolvimento de amizades no local de trabalho pedindo aos funcionários que identificassem um colega com quem eles tinham uma relação próxima. Eles então entrevistaram esses colegas para determinar como os dois inicialmente haviam se tornado amigos.

O que eles descobriram é que amizades próximas no local de trabalho tendem a seguir um padrão distinto que é marcado por três transições fundamentais.

A primeira é a transição do *conhecido* para o *amigo*. Sias e Cahill relataram que, para a maioria, a fim de que essa transição ocorra só é preciso trabalhar perto de um colega por um período de um ano e colaborar ocasionalmente em projetos de equipe. Como é possível dizer se colegas de trabalho são amigos? Ironicamente, pela quantidade de tempo que eles passam discutindo assuntos não relacionados ao trabalho. Quanto mais tempo eles conversarem sobre assuntos não pertinentes ao trabalho, mais próximos eles tendem a ser.

Há uma lição importante aqui para alguém interessado em aumentar sua influência no local de trabalho. Quando tudo o que você faz no trabalho é falar sobre o trabalho, você poderá desenvolver uma reputação de alguém competente, mas você não tenderá a ter muitos amigos.

A verdadeira surpresa no estudo de Sias e Cahill surgiu quando eles observaram a segunda e a terceira transições, aquelas que transformavam *amigos* em *amigos próximos*, e *amigos próximos* em *melhores amigos*. Aqui, a proximidade e o terreno comum que possibilitaram a primeira transição não eram nem de longe suficientes para catalisar uma forte conexão.

Então o que propiciou isso? Partilhar problemas a partir da vida pessoal, familiar e relacionada ao trabalho.

A abertura de si que a pesquisa de Aron indicou que era tão crítica para gerar proximidade interpessoal também estava, conforme Sias e Cahill descobriram, no centro das relações duradouras no trabalho.

O desafio para muitos de nós, é claro, é que a partilha proativa de informações potencialmente embaraçosas é um pouco como visitar um cassino emocional. Em caso do seu ouvinte responder com algumas revelações sobre ele próprio, os retornos podem ser grandes: você pode ganhar um relacionamento mais profundo e mais recompensante. Mas se a abertura não é recíproca – ou pior, se ela for criticada –, você acaba se sentindo exposto. E essa experiência é dolorosa.

A ironia é que relacionamentos próximos são muitas vezes construídos sobre uma fundação de risco compartilhado. É quando nós revelamos nossas vulnerabilidades que fazemos novos amigos.

O QUE TODO GERENTE PODE APRENDER COM UM PLANEJADOR DE FESTAS

Nós sabemos muito a respeito da formação de amizades, mas, ainda assim, parece que aplicamos muito pouco desse conhecimento para cultivar relacionamentos no local de trabalho.

Considere o que acontece quando um funcionário entra em uma empresa. Em muitas organizações, e de forma surpreendente, muito pouca reflexão é feita sobre como a forma de entrada pode contribuir para (ou minar o) um senso de conexão entre os membros de uma equipe.

Quando entrei para um grupo de consultoria na cidade de Nova Iorque após a faculdade, o processo de entrada consistiu em minha apresentação no primeiro dia e meu gerente retirando algumas caixas de uma mesa, dizendo: "Você pode se sentar aqui agora". Ele era um rapaz brilhante trabalhando em uma empresa muito bem-sucedida, mas era muito ocupado para dar muita atenção à chegada de um novo funcionário.

Na outra ponta do espectro há um processo que sobrecarrega e expõe os novatos a algo que poderia ser o equivalente corporativo dos relacionamentos rápidos. Os encontros são realizados súbita e rapidamente para que os novos funcionários possam se apresentar para os líderes importantes em sua empresa.

Ainda que bem intencionada, trata-se de uma abordagem que força os funcionários a ficarem transitando de um escritório a outro, respondendo às mesmas questões superficiais sobre sua formação e dando-lhes pouco tempo para absorver as informações. Ao fim do dia, os rostos se embaralham e as conexões significativas que poderiam ter sido desenvolvidas se perdem.

Ambos os extremos perdem o sentido pela mesma razão: eles desenvolvem a apresentação do novo funcionário a partir da perspectiva da empresa e não a partir da perspectiva do funcionário. E, ao fazer isso, eles perdem uma oportunidade fundamental de desenvolver amizades próximas.

Você se lembra de como se sentiu no primeiro dia de trabalho? Orgulhoso, empolgado, talvez um pouco ansioso... Você não queria ser ignorado, mas certamente não queria se sentir sobrecarregado. O que realmente queria era encontrar uma forma de mostrar aos seus colegas– e especialmente ao seu gerente – que ótima decisão eles haviam tomado ao contratá-lo.

Uma apresentação inteligente reflete a necessidade dos funcionários e também de suas empresas, dirigida a duas preocupações que frequentemente pesam muito na mente dos novos contratados: demonstrar sua competência e se conectar com os seus colegas.

Entrar em uma empresa é como participar de uma festa que vem acontecendo sem você por anos. Algumas pessoas têm uma propensão natural para a socialização, mas muitas lutam para conseguir fazê-lo. Os primeiros minutos são especialmente críticos para os convidados, porque quanto mais eles se sentem isolados, mais eles tendem a racionalizar sua experiência com pensamentos negativos, tais como: "Todo mundo aqui é um tédio" (defensivo) ou, ainda pior, "Essas pessoas não devem gostar de mim" (autocrítico).

Um anfitrião cuidadoso planeja as coisas com antecipação, tentando encontrar maneiras de maximizar as chances de as pessoas interagirem; colocando, estrategicamente, a comida em locais diferentes; posicionando o bar de forma atenta e, ocasionalmente, pedindo a ajuda de alguns convidados para apresentar aqueles que acabam de chegar, dando ênfase ao que eles têm em comum. Locais de trabalho inteligentes utilizam uma abordagem similar. Eles reconhecem que é uma responsabilidade do "anfitrião" lançar mão de técnicas sutis para integrar os colegas de trabalho a partir do momento em que eles chegam.

Uma chave para fazer uma boa apresentação é prolongar o processo, dando aos novos funcionários o espaço de que eles precisam para se adaptar, organizar os pensamentos e passar mais tempo com os colegas. A apresentação não tem que começar com o primeiro dia de trabalho do funcionário. Ela pode começar no momento em que eles aceitam o trabalho, quando seu entusiasmo pela vaga está bastante elevado. Em vez de pedir ao departamento de Recursos Humanos que coloque o processo em movimento, peça a um ou dois colegas de equipe que se apresentem por *e-mail* e se ofereçam para tomar um café. Encoraje-os a partilhar informações sobre seus projetos passados e ajude os novos colegas a aprender sobre a importância de seus novos papéis. Quanto mais contextualizados os novos funcionários estiverem antes de começar, mais fácil será para eles se sentirem competentes e reconhecidos pelos colegas de equipe no primeiro dia.

Outra técnica para ajudar os colegas a se conectarem: apresentar os novos contratados revelando mais do que apenas a sua trajetória profissional. Fale sobre seus *hobbies*, seus programas de TV favoritos, ou um talento incomum do qual eles têm particular orgulho. Lembre-se, a similaridade favorece a amizade. O que pode parecer um detalhe trivial para você pode servir como a base para um relacionamento próximo entre os colegas.

Snagajob, uma empresa de recrutamento situada na Virginia que venceu o prêmio de 2011 do Instituto Grande Lugar para se Trabalhar para as melhores empresas em que se pode trabalhar, tornou os interesses pessoais uma característica fundamental de suas práticas de apresentação. Todos os funcionários da Snagajob preenchem uma pesquisa chamada *Confissões Snagger*, a qual inclui uma série de perguntas sobre seus interesses pessoais. Os gerentes da empresa então usam as respostas para fornecer uma apresentação múltipla, tornando fácil para os colegas de equipe levantar tópicos de conversa não relacionadas ao trabalho no primeiro dia em que se encontram.

Quando os funcionários chegam ao trabalho pela primeira vez, é tentador retirar do caminho reuniões introdutórias o mais rapidamente possível. Resista a essa urgência. É muito melhor dispersá-las ao longo de alguns dias ou semanas. Isso pode parecer ineficiente no início, mas não se você quiser que os novos contratados estejam mentalmente presentes e dispostos a fazer conexões.

Também traz retornos pensar cuidadosamente sobre as primeiras tarefas de um novo contratado. Você pode usá-las para fazer mais do que simplesmente colocar um novo funcionário no ritmo veloz da empresa; você pode usá-las como uma ferramenta para aprofundar os relacionamentos. Faça com que os novos contratados comecem com uma série de projetos modestos e colaborativos que desencorajem o isolamento e permitam que eles realizem primeiros ganhos. A conquista partilhada fomentará as conexões na mesma medida em que desenvolve um senso de orgulho coletivo.

Caso o prolongar e o dar identidade ao processo de apresentação parecer complexo, é porque de fato o é. E deveria ser. Construir relacionamentos duradouros leva tempo. Em festas, uma apresentação bem feita pode fazer a diferença entre os convidados ficarem até tarde da noite ou lançarem mão de uma desculpa para irem embora. O mesmo vale para o local de trabalho. Como os funcionários se sentem quando eles chegam pela primeira vez molda cada impressão que eles desenvolverão depois.

A CHAVE PARA RELACIONAMENTOS DURADOUROS NO LOCAL DE TRABALHO

O que você faz quando a lua de mel da apresentação termina? Quando os encontros e saudações terminam, e os colegas que antes eram novos e estimulantes se voltam para a rotina do cotidiano? Como um líder, o que você pode fazer para continuar a promover conexões entre os novos funcionários e ajudar a manter as antigas conexões?

Conforme nós já vimos, décadas de pesquisa revelam que a receita para a amizade é simples. Proximidade, familiaridade, similaridade e autoabertura, tudo isso desempenha um papel. O truque é criar as condições que naturalmente desenvolvam esses elementos e os integrem ao ambiente de trabalho.

Atividades pós-trabalho representam uma abordagem. Muitas das empresas que aparecem na lista anual da revista *Fortune* com os melhores lugares para se trabalhar agora oferecem um dinheiro extra para atividades relativamente baratas que vão de ioga após o trabalho a aulas de experimentação de vinho para melhorar o treinamento. A partir de uma perspectiva financeira, isso pode parecer um desperdício. No entanto, o valor que essas atividades estimulam para as conexões interpessoais – e, portanto, para a produtividade dos funcionários – torna tudo isso um investimento sábio.

Atividades partilhadas catalisam amizades no local do trabalho de maneira que poucas interações conseguem fazê-lo. Elas desenvolvem a *proximidade* entre funcionários que raramente se encontram, aumentam seu nível de *familiaridade*, enfatizam a *similaridade* de interesses e estimulam ambientes informais que propiciam a *abertura de si* para além do trabalho.

Ao permitir que os colegas dirijam sua atenção para uma tarefa comum, as atividades partilhadas criam oportunidades para o diálogo sem a pressão da conversa forçada. Dessa forma, elas são o antídoto para uma abordagem mais tradicional e frequentemente menos bem-sucedida para a socialização após o trabalho: a festa de coquetel.

O que há de errado com festas de coquetéis? Absolutamente nada. Pelo menos, é claro, que você esteja interessado em estimular conexões significativas.

Festas de coquetéis tendem a isolar as pessoas em grupos daqueles que você já conhece, colocando-as em conversas que frequentemente soam forçadas e raramente resultam em vínculos próximos. Para muitas pessoas, desviar a atenção da conversa e colocá-la totalmente em uma atividade só reduz a autoconsciência e faz com que as conexões se tornem de mais fácil desenvolvimento. Isso pode ser especialmente verdadeiro para os introvertidos em um grupo, os quais frequentemente são os que se sentem mais confortáveis ficando lado a lado com um colega do que frente a frente.

Quando atividades partilhadas incluem um componente físico, tais como correr ou dançar, elas têm a característica adicional de estimular aspectos fisiológicos. Pesquisas indicam que quando nós vivenciamos um fluxo de adrenalina em companhia dos outros, gostamos mais das pessoas e até mesmo as achamos mais atraentes. Quanto mais oportunidades os funcionários tiverem para compartilhar atividades físicas, tais como *softball*, vôlei ou até mesmo uma pescaria, o relacionamento entre eles fica mais fácil.

Há uma razão pela qual tantas conexões próximas de negócios são forjadas em campos de golfe. Ironicamente, é o que fazemos juntos fora do escritório que frequentemente oferece o maior estímulo para as nossas relações no trabalho.

ABOLIR O "ELES"

Outro *insight* para manter amizades no local de trabalho nos chega a partir de uma fonte improvável: pesquisas sobre conflitos que se desenrolam extremamente mal – e às vezes até de forma violenta. Considere essa clássica experiência de psicologia social conduzida por Muzafer Sherif, que, em 1954, decidiu sozinho orquestrar uma guerra.

O cenário era um campo remoto, bem no coração das florestas ensolaradas de Oklahoma, onde um grupo de meninos de 11 anos estavam aproveitando o que eles pensavam ser um acampamento típico de verão. O que eles não sabiam era que seus "monitores" eram, na verdade, pesquisadores e que eles estavam conduzindo um experimento em segredo. Um experimento que tornaria aquele acampamento de verão um modelo para os manuais de psicologia para as próximas gerações.

Quando os meninos chegaram, tudo parecia totalmente normal. Seus primeiros dias foram repletos com atividades regulares de acampamento. Eles armaram barracas e andaram de canoa. Eles jogaram *softball* juntos, foram nadar e fizeram longas caminhadas. Depois de vários dias de vínculo, eles tiveram que dar um nome para o grupo, o qual eles colocariam em suas camisetas e bandeiras.

Eles se chamaram de Águias.

Tudo estava indo bem para os Águias naquele verão, até que eles aprenderam algo que seus monitores não lhes haviam dito. Algo perturbador: eles não estavam sozinhos. A apenas uma breve caminhada do logradouro dos Águias, vivia outro grupo de meninos de 11 anos, e eles também tinham camisetas, bandeiras e um nome. Eles se chamaram de os Cobras.

Esse é o ponto em que o experimento fica um pouco diabólico.

Um dia, Sherif reuniu os dois grupos para uma competição amigável. E, então, ele fez isso de novo. E de novo.

Conflitos logo despontaram. Muitos conflitos.

Primeiramente, houve xingamentos. Depois, ataques ao acampamento da outra equipe, a queima das bandeiras e o uso de armas improvisadas (meias com pedras). Em alguns dias os meninos passaram a se recusar a comer no mesmo lugar. Não muito depois disso, uma briga geral ameaçou despontar, e os monitores foram forçados a entrar no meio para separar os grupos fisicamente.

Isso não era, é claro, um acidente. Sherif sabia que a competição acirraria a tensão e prejudicaria as relações entre os grupos. E isso era exatamente o que ele queria. O que lhe interessava não era o que levava os grupos aos conflitos, mas se ele poderia resolver a situação uma vez que os problemas estavam instalados.

Ali estava sua chance. A primeira tentativa de Sherif foi fazer com que os meninos relaxassem juntos assistindo a um filme. Não funcionou. Então ele tentou dar a eles algo divertido para fazer ao convidá-los para soltar fogos de artifícios juntos no dia 4 de julho. (Lembre-se de que estávamos no ano de 1954.)

Novamente, não deu certo.

Sua terceira abordagem provou ser bem-sucedida: ele introduziu algo que chamou de *objetivos superordenados*.

Conforme parecia, Sherif estava fazendo tudo errado. Em vez de lançar mão da alegria compartilhada para promover a amizade, o que ele realmente precisava era de uma briga partilhada. Sherif descobriu que a chave estava em apresentar um desafio tão grande que ele só poderia ser resolvido por meio da colaboração.

Para fazer com que os grupos trabalhassem juntos, Sherif teve que produzir as crises, algo que ele fez com maestria.

Em uma sufocante tarde de verão. Enquanto os meninos estavam jogando, Sherif sabotou as fontes de água do acampamento. Ele fez com que o tanque de água fosse desligado e com que duas pedras grandes bloqueassem o acesso à válvula. Quando os meninos perceberam que nenhuma das torneiras estava funcionando, rapidamente ficaram alarmados. Havia sido um longo dia, e quase todos os seus cantis estavam vazios. Não havia água em lugar nenhum.

Os monitores disseram que aquilo fora obra de vândalos que, segundo eles, costumavam levar pedras ao acampamento de tempos em tempos. Normalmente, a válvula do tanque de água poderia ser acionada facilmente. Mas dessa vez as pedras tornavam impossível o acesso à válvula. A única maneira para que a água fosse restaurada seria se os meninos pudessem descobrir uma forma de limpar o caminho.

Imediatamente, os meninos se puseram a trabalhar. Sem perceberem, começaram a fazer planos conjuntamente. Eles conversaram uns com os outros, partilharam sugestões e se ajudaram mutuamente para executar as ideias. Os meninos não foram inteiramente bem-sucedidos em seus esforços (os monitores depois tiveram que ajudá-los), mas isso não importava. A colaboração os mudou. E quando a água finalmente voltou a fluir, ambas as equipes comemoraram.

Sherif notou um degelo nas relações entre os grupos depois do episódio do tanque de água. E então passou a desenvolver outros desafios que tornavam essenciais os objetivos superordenados. Quando o acampamento terminou algumas semanas depois, não havia sinal das primeiras hostilidades. Pelo contrário, antes de ir para casa, os Cobras até mesmo se ofereceram para comprar uma rodada de maltes de chocolate para os Águias.

Como o trabalho de Sherif demonstra, os objetivos superordenados podem servir como uma ferramenta poderosa para dirimir as tensões em tempos de conflito. Outro aspecto importante é que eles também podem ser usados para estimular os colegas de trabalho antes que os desentendimentos venham à tona. Quando os colegas sentem que eles estão trabalhando com vistas a um objetivo comum, um senso de propósito partilhado naturalmente facilita as condições para as amizades.

O desafio em muitos locais de trabalho é que os objetivos superordenados são, com frequência e surpreendentemente, muito difíceis de identificar. Em um mundo em que cada funcionário é um especialista, os colegas podem se sentar perto uns dos outros por anos sem saber o que seus vizinhos estão fazendo. Em muitos escritórios, as contribuições de um funcionário só se tornam visíveis em sua equipe.

Como você estimula os objetivos superordenados sob essas condições?

O primeiro passo envolve ajudar os funcionários a entender a maneira como o trabalho dos colegas contribui para o seu próprio sucesso. É quando a conexão não é evidente que a equipe tende a se dividir em facções, tornando as amizades difíceis de acontecerem. Como o especialista de inovação Tom Kelley enfatiza, sempre que os funcionários olharem os colegas de outro departamento como "eles" em vez de "nós", você tem um problema. Em termos psicológicos, o que realmente estão dizendo é que está faltando a eles um objetivo superordenado.

Algumas empresas trabalham para abolir o "eles" bem no início da carreira do funcionário, construindo entendimento interdepartamental bem no centro do processo de apresentação. A Genesis Fertility Center (Centro de Fertilidade Gênesis), no Canadá, por exemplo, inclui um Dia de Osmose em que os novos funcionários acompanham membros de outros departamentos durante seus primeiros dias no trabalho.

Outras empresas, como a Toronto's Construction Control Inc. (Controle de Construções Toronto), oferecem um programa de rotação departamental que expõe os funcionários ao trabalho dos colegas.

Tornar os objetivos superordenados existentes mais visíveis é uma abordagem. Outra é criar novos objetos. Isso é o que os executivos da Companhia de Energia Hilcorp fizeram em 2010 quando eles anunciaram que cada funcionário receberia um cheque de 100.000 dólares se a produção e a receita da empresa dobrassem em 2015. Parece impossível? Não para os funcionários da Hilcorp. Graças a um desafio prévio, centenas deles dirigem até o serviço todos os dias em um carro de 50.000 dólares.

Outra oportunidade para objetivos superordenados no local de trabalho é iniciar competições interdepartamentais e fazer com que funcionários que normalmente não trabalham juntos estejam na mesma equipe. Um exemplo é a versão do escritório do Biggest Loser (Maior Perdedor), um jogo que recompensa com o maior prêmio em dinheiro o grupo que coletivamente perde mais peso. Os participantes só podem vencer quando seus colegas de trabalho são bem-sucedidos, levando-os a contribuir para a perda de peso recíproca, partilhar estratégias e planejar refeições em busca de um objetivo comum. Melhores ainda são os programas de bem-estar que recompensam colegas pela quantidade de exercícios que realizam de forma colaborativa, encorajando os colegas de equipe a trabalhar juntos.

Objetivos superordenados emergem naturalmente através de esforços voluntários comuns, equipes esportivas e com o estabelecimento de uma banda da empresa. Ao fim e ao cabo, a atividade em si mesma não é importante. O que importa é aproximar os funcionários que raramente interagem e colocá-los em situações em que a colaboração é o único caminho para o sucesso.

PLANTANDO AS SEMENTES PARA UMA COMUNIDADE NO LOCAL DE TRABALHO

Em 1997, o psicólogo Sheldon Cohen convidou 276 voluntários saudáveis para seu laboratório e infectou cada um deles com um vírus. Mas, em primeiro lugar, ele fez com que todos preenchessem um breve questionário. O que ele e sua equipe queriam saber era o seguinte: será que a rede social das pessoas afeta sua habilidade de lutar contra a gripe comum?

As descobertas, que apareceram na prestigiosa *Revista da Associação Médica Norte-Americana*, revelaram uma conclusão fascinante. Como os germes são contagiosos, muitos de nós assumimos que quanto mais pessoas houver ao redor, mais provável será a contração de uma doença. Mas os resultados de Cohen viraram essa suposição de cabeça para baixo. Quanto mais tipos de relacionamentos uma pessoa tem, menos suscetível ela é para contrair uma forte gripe, mesmo após uma exposição direta a um vírus causador da gripe.

A pesquisa de Cohen ilumina um benefício surpreendente de redes sociais robustas. Quando as pessoas têm um vasto leque de conexões, elas as proveem com um senso de segurança psicológica que as protege do estresse cotidiano. E pelo fato de elas experimentarem estresse menos frequentemente, seus corpos estão melhor condicionados a enfrentar desafios fisiológicos quando eles ocorrem.

Conexões no local de trabalho oferecem benefícios similares. Quando nós nos sentimos apoiados por nossos colegas, nós temos menos probabilidade de experimentar acontecimentos desafiadores como algo estressante, sabendo que eles estão lá para nos apoiar. Solavancos menores parecem menos intimidantes, o que ajuda a manter nossas emoções equilibradas e nos permite tomar decisões melhores diante da crise.

Estudos mostram que a forma como nós percebemos nossa rede social de trabalho é vital para a nossa saúde mental. Quando nós acreditamos que aqueles ao nosso redor podem nos fornecer ajuda social – ao nos dar assistência, conselhos e segurança emocional –, nós tendemos a ser mais saudáveis tanto física quanto psicologicamente.

Um caminho óbvio para melhorar as percepções de apoio social no trabalho envolve ajudar os colegas a estabelecer amizades próximas. Mas como muitas empresas estão agora descobrindo, o oposto também é verdadeiro. Quando uma empresa introduz práticas formais que tornam o apoio social e o cuidado mútuo a norma, amizades tendem a florescer naturalmente.

Uma maneira simples pela qual as empresas podem auxiliar os funcionários a se ajudarem mutuamente é encorajá-los a celebrar importantes marcos. Pesquisas mostram que a maneira como as pessoas reagem aos eventos positivos na vida uns dos outros é frequentemente mais importante para a qualidade de um relacionamento do que a maneira como elas reagem aos eventos negativos. Celebrações partilhadas em relação a um casamento recente, um grande aniversário ou uma promoção recém-obtida podem potencializar as emoções positivas e fortalecer o tecido de agregação de um grupo. O pedido ocasional de *cupcakes* não vai quebrar o banco. Ainda assim, em muitas empresas, cada gasto requer a aprovação de um gerente. Por que não dar a cada funcionário um modesto orçamento de celebração para que eles possam usar como quiserem?

Também é algo valoroso a partilha de eventos negativos em um grupo. Reconhecer perdas, como o falecimento de um cônjuge ou a contração de uma doença, auxilia a aproximar os funcionários e permite que os colegas deem suporte uns aos outros quando eles mais precisam.

Falar abertamente sobre perdas publicamente requer a permissão dos funcionários e bastante tato, mas, conforme nós vimos anteriormente neste capítulo, as conexões em meio a disputas podem fazer a diferença entre conversas superficiais e uma amizade para toda a vida. É quando nos abrimos na adversidade que construímos os relacionamentos mais próximos. E, conforme demonstrou um estudo de 2011 da Universidade de Notre Dame, as pessoas que escolhem abrir publicamente um evento doloroso tendem a se sentir significativamente melhores do que aquelas que o guardam para si mesmas.

As empresas também podem fomentar a percepção dos funcionários de sua rede de apoio no trabalho ao encorajar os colegas a reunir recursos de forma a ajudar aqueles confrontados com emergências financeiras. A Starbucks é uma empresa que deu esse passo, criando o fundo da Unidade de Parceiros Cuidadosos (CUP, em inglês) que provê ajuda a funcionários em necessidade.

Quando as empresas dão passos para fortalecer as conexões dos funcionários no escritório, elas estabelecem o âmbito para que uma comunidade no local de trabalho possa emergir. E, de forma peculiar, não são apenas os beneficiários que ganham com o apoio adicional. As pesquisas mostram que o altruísmo frequentemente beneficia os *doadores* mais do que aqueles que o *recebem*. Ajudar os outros – mesmo quando nós somos particularmente próximos – melhora nosso humor e impulsiona nossas percepções do suporte que temos à disposição, caso dele necessitemos no futuro.

QUANDO AMIZADES PRÓXIMAS DÃO ERRADO: O QUE FAZER EM RELAÇÃO ÀS FOFOCAS

Nenhuma discussão sobre as amizades no local de trabalho estaria completa sem se dirigir a uma preocupação legítima que muitos gerentes têm em relação ao encorajamento de relacionamentos próximos entre os funcionários: o espraiamento da fofoca no escritório.

Quando você aumenta o nível de conforto das pessoas que trabalham juntas, você também aumenta a vontade delas em partilhar pensamentos e sentimentos que, de outra forma, guardariam para si mesmas. Ocasionalmente, entre elas há impressões nada lisonjeiras de outros funcionários e gerentes pelo escritório.

As fofocas podem ter um efeito debilitante no local de trabalho. Ela semeia a desconfiança entre os colegas, traz perda de tempo para importantes projetos e prejudica o moral da empresa. Caso não sejam verificadas, elas podem contribuir para uma cultura de medo e ansiedade.

Então, o que você pode fazer para evitar as fofocas no escritório?

A conclusão surpreendente de um bom número de psicólogos especialistas é que você não pode evitar, e o que melhor seria sequer tentar fazê-lo.

Agora, antes que você deixe de lado essa noção, considere a razão pela qual os pesquisadores acreditam que as fofocas existem, antes de mais nada. As fofocas, argumentam os psicólogos evolutivos, servem a uma importante função. Elas fornecem às pessoas informações valiosas sobre como se comportar e as ajudam a navegar pelo mundo de forma mais eficiente.

Digamos que eu ouça um rumor de que uma de minhas sócias, Cheryl, levou uma repreenda de um cliente esta manhã por não estar preparada. Como é que isso afeta o meu comportamento? Bem, em primeiro lugar, isso molda minha abordagem para lidar com a Cheryl em nossa conferência por telefone à tarde. Talvez eu seja mais simpático com ela antes que façamos a revisão da semana e lhe dê alguns incentivos antes que ela apresente sua parte. Quando discutirmos os projetos vindouros, eu também poderei pensar duas vezes antes de concordar que a Cheryl esteja à frente deles.

As fofocas circulando sobre Cheryl não *lhe* fazem bem algum, mas elas podem *me* tornar mais preparado para que eu realize meu trabalho.

Outro benefício das fofocas: colocar as pessoas em linha. Conforme os erros de Cheryl se espraiam, eles trazem um aviso sútil: tenha cuidado, as fofocas dizem tudo sobre nós. Chegue às reuniões sem fazer a lição de casa, e sua reputação sofrerá um destino similar.

Um estudo de 2012 publicado na *Revista de Personalidade e Psicologia Social* desvelou outra maneira pela qual as fofocas são benéficas: as pessoas apresentam menos tendência a trapacear quando há uma possibilidade de que os outros fofocarão sobre suas ações. As fofocas parecem estimular comportamentos pró-sociais. Ao ficarmos preocupados se os outros descobriram o que fizemos, temos menos tendência a agir de forma egoísta e mais propensão a nos comportarmos de maneira cooperativa.

Quando você leva em consideração todos os valores que as fofocas trazem, não é surpreendente que ela desempenhe um papel tão central em nossas vidas. De acordo com analistas do discurso, quase dois terços das conversas contêm alguns elementos de fofoca. Ela frequentemente passa despercebida porque nem todos fofocam sobre as mesmas coisas. Em média, os homens tendem a fofocar mais sobre figuras de grande autoridade, que incluem políticos, atletas e celebridades. As mulheres, por outro lado, passam mais tempo fofocando sobre membros da família e amigos próximos.

De acordo com o antropólogo Robin Dunbar, nós fofocamos porque, no passado, nossa vida dependia disso.

Quando nossos ancestrais viviam em pequenos grupos, eles conseguiam monitorar os comportamentos uns dos outros em primeira mão. Mas, conforme o tamanho dos grupos se expandia, a observação direta nem sempre era viável. Por um período, viver em um grande grupo era arriscado, porque você não sabia em quem confiar. Mais tarde, a língua entrou em cena, e, subitamente, as pessoas tinham um instrumento para rastrear as reputações. Agora, se alguém agisse de forma antiética, todos no grupo descobririam, e logo o infrator seria banido.

Pela perspectiva de Dunbar, se nós não precisássemos fofocar, talvez nunca tivéssemos aprendido a falar.

As fofocas são úteis, e é por isso que, frequentemente, elas parecem tão recompensadoras. Quando seu colega de trabalho Mike lhe diz que seu chefe tem passado muito tempo com uma funcionária específica, ele implicitamente mostra que confia em você e o vê como alguém que pode ser convidado para um círculo social exclusivo. Trata-se de uma experiência reconfortante. Ao mesmo tempo, Mike consegue demonstrar sua superioridade moral em relação aos romances dos funcionários, na mesma medida em que prova que está "por dentro das coisas". Essa breve troca aproxima você e Mike um pouco mais e dá a ambos um impulso temporário à autoestima.

Ainda que queiramos acreditar que estejamos para além das fofocas, a realidade é que todos nós somos suscetíveis a elas. É uma parte inerente de quem somos nós. Mas não é pelo fato de nós termos propensão a determinados comportamentos que eles, necessariamente, são bons para os negócios. Quanto mais os funcionários fofocam por trás das costas dos demais, mais difícil se torna construir camaradagem de equipe e manter colaborações.

Algumas empresas tentam impedir as fofocas ao estabelecer políticas formais ou ao fazer com que os executivos estabeleçam avisos explícitos. Trata-se de uma abordagem que mostra uma falta de entendimento básica sobre a natureza humana. Fazer com que os funcionários parem de falar uns sobre os outros é um pouco como mandar que seus filhos pequenos parem de gritar. Eles podem tentar ao máximo, mas, eventualmente, eles vão deslizar e vão fofocar, e isso só vai aumentar a distância entre vocês. Ironicamente, sua desaprovação torna a transgressão um pouco mais excitante quando ela acontece.

A verdadeira questão – aquela à qual muitas empresas não conseguem se dirigir – é, antes de mais nada, o que está causando o espraiamento das fofocas no local de trabalho. Todos nós gostamos um pouco de fofocas, mas alguns de nós participam delas mais do que outros. Por quê?

Pesquisas mostram que colegas de equipe são particularmente suscetíveis às fofocas quando estão se sentindo sem poder ou inseguros. Quanto mais as pessoas estiverem se sentindo fora dos eixos, mais elas vão trocar tais informações.

As fofocas no local de trabalho tendem a ser a forma dos isolados e socialmente fragilizados. Quando os funcionários se sentem desconectados da organização mais ampla, eles passam a formar grupinhos conseguindo alguns colegas mais próximos à custa de insultos a outros. Ironicamente, é sua necessidade por conexões que resulta em comportamentos que tolhem a empresa e que, ao fim, solapam a confiança da equipe.

Em vez de proibir as fofocas, os líderes fariam melhor em ouvi-las cuidadosamente. As pessoas tendem a fofocar sobre questões que refletem preocupações reais do local de trabalho. Uma falta de transparência sobre importantes decisões, por exemplo, pode estimular a certeza e plantar as sementes para a tagarelice na empresa. Promover a abertura entre os colegas e construir um ambiente em que as pessoas se sintam seguras em falar sobre suas preocupações reduzem o desejo de falar por trás das costas dos outros.

Outra coisa que os líderes deveriam buscar é a fonte das fofocas. Quanto mais alguém fofocar, menos poderoso ele tende a se sentir, o que é uma questão que merece genuína atenção.

Há também aqueles que usam as fofocas como uma arma, minando estrategicamente os outros enquanto tentam elevar seu próprio status em uma empresa. É importante identificar de imediato os fofoqueiros estratégicos, antes que eles causem muito dano. O desafio, claro, é que quando nós ouvimos uma fofoca suculenta, é fácil ser seduzido pela sensação de que nós obtivemos informações úteis de alguém que está do nosso lado. É por isso que é importante considerar a motivação por detrás da abertura. Será que quem fala está tentando ajudar você, causar dano a um potencial rival ou fazer ambas as coisas?

As atitudes em relação às fofocas e outras normas sociais, são comunicadas a partir do topo. Conforme veremos no capítulo 9, os líderes têm uma influência desproporcional sobre muitos comportamentos nas empresas, e o ato de fofocar não é uma exceção. Caso, como gerente, você estimular a fofoca ao recebê-la, tenderá a ter membros de sua equipe que fazem o mesmo e que lutam para lhes fornecer essas informações. E qualquer gerente que procura especular com os funcionários sobre seus colegas não apenas está minando a confiança em meio à empresa, mas também está solapando sua própria posição como líder. Estudos mostram que aqueles que fofocam são frequentemente vistos como os menos poderosos.

Como é que líderes fortes respondem às fofocas no local de trabalho? Ouvindo-as. E, dessa maneira, encorajando e modelando comunicações abertas. Uma coisa é ouvir sobre a situação infeliz de Cheryl na reunião com o cliente. Outra é encontrar a Cheryl e ver se você pode ajudá-la.

Verdadeiras amizades só conseguem emergir quando há uma abertura entre colegas. Isso acontece quando colegas de equipe têm confiança suficiente uns nos outros para trazer à tona assuntos difíceis, e até mesmo quando isso significa ter uma conversa desafiadora.

É isso que torna as amizades no local de trabalho tão vitais antes de mais nada. Quando nós vemos que estamos cercados por pessoas que se importam conosco, é muito mais fácil se ater às tarefas.

AS LIÇÕES DA AMIZADE
Itens de ação para os gerentes

Faça as apresentações de olho nas amizades. Em vez de ver as apresentações na empresa simplesmente como um instrumento para colocar os novos contratados em contato com o que está ocorrendo, pense sobre ela como uma oportunidade para estimular as amizades entre os funcionários. Considere a possibilidade de iniciar o processo antes da chegada dos novos funcionários, designando um ou dois colegas para realizá-la. Apresente os novos funcionários descrevendo seus interesses – e não apenas seu currículo –, para que eles tenham algo para estabelecer vínculos quando encontrarem os colegas de trabalho. E busque tarefas colaborativas desde o início, para que elas possam continuar a forjar conexões como parte de uma equipe. Lembre-se de que você é o anfitrião. Se você quiser que as pessoas fiquem até tarde em sua festa, você precisa dar a elas uma razão para que elas permaneçam.

Empodere sua equipe para descobrir paixões comuns. Em vez de organizar reuniões sociais que podem ou não ser estimulantes, encoraje seus funcionários a tomar a liderança oferecendo-se para custear atividades que tenham apelo para, ao menos, cinco membros da equipe. Amizades não acontecem quando os gerentes forçam os funcionários a participar de atividades sociais estranhas – sem mencionar o fato de que você está muito ocupado para desempenhar o papel de conselheiro de campo. É muito melhor mostrar seu interesse em ajudar os funcionários a buscar suas paixões ao lhes pedir que identifiquem eventos divertidos dos quais eles gostariam de participar. Ainda melhor: permitir a eles que tragam as pessoas que lhes são significativas. Encorajar os funcionários a envolver os cônjuges em eventos patrocinados pelo local de trabalho é outra forma de fomentar conexões e promover, ao mesmo tempo, casamentos mais saudáveis facilitando a formação de vínculos entre as famílias dos colegas de trabalho.

Simplifique o cuidado. Para celebrar os marcos, os funcionários se tornam mais próximos quando recebem o apoio de seus colegas em tempos de dificuldades. Ótimos locais de trabalho facilitam o aumento de eventos positivos e criam abordagens específicas oferecendo aos colegas de trabalho autonomia para a criatividade. Um exemplo é enviar mensagens automáticas para lembrar o aniversário de cada colega de equipe oferecendo uma modesta quantia de 20 dólares como orçamento para a celebração. Alguns aniversários serão celebrados com um bolo tradicional, outros com decorações havaianas no escritório ou com a contratação de um cantor amador de ópera. Isso parece ridículo? Mas esse é o ponto. Ajudar os funcionários a se tornarem mais próximos aumenta significativamente a chance de eles estabelecerem vínculos.

AS LIÇÕES DA AMIZADE
Itens de ação para líderes emergentes

Todos os negócios constantemente enfraquecem você como funcionário. Nós somos mais efetivos ao trabalhar com nossos colegas de equipe quando estamos conectando em nível pessoal. Amizades no local de trabalho não acontecem quando você está completamente sobrecarregado de trabalho. Elas emergem nos espaços *entre* o trabalho, antes e depois de uma reunião de equipe – quando você e eu acidentalmente descobrimos que amamos correr e temos o mesmo carro. Disponibilize tempo para conexões casuais. Conversar com o novo rapaz do setor de vendas pode não parecer produtivo no momento, mas isso pode se transformar na coisa mais valorosa que você fez no dia.

Se você está brigando com um colega, encontre um objetivo superordenado. Muitas vezes no local de trabalho, ficamos centrados em nossos objetivos e vemos os outros como uma barreira. Isso é o que contribui para o desenvolvimento de conflitos. Em caso de estar lidando com um colaborador que parece ver em você um competidor, procure áreas em que haja um esforço comum, áreas em que vocês precisem um do outro. É mais fácil se conectar com alguém quando está claro que ambos estão do mesmo lado e que nenhum pode se tornar bem-sucedido sozinho.

Reconheça que as fofocas são o *fast food* das conexões sociais. As fofocas criam intimidade em curto prazo. Mas fique atento: elas também enfraquecem as posições dos grupos. Pesquisas mostram que, apesar do prazer imediato que as pessoas obtêm com as fofocas, os fofoqueiros contumazes são vistos como pessoas menos confiáveis, menos poderosas e menos apreciáveis. Há um provérbio turco que diz, "aquele que fofoca *com você* logo fofocará *sobre você*", e parece que, em algum nível, as pessoas implicitamente acreditam que esse é o caso. Caso as fofocas sejam o modo inicial de você se conectar, pode ser a hora de reconsiderar a sua abordagem. Pode parecer que você está se conectando com os outros, mas o dano que você está causando à sua reputação torna mais difícil para os seus colegas vê-lo como um amigo.

PARTE II

Motivar a excelência

PARTE II

Seis
O paradoxo da liderança
Por que líderes enérgicos desenvolvem
equipes menos produtivas

A ligação veio às 10 horas da noite.

Estava feito, a empresa de Charles Henry, Johns Manville, acabara de ser vendida por 2,3 bilhões de dólares, e ele não poderia se sentir mais aliviado. Ele estava começando a se perguntar se, *algum* dia, conseguiria se aposentar. Por meses, sua sala havia sido ocupada com caixas e mais caixas ao longo das paredes, esperando para serem embarcadas para sua casa de férias na costa de Savannah.

Depois de mais de 37 anos na indústria, Henry há muito já se sentia pronto para se aposentar. Só havia um problema: sua empresa estava à venda há mais de um ano, e, ainda assim, nenhum comprador aparecera. A economia estagnada tornara os investidores inseguros em relação à empresas de manufatura como a dele. E quem poderia culpá-los? Dois dos maiores competidores de Manville havia ido à falência recentemente, e, apenas nos cinco meses anteriores, as ações da companhia haviam caído em 30 por cento.

Era o ano 2000. A bolha financeira acabara de estourar. E as projeções da Johns Manville pareciam decididamente ruins.

Mas, agora, depois que um acordo com Bear Stearns havia dado errado nos estágios finais, um novo comprador aparecera com uma oferta agressiva. A junta diretora votara pela aceitação, e o momento não poderia ter sido melhor. Faltavam cinco dias para o Natal.

"Aí *está* o Papai Noel", Henry exclamou para seus funcionários na tarde seguinte. "Mas ele não vive no Polo Norte, meus amigos. Ele vive em Omaha".

A empresa de Henry havia sido comprada pela Berkshire Hathaway, um conglomerado multinacional que já possuía uma vasta gama de corporações, incluindo a GEICO, a Fruit of Loom e a Dairy Queen, bem como partes da Heinz, Coca-Cola, Wells Fargo e IBM. Ela tem mais de 250.000 funcionários e uma renda anual de 180 bilhões de dólares. Seu presidente é o executivo de 84 anos Warren Buffett.

No voo para encontrar seu novo chefe, Henry pensou sobre sua esposa, Kay, e suas quatro filhas. Ele imaginou a aposentadoria e o que significaria, finalmente, ter o tempo necessário para estar com sua família. Chegou a pensar até na menor insinuação de disputa de poder entre ele e seu novo gerente.

É claro que a Manville não havia tido seu melhor desempenho nos últimos anos, mas muito disso se devera aos problemas da economia. Aos 59 anos, Henry não estava ali para ser criticado por um investidor rico qualquer.

Ele fixou duas palavras, caso as coisas entre ele e Buffett acabassem não dando certo: "Vou embora".

A reunião durou seis horas. Depois dela, Henry estava cantando em um tom notadamente diferente.

"Eu saí de lá totalmente comprometido a fazer tudo funcionar", ele disse à jornalista Carol Loomis, da revista *Fortune*. "É fácil ver o que acontece com as empresas de Buffett. Você acaba dizendo que você não quer desapontá-lo".

A aposentadoria teria que esperar. Após se reunir com Buffett, Henry manteve sua posição na Johns Manville, e não apenas até que sua empresa houvesse realizado a transição. Ele passou outros quatro anos e meio na Berkshire Hathaway.

Mas o que Buffett fez para que ele mudasse de ideia?

Muito disso se relaciona à abordagem não ortodoxa de Buffett em termos de administração, a qual envolve dar a seus diretores completa autonomia sobre suas próprias tomadas de decisões. Em vez de supervisionar os funcionários com telefonemas semanais ou reuniões mensais, Buffett prefere deixá-los a cargo de seus próprios negócios e simplesmente se coloca à disposição sempre que eles quiserem suas avaliações. De acordo com a biógrafa Alice Schroeder, Buffett reserva sua manhã para ler e passa suas tardes sentado ao lado do telefone, para que seus gerentes possam falar com ele sempre que necessário.

Quando fala com seus diretores, Buffett raramente instrui. Em vez disso, ele usa a sua distância das minúcias cotidianas para formular perguntas esclarecedoras que ajudam os gerentes a encontrar seus próprios *insights*.

Schoereder fez a seguinte colocação sobre os gerentes da Berkshire Hathaway na biografia escrita em 2008: "[Eles] tinham sorte porque, em grande parte, ficavam sozinhos, pois Buffett usava seus truques de administração para encontrar perfeccionistas obsessivos como ele, que trabalhava incessantemente, e, então, ignorá-los, à exceção de uma "Carnezijação" – atenção, admiração e outras técnicas de Dale Carnegie – de vez em quando.

"A maioria dos gerentes usa a independência que lhes damos de forma excelente, mantendo uma atitude bem orientada de proprietário", escreveu Buffett em um relatório anual para os investidores. Quanto a não microgerenciar os assuntos de seus negócios, Buffett tinha isso a dizer: "E, se eu achasse que precisassem de mim, eu não teria comprado suas ações".

A abordagem de Buffett se estrutura em forte contraste com as práticas gerenciais da maioria dos locais de trabalho. Em meio à maioria das empresas, é o gerente que dita o curso, e os funcionários implementam sua visão. Mas não é assim na Berkshire Hathaway. Nas palavras de um artigo de 2011 publicado no *New York Times*, Warren Buffett vê seu papel menos como um chefe executivo e mais como um "delegador".

A ideia de conceder aos funcionários tal grau de independência ao realizar o seu trabalho, pode parecer um pouco desconcertante. Para alguns, pode até transparecer uma certa negligência gerencial. É claro que Warren Buffett sabe mais sobre como gerenciar um negócio de sucesso do que a maioria de seus funcionários. Será que ele não deveria dizer a eles o que fazer?

Talvez, mas, segundo a perspectiva de Buffett, esse não é o ponto. Por causa do senso de propriedade criado pela concessão aos funcionários para que eles tenham liberdade de tomar decisões, faz-se um investimento que traz dividendos sob a forma de uma melhor motivação, maior lealdade na empresa e envolvimento sustentável.

Trata-se de uma ideia provocativa. Será que ele está certo?

O HOMEM QUE TRANSFORMOU A ADMINISTRAÇÃO EM UMA CIÊNCIA

Muito antes de a Berkshire Hathaway se tornar uma das empresas mais ricas do mundo, um jovem peculiar que mais tarde se tornaria conhecido como o pai da administração científica, estava a ponto de trazer à tona algumas novidades chocantes.

Estávamos em 1874, e Frederick Winslow Taylor havia chegado a uma decisão. Desde que ele era um menino, não houvera muita dúvida em relação à trajetória de sua vida. O plano sempre fora, para ele, seguir os passos do pai e se tornar um advogado. E agora que ele fizera 18 anos, só havia uma única questão: onde iria estudar Direito?

A Taylor não faltavam opções. Como um estudante meticuloso oriundo de uma família rica, ele poderia ir estudar onde quisesse. Seus pais presumiram que ele escolheria Harvard, ou talvez o Instituto de Tecnologia de Massachusetts (MIT). Suas esperanças foram devastadas quando Taylor revelou que estava abandonando os estudos. Ele queria se tornar um trabalhador de fábrica.

Até hoje, a razão por detrás da decisão de Taylor é algo obscura. A visão de Taylor em crescente deterioração lhe forneceu uma explicação conveniente para o abandono da educação superior. Mas os historiadores suspeitam que essa foi uma simples desculpa. O motivo real, muitos acreditam, tinha mais a ver com sua fascinação incomum pela eficiência.

Enquanto crescia, Taylor desenvolveu alguns hábitos incomuns. Ele sempre fora obcecado por desempenhos, alguns diriam até a um ponto extremo. De acordo com um amigo de infância, quando adolescente, Taylor "fazia experimentos constantes com suas pernas, num esforço para descobrir o passo que poderia cobrir a maior distância com o menor gasto de energia; ou o método mais fácil de saltar uma cerca, [ou] a distância correta e as proporções de uma caminhada".

Com toda probabilidade, foi a precisão da indústria que o levou ao chão de fábrica. Mas a transição não ocorreu com facilidade. Saindo da casa dos pais a cada manhã, Taylor deu o seu melhor de si para esconder sua origem rica dos colegas de trabalho, mas não importava quão pobremente se vestia ou com qual frequência falava palavrões, ele não parecia caber no papel.

A rejeição foi se tornando mútua. Com o tempo, Taylor se tornou cada vez mais crítico em relação aos seus colegas, considerando seus hábitos de trabalho ineficientes e preguiçosos. Eles não trabalhavam suficientemente rápido, pensava Taylor, e isso estava custando dinheiro para a fábrica.

Um dia, Taylor se aproximou de seu supervisor com uma ideia. Junto com suas responsabilidades no chão de fábrica, ele conduziria um experimento para identificar a maneira mais eficiente para cortar metal. Seu método era simples, ele testaria as lâminas individualmente, alterando seu tamanho, ângulo e velocidade, até que identificasse "a melhor maneira". Seus resultados poderiam ser então usados para padronizar a maneira como o trabalho era realizado na fábrica, melhorando seus resultados e sua produtividade.

Taylor realizou seu desejo.

Seis meses depois ele partilhou as descobertas de sua pesquisa e recebeu aprovação para conduzir mais experimentos, coisa que ele fez com entusiasmo.

Vagarosamente, os estudos de Taylor evoluíram. Ele ficou menos interessado nas operações das máquinas e voltou sua atenção para os trabalhadores da fábrica.

Quanto tempo realmente levava para os trabalhadores fazerem seus trabalhos? Quais tarefas estavam consumindo a maior parte de seu tempo no chão de fábrica? O que acontecia quando a administração lhes pagava um pouco a mais?

Taylor realizou testes, fez mensurações de forma compulsiva e dividiu os trabalhos individuais em suas tarefas constitutivas. Ele então apresentou suas descobertas, oferecendo análises e recomendações escrupulosas para eliminar o gasto e fomentar o desempenho.

A cada estudo, a influência de Taylor crescia. Ele começara como um aprendiz, aos 31 anos, ele foi promovido a engenheiro chefe.

Quando alcançou uma posição de gerência, Taylor tinha a autoridade de que precisava para implementar sua visão. Em sua perspectiva, a chave para obter o máximo dos trabalhadores era padronizar o trabalho com o detalhamento de cada aspecto da atividade que deveria ser realizada, até os movimentos físicos mais precisos.

Pensar, na visão de Taylor, era a preocupação da administração. Realizar era o domínio dos trabalhadores. Uma vez que as práticas houvessem sido estabelecidas, a responsabilidade da administração era simples: reforçar os regulamentos que requeriam que os trabalhadores realizassem seus trabalhos de uma maneira formalmente prescrita, sem desvios.

Para assegurar a observância, Taylor acreditava no ato de motivar os funcionários usando tanto a cenoura quanto a vara em que ela ficaria amarrada. O pagamento nas fábricas de Taylor não eram determinados por qualificações profissionais ou experiência, como os sindicatos queriam. Em vez disso, os pagamentos eram diretamente vinculados à *performance* dos funcionários. Quanto mais rápido os trabalhadores produzissem, mais eles ganhavam. E, no momento em que os resultados se mostrassem, haveria repercussões. Taylor tinha pouca paciência com o desperdício e desenvolveu uma reputação de ser rápido em demitir os funcionários.

Naturalmente, a abordagem de Taylor motivou grande ressentimento entre os trabalhadores. Mas poucos conseguiam contradizer seus resultados. Na Companhia Siderúrgica Midvale, ele *duplicou* os resultados dos maquinistas. Na Bethlehem Trabalhos Siderúrgicos ele diminuiu o número de funcionários de 500 para 140 sem *nenhuma* queda na produção.

Com o tempo, as notícias do sucesso de Taylor começaram a espraiar. Em pouco tempo, ele já liderava uma empresa de consultoria de administração que se provou muito mais lucrativa do que seu antigo trabalho como funcionário. A diversidade de suas experiências lhe ofereceu uma plataforma única, a qual ele desenvolveu com habilidade, incluindo o lançamento de uma série de *best-sellers*, tal como *Princípios da Administração Científica*. Ele se tornou um dos textos mais lidos em todos os negócios e surgiu para revolucionar a forma como a administração era entendida por muitas gerações.

No coração do pensamento de Taylor estava uma visão mecanicista do comportamento humano. Ele via os funcionários da forma como vemos um carro: como máquinas precisando de um motorista. Entre suas pressuposições centrais estava a noção de que os funcionários são inerentemente desmotivados para trabalhar duro. E que eles também não eram inteligentes o bastante para encontrar maneiras eficientes para trabalhar. O ponto fundamental para Taylor era o seguinte: ao dar aos funcionários a liberdade para escolher como eles desempenhavam seus trabalhos, muitos negócios estavam deixando a produtividade na mão do acaso. E isso estava lhes custando uma fortuna.

Quando Taylor morreu, em 1915, suas ideias tinham ganhado vida própria. Impulsionadas pelo início da Primeira Guerra Mundial, quando a produção mais veloz se tornou uma questão de vida ou morte, a administração científica se tornou sinônimo de eficiência. O que começara como a obsessão de um único homem com os números transformou não apenas a vida na fábrica, mas as operações das instituições em todos os lugares. A mentalidade de linha de produção passou a ser empregada à maneira como os restaurantes serviam os clientes, à maneira como os pacientes eram tratados nos hospitais, à maneira como as crianças eram educadas nas escolas.

Mas havia um problema com o taylorismo – algo que o jovem Frederick Taylor nunca poderia ter previsto em seus dias como chefe da linha de produção da Empresa Siderúrgica Midvale.

Em algum momento, tudo aquilo parou de funcionar.

O QUE TAYLOR NÃO PÔDE VER

De muitas formas, Taylor estava à frente de seu tempo. Ele estava trabalhando como um investigador solitário em um mundo que não considerava o comportamento humano como uma ciência. Seus métodos foram criativos, e suas recomendações claramente alcançaram resultados. À época de Taylor, pagar pelo desempenho, simplificar as tarefas e observar os trabalhadores de forma rente de fato contribuía para a produtividade.

Mas, então, algo mudou. O conhecimento sobre a economia chegou, e os trabalhos se tornaram infinitamente mais complexos. E, subitamente, prever o desempenho dos funcionários se tornou muito mais desafiador.

Há alguns anos, o economista comportamental da Universidade Duke Dan Ariely e alguns de seus colegas realizaram um estudo de caso de uma das pressuposições menos controversas de Taylor: a ideia de que oferecer maiores pagamentos leva a uma melhor *performance*. Em termos superficiais, parece óbvio que a promessa de um bônus motivará os funcionários a trabalhar mais duro. É por isso que nós oferecemos aos atletas profissionais milhões de dólares quando suas equipes chegam às etapas finais dos campeonatos e recompensamos os executivos com ações adicionais quando suas companhias atingem lucratividades recordes. Quanto mais você lhes paga, mais eles trabalham, e quanto mais eles trabalham, melhor a empresa se sairá, certo?

Entretanto, não foi isso que a equipe de Ariely descobriu.

A equipe conduziu seu experimento na Índia, onde índices de comércio favoráveis tornaram factível aos investigadores norte-americanos oferecer recompensas altamente lucrativas. Os participantes dos estudos tinham que responder a uma série de tarefas de memória e concentração e recebiam bônus se as realizassem muito bem. A quantidade de bônus variava dependendo do grupo para o qual os participantes eram designados. Havia três condições no estudo: uma condição de *bônus pequeno*, na qual o incentivo para a boa performance era equivalente a um dia de pagamento; uma condição de *bônus médio*, na qual o incentivo era de dois dias de pagamento; e uma condição de *bônus elevado*, na qual o incentivo chegava até a cinco meses de salário.

Em qual condição os participantes realizaram a melhor performance?

Resultou que não havia muita diferença entre os grupos de bônus baixos e médios, pois ambos se saíram muito bem. O grupo de bônus elevado, no entanto, realmente destoou, mas *não* na direção prevista pelas teorias de Frederick Taylor. Surpreendentemente, os participantes a quem se pretendia um bônus de cinco meses de salário se saíram dramaticamente pior, apesar da oferta ultrapassar em 150 vezes a quantidade de dinheiro do grupo de bônus pequeno para fazer exatamente o mesmo trabalho.

Por quê? A perspectiva de uma recompensa atraente, argumenta Aryel, pode ter um efeito debilitante. Quando os desafios são altos de maneira muito incomum, nossos corpos ativam uma resposta de tudo ou nada, a qual, conforme vimos em capítulos anteriores, interfere em nossa habilidade de pensar claramente. É por isso que, subitamente, pode se tornar difícil se comunicar em uma entrevista de emprego ou em um emprego, quando questões básicas como "Fale-me sobre você" podem lhe deixar sem fala.

Nos esportes isso se chama ficar sufocado, e o termo não é estritamente uma metáfora. Quando mais pressão psicológica você vivencia, mais os seus músculos se enrijecem de forma inconsciente, tornando até mesmo os movimentos mais básicos (como os da respiração) mais difíceis de serem executados.

Em um estudo posterior, Ariely conduziu um experimento similar com uma pequena mudança. Dessa vez, ele e sua equipe fizeram com que os participantes realizassem dois conjuntos de exercícios. O primeiro – bastante parecido com a tarefa de memória e concentração usado no primeiro experimento – envolvia uma atividade cognitiva (fazer um exercício de matemática). Mas o segundo era direto e simples (digitar em um computador). Que efeito teriam os grandes incentivos sobre o desempenho dessa vez? Novamente, o grupo de bônus elevado se saiu pior na tarefa de desafio cognitivo. Porém, quando a tarefa era fácil, o aumento de adrenalina associado a uma grande recompensa se mostrou bastante útil, levando a melhores resultados.

Recompensas maiores de fato resultam em melhores desempenhos, mas apenas quando a tarefa é simples. Quando o trabalho é complexo, grandes recompensas frequentemente trazem retrocessos, solapando o próprio resultado que elas deveriam elevar.

TAYLOR × BUFFETT: A VERDADE SOBRE A MOTIVAÇÃO DE ALTA PERFORMANCES

A sobrecarga não é a única desvantagem de tornar as recompensas o foco central. Isso também acontece com a forma como as recompensas alteram a qualidade da motivação de um funcionário.

Pela perspectiva de Taylor, a motivação se relacionava a uma coisa: quantidade. Ou os funcionários estavam muito motivados, ou não estavam. E os gerentes é que precisavam energizá-los, ao motivá-los com bônus sedutores ou ao ameaçá-los com a perda dos empregos. Trata-se de uma perspectiva que continua a ser popular em muitas empresas nos dias de hoje. Mas um número crescente de especialistas motivacionais argumentam que essa visão não é apenas simplista – na verdade, ela é errada.

Eis a razão: a motivação, nós agora sabemos, varia não apenas em *quantidade*, mas também em *tipo*. Alguns funcionários são motivados pelo prazer intrínseco derivado de seus trabalhos, enquanto outros são motivados por fatores extrínsecos, como o apelo do dinheiro ou um título importante.

Para o observador externo, a motivação que fornece energia aos comportamentos de um funcionário é invisível. Mas a experiência psicológica interna que ela produz tem um impacto significativo no pensamento de um funcionário, coisa que, então, influencia o desempenho de seu trabalho. Estudos mostram que quanto mais intrinsecamente motivadas as pessoas se sentem, mais criativas, envolvidas e energizadas elas estão durante o trabalho. Ademais, elas permanecem motivadas por períodos de tempo mais longos.

De forma interessante, quando o trabalho é, por si só, recompensador, a ênfase na recompensa pode ter um efeito inesperado. Ela *reduz* a motivação intrínseca. Isso acontece porque, no momento em que as recompensas assumem o papel principal, nós começamos a ver o nosso trabalho como um meio para um fim e começamos a apreciá-lo menos. Os economistas chamam isso de efeito de "evasão". Nós paramos de nos concentrar no prazer que o trabalho nos traz e nos voltamos ao recebimento da nossa recompensa. Consequentemente, quanto mais ênfase uma empresa coloca nos salários e nos bônus, menos provável será o prazer dos funcionários com o próprio trabalho.

Para ser justo, há vezes em que a utilização de recompensas extrínsecas para aumentar a motivação faz sentido. Por exemplo, quando o trabalho, por si só, é repetitivo e desinteressante, como os trabalhos de fábrica que Taylor precisava supervisionar. Mas quando o objetivo é aumentar o envolvimento e melhorar o desempenho de tarefas intelectualmente desafiadoras, os gerentes agem muito melhor em motivar a motivação intrínseca do que em suplementar a motivação com recompensas extrínsecas.

Como você faz com que os funcionários fiquem intrinsecamente motivados em relação ao trabalho? Um componente vital, de acordo com os psicólogos Edward Deci e Richard Ryan, envolve incorporar uma página do manual de administração de Warren Buffett e ajudar as pessoas a se sentirem autônomas enquanto realizam seus trabalhos. Quando as pessoas são empoderadas para tomar suas próprias decisões no trabalho, elas se sentem naturalmente motivadas para se sobressairem por uma simples razão: a autonomia é uma necessidade psicológica básica.

A pesquisa de Deci e Ryan mostra que a experiência da escolha é inerentemente energizante e fundamental para o bem-estar psicológico, através de fronteiras geográficas e culturais. Pessoas que fazem dietas por razões de autonomia perdem mais peso do que aquelas que se sentem pressionadas pelos outros. Fumantes que decidem parar de fumar são mais sucedidos do que aqueles que se sentem forçados a parar. Os pacientes têm mais tendência em obedecer ao regime de medicação quando eles entendem e endossam a necessidade do tratamento.

Ao fim e ao cabo, o valor da autonomia está em que ele permite que as pessoas se envolvam completamente com seus objetivos e vejam os investimentos que fazem como suas próprias escolhas. É esse sentimento de propriedade pessoal que inspira os funcionários a serem movidos por seus próprios interesses, curiosidade e desejos de serem bem-sucedidos. E, quando isso acontece, quando os interesses do gerente e do funcionário se unem, a necessidade de vigilância recomendada por Taylor desaparece.

O QUE PAIS DESABONADORES E MICROGERENTES TÊM EM COMUM

Nós sabemos que vivenciar a escolha no local de trabalho estimula a motivação intrínseca e aumenta o desempenho em tarefas complexas. Mas o que acontece quando um gerente coloca limites à autonomia de seus funcionários? Quando, subitamente, mesmo as decisões mais rudimentares precisam ser aprovadas por um comitê ou pela alta hierarquia. Em outras palavras, como nós reagimos quando a nossa autonomia no trabalho se vê confrontada?

Em um experimento clássico que investiga como as pessoas respondem aos limites de sua liberdade, os pesquisadores da Universidade do Colorado conduziram um estudo sobre uma decisão que a maioria das pessoas espera tomar por si mesma: a escolha do parceiro romântico. Os psicólogos entrevistaram casais em relacionamentos de durações variáveis (tanto em namoros quanto em casamentos) e pediram a cada parceiro para qualificar o quanto eles amavam o outro, o nível de confiança que eles tinham na relação e com qual frequência eles discordavam. Então eles fizeram aos casais algumas perguntas inesperadas. Qual foi a reação dos pais ao relacionamento? Eles foram críticos, de alguma forma, em relação ao parceiro? Eles já haviam dito alguma coisa que poderia implicar que eles esperavam que a relação terminasse?

As descobertas sugerem que pais insatisfeitos fariam bem em ficar de boca calada.

Quanto mais os pais desaprovavam um parceiro romântico, mais os parceiros diziam que se amavam. O efeito era mais forte entre namorados, os quais, presumivelmente, tinham mais possibilidade de escolha sobre continuar ou terminar a relação. Havia algo enervante sobre o envolvimento dos pais que parecia ter motivado seus filhos a se rebelar.

A descoberta, conhecida nos círculos de psicologia social como o "efeito Romeu e Julieta", é parte de uma tendência mais ampla. Não são apenas os amantes que apresentam uma tendência teimosa ao desafio. O mesmo acontece com o restante de nós. Quando nos dizem que não podemos fazer algo, a ideia de fazê-lo subitamente ganha mais apelo.

Os psicólogos têm um termo para isso: *caráter reativo*. É o que acontece quando você sente que sua liberdade ou controle está ameaçado. Você se sente motivado a tentar restabelecê-lo, frequentemente desafiando as mesmas instruções que recebera.

Estudos mostram como o caráter reativo ocorre em uma grande variedade de domínios. Terapeutas que tentam persuadir seus clientes a falar mais e dão mais conselhos tendem a ter menos sucesso. Fumantes a quem se apresentam gráficos de aviso sobre as consequências de se inalar tabaco se mostram mais resolutos em continuar a fumar.

Pense na última vez em que você esteve à beira do fim de uma venda difícil. Há probabilidade de que você subitamente se viu recalcitrante, sem o desejo de continuar a negociar.

Quanto mais nós somos pressionados, mais nós resistimos.

Em meio ao local de trabalho, a microgerência pode ativar o caráter reativo de maneiras que não são imediatamente visíveis para um supervisor. Os clientes podem ter que esperar um pouco mais. O telefone celular de um funcionário subitamente "fica sem bateria" exatamente quando seu gerente precisa falar com ele. E, é claro, o ato final de resistência: o pedido de desligamento do funcionário. Estudos mostram que quanto menos autônomos os funcionários se sentem, mais provável é que eles busquem outro trabalho.

Limitar a autonomia das pessoas faz mais do que simplesmente irradiar atos ocasionais de rebelião. Cria-se um ciclo de dependência que impede os funcionários de realizar uma abordagem proativa em relação ao trabalho. Quando os gerentes tentam ser muito controladores, seus funcionários aprendem a se sentar para esperar por mais instruções. Na linha de produção, isso pode fazer sentido. Mas em uma economia do conhecimento, isso impede que eles tomem iniciativas, o que, ironicamente, custa aos gerentes ainda mais em longo prazo.

A liderança pode ser um jogo de soma zero. Quanto mais um gerente demanda de seus funcionários, menos seus funcionários podem demandar de si mesmos. Isso leva a um padrão de relacionamento similar ao de um pai dominador e seu filho superdependente. E isso vem com diretivas de controle envolvendo mensagens desmoralizantes: "Somente eu conheço o que é melhor".

A ARTE DE PROMOVER A AUTONOMIA

De algumas maneiras, fornecer autonomia apresenta um grande desafio aos gerentes. Como é que você promove consistentemente um senso de autonomia quando a realidade na maioria das empresas é que a escolha nem sempre é uma opção?

Considere, por exemplo, um evento que muitos gerentes enfrentam com muita frequência: a emergência dos clientes.

Seu telefone celular está tocando. Trata-se de um cliente importante, e ele está com uma crise em suas mãos. A consequência? Sua equipe precisará realizar uma reunião de emergência imediatamente. A capacidade de trabalho já está no limite. Você precisará que sua equipe trabalhe noite adentro, e é sua tarefa trazer essas novidades.

O que você diz?

Os psicólogos fornecem algumas recomendações para promover a experiência da autonomia, mesmo quando a verdadeira escolha parece estar faltando.

Forneça uma razão significativa. O primeiro requerimento para endossar qualquer comportamento, seja entregar um relatório no trabalho, correr quase 5 quilômetros todas as manhãs ou tomar uma medicação prescrita, é ter um bom entendimento de por que você está fazendo algo. Os gerentes frequentemente assumem que eles e seus funcionários têm o mesmo conhecimento e formação sobre um projeto e, portanto, todos partilham um entendimento sobre por que uma tarefa é valiosa. Mas esse não é o caso simplesmente.

Pesquisas mostram que, quando se dá às pessoas uma razão significativa, elas têm mais propensão a investir mais esforços e ver sua contribuição como algo importante. Mas não é qualquer razão que será suficiente. A chave para estabelecer uma razão efetiva é comunicar como um resultado bem-sucedido fornecerá valor à pessoa que o está executando ou a alguém que se preocupa com ele.

Para endossar completamente um comportamento, nós, antes de mais nada, precisamos ver o seu valor.

Defina o resultado, não o processo. Nós vivenciamos uma tarefa de forma mais autônoma quando nos dão a oportunidade de definir nossa abordagem. Quando nós estabelecemos nosso próprio caminho, é mais provável que nos sintamos com um senso de controle, que vivenciamos a noção de propriedade e tenhamos orgulho do nosso trabalho. É por isso que é vital fornecer aos funcionários alguma margem para o estabelecimento de planos em vez de o gerente ditá-lo.

Como qualquer gerente sabe, deixar fluir é frequentemente mais difícil do que parece. Em muitos casos, anos de experiência lhe ensinaram exatamente como conduzir um projeto. Por que você *não diria* à sua equipe o que fazer?

Eis a razão: instruções paternalistas vêm com um preço. É claro que a supervisão de cada detalhe pode acelerar a produtividade nessa tarefa específica, mas esse alívio em curto prazo tenderá a solapar a experiência geral de sua equipe em termos de autonomia, levando a um declínio de motivação em longo prazo.

O microgerenciamento é o equivalente motivacional de comprar a crédito. Desfrute de um produto melhor agora, mas pague um preço maior por ele mais tarde.

Use questões de término aberto. Convidar os funcionários a explorar soluções conjuntamente e demonstrar que você valoriza suas abordagens é uma outra técnica para desenvolver o senso de escolha dos funcionários. Uma coisa é pedir à sua equipe que desenvolva seu próprio plano, outra é mostrar que suas ideias têm méritos.

Aqui estão duas questões que um gerente pode fazer, ambas com o objetivo de conseguir realizar tudo dentro do prazo estabelecido pelo cliente. Veja se você consegue identificar aquela que tende a contribuir mais para o senso de autonomia do funcionário:

"*Que solução você consegue ver para estruturar uma apresentação até terça-feira?*"

Ou

"*Você deu uma olhada na estratégia que Martha usou da última vez em que ela se apresentou?*"

O que há de diferente nessas questões? A primeira tem o término aberto, querendo dizer que ela deliberadamente convida a uma resposta mais longa e pede ao funcionário que pense e reflita. A segunda questão tem o término fechado, querendo dizer que é fácil de responder, e se limita às palavras "sim" e "não".

Questões de término aberto – aquelas que começam com as palavras "como", "o que" ou "por que" – comunicam inconscientemente um interesse respeitoso pela forma como a outra pessoa pensa. Elas também permitem que aquele que responde direcione para onde a conversa se dirigirá a partir de então.

Em contraste, questões de término fechado colocam aquele que responde na defensiva: *Você verificou a estratégia da Martha?!* Trata-se de uma pergunta que pode ser facilmente interpretada como uma acusação. Diferentemente das questões com término aberto, perguntas com término fechado permitem que aquele que pergunta mantenha o controle sobre a conversa, levando aquele que responde a se sentir pressionado em vez de se sentir apoiado.

Reconheça os sentimentos negativos. O que você faz quando um funcionário lhe diz que não está feliz em ter que trabalhar até tarde? Isso pode se tornar uma conversa desconfortável. Ninguém gosta de lidar com emoções negativas no local de trabalho, especialmente quando eles se sentem impotentes para aliviar as preocupações dos colegas de trabalho.

Uma abordagem é ignorar o comentário negativo ou tergiversar em relação a ele trazendo o foco para o aspecto positivo ("ao menos nós não temos que fazer isso toda noite!"). Mas, de forma interessante, reconhecer as experiências negativas e legitimá-las ajuda a manter a autonomia das pessoas.

Para entender por que isso acontece, é importante reconhecer que quando as pessoas dão voz a uma reclamação, a primeira coisa que elas querem é ser ouvidas. As alternativas, que incluem o fato de nossa perspectiva estar errada ou ser ignorada, só nos tornam mais frustrados. Paradoxalmente, ter nossos sentimentos aceitos alivia um pouco da negatividade e legitima nossa experiência.

Até mesmo em casos em que se dirigir diretamente a uma preocupação não é possível, redarguir a emoção de um funcionário a partir das considerações sobre o que foi dito ("Você está se sentindo frustrado" ou "Esse projeto é complicado") está muito longe de ajudar o seu colega a se sentir entendido.

Minimize o foco nas recompensas. Sua equipe pode ser paga por fazer hora extra ou receber um jantar grátis por trabalhar até tarde, mas resista a se voltar para esse foco. Como um gerente, você pode se sentir desesperado para encontrar maneiras de motivar sua equipe. Mas lembre-se de que o interesse em longo prazo é mais sustentável ao se manter o foco na própria tarefa. Ganhar pelas horas extras é ótimo para a sua conta bancária, mas terrível para a sua motivação.

Recompensas inesperadas que chegam ao fim de uma atividade – por exemplo, uma garrafa de vinho na próxima sexta-feira para mostrar o seu reconhecimento por um trabalho – *podem* manter intacta a motivação intrínseca. Então, sinta-se à vontade para oferecer à sua equipe presentes modestos, mas espere até que o projeto esteja feito. A chave é deixar o sucesso da tarefa servir como a própria recompensa enquanto o trabalho está sendo feito.

Psicólogos que estudam a autonomia – chamados de "teóricos da autodeterminação" – argumentam que contribuir para experiência de escolha dos outros é uma ferramenta motivacional persuasiva, especialmente quando há um poder de diferenciação entre duas pessoas. Isso significa que não são apenas os gerentes que se beneficiam. São também os professores, os médicos e os pais.

O importante é: sempre que você falar a partir de uma posição de autoridade, quanto mais colaborativo você for em relação à autonomia dos outros, com maior probabilidade você inspirará o melhor esforço por parte dos demais.

POR QUE OS MELHORES LOCAIS DE TRABALHO ENCORAJAM A DESIGUALDADE

Quando você leva em consideração todos os passos que contribuem para uma experiência de autonomia do funcionário no trabalho, um tema mais amplo vem à tona.

A *liderança de cima a baixo raramente mantém a motivação intrínseca das pessoas.*

É apenas quando os gerentes criam um ambiente que permite aos funcionários liderarem a si mesmos, é que seu desejo natural de superação vem à tona. A chave reside em empoderar os funcionários para que eles encontrem a melhor maneira de trabalhar e lhes oferecer flexibilidade para implementar essa abordagem.

É por isso que é estranho que tantas empresas continuem a insistir na utilização de modelos de locais de trabalho ultrapassados que requerem que os empregados sigam o mesmo roteiro de trabalho diário.

No dia trabalho taylorista, o resultado de uma empresa dependia do trabalho dos funcionários em turnos. Sem uma rotina fixa, a linha de produção pararia e a produção cessaria. À época, o dia de trabalho era projetado para maximizar o resultado das *máquinas* de uma empresa, não das pessoas.

Hoje, é claro, o acesso ao maquinário do local de trabalho já não é um requerimento para ser produtivo. Ter um telefone e um computador já é suficiente. Ainda assim, para a maioria das empresas, a rotina fixa permanece. Apesar de tudo que nós sabemos sobre os fatores que contribuem para a produtividade, locais de trabalho que oferecem aos funcionários a liberdade de estabelecer seus próprios calendários ainda representam uma minoria.

A partir de uma perspectiva psicológica, requerer que todos os funcionários sigam uma rotina idêntica e esperar que eles façam seu melhor é ignorar uma realidade básica da natureza humana: nós nascemos com diferenças de personalidade biologicamente determinadas que nos levam a nos desenvolver sob condições diferentes.

E não são apenas as variações *entre* os funcionários que devem ser levadas em consideração. Também é preciso considerar a maneira como nossa habilidade de realizar contribuições significativas flutua ao longo do dia. Conforme descobrimos no capítulo 3, pesquisas feitas em anos recentes revelaram que um grande número de dados sobre a fisiologia do ápice de *performance* e a forma como os ritmos circadianos de nosso corpo afetam nossa produtividade.

Nós sabemos, por exemplo, que nossa memória e concentração tendem a se tornar mais agudas pela manhã e que somos melhores em estabelecer conexões abstratas entre ideias mais tarde durante o dia, quando nós estamos cansados. Nós sabemos que o pico de coordenação entre mão e olhos e de força física acontecem no fim da tarde. Nós sabemos que a mente humana não é muito boa em se concentrar por um período de tempo prolongado e que 90 minutos consomem o limite daquilo que podemos absorver de modo confortável.

Ainda assim, a maioria das empresas não reconhecem nada disso.

Ao fim, as consequências reais de fazer com que os funcionários sigam uma rotina determinada são estresse, fadiga e uma produção mais fraca. O acesso a computadores em casa, somado à pressão para permanecer no escritório durante o dia todo (não importa quão cansado e improdutivo um funcionário se sinta), leva a um foco de parecer *ocupado* durante as horas de trabalho, enquanto os serviços mais pesados são feitos à noite e nos fins de semana. Isso não apenas encoraja os funcionários a agir sem criatividade no trabalho, mas também os deixa com menos tempo para descansar e se recarregarem. Ao fim, é o próprio trabalho que se vê penalizado.

Não é incomum que os gerentes se sintam desconfiados diante da possibilidade de deixar os funcionários determinarem suas próprias rotinas. Eles temem que, sem a estrutura de um dia de trabalho de 8 horas, os funcionários perderiam seu foco ou deixariam de aparecer no escritório, quando seu trabalho se beneficiaria de sua presença por lá.

Mas se as pesquisas sobre autonomia trazem algum indicador, trata-se de dizer que garantir aos funcionários a flexibilidade para determinar sua própria rotina tem a probabilidade de fazer muito mais para melhorar a performance no local de trabalho, de modo a estimular a motivação intrínseca, a confiança e a lealdade dos funcionários. Remover a rotina de 40 horas da vida de uma empresa também pode ser bastante revelador, expondo aqueles que estão simplesmente fingindo que trabalham e trazendo à tona aqueles que realmente estão dando sua contribuição.

Caso o fantasma de um escritório vazio o assustar, talvez o seguinte estudo possa fazê-lo reconsiderar tal ideia. Uma pesquisa conduzida pelo Departamento de Economia de Stanford sugere que, em vez de os funcionários perderem o foco em casa, sua produtividade na verdade aumenta quando a telecomunicação é demandada. Em um estudo experimental que designou aleatoriamente funcionários de um *call center* para trabalhar em casa por quatro dias da semana ou permanecer no escritório o tempo todo, as descobertas mostraram um percentual de 12,5 por cento de aumento na produtividade entre os trabalhadores que puderam ficar em casa.

A razão? Menos intervalos e dias de doença e um ambiente de trabalho mais tranquilo.

Só isso já seria impressionante Mas ainda há mais. Funcionários designados para trabalhar em casa também se sentiram significativamente mais satisfeitos com seus trabalhos, demonstraram maior adaptação psicológica ao fim do estudo e tinham 50 por cento de probabilidade de abandonarem seus trabalhos.

Isso serve para mostrar o seguinte: às vezes, quanto menos a administração tentar controlar, melhores são os resultados.

AS LIÇÕES DA AUTONOMIA
Itens de ação para gerentes

Empodere as pessoas para encontrar sua melhor forma de trabalhar. Uma forma de ajudar as pessoas a se sentirem autônomas é dar a elas a flexibilidade para que projetem sua própria abordagem em relação ao trabalho, da forma como elas acharem proveitosa. Encorajar os funcionários a construir uma rotina para alcançar os resultados, em vez de requerer que eles fiquem sentados em frente a um computador para realizar rotinas pré-definidas, manda uma mensagem poderosa de confiança e estabelece a base para uma *performance* sustentável.

Leve em consideração a motivação por subtração. Olhe ao redor para descobrir os funcionários mais produtivos de sua empresa. Eles estão respondendo às demandas de um supervisor ou são motivados por um desejo intrínseco de serem bem-sucedidos? Há uma razão pela qual as pessoas chegam energizadas e otimistas no primeiro dia de trabalho – bem antes de elas se verem expostas à influência de um gerente – e é pelo fato de a projeção de ser bem-sucedido no trabalho ser inerentemente gratificante. Em vez de se focar em recompensas e castigos que motivam de forma extrínseca, trabalhe na identificação e, então, na eliminação das barreiras que apartam sua equipe da motivação intrínseca que eles apresentaram quando começaram a trabalhar.

Pratique o macrogerenciamento. Quando você está diante de um prazo apertado e se sente pressionado para cumpri-lo, é tentador microgerenciar cada aspecto de um projeto. Não faça isso. O microgerenciamento mata a autonomia, diminui o desenvolvimento em longo prazo de sua equipe e a priva de espaço para que os membros possam liderar a si mesmos. Em vez de ficar obcecado com o processo, peça à sua equipe que estabeleça o próprio caminho. Seu trabalho é fazer perguntas e fornecer *feedbacks*, e não conduzir o navio.

AS LIÇÕES DA AUTONOMIA
Itens de ação para líderes emergentes

Você está se sentindo microgerenciado? Vire a mesa. Quando os supervisores microgerenciam, isso frequentemente acontece porque eles estão se sentindo sobrecarregados. Nós todos queremos um sentido de que a vida é controlável. Quando nós não temos isso, vivenciamos um desconforto, o qual alguns supervisores expressam sob a forma de supergerenciamento. Como é que você acalma os microgerentes? Ao inundá-los com informações, dividindo ativamente o progresso e fazendo perguntas que os ajudem a se sentir no controle. Microgerentes têm medo. O seu trabalho é lhes dar segurança.

Faça o Taylorismo trabalhar para você. Cada um de nós tem um ritmo fisiológico único, e é por isso que se paga para identificar a sua "melhor maneira" de trabalhar. Notar quando você se torna mais produtivo é o primeiro passo para construir uma rotina melhor. Talvez você precise lançar mão das manhãs para se concentrar no trabalho, então você ajusta o horário para dar uma caminhada no meio da tarde, ou então ative o *Freedom*, um programa de *software* livre que bloqueia temporariamente o seu acesso à *internet* durante as horas em que as multitarefas se tornam uma tentação. Fazer testes com a sua rotina diária pode ajudar você a identificar uma abordagem que, de forma confiante, traz à tona o seu melhor.

Coloque a autonomia acima do dinheiro. Quando for decidir entre trabalhos, você fará melhor em priorizar a quantidade de trabalho que uma posição lhe fornece em relação ao montante do contracheque. Em um estudo de 2011 abrangendo mais de sessenta países, os pesquisadores descobriram que a autonomia é um fator de previsão da saúde psicológica consistentemente melhor do que a renda. Ironicamente, uma das razões pelas quais nós consideramos o dinheiro tão atraente é que ter uma boa renda à disposição nos dá a promessa de independência. Mas tome cuidado com a busca do dinheiro como um fim em si mesmo. Quando nós vendemos nossa autonomia por uma renda mais elevada, nós nos deparamos com vários problemas.

Sete

Melhor do que dinheiro

O que os jogos podem nos ensinar
sobre a motivação

Em um dia tempestuoso do inverno de 2003, eu estava indo para o edifício das aulas na Universidade de Rochester com um colega estudante da pós-graduação, quando ambos notamos algo estranho.

Nós havíamos acabado de entrar no Wilson Commons, um centro de atividades estudantis que frequentemente seria o último lugar onde você encontraria os estudantes. Não havia nada para atraí-los até o edifício. Algumas mesas de bilhar, o escritório para o jornal do *campus* e um lugar que, de forma otimista, poderia ser chamado de "café".

Mas, nessa tarde em particular, havia algo diferente a respeito do lugar.

A princípio, nós não tínhamos certeza sobre o que era. Uma grande concentração de estudantes estava torcendo, circulando ao redor do que parecia ser um par de dançarinas sincronizadas. As duas estavam de pé sobre uma plataforma elevado, seus pés se movendo em alta velocidade. Era possível sentir as batidas fortes da música Techno enquanto as luzes piscavam ritmicamente sobre as nossas cabeças.

"O que você acha que está acontecendo aqui?", perguntou Arlen, o meu amigo. "Algum tipo de *performance*?"

Certamente parecia algo assim. Exceto por uma coisa, tanto as dançarinas quanto o público estavam olhando em frente para a mesma direção, os olhos fixos na tela de uma televisão.

"O que é que eles estão olhando?", eu me lembro de perguntar.

A resposta, conforme nós descobrimos mais tarde, era a Revolução Dança Dança (DDR, em inglês), um jogo japonês de videogames que logo se tornaria uma sensação ao redor do mundo.

A maioria dos *videogames* recompensa os jogadores pela coordenação mãos-olhos. Mas a DDR introduziu uma nova abordagem para os jogos, estendendo o gênero para os pés. Para ter sucesso, os jogadores têm que seguir uma sequência de passos que aparecem em uma tela por meio de passos sobre uma plataforma sensível aos movimentos.

Quando eles se saem bem, acumulam pontos e, com pontos suficientes, começam a jogar mais rapidamente, chegando a níveis mais desafiadores.

Dizer que a DDR provocou uma tempestade no mundo dos jogos seria falar de forma branda. As lojas de *videogames* ao redor do mundo noticiaram recordes de vendas. Algumas chegaram a decorar salas inteiras com máquinas de DDR, apenas para conseguir acompanhar a demanda. Fãs clubes foram formados. Campeonatos surgiram. Na Noruega, a DDR foi declarada um esporte profissional.

Mais tarde, jogos como o Guitar Hero e o Rock Band popularizariam o gênero musical de jogos de *videogame*. E, em retrospecto, parece razoável perguntar sobre qual título teria atraído o fundo de desenvolvimento necessário, caso a DDR não tivesse despontado como um grande sucesso desde o início.

O aspecto fascinante sobre a DDR não é apenas a forma como ela transformou a indústria de *videogame*. É o efeito que ela exerceu sobre os jogadores. Antes de a DDR ter surgido na Universidade de Rochester, a ideia de dois estudantes de graduação ficando de pé voluntariamente em frente a um grupo de estranhos e fazendo uma dança coreográfica seria impensável. Agora, isso não apenas estava acontecendo diariamente – os estudantes estavam realmente pagando um bom dinheiro apenas para terem a sua vez.

Trata-se de um fenômeno que é maior do que a DDR. Quando nós estamos imersos nos jogos, nos envolvemos com uma série de comportamentos que, normalmente, nós evitaríamos. Nós embaralhamos cartas voluntariamente, rearranjamos pilhas entusiasticamente, giramos compulsivamente blocos cadentes, ficamos angustiados para que haja a derrota de vilões de desenhos e muito felizes com a coleta de moedas imaginárias, frequentemente, agimos dessa forma com custos pessoais consideráveis. A hora de dormir é ignorada, pulamos as refeições e os fins de semana desaparecem.

Hoje, graças a atraentes aplicativos de *smartphones*, tais como o Words With Friends, o *Bejeweled* e o *Angry Birds*, muitos de nós instintivamente buscam o bolso a qualquer momento de tempo livre. Em muitos casos, sequer nos damos conta de que estamos fazendo isso.

Isso levanta algumas questões intrigantes. Caso os jogos possam convencer as pessoas a fazer tarefas repetitivas por recompensas sem consequência, o que é que eles nos podem ensinar sobre a motivação dos funcionários? Será que a nossa paixão pelo domínio dos jogos pode, de alguma forma, ser transferida para o local de trabalho?

Mas, talvez, a questão mais provocativa de toda seja a seguinte: será que o secreto para o envolvimento poderia ficar contido dentro de um *videogame*?

A ÚNICA RECOMPENSA NO LOCAL DE TRABALHO QUE É MELHOR DO QUE UM AUMENTO

Antes que nós desvelemos alguns dos fatores que tornam os jogos de *videogame* tão atraentes, vamos primeiramente jogar um pequeno jogo.

Suponha que, a caminho para a sua casa amanhã à noite, você passe em frente a um velho músico de rua. Você sempre teve um fraco por música parisiense, e o homem está tocando acordeão. Impulsivamente, você decide sacar a carteira e, educadamente, coloca uma nota de 5 dólares na caixa próxima a ele. Mas acontece que aquele não é um músico qualquer. Trata-se de um gênio dos desejos, e ele próprio está se sentindo muito generoso. Ele lhe diz que vai realizar um desejo seu: você pode mudar qualquer coisa sobre o seu trabalho. Então, o que vai ser?

Se estivermos sendo completamente honestos, o pedido que muitos de nós faríamos parecerá simples: um salário melhor. Quem, afinal, não quer ganhar mais?

Mas será que ganhar dinheiro é realmente tão importante para a nossa experiência no trabalho?

Em 2010, Timothy Judge, um professor de negócios da Universidade da Flórida, procurou determinar o impacto real do salário sobre a satisfação no trabalho. Para descobri-la, Judge e seus colegas pesquisaram em arquivos de periódicos cada estudo publicado que eles pudessem encontrar medindo tanto o salário quanto a satisfação no trabalho. Então eles combinaram os resultados em uma única análise estatística. Em suma, eles analisaram 86 diferentes estudos e avaliaram as experiências de mais de 15.000 funcionários.

A conclusão deles: "O nível de pagamento tinha pouca relação com a satisfação tanto no trabalho quanto com o salário".

Agora, se você é como a maioria das pessoas, esses resultados parecem contradizer profundamente a sua experiência pessoal. Nós todos sabemos como é estimulante receber um aumento ou conseguir um trabalho com um grande contracheque. E, ainda assim, os números nos dizem coisas completamente diferentes. Como, então, nós devemos analisar essas descobertas?

Uma explicação, de acordo com Judge e seus colegas, é que as pessoas tendem a se adaptar a seu nível de renda de forma surpreendentemente rápida.

Se você ganha 80.000 dólares por ano e fica sabendo que seu gerente acaba de autorizar um aumento de 10.000 dólares, você pode esperar se sentir bastante empolgado. A questão é: quanto tempo esse sentimento vai durar? Alguns dias, certamente. Talvez até uma semana. Mas, daqui a três meses, será que você ainda estará mais feliz?

É um pouco como dirigir um carro novo. Você sente uma emoção genuína ao dirigir para casa diretamente da loja. Sentindo o cheirinho de carro novo, você não consegue deixar de reparar em como o seu novo carro é superior ao seu carro antigo. Mas, depois de algumas semanas, tudo se assenta. Você volta a ser a mesma pessoa, apesar de agora possuir um par de chaves diferente.

Os dados sugerem que para além de um certo nível de renda – ao redor de 75.000 dólares por ano, de acordo com as últimas estimativas –, aumentos no salários têm um efeito muito pequeno no nosso nível de felicidade. Nós nos adaptamos à renda – não importa o quanto ganhemos –, mas, ainda assim, nós queremos mais. A razão? É porque uma subida na renda realmente nos faz mais felizes. Mas a emoção inicial não dura.

Se uma renda maior não levar à felicidade sustentável, o que levará?

Uma resposta, de acordo com Cameron Anderson, um psicólogo da Universidade de Califórnia-Berkeley, é o *status*. Em um artigo de 2012 publicado na revista *Ciência Psicológica*, Anderson e seus colegas argumentam que se nós quisermos prever o nível de felicidade das pessoas, em vez de analisar seu *status* socioeconômico (ou nível de renda), o que nós realmente deveríamos observar é o montante de respeito e admiração que elas recebem de seus pares.

Em um dos estudos do artigo, Anderson e sua equipe mediram duas vezes os níveis de felicidade de estudantes de MBA: uma antes de eles receberem o título da pós-graduação e outra nove meses depois, após a maioria estar trabalhando em tempo integral. Mas a escala era vasta. Alguns estudantes encontraram trabalhos de 40.000 dólares anuais, enquanto outros estavam ganhando três vezes mais.

Se havia uma oportunidade para verificar o impacto do salário sobre a felicidade, ali estava ela.

Então, que efeito o salário exerceu? A equipe de Anderson descobriu que, uma vez que se leva em consideração o status social das pessoas, a resposta é exatamente nenhum efeito. O melhor aspecto para se prever a felicidade não é a resposta dos participantes à questão "Quanto você ganha?", mas a sua resposta para a pergunta "Quanto os outros veem você com admiração?".

As descobertas apresentam lentes interessantes para ver por que tantas pessoas parecem se consumir com o ímpeto de ganhar um salário maior. Talvez não sejam os bens materiais que eles queiram, mas o respeito que vem junto com eles. Quando você tem muito dinheiro, você comanda a atenção de muitas pessoas, o que pode ser o alvo que muitos de nós buscamos.

RECONHECIMENTO, *FEEDBACK* E A CHAVE PARA UMA VIDA MAIS LONGA

A noção de que a nossa felicidade é impulsionada, em ampla medida, pelo respeito que recebemos dos outros faz muito sentido a partir de uma perspectiva evolutiva. No passado, ser um membro valoroso de uma tribo significava segurança, acesso a parceiras atraentes e influência sobre decisões importantes.

Ser reconhecido nos faz sentir bem porque é o sinal derradeiro de pertencimento.

E enquanto os dados sugerem que nos adaptamos ao dinheiro bem rapidamente, também há evidências de que quase nunca nos acostumamos a sentir respeitados. Veja o exemplo dos atores que receberam o reconhecimento derradeiro em sua área: o Oscar. Estudos mostram que, em média, aqueles que receberam o prêmio vivem quatro anos a mais do que outros autores que receberam outros prêmios, mas que saíram da cerimônia de mãos vazias. Tendências semelhantes foram encontradas entre cientistas que ganharam o prêmio Nobel e membros do Hall da Fama do beisebol. Aqueles que atingem os maiores níveis de reconhecimento em seus campos tendem a viver mais do que seus pares que não obtiveram reconhecimento.

O reconhecimento não nos faz apenas sentir melhor – ele impulsiona a nossa saúde de maneiras significativas. Quando nós nos sentimos aceitos por aqueles ao nosso redor, vivenciamos menos estresse, dormimos melhor e nos recuperamos mais rapidamente das doenças.

O que acontece quando nós falhamos em receber reconhecimento por nosso trabalho? Nossa motivação sofre, nós perdemos interesse e, eventualmente, a experiência se esvai. É por isso que, anos após anos, os trabalhos com as mais altas taxas de pedido de demissão tendem a ser os de *telemarketing, fast-food* e varejo. Trabalhos que envolvem sacrifícios contínuos e pouco reconhecimento são psicologicamente exaustivos.

Uma razão pela qual o reconhecimento é vital para fazer um bom trabalho é que ele alimenta a nossa necessidade por competência. Quando nós recebemos *feedbacks* positivos, vivenciamos uma ascensão emocional. A competência é um motivador inerente, e é por isso que a sensação de que você é bom no seu trabalho o leva a investir ainda mais de si mesmo.

Invista no crescimento da experiência de competência das pessoas, e você fará com que o envolvimento delas inevitavelmente aumente.

Considere, por exemplo, a escolha da sua carreira. Muitos de nós buscam uma ocupação não por causa de alguma conexão espiritual com uma linha de trabalho em particular, mas porque conseguimos obter sucesso em determinada área em pouco tempo.

Talvez no colegial você tenha descoberto que conseguia fazer outro estudantes rirem, e esse *feedback* impulsionou você a tentar mão com comédias do tipo *stand-up*. Depois de alguns a anos de tentativas, você consegue um trabalho como escritor e, mais tarde, vai a alguns testes. Hoje você é o âncora do *The Daily Show*.

(Para que conste, essa é, de fato, a história de Jonathan Liebowitz, o comediante que mudou seu último sobrenome para Stewart, porque Liebowitz parecia "muito hollywoodiano".)

Os nossos interesses fluem a partir dos nossos sucessos.

O reconhecimento não apenas molda as nossas ambições profissionais, mas também aumenta o valor que aferimos por nosso trabalho. Nós frequentemente interpretamos o significado do nosso trabalho a partir da forma com que os outros nos tratam. A mesma tarefa pode induzir sentimentos de vergonha ou orgulho, dependendo de como ela é vista pelos nossos colegas.

Eis um exemplo: tirar a neve do estacionamento dos funcionários. Se um zelador faz esse trabalho, nós o vemos como uma atividade menor. Mas se o seu chefe executivo pega uma pá e faz a mesma coisa, nós revemos a nossa perspectiva e a vemos como um ato de valor.

Quando temos evidência de que os outros valorizam o nosso trabalho, tendemos a valorizá-lo mais, o que nos leva a trabalhar com mais afinco.

O reconhecimento no trabalho também é importante, porque o *feedback* positivo é instrutivo. Se ficarmos desprovidos de *feedback* sobre a nossa *performance* – *feedback* positivo ou crítico –, nos faltarão as informações de que necessitamos para melhorar. E, quando nos falta uma direção clara sobre o que nós precisamos fazer para sermos bem-sucedidos, é só uma questão de tempo para que nosso entusiasmo se arrefeça. Trata-se de uma verdade fundamental sobre a condição humana: ser ignorado é, com frequência, algo psicologicamente mais doloroso do que ser tratado mal.

O que nos leva de volta ao mundo dos *videogames*.

Por que jogos de videogame como *Angry Birds* e *Bejeweled* são tão envolventes? É porque eles completam muitos desejos que nós temos em nossa vida cotidiana. Quando nós pegamos nosso *smartphone* e nos envolvemos com um bom jogo, entramos em um mundo que oferece um *feedback* instantâneo sobre o nosso desempenho e um sentido de conquista quando somos bem-sucedidos. Um mundo em que cada tarefa oferece uma oportunidade para aumentar nossa competência, desenvolver nossas habilidades e obter reconhecimento.

Não é de surpreender, então, que achemos que muitos jogos são viciantes.

A pergunta óbvia, é claro, é essa aqui: como é que nós fazemos as pessoas se sentirem da mesma forma em relação a seu trabalho?

COM *NÃO* FORNECER RECONHECIMENTO AOS FUNCIONÁRIOS

Ajudar as pessoas que trabalham para você a fim de que se sintam reconhecidas, parece fácil. Então, é surpreendente que muitos locais de trabalho ajam errado.

Em muitas empresas, o reconhecimento é raro. Alguns gerentes estão tão voltados para a prevenção de erros, que deixam de prestar atenção para as coisas que estão dando certo. Outros se sentem desconfortáveis com elogios, ou sentem que não é o trabalho deles ser um líder de torcida. Há também um medo entre alguns deles – particularmente, os proprietários de pequenos negócios – de que fazer muitos elogios aos funcionários possa confundi-los a pensar que merecem um aumento.

O que esses gerentes deixam de considerar é que o reconhecimento não é simplesmente ficar massageando o ego de um funcionário. Trata-se de dar a eles o estímulo psicológico para que se sintam envolvidos. Todos somos dependentes da necessidade por competência. E se nós não preenchermos essa necessidade durante as quarenta e poucas horas que passamos no trabalho, buscaremos experiência de competência em outros lugares, transferindo a nossa energia mental para atividades não relacionadas ao trabalho.

Uma razão pela qual é fácil para os gerentes subestimar o valor do reconhecimento é que eles detêm posições de muito *status* que, regularmente, são as que mais recebem admiração e respeito. É natural para eles tomar esses benefícios como algo dado, esquecendo que funcionários menos sêniores raramente vivenciam o mesmo nível de glória.

Em muitas empresas, a ferramenta padrão para oferecer *feedbacks* e reconhecimento é a revisão do desempenho anual. E, de muitas maneiras, ela faz mais mal do que bem.

Em termos positivos, as revisões de desempenho propiciam conversas de alto nível sobre o progresso de um funcionário e fornecem uma oportunidade para diálogos sobre objetivos de curto e longo prazo. Tais informações têm um valor tremendo para os funcionários, mas não quando os *feedbacks* chegam em intervalos de doze meses.

E esse é o problema com as revisões de desempenho: elas fazem com que os gerentes pensem erroneamente que estão dando *feedback* suficiente. Ironicamente, elas também se tornam mais fáceis para que se evitem conversas difíceis. Se um funcionário está trabalhando insuficientemente, é mais fácil para um gerente deixar isso passar, quando ele sabe que pode trazer isso à tona mais tarde em uma revisão de *performance*.

Quando se trata de estimular o desenvolvimento, uma revisão anual ou semianual configura, exatamente, a abordagem errada. Mesmo os feedbacks negativos, que fornecem dicas para que o desempenho seja melhorado, podem ser muito mais motivadores do que o silêncio.

Outra forma pela qual as empresas fornecem um reconhecimento errado é com o exagero e sua transformação em rotina. Receber feedbacks positivos de forma excessiva é tão ruim quanto não receber nenhum. Quando tudo o que fazemos é celebrado, faltam-nos os dados de que precisamos para ajustar nossos comportamentos e construir nossas habilidades, o que interfere com a nossa experiência de competência.

Pior do que isso, *feedbacks* positivos não merecidos são desmoralizantes para os membros de nossa equipe. Quando cada funcionário recebe o mesmo nível de reconhecimento, a despeito do esforço, é inevitável que nos tornemos desmotivados. Um gerente extremamente agradecido é um gerente ruim. Conforme o ensaísta Samuel Johnson uma vez disse, "aquele que elogia a todos não elogia a ninguém".

Algumas empresas usam o prêmio de Funcionário do Mês para mostrar reconhecimento, recompensando um indivíduo de alta *performance* com um cartão para a compra de um presente ou um lugar especial no estacionamento. Apesar de ser bem intencionada, há uma série de razões para que duvidemos da efetividade dessa técnica.

Em primeiro lugar, o prêmio de Funcionário do Mês transforma o reconhecimento em competição, colocando os colegas uns contra os outros em busca do reconhecimento. Quando o reconhecimento é um recurso limitado, e seguir adiante significa superar os colegas, é natural que fiquemos muito sensíveis aos elogios.

Em segundo lugar, o prêmio, por si só, pode fomentar mais desapontamentos do que alegrias. Se você trabalha em um escritório em que há noventa pessoas, por exemplo, você tem um vencedor que fica se sentindo bem e oitenta e nove perdedores que sentem que os esforços desse mês não foram reconhecidos. A matemática simplesmente não favorece uma força de trabalho envolvida.

E, finalmente, quando os prêmios estão vinculados a momentos específicos em vez de se vincularem a comportamentos, é fácil se perguntar se você foi escolhido por causa de algo que fez ou porque a administração precisava preencher uma lacuna. Em escritórios menores, particularmente, o prêmio se torna algo como ter que contar uma piada. Os funcionários se revezam para ganhá-lo, porque, bem, alguém precisa ganhar.

A CIÊNCIA DO ELOGIO

Com tantos desafios para fornecer reconhecimento, é fácil se perguntar: como é que possível fazer a coisa certa?

Os psicólogos oferecem uma série de orientações para a obtenção do maior estímulo motivacional a partir do fornecimento de *feedbacks* positivos.

Em primeiro lugar, *feedbacks* são mais efetivos quando são fornecidos imediatamente.

Diferentemente do golfe ou do basquete, o desempenho no local de trabalho tende a ser ambíguo. Quão bem o seu memorando foi escrito ou quão convincente você foi em uma apresentação para o cliente podem ser situações abertas para interpretações. Mas quanto mais nós ficarmos sem um *feedback* claro sobre nosso desempenho, menos envolvidos nos tornamos. Um elogio atrasado, ainda assim, é prazeroso, claro. Mas ele é menos motivador e tem menos probabilidade de resultar em aprendizagem do que o *feedback* que é fornecido imediatamente.

Em segundo lugar, *feedbacks* positivos são mais significativos quando são específicos.

"Bom trabalho, Mike" é muito menos poderoso do que "eu fiquei bastante impressionado com a pesquisa detalhada que você fez antes da reunião". Quanto menos genérico for o elogio, mais nós o internalizamos. Ele também mostra que você está prestando bastante atenção aos detalhes, o que é algo que lisonjeia de forma inerente.

Em terceiro lugar, você deve fazer o seu melhor para elogiar o comportamento, não a pessoa.

Quando você centra o seu elogio em quão inteligente ou talentoso alguém é, você faz o reconhecimento girar em torno do indivíduo, desviando a atenção da tarefa. Elogiar o esforço, por outro lado, direciona a atenção para o que eles fizeram de certo, encorajando-os a fazer mais disso mesmo.

As pesquisas mostram que elogiar a inteligência, por exemplo, leva as pessoas a verem suas habilidades como traços fixos, deixando menos espaço para o crescimento. E quando as pessoas veem seu sucesso como um reflexo de sua habilidade, elas se tornam menos propensas a assumir riscos e mais propensas a trapacear para proteger sua reputação.

Em quarto lugar, um elogio público é mais poderoso do que um elogio privado.

Cumprimentar um funcionário em frente de seus pares terá mais peso do que fazer isso por meio de um *e-mail* privado. Uma maneira inteligente de aferir vantagem desse *insight* envolve agradecer os funcionários não ao recompensá-los, mas ao recompensar seus colegas em reconhecimento por um sucesso recente. Na Incorporadora Akraya, uma empresa de pessoal e recrutamento em Sunnydale, na Califórnia, por exemplo, o chefe executivo compra sorvetes para todo mundo quando um funcionário excede as expectativas. Trata-se de uma abordagem efetiva, porque ela oferece tanto um *feedback* sobre competência quanto a gratidão por parte dos pares.

E, finalmente, quando se trata de recompensas, adicionar algo positivo é mais motivador do que remover algo negativo.

Muitos gerentes recompensam funcionários de alta *performance* com tempo livre, mas essa abordagem comunica a mensagem errada. O que ela diz é que o trabalho duro é algo ruim, um castigo do qual você escapa quando faz algo certo.

As pesquisas que, quando se trata de motivar os outros, introduzir uma recompensa positiva após um comportamento desejado é muito mais efetivo do que remover um castigo negativo. Para aumentar o envolvimento no local de trabalho, em vez de tirar o trabalho do caminho como reconhecimento, tente recompensar funcionários de alta *performance* com *mais* responsabilidade, por meio do crescimento do envolvimento departamental e de sua inclusão em decisões maiores da empresa.

O GUIA DA BOA AVALIAÇÃO PARA OS GERENTES OCUPADOS

Você pode saber muita coisa sobre como dar *feedbacks* positivos, mas, ainda assim, ser ruim ao fazê-lo.

Não é que você não considere que avaliação positiva não é importante. Ou que você não valorize seus funcionários. É que, como um gerente, você está ocupado. Você está em chamadas de conferências ou em reuniões ou, ainda, você está viajando. Não há tempo suficiente no seu dia para ficar andando ao redor e elogiando a todos. E uma parte de você, francamente, duvida de que esse seria o melhor uso de suas habilidades.

Então, o que você faz?

Para muitos líderes inteligentes a resposta se relaciona a uma solução simples e poderosa: terceirizar os elogios.

Fornecer o reconhecimento a partir de um gerente não é uma fonte de *feedbacks* positivos disponíveis para os funcionários. Também há o reconhecimento a partir dos pares. Parece que há algo muito mais poderoso sobre o reconhecimento quando ele parte dos colegas. Enquanto o *feedback* positivo de um gerente pode suprir a nossa necessidade de competência, o *feedback* dos nossos colegas de equipe pode nos ajudar a nos sentirmos competentes e conectados, tornando a situação mais gratificante.

Como gerente, quanto mais reconhecimento entre os pares você puder inspirar, mais fácil será a manutenção do envolvimento por parte dos funcionários.

Fazer com que os funcionários se reconheçam reciprocamente não é uma questão de lançar uma diretiva para a companhia como um todo. Afinal, para que o reconhecimento seja efetivo, ele precisa ser sincero.

Uma maneira para alterar o comportamento, que nós vamos examinar mais de perto no capítulo 9, é a modelagem de certas ações e o ajuste das normas sociais. Como gerente, você pode liderar a situação tornando um hábito a prática de reconhecimento público de ao menos um funcionário durante cada reunião de grupo, mudando as expectativas sobre como os membros da equipe interagem.

Outra abordagem é ouvir na próxima vez em que um funcionário mencionar quanto um colega de equipe contribuiu para um projeto. Encoraje-o a escrever um breve *e-mail* ou, melhor ainda, se ofereça a pagar para que seu funcionário leve o colega para almoçar.

Um número crescente de empresas agora estão usando as redes sociais para facilitar a avaliação no local de trabalho. Plataformas virtuais tais como o *Yammer* e o *Chatter* permitem a comunicação *online* dos funcionários por meio de ferramentas sofisticadas, incluindo pesquisas empresariais, partilha de imagens e conversas em tempo real. Elas também fazem com que a expressão do reconhecimento seja muito mais fácil com uma característica similar ao botão de curtir do Facebook. Em muitos programas, os avaliadores podem escalonar seu nível de gratidão, e as informações que eles partilham é apresentada ao gerente e aos colegas de equipe.

Ao simplificar a expressão da gratidão e torná-la pública quando ela ocorre, as ferramentas de redes sociais no local de trabalho estão ajudando as empresas a promover uma mentalidade de reconhecimento, tornando mais fáceis os vínculos para os funcionários, enquanto, de forma simultânea, elas também alimentam sua motivação.

Mas vamos encarar a situação. Você pode obter todo o reconhecimento no mundo e, ainda assim, não estar tão envolvido com o seu trabalho. Não importa o quanto você seja efetivo no escritório, nem sempre está claro que o trabalho que você está desempenhando tem valor.

Em um mundo em que a grande parte do nosso dia é passada diante de um teclado, é fácil se ver dirigindo para casa à noite, pensando em que você tem que apresentar pelas próximas nove horas da sua vida. É natural, quanto mais distantes do resultado do nosso trabalho nós estivermos, mais difícil é identificar o ponto da nossa contribuição.

Então, o que você pode fazer para manter as pessoas motivadas quando ser bem-sucedido já não é uma motivação suficiente? Conforme veremos na próxima seção, às vezes uma história muito boa é necessária.

O SEGREDO PARA FAZER COM QUE QUALQUER TRABALHO SEJA SIGNIFICATIVO

Em média, um time universitário de futebol americano tem 125 jogadores, muitos dos quais não jogarão sequer um minuto durante toda a temporada. Eles estabelecem o mesmo compromisso do que aqueles que vão jogar, viajam para os mesmos jogos e se arriscam às mesmas contusões sérias a cada vez em que entram no campo. Ainda assim, eles não recebem nenhum dos louros.

Por que eles retornam ano após ano?

Uma razão é que eles tendem a acreditar que seus sacrifícios têm valor. Em meio aos esportes universitários, os técnicos se tornaram adeptos de ajudar os jogadores reservas a ver a significância do seu papel. Ao permitir que os titulares treinem contra oponentes que desempenham muito esforço, eles facilitam o sucesso da equipe como um todo.

Cada empresa tem um grupo de funcionários de segundo escalão que têm pouca esperança de receber o salário ou a glória daqueles que estão na linha de frente. É por isso que as empresas podem aprender algumas coisas da maneira como os técnicos universitários usam o significado para motivar seus jogadores.

Na economia contemporânea, é especialmente fácil perder o foco em relação ao valor do nosso trabalho. Diferentemente dos artesãos e trabalhadores do passado, nós já não nos beneficiamos de memórias tangíveis da nossa contribuição. É por isso que é importante para todos os funcionários ter um entendimento explícito sobre o valor de sua contribuição, para que eles permaneçam motivados mesmo quando o progresso é de difícil percepção.

Encontrar sentido em nosso trabalho nos dá um escopo para entender nossos sacrifícios. Quando nós apreendemos que o nosso trabalho é significativo, temos mais condições de lidar melhor com os recursos e de perseverar diante das dificuldades. Como é que você torna um trabalho significativo? De muitas maneiras, a resposta tem a ver com a ampliação da perspectiva dos funcionários.

Nós tendemos a ver o nosso trabalho como algo mais significativo quando conseguimos ver para além das nossas atividades cotidianas e identificamos um benefício em longo prazo, algo que, idealmente, ajude os demais. As pesquisas sobre as experiências no local de trabalho enfatizam tal ponto. Em termos gerais, nós nos sentimos mais felizes buscando objetivos de longo prazo ao contrário de objetivos de curto prazo. Nós também nos sentimos melhores quando nossos objetivos se centram no benefício dos outros em vez de se centrarem em nossos próprios objetivos.

Em 2005, o professor de Administração da Wharton, Adam Grant, estava curioso para descobrir se ajudar os funcionários a encontrar significado em seus trabalhos melhoraria seu desempenho. Uma coisa é dizer que o significado torna um trabalho difícil algo mais fácil de ser tolerado. Mas será que isso tem algum efeito sobre a produtividade de um funcionário?

Para alcançar seu propósito, Grant escolheu um grupo de estudantes universitários que trabalhavam com *telemarketing* que estavam envolvidos com doações crescentes de alunos já graduados. Eles não eram um grupo particularmente motivado. À época, a desistência chegava a estarrecedores 400%, o que queria dizer que, em média, um funcionário permanecia por algo em torno de três meses.

A solução de Grant: uma intervenção de 10 minutos, na qual aqueles que realizam as chamadas encontravam um estudante que havia recebido uma bolsa universitária e que havia se beneficiado daquele trabalho. Durante a reunião, os funcionários tinham a oportunidade de entrevistar pessoalmente aquele que recebera a bolsa e podiam ouvir, em primeira mão, como sua vida havia mudado como resultado da obtenção do prêmio.

Quão efetiva poderia ser uma reunião de *dez minutos*?

Um mês depois, Grant retornou ao *call center* e revisou os números. Os resultados foram impressionantes. Os funcionários de *telemarketing* que participaram da intervenção de Grant dobraram suas chamadas por hora e geraram 171 por cento mais em termos de renda semanal.

Seu trabalho era exatamente o mesmo do que havia sido um mês antes. A única coisa que havia mudado era que eles agora tinham fortes evidências do impacto de seu trabalho.

As implicações interessantes para os gerentes é que a conexão dos funcionários com seus usuários finais pode ter um efeito motivador poderoso. De fato, a pesquisa de Grant mostra que a construção de uma conexão pessoal direta entre funcionários e seus beneficiários pode, às vezes, ser ainda mais motivador do que quando um gerente serve como o intermediário e fornece as mesmas informações.

Há algo único em encontrar as pessoas cujas vidas foram afetadas por nós, algo que nos ajuda a ver o valor do nosso trabalho.

POR QUE VOCÊ DEVERIA COMPLICAR AS VIDAS DOS SEUS FUNCIONÁRIOS

Algumas atividades trazem mais envolvimento do que outras. Se nós tivermos sorte, em algum ponto da nossa vida nós conseguiremos encontrar um *hobby* que consiga capturar a nossa atenção de forma que nunca havíamos considerado possível. Um *hobby* em que nos vejamos totalmente imersos e que nos faça perder a noção de tempo e espaço.

Os psicólogos têm um termo para descrever essas experiências: *fluxo*.

Quando as pessoas entram em um estado de *fluxo*, elas se sentem inteiramente absorvidas por uma atividade, concentrando-se totalmente no momento presente. As ações não precisam de esforços. O mundo desaparece e a tarefa passa a ser tudo o que importa. Jogadores de *videogame* encontram o fluxo frequentemente, mas eles não são os únicos. Cirurgiões, atletas e artistas reportam experiências psicológicas similares.

O pesquisador pioneiro Mihaly Csikszentmihalyi estudou essas experiências e identificou um número de fatores que promovem um estado de *fluxo*. Eles incluem ter um entendimento claro do objetivo que estamos tentando alcançar e *feedbacks* imediatos sobre o nosso desempenho. O xadrez, o golfe e a pintura encontram esses critérios e representam experiências típicas de *fluxo*.

De acordo com Csikszentmihalyi, para vivenciar o *fluxo*, nós precisamos nos deparar com desafios que tensionem ou então excedam levemente as nossas habilidades correntes. Se as tarefas em que estamos envolvidos forem muito simples, nós ficamos entediados. E se nós estivermos envolvidos em situações que ultrapassam sobremaneira o nosso nível de habilidades, nós ficamos sobrecarregados.

Em ambos os casos, o impacto do nosso envolvimento é o mesmo: nós perdemos o interesse.

Uma das razões pelas quais jogos de *videogame* são tão bons para ganhar nossa atenção é que eles se tornam mais difíceis a cada fase. No trabalho, nossas experiências tendem a tomar a trajetória oposta. Os trabalhos tendem a ficar mais fáceis quanto mais os realizamos, tornando as experiências de *fluxo* mais difíceis de serem alcançadas.

Para se acrescentar ao problema, há o fato de que, na maioria das empresas, o objetivo é minimizar a complexidade do trabalho. A eficiência se relaciona à simplificação dos projetos, à criação de práticas a serem reiteradas e à reprodução de resultados. A partir de uma perspectiva voltada para o lucro, isso faz muito sentido. Mas, a partir de uma perspectiva voltada para o envolvimento, trata-se de um caminho para a ruína.

Para criar oportunidade para o fluxo no local de trabalho, nós precisamos encontrar o ponto ótimo que se encontra para além das nossas habilidades correntes. Quando nós estamos desenvolvendo nossas habilidades e construindo nossa especialidade é que nos sentimos mais envolvidos.

Uma forma para os gerentes aplicarem as lições do *fluxo* é a procura deliberada de maneiras para trazer desafios aos funcionários; por exemplo, ao atribuir-lhes projetos que estão acima de seus níveis correntes de habilidades. É claro, fazer as mesmas atividades reiteradamente pode tornar seus funcionários mais eficientes. Mas isso não é a mesma coisa do que mantê-los envolvidos. O *fluxo* desponta por meio do crescimento, e não da estagnação.

Eis uma outra abordagem que promove o *fluxo*: pedir aos funcionários que estabeleçam um objetivo a cada trimestre e que desenvolvam planos específicos para alcançá-lo. Uma coisa é um gerente colocar tarefas para um funcionário com uma atividade difícil. Outra coisa é a autoidentificação de um funcionário em relação a um desafio que ele queira dominar. Quanto mais autônomos os funcionários se sentirem ao dirigir o curso de seu desenvolvimento, com mais probabilidade eles demonstrarão um envolvimento sustentável.

Finalmente, se você quiser promover realmente as experiências de *fluxo* e a curiosidade intelectual na sua empresa, leve em consideração a possibilidade de tornar a aprendizagem no trabalho um requerimento. Oferecer um orçamento para a leitura, encorajar os funcionários a buscar *blogs* sobre empresas durante o dia e convidá-los a fazer cursos, são maneiras de ajudá-los a construir suas habilidades e criar experiências de crescimento no trabalho.

Nossa mente se desenvolve ao encontrar e integrar novas informações. Quando a aprendizagem se torna parte da nossa rotina, nós nos treinamos para ver novos padrões e reconhecer conexões importantes. Expandir o nosso horizonte mental nos estimula a pensar de forma mais criativa.

Uma força de trabalho que adquire consistentemente novas habilidades também tem mais probabilidade de ser mais feliz, de se envolver mais e de agir com mais inteligência no trabalho. Neurologicamente, a aprendizagem é inerentemente recompensadora. Adquirir novas informações aumenta a nossa produção de dopamina, o que melhora o nosso humor e fortalece nosso interesse em atividades correlatas. Isso torna tudo o que fazemos mais interessante.

No momento em que os funcionários param de crescer, seu entusiasmo declina, minando seu envolvimento e produtividade. Quando o nosso trabalho se torna previsível, ocorrem paralisias intelectuais e o pensamento crítico deixa de fluir.

Ao tornar explícito que se espera que os funcionários dominem novas habilidades e ao fornecer-lhes tempo e recursos para que o façam, as empresas impedem o tédio e melhoram o poder intelectual, além de estimular sua vantagem competitiva. Isso pode não garantir que todos em sua empresa vivenciarão o fluxo. Mas isso aumenta enormemente as chances de que o fluxo possa acontecer.

COMO CONSTRUIR UMA INCUBADORA DE SOLUÇÕES

Encorajar os funcionários a enfrentar novos desafios satisfaz suas necessidades psicológicas por competência e autonomia. Isso, se houvesse alguma forma de alcançar esses objetivos em concomitância com a satisfação de suas necessidades psicológicas por conexões interpessoais...

Acontece que essa possibilidade existe.

Uma coisa que todos os maiores atletas do mundo têm em comum – Serena Williams, LeBron James, Tom Brady – é sua confiança nos treinadores para que haja a melhora de seu desempenho. Mas isso não ocorre pelas razões que nós poderíamos esperar. Depois que um atleta atinge um certo nível de desempenho, o valor primário de se ter um treinador não se relaciona a receber instruções explícitas ou até mesmo na disciplina que um treinador pode fornecer. Trata-se da habilidade do treinador para observar o desempenho dos atletas de forma objetiva e voltar sua atenção para os elementos de seu jogo que estão muito próximos para serem analisados criticamente.

A mesma linha de pensamento está na utilização do *coaching*, uma ferramenta que muitas empresas estão agora empregando para elevar o desempenho dos funcionários.

Para muitas pessoas, a palavra "*coaching*" parece um problema imediato. Ela implica a inaptidão da parte daquele que quer aprender, ou algo como um último recurso para um gerente que está pensando em demitir alguém. Trata-se de uma visão que nós desenvolvemos depois de muitos anos de escola, na qual um tutor aparecia para ajudar aqueles que tinham desempenhos ruins.

Mas esse modelo está totalmente errado.

Entre executivos de alto escalão, o *coaching* é visto como algo que tem um *status* simbólico. Quanto mais alto você vai, mais probabilidade haverá de que você esteja cercado por consultores. A maioria dos altos executivos não administram as empresam sozinhos. Eles têm uma equipe de liderança sênior que os ajuda a tomar as grandes decisões. Até mesmo o presidente tem acesso a um gabinete e um quadro de conselheiros políticos de campanha.

Para entender como o *coaching* entre os pares funciona e por que ele pode ser especialmente efetivo no local de trabalho, vamos começar esclarecendo algumas incompreensões comuns sobre o que significa ter um *coach*.

Em primeiro lugar, aqui estão algumas coisas que os *coaches* não fazem:

- Dar conselho;

- Fornecer supervisão;

- Reabilitar funcionários problemáticos.

Em seguida, aqui estão alguns pontos que o *coaching* de fato desenvolve:

- Postular questões em vez de responder a elas;

- Dirigir a atenção para tópicos selecionados pelo cliente, e não pelo *coach*;
- Não ter nenhum interesse subliminar nos resultados da decisão de um cliente.

Coaches para executivos tendem a ser caros, custando centenas de dólares ou mais por hora, e é por isso que várias empresas começaram a oferecer um *coaching* próprio. O processo envolve trazer um treinador profissional para ensinar os funcionários a utilizar as técnicas do *coaching*.

Em termos gerais, uma sessão de *coaching* no local de trabalho se desenvolve da seguinte maneira: no começo da sessão, o cliente identifica um desafio que está enfrentando e gostaria de resolver. Digamos, por exemplo, que se trate de começar a desenvolver um projeto difícil. O papel do *coach* é fazer uma série de questões abertas destinadas a ajudar o cliente a gerar opções para resolver o desafio:

- O que seria algo bem-sucedido em relação a esse projeto?
- Quais são alguns passos que você está pensando em realizar?
- Com quem você poderia falar que passou por um projeto similar?
- O que você pode fazer para racionalizar esse projeto em termos de passos realizáveis?

Ao final de uma sessão, o cliente pode identificar uma direção que ele gostaria de tomar e, então, criar um plano de implementação para colocar essa decisão em prática. Quando os dois se reencontrarem uma semana ou duas depois, o cliente relata seu progresso, identifica o próximo desafio, e o ciclo começa novamente.

Em muitos programas de *coaching*, os funcionários são enviados para o trabalho em trios. O funcionário um realiza o *coaching* com o funcionário dois, o funcionário faz o *coaching* com o funcionário três, e o funcionário três, por fim, faz o *coaching* com o funcionário um. Trata-se de um arranjo que impede a confusão dos papéis durante as conversas. Para assegurar que os funcionários se sentem confortáveis ao falar abertamente com seu *coach*, as equipes são formadas de acordo com o departamento. De forma ideal, você agrupa pessoas que não colaboram ou interagem frequentemente, para que elas possam ser vistas como ouvintes objetivos.

O *coaching* entre os pares não beneficia apenas os indivíduos. Ele ajuda as empresas a desenvolver um ambiente consistentemente otimista para a realização do trabalho. Em vez de se sentirem encurralados, todos na equipe têm alguém com quem eles podem discutir o próximo grande desafio, sem se sentirem pressionados para terem todas as respostas.

Trata-se de um processo que também torna os membros da equipe responsáveis pelas decisões importantes. As pesquisas mostram que, quando nós anunciamos publicamente as nossas decisões para outra pessoa, temos mais probabilidade de realizá-las.

Quando Mihaly Csikszentmihalyi se interessou pela primeira vez em estudar o *fluxo*, ele conduziu centenas de entrevistas com aqueles que mais o vivenciavam. Sua pesquisa incluía uma lista fascinante de sujeitos, de dançarinos a jogadores profissionais de xadrez, de músicos a alpinistas. Ele estava determinado a descobrir o que torna esses indivíduos tão melhores em vivenciar experiências de fluxo do que o resto de nós. Será que eles são mais aventureiros? Eles se sentem mais confortáveis diante do risco? Talvez eles sejam simplesmente mais conscientes em relação ao momento presente?

De forma surpreendente, ele descobriu que o fluxo tem menos a ver com a pessoa do que com a natureza da tarefa:

> Em contraste com o que acontece no cotidiano, no trabalho ou em casa, onde frequentemente há demandas contraditórias e nosso propósito é incerto, no fluxo nós sempre sabemos o que precisa ser feito. O músico sabe que nota deve tocar na sequência, o alpinista sabe qual o próximo movimento a ser feito.

Trata-se de um ponto crítico. Para vivenciar o *fluxo* no nosso trabalho, nós precisamos de objetivos claros, para que nós saibamos onde aplicar nossa energia. É quanto nós estamos perdendo o foco do caminho adiante que a confusão se estabelece, minando tanto o envolvimento quanto o desempenho.

Trata-se também de outra coisa que os *videogames* fazem muito bem: fornecer aos jogadores um caminho claro a ser seguido.

Saber o que fazer em seguida não é tão fácil como pode parecer, especialmente no local de trabalho pós-industrial. Hoje, espera-se que muitos de nós encontremos novas trilhas e desenvolvamos soluções inovadoras em termos diários. E essa, de fato, é a razão pela qual o *coaching* entre os pares pode ser tão importante. Ao eliminar a ambiguidade e ajudar os funcionários a identificar seu próximo movimento, o *coaching* entre os pares pode ajudar a manter as condições que nos façam permanecer envolvidos ao máximo.

O QUE OS ANGRY BIRDS PODEM ENSINAR VOCÊ SOBRE COMO CRIAR UM LOCAL DE TRABALHO EXTRAORDINÁRIO

Então, sim, há muito a ser aprendido com os *videogames*.

Os mesmos elementos que nos mantêm colados aos nossos *smartphones*, computadores e comandos de *videogames* também são aqueles que nos podem manter entusiasmados em relação ao nosso trabalho. Quando a claridade do objetivo, *feedbacks* consistentes, uma boa narrativa e dificuldades progressivas são apresentadas, nós não conseguimos deixar de nos sentir absortos. Trata-se, afinal, de nossa inclinação natural para crescer, nos conectarmos e exercer o domínio.

Quando os jogos de *videogame* conseguem transformar as aventuras de um pássaro animado em uma obsessão, quando eles convencem milhões de nós a passar nossas noites e fins de semana a transitar por uma jornada ficcional, eles nos dizem algo importante sobre a condição humana.

O envolvimento não se refere à tarefa; ele se refere às condições que construímos ao redor dela. Quando você satisfaz as necessidades psicológicas das pessoas, qualquer atividade se torna uma paixão.

AS LIÇÕES DOS JOGOS
Itens de ação para gerentes

Se trabalhar para você é muito fácil, você está fazendo algo errado. Mesmo que a simplificação do trabalho e o aumento da eficiência façam sentido em termos financeiros, qualquer atividade desprovida de desafios conduz ao tédio. Para manter os funcionários envolvidos, estimule sua necessidade por competência ao estender-lhes novos desafios, recompensar a aprendizagem e aumentar a responsabilidade.

Transforme a todos em heróis. Para que o trabalho seja significativo, nós precisamos ver uma conexão entre nossas contribuições e o bem-estar dos outros. Ajudar os funcionários a ver a maneira como o trabalho deles exerce um impacto positivo sobre as outras pessoas – seja para os colegas de trabalho ou para os clientes – pode ser uma forte motivação. Colocar os funcionários face a face com os clientes finais, partilhar cartas de agradecimento e prover reconhecimento em relação ao modo como o trabalho dos funcionários impacta os clientes de modo que suas tarefas pareçam mais significativas.

Utilize os *feedbacks* positivos de forma estratégica. Os funcionários são dependentes de *feedbacks* positivos para guiar seu comportamento e conformar seu foco. Quando você reconhece as ações de um funcionário, você recompensa as escalas, aumentando o valor percebido de um comportamento particular. Em vez de simplesmente oferecer *feedbacks* positivos a qualquer momento em que um funcionário agir de forma eficiente, foque os seus comentários em elementos que você quer desenvolver, satisfazendo a necessidade dele por competência, ao mesmo tempo em que você o dirige para um caminho que beneficiará o desempenho da equipe.

AS LIÇÕES DOS JOGOS
Itens de ação para líderes emergentes

Encontre desafios benéficos ao analisar seu humor. O modo como você se sente enquanto realiza uma atividade é uma informação útil que pode aproximá-lo de sua próxima experiência de *fluxo*. Você está se sentindo entediado? Busque formas de expandir suas responsabilidades. Você está se sentindo ansioso? Tente desacelerar as coisas e se focar em menos objetivos. Nós nos revigoramos quando estamos diante de trabalhos que estão pouco acima de nossas habilidades correntes. Busque desafios que o direcionem levemente para além de sua zona de conforto.

Aumente sua influência ao reconhecer os outros. Receber crédito por um resultado bem-sucedido pode ser gratificante, mas é dar crédito para os outros que constrói nossas reputações como líderes. Pessoas como as que elogiam os demais e os veem como menos egoístas. Olhe ao seu redor para os líderes mais bem-sucedidos na sua empresa. Não são eles que estão recebendo elogios; eles os estão fornecendo.

Dê preferência à sua próxima revisão de desempenho. Se o seu gerente estiver esperando pelo fim do ano para lhe dar um *feedback* de alto nível, ele pode estar retendo informações valiosas que são vitais para o seu sucesso. Não deixe que isso aconteça. Em vez de esperar pela revisão de fim de ano, peça ao seu gerente algum tempo para discutir o que você pode fazer para melhorar. Tomar a iniciativa tem a probabilidade de impressionar, como no seu foco em relação à melhoria contínua.

Oito
Como pensar como um negociador de reféns pode torná-lo mais persuasivo, influente e motivador

Olivehurst, Califórnia
01 de maio de 1992

Sexta-feira, lá pelo meio da tarde.

Um carro se aproxima da Escola de Ensino Médio Lindhurst. Atrás do volante havia um homem com uniforme do exército, seu rosto pintado de verde, marrom e negro. Dois cinturões de munição transpassavam seus ombros, despontando ao redor do colete à prova de bala em seu peito.

Ele entra na escola com facilidade.

Em uma mão, ele carrega um rifle semiautomático. Na outra, uma espingarda calibre 12. Não há nenhum guarda que o vê se aproximar e nenhuma câmera de segurança. Numa cidade rústica de menos de 10.000 habitantes, nunca houve necessidade de proteção. Até aquele dia.

O nome do homem é Eric Houston. Ele tem 20 anos, está desempregado e nervoso. Mais tarde, ele dirá à polícia que não havia planejado ir até a escola. Ele dirá que simplesmente queria praticar tiro, como havia feito em muitas tardes depois de perder o emprego. Mas agora que ele está de volta à sua velha escola, ele mal precisa pensar sobre seu próximo passo.

Ele se dirige diretamente para a sala C106.

Três anos antes, Eric Houston estava próximo de se formar. Isto é, até que ele repetiu por uma questão de poucos pontos. Foi a disciplina de Economia que o reteve. Ou, se você perguntasse a Houston, um professor chamado senhor Brens. Brens era o instrutor cívico que se recusou a lhe dar uma nota de aprovação, quando tudo de que Houston precisava era um mero "D" para conseguir seu diploma.

Sem o diploma, Houston foi barrado no baile da escola, o que fez com que ele perdesse a namorada. Aquilo enfureceu seus pais e o distanciou de seus amigos. E agora, anos depois, aquela repetência o fizera perder o trabalho na linha de produção quando um funcionário de Recursos Humanos descobriu que ele jamais se havia graduado.

Sua vida estava de pernas para o ar. E ele sabia exatamente por quê. Era tudo culpa do senhor Brens.

A primeira coisa que Houston faz ao entrar na sala de aula do senhor Brens é sorrir. Nenhum estudante sabe quem ele é ou por que ele está ali. A sala fica em silêncio. Então, sem pronunciar uma única palavra, Houston puxa o gatilho, alvejando seu velho professor com um tiro de espingarda no peito.

Brens caiu no chão instantaneamente, e, por uma fração de segundo, nada acontece. Parece que os ouvidos vão explodir. Há um cheiro de pólvora queimada na sala.

Então, uma garota se levanta e dá um grito de pânico. Houston não espera que ela termine de gritar. Ele aponta a arma e atira.

Depois daquilo, as coisas acontecem rapidamente. Houston sai da sala e anda pelo corredor de forma tresloucada. Em todos os lugares há corrida, gritos. Com pressa para fugir, alguns estudantes se atropelam. Um deles topa com Houston. Isso o aciona.

Houston começa a atirar a esmo contra os estudantes pelo corredor. Contra os que estão escondidos sob suas mesas. Contra aqueles que estão correndo em direção à saída tentando escapar. Uma explosão de chama é expelida de sua arma a cada disparo, como se ele estivesse se materializando a partir da fumaça.

Em uma sala no fim do corredor, eles tentam algo diferente. Dentro dela, os alunos estão fazendo barricadas nas portas, arrastando os móveis em silêncio. Por um instante, parece que vai funcionar.

Até que eles ouvem uma batida à porta.

Ninguém se move. Então uma voz trêmula desponta: "Ele sabe que vocês estão aí, e, se vocês não abrirem a porta, ele vai atirar nas minhas costas".

Ao encontrar uma sala repleta de estudantes, Houston altera sua abordagem. Em vez de ficar girando pelos corredores a esmo e atirando nos alunos, ele começa a agrupá-los. Ele pega um dos meninos e lhe diz para agrupar alguns de seus amigos. Se ele não fizer isso, adverte Houston, vai começar a executar os estudantes que estão em seu poder, um a um.

Quando a polícia chega, a sala está cheia. Houston tem 84 reféns em seu poder.

E então começou a negociação.

Houston tinha reféns. A polícia tinha o prédio cercado. Passariam horas até que os dois lados começassem a dialogar.

Mas então, pouco depois das 10 horas naquela mesma noite, algo inconcebível aconteceu. Eric Houston depôs suas armas, removeu o colete à prova de balas e colocou as mãos na cabeça. Nenhum disparo adicional foi feito. De forma notável, após ter matado quatro pessoas e ferido mais dez, Houston foi persuadido a se render.

A entrega de Houston se deveu em enorme medida ao negociador do contado de Yuba chamado Chuck Tracy. Um novato à época da crise da escola Lindhurst, Tracy havia sido inicialmente instruído a simplesmente ganhar tempo até que a equipe de negociadores mais experientes do FBI chegasse ao local. Ainda assim, ao longo de algumas breves conversas ao telefone, Tracy conseguiu forjar uma forte conexão com Houston. Para a surpresa de todos, os dois homens se conectaram. Tanto assim, de fato, que, quando o FBI estava pronto para tomar a frente da ação, Houston se recusava a falar com qualquer outra pessoa. Só havia um homem com quem ele negociaria, e esse homem era Chuck Tracy.

Então, o que foi que Tracy disse?

Como é que você persuade um homem que acabou de atirar contra um prédio cheio de jovens, um homem que não tem qualquer esperança razoável de se ver fora da cadeia novamente, que, para o seu próprio interesse, ele deveria se render? E o que exatamente o negociador de reféns faz para construir uma relação de trabalho quando a colaboração parece inteiramente fora de alcance?

O QUE OS MÉDICOS TÊM EM COMUM COM OS MELHORES VENDEDORES DO MUNDO

Para verificarmos de forma completa por que as técnicas de Chuck Tracy foram efetivas (e para incorporá-las de forma mais bem-sucedida na maneira com que você se comunica), é preciso primeiramente entender por que as relações de trabalho frequentemente se deterioram.

Em 1994, uma equipe de pesquisadores médicos começou a investigar precisamente isso, por meio de uma questão que havia intrigado os especialistas da indústria por vários anos: por que os pacientes processam seus médicos?

Aparentemente, a resposta parece simples. Dramas jurídicos de televisão e manchetes de jornais frequentemente retratam o mau atendimento como o resultado de um erro médico, que ocorre por um diagnóstico mal feito ou a condução indevida do tratamento de um paciente. Mas será que essa é de fato a causa? Afinal, nem todo paciente insatisfeito chega a levar seu médico a juízo. Então, o que separa as famílias que processam os médicos daquelas que não o fazem?

Para descobrir isso, os pesquisadores usaram uma abordagem incomum. Eles foram diretamente à fonte, analisando cerca de quatro mil páginas de processos relacionados a efetivos erros médicos. De particular interesse era o modo como os querelantes respondiam à questão que aparecia perto do começo de cada testemunho: por que você está processando?

Os querelantes poderiam ter mencionado um número variado de razões para buscar o litígio, todas legítimas. Dor excruciante. Perda de renda, morte. (Nem todos os processos médicos, é claro, são preenchidos por pacientes de fato. Alguns são preenchidos por irmãos ou outros membros da família.)

Em vez disso, o tema mencionado por quase três quartos de todos os processos foi o seguinte: a relação entre o médico e o paciente havia naufragado.

As famílias que processaram tendiam a acreditar que seu médico não as entendiam. Elas se sentiam ignoradas, não valorizadas, e, ao fim, abandonadas. Muitas até chegaram a levar suas preocupações diretamente ao médico. Mas não deu certo. Frequentemente, elas só obtinham condescendência diante de seus problemas. Com a falta de comunicação e acesso, as famílias acabavam se enfurecendo.

Os resultados implicavam uma conclusão interessante: os médicos não haviam necessariamente falhado como *médicos*. Eles haviam falhado como *comunicadores*.

Quando nós pensamos sobre comunicação efetiva, nós frequentemente nos centramos na nossa escolha por palavras ou na maneira como nós as articulamos. Comunicar-se, o dicionário *Webster* nos diz, é "transmitir conhecimento" e "realizar a passagem de um a outro". Mas as realidades do diálogo interpessoal – seja entre um médico e um paciente, um marido e uma esposa, ou um gerente e um funcionário – são consideravelmente mais complexas. Falar representa apenas metade da equação de comunicação, e as pesquisas sugerem que, em muitos casos, *não* se trata da metade mais importante.

Considere as vendas, por exemplo. Trata-se de uma área em que muitos de nós assumem que falar de forma persuasiva é vital. Se eu lhe pedir para imaginar o protótipo de um vendedor, você provavelmente pensará em uma personalidade extrovertida e gregária, uma propaganda ambulante que não consegue deixar de lhe dizer sobre os benefícios que lhe esperam se você adquirir o seu produto.

Mas pesquisas em uma série de indústrias sugerem, precisamente, que essa é a abordagem errada para aumentar as vendas, especialmente quando a confiança é um fator.

Considere o dilema que os vendedores de carros enfrentam, uma profissão que, de acordo com uma pesquisa do Gallup de 2012, está em posição bem questionável quando se trata de avaliar a honestidade e os padrões éticos. O que é que um vendedor de carros pode dizer para parecer mais convincente? A resposta, de acordo com um estudo, é, de forma literal, *nada*.

Em um estudo conduzido pelos professores de marketing Rosemary Ramsey e Ravipreet Sohi, clientes de uma concessionária da Ford na Flórida foram convidados a participar de uma pesquisa alguns meses após a compra dos carros. Como parte do questionário, foi-lhes pedido que comentassem os comportamentos de seus vendedores, bem como que avaliassem sua disposição em comprar a partir do mesmo vendedor no futuro. O que Ramsey e Sohi descobriram é que não é simplesmente a forma como um vendedor fala com um cliente que importa. É como ele os ouve. Quanto melhor era a capacidade de o vendedor ouvir, com mais probabilidade os clientes o considerariam alguém digno de confiança, o que, então, acabava afetando sua vontade de comprar.

De forma surpreendente, a relação entre a capacidade de ouvir e as vendas é ainda mais forte na indústria de serviços financeiros, na qual os conselheiros são frequentemente contratados com base em sua habilidade de fornecer orientação. Em um estudo de 2008, pediu-se a setecentos conselheiros financeiros que convidassem seus *próximos* quatro clientes para participar de uma pesquisa sobre seu desempenho no trabalho. (De forma inteligente, o pesquisador insistiu que fossem os próximos quatro clientes, para que os conselheiros não fossem tentados a selecionar os participantes, o que acabaria por enviesar os dados.)

Os resultados foram impressionantes. Quanto mais os conselheiros financeiros pontuavam como ouvintes, melhor os clientes os avaliavam em termos de qualidade, confiança e satisfação. Ouvintes efetivos também se mostraram mais bem-sucedidos em minimizar as percepções de seus clientes em relação ao risco financeiro, tornando-os mais suscetíveis a investir no futuro.

E isso não é tudo. Os melhores ouvintes também relataram vendas maiores. De fato, de maneira desconhecida para eles, seus comportamentos haviam preparado o terreno para um ciclo crescente de vendas. Isso porque, quanto mais um conselheiro ouvia, mais os clientes queriam recomendá-lo para seus amigos.

Os ouvintes haviam criado uma força efetiva de vendas. Eles não eram os únicos centrados em fazer seu negócio crescer. Os clientes também estavam interessados nesse sentido.

QUÃO INFLUENTE VOCÊ É?

Suponha que, enquanto você lia a seção anterior, eu enviei a todos os seus colegas de trabalho uma pesquisa pedindo a eles que o qualificassem com base nos seguintes itens, usando uma escala que vai de 1 ("nunca") a 7 ("sempre"):

- "Ele é capaz de persuadir outras pessoas e mudar suas opiniões".
- "Ele é capaz de construir coalizões para que as coisas sejam feitas".
- "Ele é capaz de construir relações de trabalho efetivo com outras pessoas que têm opiniões ou interesses diferentes".

Como você pontuaria? Os resultados, de acordo com um estudo de 2012, oferecem um quadro razoavelmente bom de sua influência no trabalho. Quanto mais alta for a sua avaliação, mais probabilidade haverá para que você seja visto como um líder na sua empresa.

Em seguida, eu passo a cavar de forma mais profunda, fazendo algumas perguntas sobre a forma como eles veem o seu estilo de trabalho:

- "Ele é capaz de utilizar imagens vívidas, fatos e lógica instigantes para sustentar um argumento".
- "Quando está argumentando, ele é conciso, claro e breve".
- "Como ouvinte, ele faz com que as pessoas se abram, elaborem suas ideias e partilhem informações".
- "Ele ouve de forma efetiva críticas e pontos de vista alternativos".

Claramente, todos esses são comportamentos positivos seriam bem-vindos em qualquer empresa. Mas há uma diferença importante entre esses itens, a qual pode ser que você já tenha notado. Os dois primeiros representam as suas *habilidades como falante*, enquanto os dois últimos representam as suas *habilidades como ouvinte*.

Quando se trata de ser influente no local de trabalho, o que importa mais?

Professores da Escola de Administração da Universidade de Columbia conduziram um estudo para descobrir a resposta. O que eles descobriram é que as habilidades como falante, por si sós, oferecem um quadro surpreendentemente incompleto da influência de um empregado no local de trabalho. Isso acontece porque maus ouvintes tendem a exercer menos influência no local de trabalho, não importa quão instigante seja sua lógica e quão concisos sejam seus argumentos. É apenas quando a grande habilidade verbal *se soma* a fortes habilidades como ouvinte que os funcionários recebem ótimas avaliações por serem influentes.

Essas descobertas contradizem de forma muito forte a maioria dos conselhos oferecidos aos gerentes. A imagem que muitos de nós implicitamente temos de um líder competente é de alguém que tem um forte senso de direção e que parece ter todas as respostas. E, ainda assim, ironicamente, parece que há um preço pela adoção de uma atitude de altivez e pela demonstração de falta de curiosidade em relação ao que outros têm a dizer.

Isso pode diminuir a nossa influência.

Quando se trata de gerenciamento efetivo, habilidades subdesenvolvidas como ouvinte podem fazer mais do que apenas prejudicar a habilidade do líder em influenciar a sua equipe. Elas também podem solapar sua habilidade de manter a lealdade do grupo.

Uma pesquisa conduzida pela empresa Gallup sugere que os mais fortes indicadores para a permanência de um funcionário não são o salário, os privilégios ou a confiança no futuro da empresa – trata-se da qualidade da relação funcionário-gerente. E um importante componente dessa relação é a forma como o gerente se comunica.

Frequentemente se diz que funcionários entram em uma empresa por causa da reputação da organização, mas a deixam porque eles já não se dão bem com o gerente. A pesquisa da Gallup sugere que essa pressuposição é bastante acurada. Os funcionários querem se sentir competentes no trabalho, e quando o gerente falha de forma consistente em fazê-los sentir-se ouvidos, o comportamento dos funcionários manda um recado – uma mensagem que mina a confiança e deteriora o envolvimento em longo prazo.

Qual é a mensagem, então? As opiniões dos funcionários não são valorizadas.

A CAIXA DE FERRAMENTAS DO OUVINTE ATIVO

Ser um bom ouvinte parece bem fácil. Então, por que nós não fazemos isso com mais frequência? E mais importante: como você sabe se está fazendo a coisa certa?

Uma das primeiras coisas que os terapeutas aprendem como parte de seu treinamento clínico é que nem toda a habilidade como ouvinte é a mesma. Há uma diferença fundamental entre o tipo de habilidade como ouvinte que nós mais utilizamos em nossas vidas e a habilidade como ouvinte que motiva e persuade. A distinção é crucial.

A *habilidade passiva do ouvinte* é o que você faz quando está assistindo a uma conferência ou a um programa de televisão ao fim de um longo dia. Então, há um tipo de habilidade de ouvinte que você desempenha quando um colega para e lhe diz sobre o trânsito que ele teve que enfrentar a caminho do trabalho. Aqui você pode se ver praticando a *habilidade seletiva do ouvinte*, se concentrando ou não para convencer a pessoa de que você está prestando atenção.

Tanto a habilidade ativa como a seletiva do ouvinte estão distantes da forma que os bons terapeutas utilizam, a qual é chamada de *habilidade ativa do ouvinte*.

Contrario que a maioria das pessoas assume, quando os terapeutas encontram o cliente pela primeira vez, seu objetivo não é identificar ou resolver um problema. Trata-se simplesmente de construir uma relação de afinidade. Estudos mostram que o vínculo cliente-terapeuta é o melhor aspecto para prever o sucesso do tratamento, fato que mostra por que a habilidade ativa do ouvinte é tão importante. Sem uma forte conexão, a abordagem terapêutica é irrelevante. Na melhor das hipóteses, o progresso será negligenciável.

Então, o que há de diferente sobre a habilidade ativa do ouvinte?

Por um lado, mencionemos a **presença mental**: seu foco está voltado *inteiramente* para o que está sendo dito – não para o que você dirá em resposta, ou para aquela teleconferência que você terá em uma hora, ou então, para o que você comerá no almoço.

Se o seu dia está repleto de reuniões, você sabe que alcançar a presença mental é muito mais difícil do que parece. Conversas no local de trabalho frequentemente assumem duas formas: falar e esperar para falar. Mas é impossível absorver o significado completo escondidos nas palavras de alguém que fala se você estiver compondo mentalmente as próximas linhas.

Outro ingrediente simples e enganoso da habilidade ativa do ouvinte é **resistir à tentação de falar**. Esse aspecto da habilidade ativa do ouvinte significa que você não termina as sentenças da outra pessoa. Evite fazer brincadeiras, nunca interrompa, mesmo se for para concordar.

A dinâmica do poder tem uma forma interessante de se revelar durante o ritmo de uma conversa. Quanto mais dominante você se considera em uma relação, com mais probabilidade você falará e interromperá o tempo de fala da outra pessoa. Interrupções frequentes – mesmo quando bem-intencionadas – comunicam sutilmente que suas visões são mais importantes.

Se você já se sentou para conversar com um bom ouvinte, então sabe que tudo isso envolve mais do que a utilização das orelhas. Ouvintes ativos tendem a adotar uma **postura de ouvinte** que demonstra que eles se importam com o que está sendo dito. Quando as pessoas estão dispostas a ouvir mais, elas se inclinam para frente. Um meneio da cabeça se associa ao interesse e à curiosidade. A concordância com a cabeça pode ser um sinal poderoso de encorajamento, especialmente quando o interlocutor está expressando um ponto emocional difícil.

Parece óbvio que o **contato visual** ajuda. O que é surpreendente é quanto ele o faz. Fixar-se simplesmente ao olhar de alguém aumenta a sensação de cordialidade, respeito e cooperação. Considere o que acontece com o comportamento das pessoas quando a possibilidade de contato visual é limitada. Nas calçadas, é raro que as pessoas batalhem por posições, ultrapassem umas às outras ou gritem obscenidades. No entanto, coloquem-nas no ambiente relativamente anônimo de um carro e elas se tornam mais propensas à demonstração de agressividade.

Paradoxalmente, quando você está ouvindo de forma ativa, não se espera que você permaneça inteiramente em silêncio. Na verdade, se tudo o que você estiver fazendo for absorver de forma passiva o que a outra pessoa está dizendo, você não está estabelecendo conexões tão bem quanto poderia estar. Então, o que você deveria fazer? A resposta é: utilize a sua parte no diálogo para **ponderar ou esclarecer o que a outra pessoa disse**. De muitas formas, isso é o oposto do que estamos acostumados a fazer em uma conversa no local de trabalho. Em vez de maximizar o nosso tempo de fala, o foco se altera para a maximização do tempo de fala da outra pessoa.

Trata-se de uma arte com muitos instrumentos. A paráfrase é um deles. Suponha que uma colega lhe diga que está frustrada com o progresso de um projeto com o qual você está colaborando. Uma abordagem seria defender imediatamente a sua finalidade no trabalho ao dizer, "na verdade, eu acho que o projeto está indo bem". De forma alternativa, você pode parafraseá-la para testar o seu entendimento do que você ouviu. "Então, o que você está dizendo é que nós não estamos progredindo com a rapidez que você esperava?"

Recapitular uma reclamação convida a outra pessoa a dizer mais. Você pode se surpreender ao saber que sua colega na verdade quis dizer é que ela tem se sentido distraída com outros prazos e se sente efetivamente culpada ao não se dedicar totalmente àquele projeto.

Repetir as palavras da outra pessoa não apenas o ajuda a se assegurar de que você ouviu corretamente – tal ação permite àquele que fala ter um sentido melhor do que ele ou ela está articulando. É por isso que os terapeutas utilizam esse método tão frequentemente; a ação de simplesmente ouvir os nossos sentimentos refletidos para nós nos dá um sentido de clareza que, de outra forma, nós não apreenderíamos.

A **validação** representa outro importante componente da habilidade ativa do ouvinte. Você não quer relegar as visões da sua colega de trabalho, implicando que ela está errada por se sentir da forma como ela está se sentindo.

Por exemplo, se você disser, "você está se preocupando muito. Esse projeto é muito fácil", tal colocação menospreza a preocupação da sua colega e, provavelmente, prejudicará a relação. Em vez disso, tente dizer "Nossa, isso parece estar consumindo você". O que provavelmente acontecerá é que sua colega refletirá sobre as palavras dela e esclarecerá o que quis dizer, sem que você tenha desvalorizado a perspectiva que ela trouxe.

Ao fim, as melhores respostas são aquelas que simplesmente comunicam àquele que fala que ele ou ela foi ouvido. Você não precisa concordar com aquilo que está sendo dito. Você simplesmente tem que dizer o suficiente para demonstrar que você está ouvindo.

COMO AMENIZAR UMA DISCUSSÃO NO LOCAL DE TRABALHO

Nem toda a discordância no local de trabalho é tão benigna quanto uma colega desencorajada em relação à sua produtividade. De vez em quando, nós nos vemos imersos em conversas tão sobrecarregadas em termos emocionais que elas não parecem ter nada a ver com as questões que nós estamos realmente discutindo.

O que você faz quando uma conversa está saindo do controle? Quando você já tentou utilizar todas as habilidades reflexivas de ouvinte que você domina, mas a outra pessoa ainda não está disposta a ceder? Como é que você conduz a conversa de volta para os trilhos?

Anthony Suchman investiu uma boa parte de sua carreira buscando uma resposta. Um médico charmoso com um intelecto profundo, Suchman vem estudando a dinâmica das relações humanas por mais de três décadas, publicando seus resultados em algumas das mais importantes revistas de medicina do mundo.

De acordo com Suchman, todas as conversas no local de trabalho operam em dois níveis: um *canal de tarefa* e um *canal de relação*. Ocasionalmente, os dois se fundem, e é aí que as discordâncias se intensificam e a colaboração se rompe.

Eis o que ele quer dizer: suponha que você e eu estejamos trabalhando juntos em um projeto. Ao longo do caminho, nós desenvolvemos uma diferença de opinião sobre os próximos passos. Talvez eu considere que nós deveríamos utilizar o *PowerPoint* para realizar uma importante apresentação, e você vê o *PowerPoint* como uma ferramenta pobre de comunicação. Quando eu expresso um ponto de vista que é diferente do seu, você pode tomar a nossa discordância em termos pessoais ao dizer, "Hum, eu acho que o Ron vê esse ponto de forma diferente". Mas se nós estivermos trabalhando juntos pela primeira vez, ou nós já tivemos algumas discussões no passado, é provável que você interprete a colocação para além da minha sugestão e talvez a utilize para fazer inferências sobre a nossa relação. Por exemplo, você pode interpretar mal a minha sugestão como uma falta de confiança, um sinal de desrespeito ou até mesmo uma prova de competição.

É nesse ponto, argumenta Suchman, que o foco de nossa discordância em relação à tarefa se torna contaminado por preocupações sobre a nossa relação. E, quando isso acontece, as coisas se sobrepõem com rapidez.

Neurologicamente, o que Suchman está descrevendo é a ativação de uma resposta de medo. Quando nós percebemos o medo, nosso hipotálamo envia um sinal que libera adrenalina e cortisol na corrente sanguínea. Isso ativa uma reação que faz com que nosso corpo se acelere, o que solapa a nossa habilidade para nos concentrarmos ou para que consigamos pensar de forma criativa. Nós vivenciamos a visão de túnel.

No passado evolutivo, ter uma reação automática ao medo era muito útil. Ela ajudava a nos proteger de predadores e nos mantinha vivos por tempo suficiente para que nos reproduzíssemos. Mas, no local de trabalho atual, uma resposta involuntária de medo pode interferir com a nossa habilidade de trabalhar de forma colaborativa com os outros. Eis uma razão pela qual quanto maior a carga emocional, mais difícil é a capacidade de fazer com que ambos os interlocutores consigam ouvir.

Como você ameniza uma situação emocionalmente volátil?

Suchman acredita que o primeiro passo é a desobstrução da tarefa e dos canais de relação. "Quando as pessoas discordam, isso frequentemente ocorre porque um dos interlocutores interpreta mal o *feedback* recebido como se fosse um ataque pessoal", argumenta. "Então a coisa assume a seguinte feição: se você gosta da minha ideia, você gosta de mim, e se você não gosta da minha ideia, você não gosta de mim. Isso traz um grande obstáculo para o canal de tarefa e torna muito difícil a possibilidade de falar abertamente".

A nossa capacidade mental é limitada, argumenta Suchman, o que significa que nós podemos desenvolver *ou* o canal de tarefa *ou* o canal de relação. Quando nós cruzamos os dois canais, nossa habilidade para colaborar de forma construtiva se vê prejudicada.

Uma abordagem para reduzir as tensões durante as discordâncias envolve o foco deliberado em relação ao canal de relação e a reafirmação do seu comprometimento nesse sentido. Dessa forma, não há confusão sobre o ponto ao qual a discussão se refere. Ao se voltar momentaneamente para o canal de relação, você desobstrui o aspecto pessoal da questão do trabalho.

Suchman recomenda a utilização de uma série específica de colocações para a construção de relações a fim que a conversa seja mais produtiva, as quais são representadas pelo acrônimo PERRLA (PEARLS, em inglês: "pérolas").

Parceria	"Eu realmente quero trabalhar isso com você".
	"Eu aposto que nós conseguiremos resolver isso juntos".
Empatia	"Eu consigo sentir o seu entusiasmo enquanto você fala".
	"Eu percebo a sua preocupação".
Reconhecimento	"Você realmente trabalhou bastante".
	"É possível ver o quanto você investiu nesse trabalho".
Respeito	"Eu sempre gostei da sua criatividade".
	"Não há dúvida de que você sabe muito a esse respeito".
Legitimação	"Isso seria difícil para qualquer pessoa".
	"Quem não se preocuparia com algo assim?".
Ajuda	"Eu gostaria de ajudar você com isso".
	"Eu quero ver você ter sucesso".

Utilizar afirmações que constroem relações pode parecer artificial no início, especialmente quando você não está acostumado a elogiar os outros. Eu me lembro disso quando comecei a utilizá-las nas conversas no trabalho. A chave, eu pude descobrir, é empregá-las de forma espraiada no início, e também dizer apenas aquelas frases que genuinamente refletem a maneira como você se sente.

Quase imediatamente, você perceberá que a inserção de uma afirmação PERRLA bem posta pode alterar dramaticamente o tom de uma conversa. Não importa o quanto nós tenhamos subido na hierarquia de uma empresa, ainda utilizamos um cérebro dirigido emocionalmente. Quando o medo entra na equação, é impossível fazer com que as pessoas desempenhem seu melhor trabalho, e é por isso que restabelecer a confiança na relação pode ser um instrumento poderoso.

O valor das afirmações que constroem relações se estende para muito além do local de trabalho. Elas também são tão efetivas com esposas, crianças e amigos quanto elas são com os colegas de trabalho. A razão é simples: sempre que você corresponder à necessidade psicológica das pessoas por conexão, você estará diante do potencial de melhorar a qualidade de uma troca. Quanto mais acalorada a discussão, mais vital ela se torna.

Pergunte a Chuck Tracy, o negociador do condado de Yuba. Ou, melhor ainda, vamos ouvir algumas de suas negociações.

O GUIA INTELIGENTE DO NEGOCIADOR PARA A PERSUASÃO

No fim dos anos 1990, Laurie Charles, então uma estudante da Universidade Nova Southeastern, estava trabalhando para terminar seu doutorado em terapia familiar, quando teve uma ideia interessante para um estudo. Como uma terapeuta em treinamento, Charles havia aprendido a administrar o tipo de conflitos familiares intensos que frequentemente emergem durante as sessões. Mas o que acontecerá, ela quis saber, quando uma crise se desenvolver *fora* dos limites de um consultório de terapia? Como é que você motiva a mudança durante conversas que envolvem ameaças de morte? O que você faz quando os riscos são elevados, o tempo é curto e a discordância não é uma opção?

Um psicólogo típico poderia ter desenvolvido uma experiência. Charles entrou em contato com o FBI.

Como pesquisadora, Charles não estava interessada em desenvolver uma situação de crise. Ela queria ver como eles atuavam na vida real. Seu objetivo era examinar as técnicas utilizadas pelos negociadores reais e identificar aquelas que funcionavam. Com engenhosidade, Charles conseguiu ter acesso às gravações de negociações reais para o resgate de reféns na Academia do FBI em Virgínia. Depois de ouvir as fitas de vários incidentes, uma delas se destacou: o tiroteio da Escola de Ensino Médio Lindhurst.

Charles analisou as quatro horas da negociação, aplicando os princípios de análise do discurso para identificar temas únicos que emergiam ao longo do curso da discussão. Ela entrou em contato com chefatura de polícia do condado de Yuba e entrevistou os membros da equipe que estiveram envolvidos nas negociações da Escola de Ensino Médio Lindhurst, incluindo o principal negociador, Chuck Tracy.

O que havia funcionado durante a negociação? Charles oferece um olhar em relação a alguns dos pontos principais em um artigo fascinante de 2007 que foi publicado na *Revista de Terapia Conjugal e Familiar* (*Journal of Marital and Family Therapy*):

- **Evitar juízos.** O negociador Chuck Tracy poderia ter aberto a troca expondo alguns fatos graves. Por exemplo, dizendo ao dominador dos reféns Eric Houston que a polícia havia cercado o edifício, ou notando que atiradores de elite o tinham sob suas miras. Mas fazer isso só teria provocado o aumento da temperatura emocional.

Em vez disso, ele começou a negociação encorajando Houston a partilhar o seu lado da história, fazendo várias questões que lhe permitiram explicar seu ponto de vista. Tracy estava colocando em prática o primeiro princípio da negociação efetiva: *ouça mais do que fale.*

Ouvir Houston deu a Tracy uma vantagem: ele havia demonstrado um interesse em entender a situação a partir da perspectiva daquele que dominara os reféns. Ao mostrar que não estava ali para lhe dar uma lição ou para ameaçá-lo, Tracy estabeleceu sua credibilidade como uma parte objetiva. Isso o tornou mais persuasivo na trajetória da negociação.

- **Lançar mão de uma abordagem paulatina.** Quando as tensões estão elevadas, tentar alcançar uma resolução rápida pode trazer efeitos reversos. Tracy descobriu isso do modo mais difícil quando algumas de suas primeiras tentativas para conseguir um acordo resultaram no fato de que Houston perdeu a cabeça e começou a xingar indiscriminadamente.

Apenas quando Tracy parou de tentar resolver as coisas rapidamente, permitindo que Houston apresentasse sua perspectiva, ele pôde amenizar a tensão e estabelecer uma relação de trabalho.

- **Exprimir empatia.** Quando Houston revelou suas frustrações por ter repetido de ano, Tracy conseguiu a abertura de que precisava. "Quando ele disse isso, as luzes se acenderam", disse Tracy, relatando a negociação. "A campainha soou. Foi como ver que *aqui* está a chave. Ela me foi dada. Tão grande quanto poderia ser".

Quando Tracy teve um *insight* em relação à experiência de Houston, ele viu uma oportunidade para fortalecer a relação ao lançar mão da empatia.

TRACY: Eu estou aqui tentando ajudar você.
HOUSTON: Sim...
TRACY: Tudo bem?
HOUSTON: [Você] Sabe, o senhor Brens também tentou me ajudar.
TRACY: Quem é o senhor Brens?
HOUSTON: O senhor Brens.
TRACY: Desculpe-me, o senhor Brens.

HOUSTON: Sim, ele tentou me ajudar. Ele tentou me ajudar na merda da passagem de ano. E ele me fodeu com uma merda de nota. Ele fodeu tudo. Todas as merdas dos meus sonhos. [*Mostra dor emocional.*]

Nesse ponto, o negociador Chuck Tracy tinha algumas opções. Ele poderia:

1. Prometer a Houston que não é como o senhor Brens.

2. Lembrar a Houston, gentilmente, que o senhor Brens não tem nada a ver com a negociação.

3. Alertar a Houston que, se ele não soltasse logo os reféns, a polícia não teria escolha senão invadir o prédio.

Mas todas essas opções teriam mantido as duas partes em lados opostos. Então, em vez disso, Tracy escolheu refletir as emoções de Houston, para estabelecer um vínculo:

TRACY: Tudo bem, parece que... Está muito claro para mim que tudo isso desapontou você. E eu gostaria... eu gostaria de – [*enfatizando*]
HOUSTON: Me desapontou? Tudo isso arruinou a merda da minha vida! [*Ele se abre mais*]

- **Aproximação.** Na maioria das negociações, a relação entre as partes opostas parece, inerentemente, envolver adversários. O que beneficia uma parte prejudica a outra. Para superar essa mentalidade, Tracy enfatizou os interesses comuns, centrando-se no que *tanto* ele *quanto* Houston tinham a ganhar com uma resolução pacífica.

Ao longo de várias conversas, Tracy começou a trabalhar o uso da palavra "nós" enquanto enfatizava o trabalho árduo que ele e Houston estavam desempenhando juntos para encontrar uma solução. De tempos em tempos, ele até mesmo perguntava a Houston para ver o que ele sentia a respeito do progresso da negociação.

TRACY: Ouça, se você vir algo fora daí que o desaponte, me diga, e me certificarei de que eles não estejam lá para desapontá-lo. Você está me entendendo?
HOUSTON: Eu estou falando sério. Eu não quero ver nenhum merda de atirador de elite, e eu não quero nenhuma equipe tática da SWAT. Eu não quero helicópteros voando aqui em cima, pousando no teto e você chegando dali. Eu não quero nada dessa merda. Eu conheço as táticas de vocês. Eu conheço a merda do funcionamento de vocês. Tudo bem?
TRACY: Tudo bem, eu te entendo. E nós queremos trabalhar com você. Então, se você vir algo que te deixa desconfortável, eu sou a pessoa com quem você pode falar e a pessoa que pode ajudar você, tudo bem?

Ao utilizar uma mescla de habilidade de ouvinte ativo e colocações que constroem relações, Tracy conseguiu abrandar a fúria de Houston e alterar o tom da negociação. Ele utilizou o vínculo que havia estabelecido antes para convencer Houston de que libertar um pequeno grupo de estudantes faria com que fosse mais fácil administrar os reféns remanescentes. Mais tarde, ele ensejaria um acordo que levaria à libertação de ainda mais reféns em troca de pizzas, refrigerantes e, a pedido de Houston, uma cartela de analgésico.

Às 22 horas e 20 minutos, Tracy persuadiu Houston a se entregar.

O que ele ofereceu em troca? Uma sentença mais leve e oportunidades de educação que permitiriam a Houston obter um diploma durante os anos na prisão. (Infelizmente para Houston, os policiais não se inclinam às concessões que são feitas durante as negociações pelos reféns. Hoje, Houston está no corredor da morte esperando por sua execução.)

Há uma ironia inequívoca em um atirador de escola se entregando à polícia em troca da oportunidade de assistir a mais aulas. Mas, ao fim, isso é o que Houston queria de fato: um caminho adiante.

Foi Tracy que descobriu tudo isso. E ele o fez ouvindo Houston.

OS SEGREDOS PARA MELHORES RELAÇÕES NO LOCAL DE TRABALHO

A conclusão do tiroteio na Escola de Ensino Médio Lindhurst oferece mais do que uma visão fascinante para uma negociação de reféns bem-sucedida. Ela também nos diz algo importante sobre a natureza humana e oferece várias lições úteis sobre como construir um melhor local de trabalho.

Vamos começar com as lições.

A primeira é que ouvir é uma ferramenta motivacional. Não se trata apenas de algo que você faz quando está tentando ser educado ou enquanto está articulando mentalmente outro argumento. É algo que você faz quando mais exerce influência.

Nós frequentemente damos pouca consideração à habilidade do ouvinte porque ela parece muito passiva, mas os terapeutas e negociadores sabem que ouvir é um dos instrumentos mais efetivos em suas áreas. Quando as pessoas se sentem ouvidas, a resistência delas se dissolve. Elas se sentem valorizadas e respeitadas, o que, simultaneamente, as motiva e as torna mais abertas a novas ideias.

Enquanto os executivos são frequentemente encorajados a fazer cursos para falar em público que promovem a comunicação unívoca, as pesquisas sugerem que eles fariam muito melhor se desenvolvessem suas habilidades como ouvintes.

A segunda lição: não importa o quanto você pense de forma diferente da outra pessoa, as suas discordâncias não precisam ser desagradáveis. É difícil encontrar duas partes cujos interesses sejam mais divergentes do que um assassino dominando uma sala repleta de reféns e uma equipe da SWAT do lado de fora da porta. Mas, ainda assim, Tracy pôde usar sua habilidade de ouvinte ativo e as colocações que constroem relações para evitar que suas discussões com Houston escalasse para uma disputa emocional.

Terapeutas conjugais frequentemente dizem que as projeções para uma relação em longo prazo são de difícil juízo até que o casal vivencie sua primeira discussão. O mesmo pode ser dito sobre as relações no local de trabalho.

Caso uma conversa entre você e um colega se converta em algo desagradável, há uma boa chance de que vocês já não estarão falando sobre o trabalho. E, quando isso acontece, trata-se de um sinal de que a relação precisa de atenção. Prestar atenção à sua relação com um colega ou funcionário não é algo que você faz *em adição* ao trabalho. Em tempos de discordância, isso pode se transformar no próprio trabalho.

Pesquisas sobre casamentos bem-sucedidos mostram que o número de conversas que um casal tem raramente é o indicativo da qualidade da relação. Muito mais importante é a maneira como os cônjuges discutem. As melhores relações se distinguem não por uma falta de desentendimentos, mas pelo que acontece quando um desentendimento irrompe.

Mas qual o ponto mais importante em meio à negociação da escola Lindhurst? Aquele que todos os gerentes que querem uma equipe motivada precisam levar em consideração?

Quando você está tentando alterar comportamentos, quanto mais você domina a conversa, menos você persuade.

Há uma razão pela qual os terapeutas não dão palestras a seus clientes. E não é porque eles não têm as respostas certas. É porque eles sabem que receber a resposta sobre o que fazer não é uma estratégia efetiva para manter a motivação em longo prazo. Lembre-se da regra áurea do negociador: *ouça duas vezes mais do que você fala*.

Isso nos leva àquele *insight* sobre a natureza humana. Algo que está no centro da maioria das abordagens modernas para a terapia. Ei-lo: as pessoas somente mudam quando são aceitas como elas são. E ouvir é a linguagem universal da aceitação.

AS LIÇÕES DA CAPACIDADE DE OUVIR
Itens de ação para gerentes

Arrefeça a sua tendência em falar para ouvir. Os atletas sabem que ter o objetivo de jogar bem é um objetivo muito vasto para melhorar o desempenho, então eles criam uma série de mini objetivos que servem como balizas ao longo do caminho. Uma métrica útil para medir o seu desempenho nas conversas é monitorar a sua tendência em falar para ouvir. Você está falando muito? Faça perguntas para restaurar o equilíbrio da conversa. Você está achando difícil não interromper? Conte mentalmente até dois até que a outra pessoa tenha acabado de falar.

Liberte o "canal de tarefas". O bom gerenciamento envolve criar um ambiente que permita aos funcionários se centrarem em seus trabalhos. Aquietar o canal de relações ao prestar atenção para eles de tempos em tempos é uma ferramenta valiosa para obter o máximo das pessoas na sua equipe. Se os seus funcionários estão constantemente preocupados sobre se eles têm ou não o seu respeito, eles estão devotando uma energia mental valiosa que poderia ser melhor aplicada no trabalho.

Pergunte mais, responda menos. Ter todas as respostas pode fazer de você um especialista, mas isso não tornará você um líder inspirador. Fazer perguntas que desafiem aqueles ao seu redor mostra que você valoriza as opiniões dos demais, treina-os para encontrar suas próprias soluções, e tudo isso resulta em uma equipe mais motivada.

AS LIÇÕES DA CAPACIDADE DE OUVIR
Itens de ação para líderes emergentes

Ganhe menos discussões. Se você se vir em meio a uma disputa de poder no local de trabalho, fique atento. Ganhar discussões é, frequentemente, um indicativo de perda das relações em longo prazo. Em vez de pensar em termos de ganhadores e perdedores, altere o paradigma. Busque oportunidades de *união*, e peça aos seus colegas de trabalho que lhe digam mais sobre suas opiniões. Ganhar no local de trabalho não envolve estabelecer o seu caminho. Trata-se de encontrar as maneiras de fazer com que os outros sintam que eles também estão contribuindo.

Fique atento à resposta de mudança. Você quer se tornar um ouvinte melhor? Então você precisa evitar uma das maiores ciladas relacionadas à capacidade de ouvir, a qual é iluminada nos trabalhos do sociólogo Charles Derber. Quando um colega lhe diz que está tendo um dia difícil, você lhe pede para dizer mais a respeito, ou você diz "eu sei o que você quer dizer – meu dia também está sendo um desastre!"
A primeira é uma resposta de apoio, uma resposta que permite ao seu colega se abrir e posiciona você como um ouvinte ativo. Mas a segunda é uma tática de conversa sub-reptícia que transfere o centro das atenções do seu colega para você. Trata-se da resposta de mudança, e ela frequentemente prejudica a qualidade das conexões interpessoais. Você pode pensar que ela mostra que você está ouvindo, mas o seu colega não vivenciará a situação dessa forma.

Transforme as colocações que constroem relações em um hábito. Outro miniobjetivo que pode ajudar você a se conectar melhor com os outros é lutar para incorporar algumas das PERRLAs (uma colocação de parceria, empatia, reconhecimento, respeito, legitimação ou ajuda) em cada conversa no local de trabalho. Se você teme que elogiar os outros parecerá inconsistente com o seu comportamento no passado, começar com uma PERRLA por conversa lhe permitirá testar a temperatura da água e descobrir por si mesmo se isso facilita a receptividade dos seus colegas em relação às suas ideias.

Nove
Por que os melhores gerentes se centram em si mesmos

É o ponto final do saque e Mônica Seles está jogando duro.

Ela acabou de enterrar na rede uma *backhand* com ambas as mãos. Foi um erro não forçado, um erro que deu à sua oponente uma oportunidade notável. Quatro pontos para que ela vença o set de abertura.

Estamos em Paris, em 1990. Aos 16 anos, Monica Seles está lutando para se tornar a mais jovem jogadora de tênis na história a vencer o Aberto da França. No momento, suas perspectivas são bastante ruins.

Mas nem sempre fora assim. Alguns jogos antes, Seles parecera invencível, abrindo 3 *games* a 0 contra a jogadora número um do mundo, Steffi Graf. Mas o caráter arrasador não permaneceria assim. Graf jogou com muita garra, primeiramente empatando o placar em 6 a 6, e então levando a uma vantagem por 6 a 2 no *set* de desempate (*tiebreak*).

A inexperiência de Seles começou a transparecer. É a primeira vez dela em uma final de *Grand Slam*, e Graf sabe disso. Um erro a mais, e o set acabará.

Seles circula ao redor da linha de fundo e procura respirar. Ela olha para as tiras de sua raquete e assopra os dedos. Com os joelhos dobrados, ela se prepara para receber o saque de Graf a mais de 175 quilômetros por hora.

O primeiro serviço passa longe, e, por um momento, Seles ganha uma folga. Ela não perde tempo em voltar para a posição de recepção, fazendo seus movimentos característicos. Suas pernas se balançam de um lado a outro, como se ela estivesse descalça sobre uma cama de carvões em brasa.

Quando o serviço finalmente chega, Seles está pronta. Se você assistir à jogada em câmera lenta, você notará o giro imediato de Seles para a direita, no momento em que a raquete de Graf colide contra a bola. Ela dá um passo curto e vira o corpo, soltando um golpe com toda a força que tem.

"Aaaaah!"

Graf pode fazer pouco mais do que acompanhar o lance. Seles conseguiu encaixar uma bola cruzada inalcançável.

Quando o ponto se consolida, a multidão aplaude. Seles volta casualmente sua atenção para a raquete. Nenhuma sobrancelha se levanta diante do grito estranho e gutural que acompanhou a *backhand* de Seles. Afinal, qualquer pessoa assistindo à partida já terá ouvido aquele grito mais de cem vezes. Trata-se simplesmente do som de Mônica Selles jogando tênis.

Quando o placar fica 6 a 3, o saque pertence a Seles. Ela joga a bola bem para o alto e grita quando ela colide contra a raquete.

"Iááá!"

A resposta de Graf cai fora da quadra.

6 a 4.

Na próxima troca de bola, Seles coloca sua oponente para correr, colocando Graf na defensiva e forçando-a a aplicar *lobs*.

"Iááá!"

Seles parte para cima de forma decidida, vencendo um terceiro ponto de fim de set.

6 a 5.

O saque volta para Graf, que, de forma incomum, comete uma dupla falta, desperdiçando o último de seus pontos para fechar o *set*.

6 a 6.

A partir de então, já não se podia parar Seles. Com um "Ah-iááá!", ela retoma a liderança. Um "Ahhh!" e três "Iááá!" depois, e a recuperação está completa.

O primeiro *set* é dela. Placar final: 8 a 6.

Voltando para a sua cadeira, Seles pressiona o punho. A ovação é geral. Na torcida, o pai da tenista cobre a boca não acreditando no que acabara de ver.

O resto da partida progride rapidamente. Graf faz um esforço valente, mas ela já não consegue restabelecer seu melhor jogo. Suas jogadas se tornaram um pouco chapadas e questionáveis. Um pouco mais de 30 minutos depois, Seles jogará sua raquete para o ar, em um momento que será reprisado milhões de vezes nas televisões ao redor do mundo.

O desempenho de Seles no Aberto da França de 1990 incendiou o mundo do tênis. Com apenas 16 anos, ela havia se tornado a mais jovem jogadora na história a ganhar um torneio de Grand Slam, um feito ainda mais notável se considerarmos o fato de que começara a jogar tênis profissionalmente havia apenas um ano. Sua ascensão de uma completa desconhecida para atleta sensação foi tão rápida quanto estonteante.

Mas isso não foi tudo que aconteceu naquele dia em Paris. Muito embora ela não soubesse disso, Seles havia conseguido alcançar algo muito mais significativo do que simplesmente ganhar um troféu. Algo que ninguém assistindo àquela partida pôde prever ou mesmo projetar mesmo décadas depois.

Em uma tarde de tênis, Mônica Seles havia alterado uma norma social.

O SOM DA VITÓRIA

Nos anos após a vitória de Mônica Seles no Aberto da França, algo estranho aconteceu no tênis. Ele começou a gerar muito mais interesse.

Antes de Seles derrotar Graf em Paris, o número de jogadores que grunhia poderia ser contado em uma única mão. Chris Evert e Jimmy Connors eram conhecidos pelo grunhido ocasional nos anos 1970 e 80, mas nenhum deles chegou perto da aura dos grunhidos solos de Seles.

E, no entanto, grunhir hoje é uma rotina.

Observe os dez maiores jogadores de tênis no início da temporada de 1990, no mesmo ano em que Seles derrotou Graf. Jogadores que grunhiam consistentemente – aqueles que emitem sons na maioria dos seus *forehands*, *backhands* e saques – estão marcados em negrito.

Tênis masculino	Tênis feminino
1. Ivan Lendl	1. Steffi Graf
2. Boris Becker	2. Martina Navratilova
3. Stefan Edberg	3. Gabriela Sabatini
4. Brad Gilbert	4. Zina Garrison
5. John McEnroe	5. Arantxa Sánchez Vicario

Você notará que nenhuma estrela do tênis dos anos 1990 se qualifica nesse quesito. Agora, dê uma olhada nos dez maiores jogadores da temporada de 2013:

Tênis masculino	Tênis feminino
1. **Novak Djokovic**	1. **Victoria Azarenka**
2. Roger Federer	2. **Maria Sharapova**
3. Andy Murray	3. **Serena Williams**
4. **Rafael Nadal**	4. **Agnieszka Radwanska**
5. **David Ferrer**	5. **Angelique Kerber**

Que mudança, não?

E não se trata apenas do número absoluto de jogadores que estão grunhindo. Trata-se também do volume. As duas últimas décadas testemunharam a emergência de uma disputa de cordas vocais no mundo do tênis. O que antes era um espetáculo raro, agora se tornou tão familiar que os fãs ocupando assentos de milhares de dólares têm sido vistos com fones de ouvido e, ao menos em uma ocasião, alguém usou um protetor auricular próprio para enfrentar uma tempestade de neve.

Quem poderia culpar os espectadores? Orientações estabelecidas pela Administração Ocupacional de Segurança e Saúde (OSHA, em inglês) demandam que os níveis de som sejam mantidos abaixo de 90 decibéis para evitar danos de longo prazo ao ouvido humano. Caso esse seja o caso, ir a uma partida de tênis hoje é algo arriscado. Estrelas como Maria Sharapova (com registros de 101 decibéis) e Serena Williams (88,9 decibéis) rivalizam o barulho de um aparelho de cortar grama (90 decibéis), do metrô (95 decibéis) e de um motor de moto (100 decibéis).

Os grunhidos no tênis se tornaram tão altos que, no verão de 2012, a Associação de Tênis Feminino declarou formalmente que já se havia ouvido o suficiente. Anunciando que estava determinada a silenciar os "grunhidos excessivos", a turnê esboçou planos para fazer com que os árbitros portassem sensores que captassem os níveis de som dos jogadores na quadra e penalizassem aqueles que excediam limites aceitáveis.

Isso é algo bastante extraordinário: em um período de apenas duas décadas, o tênis passou de um esporte em que os competidores raramente emitiam um som, para um esporte em que a autoridade institucional se sentiu compelida a estabelecer uma proibição formal para restringir a prática do grunhido.

Então, o que aconteceu?

DO CENTRO DA QUADRA À SALA DE REUNIÕES

A epidemia de grunhido no tênis revela algo importante sobre o comportamento humano: ele é contagioso.

Muito embora nós gostemos de pensar sobre nós mesmos como tomadores independentes de decisões, a verdade é que nós herdamos um cérebro que está projetado para imitar. A partir do momento em que nascemos, nós mostramos uma tendência para imitar. Quando bebês, nós abrimos a boca, colocamos a língua para fora e sorrimos após ver a mamãe e o papai fazendo o mesmo. Quando crianças, nós aprendemos a falar ao imitar os sonos feitos por aqueles ao nosso redor e, gradualmente, absorvemos seu significado. Quando adolescentes, nós internalizamos o sentido de moda dos amigos, copiamos seus estilos de cabelo e adotamos suas gírias.

A imitação é bastante perceptível quando ocorre nas crianças. E, quando adultos, muitos de nós nos enganamos pensando que somos imunes a seus efeitos. Mas estudos mostram que nós tendemos a imitar ao longo de nossa vida, de maneiras que nós raramente detectamos.

Pense sobre a última vez em que você foi a um restaurante. Quanto você comeu? Pesquisas sugerem que a resposta depende, em parte, da sua companhia. Nós, inconscientemente, acompanhamos o ritmo das pessoas que estão conosco quando estamos comendo juntos. Quando eles mastigam devagar, nós mastigamos devagar. Quando eles comem um pouco mais, nós fazemos o mesmo. E quanto mais pessoas houver conosco, mais gestuais de alimentação há para imitar, razão pela qual, em média, as pessoas consomem 35 por cento mais comida no jantar com outra pessoa, 75 por cento mais em um grupo de quatro pessoas e 96 por cento mais quando os grupos são de oito pessoas ou mais.

Nós estamos programados para imitar todo um conjunto de comportamentos, e, na maior parte do tempo, nós fazemos isso inconscientemente. E não se trata apenas das pessoas que conhecemos. Nós frequentemente copiamos os comportamentos das pessoas que nunca conhecemos. Pense sobre a forma como você mantém a sua casa. Os seus hábitos de jardinagem, os comportamentos de reciclagem e o dispêndio de energia são amplamente influenciados pelas pessoas na sua vizinhança. Nós recebemos estímulos daqueles que estão ao nosso redor, particularmente daqueles que estão perto de nós.

Parceiros românticos são especialmente suscetíveis ao contágio comportamental. Com o tempo, os casais adotam dietas similares, sincronizam rotinas de exercícios e vão a médicos com frequência comparável. Eles até mesmo começam a utilizar padrões similares de discursos. É mais fácil notar a mudança quando um amigo próximo começa a namorar uma pessoa nova. De vez em quando, você vai se espantar ao ouvi-los falar uma frase que parece completamente inusitada. Alguns pesquisadores acreditam que a imitação recíproca ao longo de tantos anos é a razão pela qual parceiros casados começam a se parecer uns com os outros. Quando você e seu par significativo exercitam os mesmos músculos faciais reiteradamente, é provável que haja um efeito sobre a sua aparência.

Dada a quantidade de tempo que nós passamos com nossos colegas, é natural que as pessoas com quem trabalhamos também tenham um impacto poderoso sobre o nosso comportamento.

Aproxime-se de um colega e sussurre para ele de modo conspiratório, "Você ouviu isso?" É muito provável que ele lhe responderá em um tom apressado e igualmente discreto. Veja um colega dando rastreada no iPhone e, sem pensar, você verá seus dedos coçando para fazer a mesma coisa. Algum colega do trabalho está bocejando? Fique atento. É provável que você seja o próximo.

E não são apenas *comportamentos* que se espraiam de pessoa para pessoa nas empresas – isso também ocorre com *emoções* como a felicidade, a empolgação e o medo. Quando nós imitamos as posturas, as expressões faciais e os tons de voz daqueles ao nosso redor, nós tendemos a "apreender" suas emoções. A razão é simples: nossa mente passa uma vida toda associando certos movimentos físicos com padrões específicos de pensamento. Nós sorrimos quando estamos felizes, nós franzimos o cenho quando ficamos com raiva. Com o tempo, a vinculação entre movimento e estado mental se torna tão forte que fazer o movimento físico por si só é o bastante para acionar a emoção.

Sente-se com as costas aprumadas, e é provável que você se sinta com um pouco mais de orgulho. Deixe os ombros cair, e é provável que você se sinta um pouco mais deprimido. Leia essa frase com um tom de voz bem alto, e você se verá sentindo empolgado (!).

As consequências do contágio no local de trabalho são ainda mais profundas quando você considera o impacto que ela pode ter sobre os desempenhos dos funcionários. Pense, por exemplo, na pesquisa que eu conduzi com especialistas em motivação da Universidade de Rochester. Em uma série de experiências, nós convidamos voluntários para fazer uma série de palavras cruzadas no laboratório. Antes que eles começassem, nós fizemos com que os participantes entreouvissem "acidentalmente" tanto outros participantes altamente motivados ou desmotivados discutindo sua experiência em um experimento não relacionado. Na verdade, esse "colega participante" era um ator treinado desempenhando o papel de um voluntário.

Metade dos nossos participantes entreouviu um ator altamente motivado descrever uma tarefa com a qual ele havia trabalhado – um exercício completamente diferente de palavras cruzadas que os participantes estavam para realizar – e mencionar quão energético ele se sentiu ao fazê-la. A outra metade dos nossos participantes entreouviu um ator altamente desmotivado descrever sua tarefa, notando que ele estava fazendo o experimento para receber crédito extra.

Então chegou a hora de os participantes fazerem as palavras cruzadas. Como eles se sairiam?

Nossos resultados foram arrebatadores. Entre aqueles que haviam entreouvido um participante altamente desmotivado, o número médio de palavras cruzadas resolvidas era de 12,8. Mas, entre aqueles que haviam entreouvido um participante altamente motivado, o desempenho era 37,5 por cento melhor, com uma média de 17,6 palavras cruzadas resolvidas.

Surpreendentemente, quando nós perguntamos aos participantes se eles conseguiam pensar em algo que poderia ter afetado sua *performance* para fazer as palavras cruzadas, ninguém mencionou o voluntário que havia sido entreouvido. O efeito pareceu ter ocorrido inconscientemente. E só foram necessários alguns minutos estando na mesma sala.

As descobertas desse e de outros estudos sobre imitação apresentam algumas implicações fascinantes para o local de trabalho, onde os colegas se sentam próximos, e os comportamentos, as emoções e as motivações reverberam de pessoa para pessoa.

Uma conclusão a que podemos chegar é que o comportamento de nossos colegas frequentemente importa mais do que nós pensamos. A forma como *você* se sente no trabalho não é apenas um reflexo da sua atitude ou das responsabilidades do trabalho. Ela também é um reflexo das pessoas na sua equipe. Se você estiver cercado por pessoas motivadas e inspiradas, é provável que isso influencie a sua experiência. O mesmo vale para trabalhar junto com pessoas que estão exaustas e desmotivadas.

Em segundo lugar, nós frequentemente estamos inscientes sobre as maneiras pelas quais a nossa motivação é influenciada por aqueles ao nosso redor. Nós vivemos em uma sociedade individualista, pela qual somos encorajados a acreditar que tudo o que fazemos é apenas consequência de uma escolha pessoal. Trata-se de uma teoria reconfortante; ocorre que ela não é verdadeira. Como seres sociais, nós somos constantemente afetados pelos outros, especialmente por aqueles de que somos próximos.

E, finalmente, nossos colegas não exercem apenas um impacto sobre nossa experiência emocional. Eles influenciam o grau de sucesso com que desempenhamos o nosso trabalho. A motivação se refere a algo mais do que apenas ao sentimento. Trata-se de objetivos, esforço e persistência. Ser influenciado pela motivação positiva de alguém altera a nossa abordagem, o que frequentemente leva a melhores resultados.

Caso você for sortudo o bastante por se encontrar trabalhando com o grupo correto de pessoas, você terá vantagens com os muitos benefícios da imitação. Porém, a imitação também pode trabalhar na direção oposta, transformando maus hábitos em algo mais comum e visões negativas em algo mais penetrante.

Então, por que nós fazemos isso? Por que somos tão velozes em adotar os níveis de comportamento, emoções e motivação daqueles ao nosso redor? Que benefício a imitação nos traz?

COMO A IMITAÇÃO SALVOU SUA VIDA

Para entender o valor da imitação, você primeiramente deve perceber que, durante a maior parte da história humana, a vida era muito diferente do que é hoje.

Não muito tempo atrás, nossa espécie vivia em tribos pequenas e fortemente unidas. As condições eram severas, e permanecer vivo era algo difícil. Pertencer a um grupo fornecia vantagens tremendas, especialmente quando se tratava de promover a nossa sobrevivência. Os grupos não apenas fornecem aos membros grandes recursos para encontrar comida e se defender dos predadores, mas também dão acesso ao santo graal do sucesso evolutivo: parceiros em potencial.

Os poucos que tentavam seguir sozinhos raramente sobreviviam. Aqueles que o faziam tinham pouca probabilidade de se reproduzirem.

Então, onde é que a imitação entra nesse contexto?

A imitação conecta os indivíduos aos grupos ao sinalizar-lhes a *similaridade*. Quando encontramos outras pessoas que partilham nossas visões, estabelecemos conexões. Caso você passe pelo corredor do escritório acenando a cabeça para mim e, se eu fizer o mesmo, ambos sentimos um senso automático de afinidade. Isso ocorre porque poucas coisas comunicam mais efetivamente o sentido de "nós estamos na mesma equipe" do que quando as pessoas ao nosso redor sentem e agem da mesma maneira que fazemos.

Mas há mais coisas relacionadas à imitação do que simplesmente a conexão partilhada. Também há valor na reprodução automática das emoções pela imitação das expressões faciais e da linguagem corporal.

Suponha que nós dois nos cruzamos *não* no corredor, mas na savana. Ao notar que seus olhos se arregalaram e suas narinas começaram a tremelicar, o medo que passo a sentir subitamente me prepara melhor para lidar com um perigo iminente no nosso ambiente compartilhado. Afinal, você ter notado um leão que me passou despercebido.

Ter a informação imediatamente – sem ter que esperar que você me comunique uma única palavra – é uma vantagem significativa.

E quando você considera, como o fazem os psicólogos cognitivos, que é provável que o desenvolvimento da cognição tenha precedido a chegada da linguagem, o contágio já não parece uma excentricidade de forma alguma. Bem ao contrário: ele começa a parecer realmente essencial.

Hoje, é claro, o valor do contágio emocional e comportamental é consideravelmente mais limitado. Se você está ansioso em relação à apresentação para o cliente de hoje à tarde, fazer com que fique em grande alerta vai me trazer poucos benefícios.

Mas, há milhares de anos, pode ter sido esse fator que me manteve vivo.

Os cientistas acreditam que a imitação é tão essencial para a nossa sobrevivência que nós desenvolvemos estruturas neurológicas específicas que nos predispõem a copiar uns aos outros. Elas são chamadas de "neurônios especulares" e estão localizadas em regiões através do cérebro.

Quando nós vemos alguém desempenhar um comportamento – seja dar um trago em uma taça de vinho, levantar uma mala pesada ou abrir um sorriso amplo –, os neurônios especulares em nosso cérebro se acendem *como se estivéssemos fazendo exatamente a mesma coisa*. Os neurônios especulares nos permitem criar empatia e nos relacionar com as experiências uns dos outros. Quando você se corta, eu automaticamente dou um salto. Isso ocorre porque os neurônios especulares em minha mente se estimulam a partir da sua experiência e me incitam a estabelecer empatia com os seus sentimentos. Parte de mim, de forma literal, vivencia a sua dor.

A existência de neurônios especulares oferece uma explicação biológica estimulante para a razão pela qual a imitação acontece na presença dos outros. Nosso cérebro desdobra tudo o que vemos. Mas e quando ninguém está ao redor? Como é que nós lidamos com o espraiamento de comportamentos quando ninguém nos está observando?

Nesse momento, argumentam os psicólogos, entram as *normas sociais*.

Pense na última vez em que você tomou um elevador com um grupo de estranhos. Se você for como a maioria das pessoas, você entrou no elevador em silêncio, se moveu até um local para maximizar a quantidade de espaço entre você e os colegas passageiros e ficou de frente para o painel de forma a visualizar a mudança dos números dos andares. Ninguém lhe deu instruções claras sobre como se comportar e você certamente não precisou esperar que seus neurônios especulares funcionassem para lhe dizer o que fazer.

Como membros de grupos, todos nós carregamos conosco um conjunto de crenças sobre o comportamento apropriado para uma situação dada. Normas sociais são aquelas regras não faladas que nos dizem como agir de forma consistente com os outros em um grupo.

Todos os grupos têm normas – seus colegas no trabalho e na academia, os torcedores do time de futebol – e todos somos motivados a permanecer dentro dos limites do que o nosso grupo considera aceitável. É por isso que quando nós vemos as pessoas ao nosso redor se comportando de uma certa forma, nós tendemos a imitar seu comportamento inconscientemente.

Nós estamos sinalizando, de maneira silenciosa, a nossa lealdade ao grupo.

NEURÔNIOS ESPECULARES, NORMAS SOCIAIS E AS RAÍZES DA CULTURA DE COMPANHIA

Quando se trata de estabelecer normas sociais, alguns membros do grupo são mais influentes do que outros. Membros do grupo com alto *status* são observados de maneira mais rente e recebem mais credibilidade, razão pela qual seus comportamentos e atividades frequentemente estabelecem o tom.

Quando a Mônica Seles venceu o Aberto da França em 1990, ela se tornou imediatamente uma líder no mundo do tênis. Isso fez com que seus comportamentos fossem mais "vinculantes" do que aqueles do tenista médio, incluindo seu hábito incomum de grunhir a cada jogada. Membros do grupo com pouco *status* frequentemente copiam os comportamentos daqueles em posições de liderança, porque isso os ajuda a se alinhar aos indivíduos que detêm mais influência em meio ao grupo. Essa é uma razão pela qual estrelas *consagradas* do tênis como Martina Navratilova e Ivan Lendl não desenvolveram um grunhido espontâneo. Mas jogadores mais novos – aqueles que não faziam parte do tênis profissional em 1990 e não chegariam à ponta até a próxima geração – receberam influência de Seles, especialmente nos anos subsequentes, quando ela ascendeu ao primeiro lugar do tênis mundial.

Um padrão similar ocorre no local de trabalho. Enquanto os colegas em geral têm algum grau de influência sobre as influências dos outros funcionários, são os líderes da empresa que concentram a soberania. Pesquisas sobre imitação mostram que, enquanto ambas as pessoas em uma relação tendem a copiar alguns aspectos dos comportamentos umas das outras, em média, é a pessoa com o status mais baixo que tende a mudar mais.

Trata-se de algo que os melhores gerentes reconhecem intuitivamente. Como líderes, *seus* comportamentos, emoções e motivações liberam um efeito de reverberação que molda as experiências dos funcionários.

O professor de administração do MIT Edgar Schein apreende implicações ainda mais amplas para os comportamentos administrativos, argumentando que "a cultura e a liderança são dois lados da mesma moeda". Como um especialista empresarial que vem estudando corporações por mais de cinquenta anos, Schein é persuasivo ao afirmar que a cultura da empresa não é criada através de afirmações de missões, *slogans* ou um conjunto de valores escritos. Trata-se de um produto das interações dos líderes com sua equipe. Aqueles que estão no topo fornecem um modelo que estabelece as normas do grupo. Com o tempo, essas normas passam a definir a cultura de uma empresa.

Quais comportamentos importam mais quando se tratar de moldar a cultura da empresa? Em seu livro de referência, *Cultura empresarial e liderança*, Schein identifica um número de ações específicas pelas quais líderes (frequentemente de modo inconsciente) influenciam a cultura de um local de trabalho:

- **A que os líderes prestam atenção (e o que eles ignoram).** Líderes sinalizam o que é importante para uma empresa ao prestar mais atenção a algumas questões do que a outras. Quanto mais foco um líder colocar em áreas particulares do negócio – ao controlá-las pessoalmente, ao mensurá-las ou ao comentá-las regularmente –, mais elas se tornam prioridades para as equipes. Por exemplo, se um alto executivo devota a maior parte de sua energia para obter novos clientes, o crescimento se torna uma prioridade da empresa. Até o ponto em que ele faça isso enquanto presta pouca atenção à execução dos projetos existentes, a qualidades deles tenderá a cair, devido às inferências dos funcionários sobre o que é mais importante.

- **Explosões emocionais.** Quando o humor de um líder muda abruptamente, os funcionários notam. Em particular, emoções negativas, como a raiva, revelam que pontos um líder considera especialmente cruciais. Fortes reações emocionais, mesmo quando não intencionais, direcionam os membros da equipe às prioridades do líder.

- **Reações a incidentes e crises.** Em qualquer lugar de trabalho, as coisas ocasionalmente dão errado. Quando isso acontece, um senso de ansiedade tende a tomar os funcionários, aumenta sua sensibilidade em relação à resposta do líder. É nesses momentos que os líderes são observados de forma especialmente rente. A forma pela qual um líder reage a desenvolvimentos negativos e inesperados comunica seus valores essenciais e contribui para as normas empresariais sobre como lidar com situações adversas.

- **Como líderes alocam recompensas e *status*.** Os comportamentos dos funcionários que ganham um elogio ou a admiração do líder tendem a ser repetidos, enquanto aqueles que são ignorados tendem a desaparecer. Com o tempo, a cultura empresarial tende a reforçar as ações que os líderes consistentemente recompensam. Por exemplo, um alto executivo pode afirmar publicamente que ele quer balancear o trabalho e a vida pessoal em sua empresa. Mas quando todo o reconhecimento vai para os funcionários que ficam trabalhando até tarde da noite e até mesmo nos fins de semana, isso contribui para a criação de uma cultura de trabalho em tempo integral.

Frequentemente se diz aos gerentes que prestar bastante atenção aos funcionários é a chave para desempenhar seu trabalho de forma efetiva. Mas o que essa pesquisa sugere é que há vezes em que os gerentes fariam melhor em se centrar um pouco mais em seus próprios comportamentos. Isso acontece porque as ações daqueles em posições de liderança tem implicações de longo termo que moldam a evolução de uma cultura no local de trabalho.

De acordo com a perspectiva de Schein, até mesmo a observação mais casual ou a questão mais benigna que parte de um líder pode ter consequências extraordinárias.

"Os líderes não têm uma escolha sobre *se comunicar ou não*", Schein afirma. "Eles apenas têm uma escolha sobre quanto gerenciar o que eles comunicam".

QUANDO AS EMPRESAS ADOTAM A PERSONALIDADE DE SEUS LÍDERES

Às vezes, a influência de um único líder é tão forte que ela pode se espraiar pela empresa inteira. Essa é uma das muitas implicações fascinantes de um estudo de 2007, no qual dois economistas da Universidade Estadual de Penn examinaram como o nível de narcisismo de um alto executivo impacta o desempenho empresarial.

O narcisismo, argumentam os psicólogos, tem duas características principais: a crença de que a habilidade de alguém é superior às dos outros e uma sede contínua e insaciável por admiração. Que efeito um líder narcisista tem sobre a forma como a empresa faz negócios?

Para descobrir isso, Arijit Chatterjee e Donald Hambrick precisavam de uma metodologia criativa. Os altos executivos não são as pessoas mais fáceis de quem podemos nos aproximar, e, mesmo se eles fossem, as chance de conseguir que um deles se submeta a uma bateria de testes de personalidade seriam – para sermos otimistas – bastante exíguas. Chatterjee e Hambrick estavam enfrentando um sério beco sem saída. Como você mede a personalidade de alguém que você nunca encontrou?

A solução deles foi inteligente. Em vez de confiar em uma medida direta de narcisismo que poderia ser coletada em entrevistas com altos executivos, eles utilizaram uma medida indireta, usando dados publicados sobre empresas tradicionais de alta tecnologia e seus altos executivos.

Entre as métricas que eles coletaram:

1. O tamanho da fotografia dos altos executivos no *website* da empresa.

2. O tamanho da biografia dos altos executivos na seção *Quem é quem*.

3. A frequência com que os nomes dos altos executivos era mencionada nas publicações de imprensa da empresa.

4. O número de vezes que os altos executivos se referiam a si mesmos durante as entrevistas.

5. Os salários dos altos executivos, em relação aos segundos maiores salários pagos na empresa (um montante que, como todos sabemos, eles influenciam fortemente).

Tudo posto, Chatterjee e Hambrick analisaram o narcisismo de 111 altos executivos. Em seguida, eles observaram as decisões operacionais feitas por cada empresa, utilizando os relatórios dos acionistas. Com qual frequência essas empresas mudaram de direção de ano para ano? Qual era a estratégia delas para buscar o crescimento? Elas favoreciam o progresso ou disputas de poder dramáticas?

Os altos executivos podem ter *alguma* influência sobre essas decisões, claro, mas eles também operam em meio a restrições significativas. Afinal, trata-se de empresas grandes e amplamente divulgadas com membros do conselho, acionistas e burocracias. Como líderes, no entanto, os altos executivos de fato exercem extraordinária influência sobre a cultura empresarial ao recompensar certas ações com mais atenção e ao modelar comportamentos que, com o tempo, se tornam normas da empresa.

Chatterjee e Hambrick queriam saber: será que as empresas com líderes narcisistas se portam de forma diferente?

Eis o que eles descobriram: empresas com líderes narcisistas tomam decisões de negócio significativamente mais voláteis. Elas buscam mudanças estratégicas mais audaciosas e que chamam mais atenção do que suas competidoras e fazem tentativas mais otimistas (e, ocasionalmente, ilusórias) para incorporar grandes empresas. Em uma palavra, eles agem de forma narcísica.

Agora, para sermos justos, ter um líder narcisista não era de todo ruim para as empresas. Em geral, empresas com líderes narcisistas iam melhor ou pior do que aquelas com líderes mais altruístas. Mas elas de fato agiam de forma mais errática, pelo fato de assumirem tantos riscos para chamar a atenção. Quando tais riscos se mostravam certeiros, as empresas eram recompensadas fartamente. Mas quando as coisas davam errado, as consequências eram terríveis.

Enquanto ter um alto executivo narcisista pode ensejar resultados mistos para o desempenho de uma empresa, outras características da personalidade de um alto executivo demonstraram ter consequências mais vinculadas ao desempenho da empresa.

Em 2003, uma equipe de pesquisa conduzida por Randall Peterson, da Escola de Administração de Londres, utilizou biografias, entrevistas e documentos da empresa para avaliar a personalidade dos altos executivos. Eles também buscaram fontes de arquivo para ter acesso às dinâmicas de tomadas de decisões em meio a cada equipe de gerenciamento dos altos executivos.

Os resultados fornecem uma visão fascinante da extensão com a qual a personalidade de um único líder pode influenciar a dinâmica empresarial. Entre as descobertas: altos executivos calorosos e confiáveis têm equipes de liderança sênior mais coesas. Altos executivos intelectualmente curiosos têm equipes flexíveis e tolerantes ao risco. Altos executivos ansiosos têm equipes que, geralmente, não se dispõem a mudar suas atitudes e crenças, mesmo em resposta a novas evidências.

Equipes de gerenciamento, em outras palavras, se adaptam à personalidade de seu líder.

E, criticamente, essas dinâmicas não refletem simplesmente a forma como uma equipe de liderança se comunica. Elas também têm sérias implicações em relação ao desempenho financeiro da empresa. No estudo de 2003 de Peterson, quanto mais coesa, otimista e intelectualmente flexível a equipe de gerenciamento, mais dinheiro a empresa tendia a ganhar.

QUANDO QUEM VOCÊ CONHECE DETERMINA QUEM VOCÊ É

Poucos entre nós temos o *status* elevado de um alto executivo, o que pode nos levar a inferir que nossa habilidade para influenciar aqueles ao nosso redor é muito pequena. Mas, de acordo com os pesquisadores de redes sociais de trabalho Nicholas Christakis e James Fowler, essa suposição está errada.

Suponhamos que você e eu nos encontremos para tomar um café expresso bem cedo pela manhã. Com base no que você leu até agora, você pode presumir que, se estiver de bom humor quando nós dois nos encontrarmos, eu poderei sair levemente mais feliz do que quando eu cheguei. E é aí que sua influência termina, certo?

Não é bem assim.

Vários pesquisadores acreditam que a nossa capacidade de imitação pode ter implicações que se estendem para muito além do nosso alcance imediato. Christakis e Fowler estudaram as maneiras como as redes de trabalho sociais das pessoas influenciam suas experiências. Utilizando décadas de dados sobre milhares de habitantes de Massachusetts, Christakis e Fowler puderam analisar como as mudanças na vida de *um único indivíduo* afeta sua rede mais vasta envolvendo família, amigos e vizinhos. Suas descobertas revelam a magnitude com a qual nós, inconscientemente, influenciamos uns aos outros. Em uma série de artigos publicados em prestigiadíssimas revistas acadêmicas, Christakis e Fowler mostram que as atitudes, as emoções e os comportamentos não se espraiam apenas de pessoa para pessoa. Eles afetam *redes inteiras*.

Entre suas conclusões, encontramos: a felicidade, a solidão, a obesidade, o tabagismo, a depressão, o uso ilegal de drogas e o suicídio são todos contagiosos. Também o são os comportamentos eleitorais, as contribuições de caridade e as decisões de moda. E, na maioria dos casos, a influência de qualquer pessoa tende a reverberar para até *três* graus de separação.

O que isso significa em termos práticos? Isso significa que quão feliz você está neste momento é algo significativamente relacionado à felicidade da esposa do seu colega. Ao mesmo tempo, argumentam Christakis e Fowler, o reverso também é verdadeiro. As *suas* ações também tem reverberações para além das pessoas que você conhece e afetam redes de pessoas que você pode nunca ter encontrado.

O epidemiologista Gary Slutkin vê uma dinâmica similar no espraiamento da violência. Depois de passar dez anos lutando contra doenças contagiosas na África, Slutkin fundou uma ONG que combate a violência nas partes conflituosas do centro de Chicago, aplicando os mesmos métodos que um médico pode utilizar para combater doenças. O objetivo do grupo de Slutkin, *Cure a violência*, é reduzir a *transmissão* da violência de pessoa para pessoa mirando os "os infectados que espraiam as doenças".

Como você evita que a violência se espraia em uma comunidade em que o crime e a retaliação são a norma? Ao dar às pessoas um novo modelo de imitação. Os ativistas da *Cure a violência*, chamados de Interruptores, são recrutados a partir das ruas e prisões de Chicago. A ONG tem por objetivo, especificamente, contratar membros de gangues reabilitados e treiná-los em métodos de amenização da violência. Slutkin descobriu que, como porta-vozes, essa demografia é especialmente persuasiva por causa de sua similaridade inerente ao público com quem pretende dialogar.

A *Cure a violência* aumenta o poder da imitação e as normas sociais como instrumentos para a mudança social.

"A punição não orienta o comportamento", disse Slutkin ao New York Times. "Copiar e modelar a expectativa social dos seus pares [são os aspectos] que orientam o seu comportamento".

Slutkin não estava falando sobre gerentes e funcionários, mas ele bem poderia estar. Os mesmos princípios são verdadeiros para a cultura empresarial. Está em nossa natureza imitar uns aos outros, seja nas ruas de Chicago, seja nas quadras de Roland Garros, ou, simplesmente, sentados junto a nossas mesas de trabalho.

Cada organização humana é um ecossistema. Só é necessária uma única pessoa para espraiar o início de uma cadeia viral.

AS LIÇÕES DA IMITAÇÃO
Itens de ações para gerentes

Gerencie o seu humor, e não apenas os seus funcionários. Os gerentes influenciam os funcionários em mais maneiras do que eles imaginam. Você está empolgado em relação a um projeto? A sua equipe também tenderá a estar. Você está muito estressado? Observe bem: os funcionários diretamente subordinados a você também estão. As emoções são contagiosas, especialmente aquelas provenientes de um líder de equipe. Manter um tom emocional positivo, ao se exercitar, dormir o suficiente e dar-se tempo para a desconexão emocional não vai ajudar apenas a manter a sua saúde psicológica. Isso também ajudará você a obter o máximo de sua equipe.

Saiba quando discernir entre *reconhecer publicamente* e *agradecer de forma privada*. Reconhecer os funcionários por seu trabalho árduo é vital para mantê-los envolvidos, mas isso não significa que todos os comportamentos positivos deveriam ser reconhecidos da mesma forma. Como um líder, você pode utilizar o reconhecimento público para chamar a atenção para comportamentos que são consistentes com a cultura que você está tentando promover e que você gostaria que outros imitassem. Para comportamentos que merecem reconhecimento, mas são inconsistentes com o ideal da cultura do local de trabalho, utilize o reconhecimento privado.

Você precisa lidar com um funcionário com más atitudes? Interfira em sua rede de contatos. Nossas companhias exercem uma influência poderosa sobre a forma como pensamos. Mudar as pessoas com quem um funcionário passa a maior parte de seu tempo pode alterar sua impressão sobre as normas empresariais e levá-lo a reequilibrar sua abordagem no trabalho. Em vez de criticar aqueles que têm desempenhos mais baixos, tente ajustar suas redes de contatos sociais ao colocá-los juntos com novos colegas de escritório ou ao designá-los para um novo grupo de trabalho, movendo-os para perto de funcionários que você gostaria que eles imitassem.

AS LIÇÕES DA IMITAÇÃO
Itens de ações para líderes emergentes

Modele os comportamentos que você gostaria de ver. A tendência das pessoas a imitar significa que você pode influenciar as ações delas ao dar um exemplo. Uma antiga colega minha queria que seus colegas de trabalho enviassem suas agendas antes de reuniões de grupo. Ela poderia ter apelado a eles, o que seria defensivo, mas ela preferiu evitar o confronto. Então, ela teve uma ideia. Um dia, começou a enviar as agendas antes das reuniões, sem impor aquilo a ninguém. Antes que ela soubesse, os outros começaram a copiar seu comportamento, e logo uma nova norma social havia nascido.

Distancie-se de colegas com uma influência negativa. Você se encontra inusitadamente triste e estressado no trabalho? Olhe ao seu redor. Nós recebemos nossos estímulos emocionais lendo a linguagem corporal, as expressões faciais e o tom emocional daqueles que estão ao nosso redor. Um segurança de um clube noturno barra os arruaceiros para manter uma vibração positiva. Tente fazer o mesmo. Mantenha influências negativas à distância (*e-mail*, telefone) e tente estabelecer interações pessoais com aqueles que trazem à tona o seu melhor.

Busque projetos que envolvem líderes que você quer imitar. Você pode utilizar a imitação para o seu benefício ao se acercar das pessoas certas. Comece observando bem os seus colegas atuais. A probabilidade é que você e a sua equipe estão se tornando mais similares dia após dia. Se isso soar como uma boa notícia, você está no lugar certo. Do contrário, busque oportunidades colaborativas que lhe permitam trabalhar de forma rente com líderes que possam aproximá-lo da pessoa com quem você gostaria de estar.

PARTE III

Atrair e manter pessoas de alta *performance*

PART III

Dez
Ver o que os outros não veem

Como eliminar os pontos cegos na entrevista que
impedem que você consiga apreender
o verdadeiro potencial das pessoas

Momentos antes de uma audição para a Orquestra Filarmônica de Buffalo, a violinista clássica Megan Prokes fecha os olhos e respira fundo. O corpo dela está tenso. Nos últimos dias, ela tem levado mais tempo para voltar à sua rotina de prática, a concentração está diminuindo.

"É apenas uma audição!", ela escreveu em seu diário na noite anterior, para tentar ficar calma.

Aos 28 anos, Prokes é algo como uma veterana no circuito de audições. Nos últimos quatro anos, ela viajou pelo país, tocando em frente de comitês de avaliações aproximadamente trinta vezes. Ainda assim, há algo diferente em relação a essa vaga. Ela não consegue parar de pensar nisso. Megan quer muito essa vaga.

Todas as manhãs, os candidatos eram convocados para o palco e instruídos a executar uma entre as quinze peças pré-selecionadas. Uma interpretação perfeita significava tocar por 10 minutos completos. Com frequência, no entanto, as audições eram interrompidas antes. A qualquer momento, a beleza de uma sonata de Bach seria devastada por um brusco "obrigado", e então o músico era dispensado sem qualquer outra palavra. Trata-se de um resultado que a maioria dos candidatos passara a esperar. Pela estimativa de Prokes, para cada 10 audições que um musicista profissional realiza, ele avança para a segunda fase apenas uma vez.

Quando chega sua vez, Prokes aparece no palco, mas resiste em dizer olá para os juízes. Ela não pode falar. Ela anda pelo tapete com o propósito expresso de mascarar seus passos e se senta. Com o violino junto ao ombro, ela olha para o público. O teatro está vazio, com a exceção de uma seção. Não há rostos olhando de volta para ela. Os juízes estão escondidos atrás de uma tela.

Há muito com o que os musicistas clássicos precisam se preocupar durante audições como essa: a firmeza de seus dedos, o nível do volume, a consistência de sua velocidade. Mas há um elemento que provoca ansiedade que eles podem retirar de sua lista de preocupações: a aparência.

Diferentemente de muitas empresas, as orquestras profissionais são bastante conscientes sobre a maneira como a aparência de um candidato pode enviesar as avaliações dos observadores. E eles têm a data para provar isso.

Nos anos 1950, muitos regentes se opunham abertamente à contratação de musicistas mulheres, afirmando que mulheres não tinham as habilidades musicais dos homens, ou que o temperamento feminino era muito volátil para uma orquestra. Mas, então, vagarosamente, as opiniões começaram a mudar. A intolerância que havia prevalecido por várias gerações passou a ser questionada com firmeza, especialmente após a Segunda Guerra Mundial, quando as musicistas provarem ser perfeitamente capazes de ocupar os lugares dos homens que haviam sido arregimentados para lutar.

Muitos acreditavam que algo tinha que mudar. Ainda assim, encontrar uma solução não ia ser fácil. Com tantos regentes veementemente avessos à inclusão de mulheres, não estava claro o que poderia ser feito – caso houvesse algo a se fazer.

Então, em 1952, a Orquestra Sinfônica de Boston (BSO, em inglês) chegou a uma solução. Para fornecer aos candidatos audições imparciais, a BSO introduziu várias medidas para garantir que a identidade dos musicistas não fosse revelada. Números foram designados em vez dos nomes. Um tapete foi disposto no palco para que os ouvintes não pudessem ter dicas sobre o gênero a partir do som dos sapatos do candidato. Uma tela impedia que os juízes vissem os musicistas enquanto tocavam.

O objetivo era criar um processo de audição "cega" que contratasse os musicistas não com base em sua aparência, mas com base na qualidade de seu desempenho.

Conforme as audições cegas se tornavam mais comuns nas décadas seguintes, algo notável aconteceu – os registros de matrícula das orquestras sofreram uma evidente mudança. Nos anos 1970, menos de 10 por cento dos musicistas nas grandes orquestras eram mulheres. Hoje, esse número está próximo de 35 por cento. Os economistas de Harvard e Princeton chegaram até mesmo a quantificar o impacto do velamento da identidade de um musicista: tal fato melhora as chances de avanço das mulheres em espantosos 50 por cento.

Quando Megan Prokes tocou naquele dia em Buffalo, nenhum membro do comitê de seleção tinha qualquer ideia de quem ela era. Eles não sabiam o nome dela, porque ela havia recebido um número preestabelecido para aparecer no dia da audição; eles não ouviram a voz, porque um superintendente estava sendo utilizado para transmitir mensagens aos dois lados; e eles não podiam ver o rosto dela, porque eles estavam sentados atrás de uma tela de pano.

Então, você pode entender a razão por que, após várias etapas exaustivas, um sobressalto audível se espraiou pelo local quando a decisão de contratar Megan foi tomada, e o nome dela foi revelado ao comitê. Megan Prokes não era uma estranha para a Orquestra Filarmônica de Buffalo. Na verdade, ela fora um membro estendido da família durante a vida toda. O pai dela, Robert Prokes, tocava com a orquestra por mais de trinta anos.

Será que Prokes teria sido contratada se o comitê soubesse a sua identidade? Não temos como dizer ao certo. Por um lado, suas relações pessoais lhe poderiam ter fornecido um caminho. Mas, por outro, também poderiam ter o efeito oposto, levando o comitê a julgá-la de forma mais dura como tentativa de parecer objetivo.

O que é menos incerto sobre o sucesso de Prokes é que sua seleção foi baseada em suas habilidades em vez de se basear em noções preconcebidas de seus ouvintes.

"Ninguém poderia sabe que era eu", disse Megan, refletindo sobre sua audição. "Isso faz com que eu sinta que esse trabalho, de fato, é meu de forma legítima, e minha contratação só teve a ver com o meu desempenho naquele dia. E, para mim, isso é muito, mas muito importante. Eu não quero um trabalho que eu não mereça".

Quantos funcionários podem fazer uma alegação similar sobre o fato de seu desempenho ter sido a razão pela qual eles foram contratados? E quantos gerentes podem dizer com absoluta certeza que suas decisões de contratações se baseiam apenas em critérios relevantes para o trabalho?

Conforme nós descobriremos neste capítulo, em quase todas as empresas à exceção do ramo de música clássica, a resposta é praticamente nula para todas essas perguntas.

POR QUE VOCÊ VAI PIOR NAS ENTREVISTAS DO QUE VOCÊ PENSA

Imagine que você está diante de uma decisão de contratação. A sua seção está autorizada a contratar um gerente de nível intermediário com experiência aproximada de dez anos. Felizmente, o seu departamento de Recursos Humanos fez a maior parte, avaliando centenas de candidatos até que a escolha ficasse apenas entre finalistas. Eles até conseguiram encontrar um horário em sua agenda para que você possa entrevistá-los por telefone.

Antes da sua primeira ligação, você analisa os currículos e observa suas forças relativas. Você ainda tem alguns minutos, então você liga o computador e procura os perfis dos candidatos no *LinkedIn* para dar um rosto a cada um dos nomes. Ambos os candidatos parecem estar se aproximando dos 40 anos, mas um deles tem uma aparência consideravelmente melhor do que o outro.

Será que isso faria diferença? Ou, para perguntar de uma maneira levemente mais provocativa, será que o candidato atraente tem mais probabilidade de dar uma entrevista melhor simplesmente porque você considera sua aparência chamativa?

Em um experimento clássico conduzido no fim da década de 1970, psicólogos da Universidade de Minnesota examinaram precisamente essa questão. Um grupo de homems viu fotos tanto de uma mulher atraente quanto de uma não atraente, e daí foi dito aos integrantes do grupo que eles falariam com ela ao telefone por 10 minutos. Na verdade, as mulheres nas fotos não tinham nada a ver com o estudo. Os homens estavam, na verdade, falando com uma participante selecionada ao acaso, uma pessoa que eles nunca haviam visto.

Depois que a conversa terminou, os condutores do experimento pediram aos homens que avaliassem suas impressões com a parceira de conversa. Não surpreende que aqueles que pensaram que estavam falando com uma mulher atraente avaliaram sua parceira de conversa como alguém mais apreciável do que os homens que foram levados a acreditar que estavam falando uma parceira não atraente.

Mas o que é surpreendente é o que aconteceu em seguida. Os psicólogos gravaram as conversas e pediram a um grupo de avaliadores independentes que as ouvissem. É importante dizer que os condutores do experimento deixaram de dizer aos avaliadores qual foto os homens haviam visto. Como é que os juízes viram as mulheres? Parece que eles concordaram com os homens. Eles também acharam as mulheres que inicialmente eram tidas com melhor aparência como pessoas mais apreciáveis, amigáveis e sociáveis.

Como isso aconteceu? A resposta está no comportamento dos entrevistadores homens. Quando os homens pensavam que estavam falando com uma mulher atraente, eles agiam de modo a trazer as melhores qualidades da sua parceira de conversa. Eles agiam de forma mais amigável e demonstravam mais cordialidade, o que, em retorno, gerava respostas mais positivas.

Sua primeira impressão havia criado uma profecia autorrealizável.

Um processo similar ocorre quando nós entrevistamos candidatos a um emprego. Nossas expectativas iniciais nos levam por um caminho que influencia as informações a que prestamos atenção, assim como as questões que fazemos. Uma candidata que parece extrovertida pode receber uma pergunta sobre se ela "tem experiência em liderar grupos", enquanto uma candidata que nós consideramos mais introvertida pode receber uma pergunta sobre se ela "se sente confortável em arranjos de grupos". A variação nas palavras é sútil, mas as respostas que elas suscitam têm probabilidade de serem distintas, nos levando a acreditar que nossas impressões iniciais estavam certas desde o início.

Nossas opiniões sobre um candidato também podem afetar nosso comportamento de outras maneiras menos óbvias. Quando nós gostamos das pessoas que estamos entrevistando, tendemos a utilizar seus nomes com mais frequência, oferecendo mais encorajamento enquanto eles estão falando (com maneios de cabeça e ocasionais "ã-rã"), e também transitamos por questões mais positivas (pense na diferença sobre um "Ok, ótimo" contra um completo silêncio). Quanto mais encorajadoras são as nossas respostas, mais confiantes nós nos sentimos e melhor o nosso desempenho.

O problema com as primeiras impressões, no entanto, é que nós não conseguimos deixar de superestimar o seu valor.

Os primeiros dados que nós aprendemos sobre um indivíduo tendem a ter uma influência desproporcionalmente grande na forma como interpretamos as informações reveladas mais tarde, apesar do fato de que isso não seja necessariamente mais representativo. Trata-se do equivalente para as entrevistas de emprego daquilo que Daniel Kahneman, psicólogo vencedor do Prêmio Nobel, se refere como a *âncora cognitiva*.

Para ilustrar como essas âncoras funcionam, Kahneman frequentemente utiliza esse exemplo, tomado de um estudo conduzido em 1974. Se você pedir a um grupo de pessoas para chutar rapidamente qual é o valor da conta $1 \times 2 \times 3 \times 4 \times 5 \times 6 \times 7 \times 8$, a estimativa média é de que o resultado esteja em torno de 500. Mas se você pedir a um grupo comparável para estimar o valor de $8 \times 7 \times 6 \times 5 \times 4 \times 3 \times 2 \times 1$, a estimativa média estará mais próxima de 2.000. A conta é funcionalmente idêntica. Mas nossas mentes não leem isso dessa forma. Nós prestamos mais atenção ao *primeiro* número em uma sequência do que no resto, o que desvirtua nosso cálculo sobre o produto final.

Qual é o fragmento de informação a que nos atemos quando nós conhecemos alguém novo? Frequentemente, trata-se da aparência física. E as aparências são um verdadeiro campo minado para a avaliação interpessoal, produzindo julgamentos abruptos que frequentemente estão errados.

Estudos mostram, por exemplo, que a nossa preferência pela beleza distorce a nossa visão das habilidades das pessoas. Os psicólogos chamam isso de *efeito do halo*, argumentando que uma única característica positiva (como um sorriso vitorioso) pode impulsionar nossas impressões a respeito de qualidades não relacionadas (como as habilidades de um candidato). Em meio a uma entrevista, o efeito do halo pode ser devastador. Nós gostamos de olhar para pessoas atraentes e frequentemente confundimos os sentimentos positivos que sentimos quando estamos ao redor delas por um juízo a respeito de suas habilidades verdadeiras.

Pessoas bonitas são vistas como mais inteligentes, competentes e qualificadas do que colegas menos atraentes, apesar de não serem objetivamente melhores em nenhuma dessas características. Quanto mais atraentes os funcionários, mais chances eles têm de serem contratados, promovidos e mantidos no emprego quando alguém precisa ir embora.

E não se trata apenas da aparência. Nós também fazemos suposições erradas sobre as habilidades das pessoas ao observar o seu peso. Um estudo de 2013, por exemplo, pediu às pessoas que avaliassem o potencial de liderança de um candidato para um trabalho e pediu que se incluísse uma foto da pessoa em um parque. As imagens eram idênticas, à exceção da altura do candidato, que havia sido modificada pelo *Photoshop* para fazer com que ele parecesse alto ou baixo. O impacto da altura foi enorme. Os participantes avaliaram a versão do homem com mais de 1,90 m como tendo 25 por cento mais capacidade de liderança do que a versão de 1,60 m da mesma pessoa. (Os mesmos resultados também foram atribuídos às mulheres, apesar de o efeito não ser tão grande.)

Se os resultados de um único experimento de laboratório lhe parecem muito distantes das complexidades do mundo real, considere um estudo que mapeou mais de 8.500 trabalhadores norte-americanos e ingleses desde sua juventude até a fase final da vida adulta. Décadas de dados revelaram uma clara relação entre altura e salário, e o efeito que havia em cada idade.

É claro, o mundo dos negócios não é o único ramo em que a altura contribui para o sucesso. Conforme inúmeros historiadores veem notando, candidatos a presidente com uma vantagem na altura têm cerca de duas vezes mais chances de vencer o voto popular.

Outra característica acessória que torna enviesada as nossas avaliações das habilidades das pessoas é o som de sua voz. Nós associamos inconscientemente falantes de tom baixo com maior força, integridade e liderança. Pense em Morgan Freeman ou em James Earl Jones. Há uma razão pela qual eles, em vez de Pee-wee Herman, estão narrando dramas poderosos. Nós instintivamente utilizamos a voz de uma pessoa para chegar a conclusões sobre o seu caráter.

Não seria preciso dizer que nós raramente entramos em uma entrevista querendo contratar candidatos com base em sua atratividade, altura ou qualidade de voz. Ainda assim, as pesquisas sugerem que não conseguimos deixar de nos enviesar por esses fatores. A questão óbvia, é claro, é por quê. Por que nós somos influenciados de maneira tão forte por critérios que, frequentemente, estão tão distantes das qualidades que estamos buscando em um funcionário?

Os psicólogos argumentam que isso ocorre porque muitos dos estímulos que nós inconscientemente utilizamos para avaliar as pessoas contêm informações valiosas do passado evolutivo.

Nós nos voltamos para pessoas atraentes, por exemplo, porque a atratividade sugere saúde. Rostos bonitos tendem a ser mais simétricos, e a simetria é um sinal de bons genes. Quando há um grande desequilíbrio nos traços de uma pessoa, isso pode ser um sinal de que ela enfrentou uma doença ou está carregando um parasita. De qualquer forma, é melhor ficar distante. Sentir-se atraído por rostos simétricos e ser repelido por deformações é parte do que nos ajudou a evitar doenças e reproduzir com parceiros saudáveis.

Em termos genéticos, a altura também é um bom aspecto de forma física. Quando nós somos criados em um ambiente farto, livres de ferimentos, doenças e estresse excessivo, temos mais tendência de crescer fortes e alcançar nosso potencial físico máximo. Em média, pessoas mais altas de fato são mais saudáveis.

No passado, a altura também sinalizava a capacidade de liderança. Ao longo do curso da história evolutiva, muitos dos desafios da liderança enfrentados por nossos ancestrais eram físicos (por exemplo, derrotar predadores), e a força bruta fornecia uma vantagem importante. Prestar atenção a indicadores físicos de força (tal como o tamanho) ajudou nossos parentes distantes a identificar líderes que poderiam ajudar a promover nossa sobrevivência.

Uma lógica similar explica por que nós atribuímos mais capacidade de liderança a falantes de voz profunda. Homens com vozes mais baixas de fato são maiores e mais fortes (e também têm taxas mais altas de testosterona) do que aqueles que têm vozes mais altas. Suas vozes transmitem um aspecto audível do seu tamanho.

Tomadas em conjunto, as pesquisas apresentam um quadro alarmante. Não importa qual seja a proximidade que teremos em relação às habilidades de um candidato, o nosso inconsciente está sempre presente, filtrando nossas impressões ao utilizar um conjunto ultrapassado de critérios que tem pouco a ver com o potencial real do candidato. Não se trata apenas de uma inconveniência. Isso atrapalha os nossos juízos, prejudica nossas reações e torna enviesados os comportamentos dos próprios candidatos.

DENTRO DA MENTE DE UM ENTREVISTADOR

Mas espere. Pode ficar pior.

As pesquisas mostram que as características físicas de um candidato representam apenas uma das ciladas cognitivas que levam a avaliações incorretas. A mente humana é suscetível a uma variedade de vieses de entrevistas que tornam encontrar o candidato certo algo muito mais difícil do que parece.

Primeiramente: nós não conseguimos deixar de favorecer aqueles que nos lembram de nós mesmos. No capítulo 5, nós vimos como a similaridade pode tornar mais próximos os colegas de trabalho. E, enquanto a similaridade pode fornecer um instrumento valoroso quando nós estamos buscando desenvolver as relações, ela introduz um ponto cego problemático quando estamos avaliando os outros. Se um candidato correspondesse à sua alma gêmea, praticasse os mesmos esportes que você ou partilhasse um interesse similar por livros, seria fácil interpretar erroneamente esses dados irrelevantes para o trabalho como uma evidência de que ele poderia ser um bom candidato.

Um segundo viés na entrevista envolve a ordem em que nós encontramos os candidatos. As pesquisas indicam que, *quando* um candidato é avaliado, tem-se um impacto significativo em suas avaliações. A razão é que os entrevistadores não avaliam os candidatos simplesmente com base nos méritos do seu desempenho; eles também levam em consideração os pontos que atribuíram aos candidatos anteriores naquele dia. Caso os entrevistadores já tenham realizado várias avaliações positivas, eles têm menos probabilidade de recomendar um candidato que está nas posições finais. Isso ocorre porque, como entrevistadores, nós gostamos de equilibrar nossas avaliações. Em média, altos pontos em uma entrevista pela manhã implicam pontos mais baixos à tarde, independentemente dos desempenhos efetivos dos candidatos.

Um outro preconceito relacionado a entrevistas ilumina uma particularidade inusitada na forma como nós avaliamos a personalidade das pessoas. A professora da Faculdade de Administração de Harvard Amy Cuddy argumenta que quando nós encontramos alguém novo, instintivamente os avaliamos com base em duas dimensões: primeiramente, a cordialidade e, depois, a competência.

Ambos os juízos estão enraizados em nossa necessidade evolutiva de tomar decisões rápidas pela sobrevivência. No passado, identificar ameaças imediatas era vital para permanecer vivo, e é por isso que, até hoje, no momento em que nós encontramos um estranho, a nossa mente se concentra bastante em responder a duas questões:

1. Essa pessoa é um amigo ou um inimigo? (Isto é, quão *cordiais* eles são?).

2. Ele ou ela é capaz de dar sequência às suas intenções em relação a mim? (Isto é, quão *competentes* eles são?).

Isso parece direto o bastante. Agora, aqui está a virada.

Estudos sugerem que quando nós encontramos alguém que se apresenta muito bem em uma dimensão (digamos, um entrevistado que é especialmente amigável), inferimos de forma errônea que ele não é tão desenvolvido em outra dimensão ("Ele deve ser um inepto!"). Isto é, nós tendemos a pressupor que a cordialidade e a competência são *inversamente* proporcionais. E, em consequência disso, vemos candidatos amigáveis como pessoas menos capazes e vemos candidatos capazes como pessoas frias em termos interpessoais.

A cordialidade e a competência não são inerentemente opostas, é claro, mas, ainda assim, nós endemos a desenvolver impressões preconceituosas que as tratam como se elas fossem. Uma pesquisa conduzida na Universidade do Colorado mostra que as pessoas fazem inferências sobre uma dimensão a partir da outra, especialmente quando faltam a elas informações suficientes para ajustar suas visões.

Em algum nível, parece que nós estamos conscientes sobre o custo de oportunidade envolvendo cordialidade e competência e, em certos casos, nós até utilizamos esse conhecimento em benefício próprio. Estudos mostram que as pessoas agem com estratégia de forma menos competente, quando seu objetivo é parecer cordial, e agem de forma menos cordial quando elas querem parecer mais competentes.

Considere o seu próprio comportamento nas reuniões. Caso o seu objetivo seja se conectar com aqueles ao seu redor e mostrar cordialidade, você pode estar mais disposto a concordar, fazer elogios e deixar que os outros assumam o comando. Por outro lado, se o seu foco estiver em parecer competente, é provável que você utilize uma abordagem diferente. Você poderá tentar direcionar a conversa, enfatizar a sua experiência pessoal e defender os seus pontos com mais firmeza.

Com todas essas ciladas psicológicas, você poderia assumir que desenvolveríamos ferramentas bastante sofisticadas para nos guiar através do processo de selecionar candidatos.

Mas não é bem assim.

Hoje, a maioria dos gerentes continua a se fiar na mesma técnica de avaliação que seus avós usavam há quase um século: a entrevista de emprego. Conforme nós acabamos de ver, trata-se de uma abordagem repleta de preconceitos por parte do examinador. E, conforme nós descobriremos na próxima seção, trata-se também de uma abordagem que transforma até mesmo os candidatos mais bem intencionados em efetivos mentirosos.

COMO MENTIR DURANTE UMA ENTREVISTA DE EMPREGO

Como qualquer profissional experiente sabe perfeitamente, entrevistas de emprego são como um jogo. Os entrevistadores tentam selecionar o melhor candidato a partir de um grupo, e cada um está determinado a mostrar que ele ou ela é perfeito para o trabalho.

Em muitas entrevistas, a seguinte situação eventualmente acontece. Um candidato se depara com uma questão sobre um tipo de experiência ou habilidade que ele não tem efetivamente, algo que o entrevistador acredita claramente que seria valioso. A sala fica em silêncio. Para o candidato, o cálculo é simples: admita que você não tem essa qualificação, e você arruinará a entrevista, ou então você pode tergiversar com a verdade e tem a chance potencial de conseguir o trabalho.

É nesse ponto da entrevista que mentir maximiza as chances de alguém ser contratado.

Pesquisas sugerem que mentir abertamente gera desconforto psicológico em demasia para as pessoas que o fazem com muita frequência. Mais comuns durante as entrevistas são os matizes de decepção, que incluem a ornamentação (pela qual nós assumimos o crédito por coisas que não fizemos), a aclimatação (pela qual nós adaptamos nossas respostas para que elas se adequem aos requerimentos do trabalho) e a construção (pela qual nós reunimos elementos a partir de diferentes experiências para darmos respostas melhores).

Com qual frequência aqueles que buscam trabalho modulam a verdade durante as entrevistas? Em 81 por cento do tempo, de acordo com uma experiência reveladora conduzida na Universidade de Massachusetts.

Em meio ao estudo, psicólogos fizeram com que um grupo de candidatos a vagas de emprego acreditassem que eles estavam sendo entrevistados para um trabalho como professor particular. Assim que cada entrevista terminava, os pesquisadores admitiam, com embaraço, que não havia, na verdade, nenhum trabalho à vista. Tudo aquilo fora parte de um estudo. Eles então pediram aos participantes que assistissem a uma gravação de suas entrevistas, adicionando uma demanda: por favor, identifiquem cada momento em que vocês mentiram deliberadamente para o entrevistador.

Os resultados foram deprimentes, e não apenas porque quatro entre cada cinco candidatos admitiram mentir, ou que cada um deles o fizesse, em média, mais de duas vezes. É que as entrevistas haviam sido breves – apenas dez perguntas ao todo.

Também não é muito tranquilizador notar que os participantes do estudo tinham todas as razões para serem conservadores em suas estimativas de mentiras. Se você estivesse sentado perto de um psicólogo que havia gravado a sua entrevista, você admitiria voluntariamente quantas mentiras disse antes de perguntar se já poderia ir para casa?

Nós gostamos de pensar que somos bons em detectar mentiras. Como entrevistadores, nós observamos os olhos de um candidato, notamos a sua postura e tentamos apreender mudanças no tom de sua voz. Nós queremos acreditar, como Freud disse uma vez, que "nenhum mortal pode manter um segredo. Se os seus lábios estão em silêncio, ele tamborila com a ponta dos dedos; ele trai a si mesmo a partir de cada poro de seu corpo".

A verdade infeliz é a seguinte: nós raramente somos efetivos em apreender a desonestidade. Na verdade, nós somos apenas levemente melhor em determinar se alguém mentiu na nossa cara do que nós somos melhores em prever se uma moeda lançada para o alto vai dar cara. Entrevistadores experientes não são melhores do que os novatos. Eles são, no entanto, significativamente diferentes em um aspecto: muito embora eles sejam tão ruins quanto qualquer outra pessoa em reconhecer a decepção, eles se sentem significativamente mais confiantes em suas conclusões.

Mas o problema com as entrevistas de emprego se estende para muito além da questão da honestidade. Mesmo se nós fôssemos capazes de desvelar mentiras em todas as suas formas, em que medida dar uma boa entrevista poderia realmente ser algo indicativo do desempenho posterior no trabalho? Em muitos casos, entrevistas de trabalho são inteiramente desconectadas da realidade de trabalho das pessoas no cotidiano. Alguns candidatos são muito bons em comunicações interpessoais. Esse é um data útil se você está buscando preencher uma vaga que envolve vendas ou serviços com clientes. Mas, quando esse não é o caso, basear a sua decisão em uma entrevista de emprego padrão pode, na verdade, causar mais prejuízos do que benefícios.

Nós nos confiamos em entrevistas de emprego porque acreditamos que elas nos ajudam a encontrar o candidato certo. Mas, conforme nós vimos, o quadro que elas fornecem é frequentemente enganoso, e, em certas ocasiões, totalmente falso.

Se isso já não fosse suficientemente ruim, acrescente a esses aspectos o fato de que nós raramente recebemos um *feedback* detalhado sobre nossas decisões de contratações. Nós escolhemos um único indivíduo entre um grupo de candidatos e dispensamos os demais, sem nunca saber como os outros teriam se saído. Faltam-nos os dados para determinar se nós tomamos a decisão correta.

É raro que os gerentes pensem retroativamente sobre os funcionários que eles não contrataram. Mas e se nós estivermos contratando as pessoas erradas durante todo esse tempo?

O ÚNICO E MELHOR MODO DE MELHORAR AS SUAS DECISÕES DE CONTRATAÇÕES

Em uma manhã de 2004, uma série de *banners* misteriosos apareceram na estação de metrô na Praça Harvard (Harvard Square). Eles pendiam do teto, cada um com 15 metros de largura, e pairavam sobre as cabeças de milhares de usuários, muitos dos quais estavam a caminho das melhores universidades dos Estados Unidos.

Os *banners* não revelavam um patrocinador. E eles também não pediam aos espectadores que *fizessem* algo de fato.

Tudo o que eles diziam era o seguinte:

$$\left\{ \begin{array}{c} \text{a primeira prioridade de 10 dígitos} \\ \text{encontrada em dígitos consecutivos de } e \end{array} \right\}.com$$

A maioria das pessoas pode considerar isso como algum tipo de problema de matemática. Para além disso, no entanto, elas ficam perdidas. E esse era exatamente o ponto. Os sinais não deviam se dirigir a ninguém – eles foram projetados para alcançar os usuários com especialidade em matemática que eram apaixonados pela resolução de problemas.

A resposta correta (www.7427466391.com) levava os usuários a outro quebra-cabeça complexo, apenas para haver certeza de que eles estavam suficientemente motivados. Então veio a resposta...

Parabéns, bom trabalho. Você chegou a esse resultado para o Google Labs (Laboratórios do Google), e nós estamos felizes por você estar aqui.
Uma coisa que nós aprendemos enquanto construíamos o Google é que é mais fácil encontrar aquilo que você está procurando se esse algo procurar você. Estamos procurando os melhores engenheiros do mundo. E aqui está você.

Os *banners*, que apareciam em outros locais cuidadosamente selecionados, representavam o lançamento de um esforço atípico de recrutamento de uma das empresas mais atípicas do mundo. Quando o Google precisa de um funcionário, eles não vão e simplesmente fazem um anúncio em algum veículo de empregos. Eles buscam pessoas com mentalidade parecida, e esse é o resultado: um anúncio de emprego escrito para gênios da computação.

A campanha de recrutamento do Google nos oferece várias lições, e a menor delas não é o fato de que a introdução de aspectos estimulantes e intrigantes ao processo de contratação pode angariar uma publicidade extraordinária. O que frequentemente se perde, no entanto, é que a verdadeira genialidade da propaganda não está na realização provocativa, mas na abordagem estratégica.

Falando em termos gerais, há duas formas de encontrar funcionários extraordinários. A primeira é melhorar a maneira de escolher entre os candidatos, o que, como já vimos, é algo complicado. A outra é a melhoria da qualidade do seu grupo de candidatos antes de dar início à sua avaliação. É mais fácil tomar decisões de contratações inteligentes quando a maioria dos seus candidatos é uma boa escolha.

Uma boa maneira de melhorar um grupo de candidatos é fazer com que ótimos funcionários se tornem recrutadores. As pesquisas mostram que as pessoas tendem a se socializar com aqueles que têm personalidades similares. Isso significa que, se você tem à sua disposição trabalhadores árduos com uma mentalidade otimista, é provável que eles conheçam várias pessoas que partilham essas características.

Estudos indicam que, em geral, candidatos indicados têm melhor desempenho do que aqueles que obtêm suas vagas por meio de canais mais formais. Em parte, isso acontece porque eles entram em uma empresa com um vínculo preestabelecido com um colega de trabalho, o que se traduz em maior lealdade empresarial e maior esforço. Um estudo interno comparando contadores da Ernst & Young descobriu que contratações indicadas também permanecem mais tempo e são mais rápidas em sua integração às equipes.

Como é que você faz com que funcionários de alto desempenho realizem mais indicações? Um número crescente de empresas começou a recompensar os funcionários com uma série de prêmios. A Deloitte incentiva os funcionários com prêmios como *iPhad* e TVs. A Clínica Everett, de Washington, oferece aos seus médicos um bônus de 10.000 dólares para a indicação de um antigo colega de classe ou amigo.

A utilização de recompensas pode não ser algo ideal para todas as empresas. Colocar o foco em recompensas extrínsecas nem sempre tenderá a impulsionar a motivação intrínseca dos funcionários para fazer indicações, e isso também tende a diminuir a qualidade dos candidatos, especialmente quando não há repercussões com a indicação de um candidato abaixo da média. O melhor cenário a partir de uma perspectiva empresarial é aquele em que os funcionários recrutam os demais porque eles querem trabalhar com ótimas equipes e acreditam que suas empresas de fato se beneficiariam em contratar aquele funcionário em particular.

Um investimento mais sábio dos recursos envolve a simplificação do processo de indicação e a ajuda àqueles que indicam para que eles observem bem aqueles candidatos que estão sendo indicados. Na empresa de fibra de vidro Owens Corning, os candidatos indicados passam por entrevistas anteciPhadas, o que ajuda a demonstrar o valor da opinião de uma indicação. A empresa de consultoria Accenture permite àqueles que indicam monitorar o *status* das pessoas que eles recomendaram por meio do sistema intranet, permitindo que eles deem atualizações a seus amigos e fiquem a par dos últimos desenvolvimentos. Diageo, uma produtora de bebidas alcoólicas, começou a anunciar a abertura de vagas primeiramente em termos internos, para que os funcionários pudessem avisar as pessoas em suas redes de contatos antes de mais nada.

Um programa ativo de indicações pode encontrar melhores candidatos por uma fração do custo de um recrutador profissional. E ele faz algo que os classificados não fazem: *alcançar candidatos bem qualificados que estão felizes em seus empregos*. Os melhores candidatos não estão navegando na internet em busca de um trabalho. Com frequência, eles estão perfeitamente satisfeitos em seus empregos atuais. É por isso que os anúncios de vagas podem ser imprevisíveis. As chances de que um candidato verdadeiramente soberbo procure o trabalho no momento em que você faz a abertura da vaga são bastante exíguas.

Mas não importa quão satisfeito você esteja com o seu trabalho, no momento em que alguém que você respeita elogia suas habilidades e diz que gostaria de trabalhar com você, você não consegue evitar. Você o ouve.

COMO REDUZIR OS PONTOS CEGOS DE SUAS ENTREVISTAS

Obter os candidatos certos em seu grupo de pretendentes à vaga constitui metade da batalha. Mas, uma vez que você faça isso, como você realiza a seleção entre eles? Afinal, você ainda está usando o mesmo *software* defeituoso que faz com que as entrevistas sejam tão problemáticas antes de mais nada.

Felizmente, há uma série de passos que você dar para melhorar as suas chances de fazer a escolha certa.

O primeiro passo envolve utilizar uma das páginas do manual de entrevistas da orquestra e lançar mão de uma versão modificada da audição cega. Audições cegas dirigem a atenção de um comitê de seleção para os critérios que mais importam: a maneira como os musicistas tocam. Há um equivalente no local de trabalho para essa abordagem, e ele envolve criar uma entrevista que se centre em uma tarefa do trabalho.

Que tarefa você poderia pedir que os candidatos realizassem? A resposta depende da vaga que você está buscando preencher. Peça a um analista que escreva um memorando de ação, a um *web designer* para que desenvolva uma página de busca (landing page), e a um candidato de desenvolvimento de negócios que se apresente a você como se você fosse um cliente. Melhor ainda, peça aos candidatos que resolvam um problema que você está enfrentando para que você possa avaliar suas abordagens e, potencialmente, possa desenvolver o seu próprio pensamento. O importante é criar uma tarefa relevante ao trabalho, permitindo que suas impressões estimulem habilidades pertinentes ao papel.

Dados acessórios, tais como a aparência de um candidato ou o carisma, perdem a sua influência quando você pode ver a maneira como um candidato realmente atua. Trata-se também de um melhor indicador para suas contribuições futuras, já que, diferentemente das tradicionais entrevistas pessoais, tal aspecto avalia critérios relevantes para o trabalho.

Incluir uma tarefa pode ajudá-lo a identificar melhor os verdadeiros vencedores em seu grupo de candidatos ao mesmo tempo em que faz com que eles se empenhem mais pela vaga. Pesquisas mostram que, quando nós fazemos um sacrifício pessoal para obter algo que queremos (por exemplo, ao investirmos nosso tempo), nós valorizamos esse aspecto quando o conseguimos. Pergunte, por exemplo, a alguém que está há algum tempo em uma fraternidade ou clube. Quanto mais difícil o rito de passagem, mais orgulhosos eles serão ao se tornarem membros.

Ao mesmo tempo, o investimento requerido tende a desencorajar os candidatos paraquedistas, o que, por si só, já é um benefício. É uma ótima forma de expor os candidatos que não estão seriamente estabelecidos para a vaga antes que eles consumam muito do seu tempo.

Outro passo para ajudar a minimizar os pontos cegos da sua entrevista: incluir múltiplos entrevistadores e dar-lhes critérios específicos para avaliar os candidatos. Sem uma moldura pré-definida para avaliar os candidatos – a qual pode incluir experiência relevante, habilidades de comunicação e atenção aos detalhes –, é difícil para os entrevistadores saber para onde dirigir o foco. E quando isso acontece, fatores de confusão interpessoal ganham mais peso, prejudicando as avaliações. É muito melhor para canalizar a atenção dos entrevistadores de maneira específica, para que os *feedbacks* fornecidos sejam precisos.

Caso seja possível, designe entrevistadores individuais para avaliar candidatos em relação a dimensões *diferentes*, permitindo-lhes avaliar um aspecto específico das respostas do candidato (por exemplo, habilidade interpessoal ou habilidades relacionadas ao trabalho). Anteriormente, nós vimos o desafio inerente em avaliar simultaneamente a cordialidade e a competência das pessoas. Ao separar essas dimensões e fazer com os que entrevistadores avaliem uma ou outra, você terá mais tendência para obter uma leitura acurada.

Também é válido fazer com que os entrevistadores desenvolvam questões prévias para que: (1) cada candidato receba as mesmas questões e (2) eles sejam examinados da mesma forma. Quanto mais você padronizar as suas entrevistas, fornecendo as mesmas experiências para cada candidato, menos influência você exerce sobre a *performance* deles.

Dois tipos de questões podem ser especialmente úteis: *questões comportamentais* e *questões de juízo situacional*. Questões comportamentais se voltam para o comportamento do candidato no *passado* em situações específicas de trabalho. Aqui vão alguns exemplos:

- Diga-me a respeito da época em que você teve um conflito com um supervisor. Que passos você deu para resolver esse conflito?
- Diga-me sobre a época em que você conduziu um grupo. Descreva o que você fez e como isso reflete o seu estilo de liderança.

O valor das questões comportamentais é que elas se voltam não para as intenções de um candidato ou para uma abordagem filosófica, mas para suas ações. O comportamento passado é um forte indicador do comportamento futuro, e é por isso que aprender como um candidato lidou com uma situação particular pode ser algo útil. O entrevistador pode seguir adiante com uma série de questões sobre como ou por que para aprofundar os pontos e desvelar o processo de tomadas de decisões do candidato.

Uma linha de perguntas correlacionadas – chamada de questões de juízo situacional – envolve perguntar aos candidatos como eles lidariam com uma situação hipotética no *futuro*. O objetivo aqui é obter um senso de como eles se comportarão em meio à empresa. Alguns exemplos de questões de juízo situacional incluem:

- Suponhamos que nós queiramos implementar o Projeto X, e eu o designe como líder. Como você faria para abordar o projeto?
- Digamos que você está para realizar uma apresentação de vendas para a Empresa Y. Que tipo de pesquisa você faria para se preparar para a sua apresentação?

Encoraje os seus entrevistadores a tomar notas durante as discussões com o candidato. Quanto mais nós gravarmos as nossas observações, menos provável a chance de sermos desviados por nossas memórias, que dão muito peso ao começo e ao fim de uma entrevista. Tomar notas durante as entrevistas chama a nossa atenção para o desempenho efetivo de um candidato, minimizando a influência de falsas expectativas.

Dependendo do *status* e função da vaga que você está tentando preencher, você também pode levar em consideração a possibilidade de colocar um candidato em mais de uma situação. Ter um bom desempenho em um arranjo é obviamente importante para a maioria das vagas. Mas, em muitos casos, também é importante se sair bem em um grupo e em aspectos sociais fora do local de trabalho. Essa é uma razão pela qual a firma de consultoria gerencial Grant Thornton avalia os candidatos não apenas no escritório, mas também em uma aula de culinária, depois que as entrevistas tradicionais foram realizadas. A liderança da empresa reconhece corretamente que, quanto mais aspectos você utiliza para avaliar um candidato, mais acuradamente você pode avaliar sua verdadeira personalidade.

O que você faz com os dados após o fim de uma entrevista pode ser tão crítico quanto o modo que você lidou com a própria entrevista. É importante, por exemplo, pedir aos membros da equipe que partilhem suas impressões com você primeiramente, e um candidato de cada vez em vez de um arranjo de grupo, no qual a pressão para a concordância pode alterar as visões das pessoas. Somente depois que as impressões forem partilhadas privadamente, você pode realizar uma discussão de grupo.

Finalmente, dê sequência na discussão com os membros da equipe oferecendo-lhes um *feedback* sobre suas avaliações, para que eles possam melhorar. Se um funcionário passasse uma hora com uma candidata apenas para lhe dar uma avaliação superficial ("Eu gosto dela!"), apresente a ele uma amostra do tipo de *feedback* detalhado que você considera de especial valia.

Cada um desses passos pode minimizar o impacto dos preconceitos das entrevistas e nos ajudar a alcançar melhores decisões de contratações. E, ainda assim, eles não são tão simples. De vez em quando, você se deparará com um candidato bem preparado que oferece uma ótima amostra de trabalho e se sai bem em cada uma das questões comportamentais e juízo situacional. Mas, seis meses depois de contratá-lo, você não conseguirá deixar de notar que ele não foi uma boa opção.

Então, o que deu errado?

O QUE É PRECISO OUVIR DURANTE UMA ENTREVISTA

Se contratar o funcionário certo fosse simplesmente uma questão de identificar o candidato mais competente, nós não precisaríamos de entrevistas. Nós poderíamos administrar uma série de testes – complete com uma bateria de perguntas comportamentais e de juízo situacional – e lançar mão de uma série de respostas fornecidas pelo computador. Então, enviaríamos ao candidato com a maior pontuação uma carta automática com uma oferta de emprego.

Mas não fazemos isso, e a razão pela qual não fazemos isso é que há mais coisas para encontrar o candidato certo do que a habilidade técnica. Há a sua personalidade, a sua atitude e o sentimento que temos quando estamos em sua companhia.

Dada a miríade de caminhos que faltam às entrevistas, é fácil questionar que utilização elas fornecem. Mas há uma coisa que uma entrevista bem conduzida pode revelar, algo que nenhum currículo, indicação ou projetos podem oferecer: um olhar atento para o tom emocional do candidato.

Na maioria das conversas, a nossa atenção se volta naturalmente para a troca de informações. Nós prestamos atenção a quem, ao quê, a onde e a quando. A menos que algo incomum aconteça, nós raramente nos aprofundamos e analisamos as comunicações sob a sua superfície.

Os terapeutas, no entanto, tornam um hábito a audição diferencial. Eles se centram na emoção por detrás da história. Anos de treinamento lhes ensinaram que as observações das pessoas seguem um padrão – um padrão que se reflete na forma como elas descrevem os eventos. Como nós vivenciamos o passado é um indicador de como nós vivenciaremos o futuro.

Considere como um candidato responde à seguinte questão aberta: *o que você pode dizer sobre a sua experiência em seu emprego atual (ou anterior)?* Trata-se de uma questão que eles podem levar para qualquer direção. Eles se voltarão para caminhos pelos quais o emprego estimulou seu desenvolvimento, ou eles falarão sobre todas as formas pelas quais seu trabalho não era algo que preenchia suas expectativas?

A maneira como os candidatos veem sua vida profissional não se refere apenas ao trabalho que eles já realizaram, trata-se de um reflexo de quem eles são. As pesquisas mostram que candidatos que tiveram experiências positivas no local de trabalho no passado têm a tendência de continuar a ter experiências positivas no futuro, ao passo que candidatos que se sentiram insatisfeitos em seus trabalhos anteriores tendem a continuar a entrever problemas em seu próximo trabalho.

Pedir aos candidatos que descrevam suas experiências passadas é uma maneira de desvelar seu aspecto emocional. Outra é fazer perguntas abertas que revelem mais sobre um candidato do que como ele ou ela trabalha no escritório. Um exemplo é um pedido que o fundador do Google, Sergey Brin, gosta de fazer durante suas entrevistas: *ensine-me algo que eu não saiba.* A forma como os candidatos respondem a essa questão inesperada pode lhe dizer como eles lidam com situações imprevistas, assim como fornecer um acesso para tópicos pelos quais eles são apaixonados e nos quais têm confiança o bastante para fornecerem explicações.

A mesma razão se aplica a questões projetivas que requerem que os candidatos revelem aspectos de sua personalidade como parte de sua resposta. Questões aparentemente inócuas que supostamente têm pouco a ver com o trabalho podem revelar muito sobre um candidato.

Enquanto era entrevistada para uma vaga para a residência médica, perguntaram à minha esposa: "Se você fosse um tecido, que tipo de tecido você seria e por quê?" Desnecessário dizer que essa não é uma pergunta que ela estava preparada para responder. Mas a resposta dela – "veludo, porque eu sou cordial por dentro e sutil por fora" – ajudou a comunicar que ela estava comprometida em ser um membro da equipe.

Quando você ouve as pessoas em busca de emoções, você se torna melhor em selecionar candidatos altamente habilidosos que podem passar por dificuldades em suas carreiras por causa de aspectos emocionais negativos. Um aspecto de uma personalidade desafiadora é a tendência a descrever a si mesmo como uma vítima. Quanto mais as pessoas veem a si mesmas como vítimas, mais fácil é para elas esquivar-se de responsabilidades pessoais por suas circunstâncias. Para sermos justos, candidatos vitimizados podem ter razão em suas avaliações. Chefes incompetentes e colegas traiçoeiros são uma realidade no mundo corporativo. Mas culpar os outros é um hábito difícil de ser deixado de lado.

Outra bandeira vermelha em termos emocionais: o sarcasmo. Enquanto um comentário mordaz ocasional pode disseminar boas risadas, o sarcasmo frequente tende a refletir insatisfação, o que pode estar enraizado no que alguns psicólogos acreditam ser raiva e hostilidade.

Por que analisar tanto a utilização do humor por parte de um candidato? Pesquisadores argumentam que há uma diferença fundamental entre o humor positivo (o qual é de boa natureza e amigável) e o humor negativo (que pode ser agressivo e autodefensivo). Enquanto ambos os tipos podem elevar o nosso humor temporariamente, o humor negativo é frequentemente utilizado para ajudar as pessoas a se sentirem superiores em situações em que elas percebem que têm pouco controle.

Quando os candidatos são frequentemente sarcásticos, isso sugere que eles se sentem não empoderados, o que reflete mal para seu potencial de liderança. Isso também significa que, daqui a um ano, você pode encontrá-los provocando colegas de trabalho de uma forma que lhes permite velar suas críticas enquanto eles alegam que estavam simplesmente brincando o tempo todo. Ainda pior: quando você descobrir tudo isso, poderá ver que a prática já se disseminou para outros membros de sua equipe.

OS BENEFÍCIOS E AS DESVANTAGENS DE SE CONTRATAR UM CANDIDATO COM FORMAÇÃO DISTINTA

Suponha que, ao longo do curso de suas entrevistas, você encontre uma candidata que tenha todas as habilidades corretas, mas que tenha também uma personalidade e uma formação que difere consideravelmente daquela dos seus atuais funcionários.

A sua equipe é leve e alegre. Essa candidata é introvertida e reservada. A sua equipe é voltada para os processos e é colaborativa. Essa candidata vem trabalhando de forma independente há anos. A maioria das pessoas na equipe passou as carreiras inteiras trabalhando em sua empresa. Essa candidata vem de uma formação completamente diferente, mas parece qualificada para realizar o trabalho.

Ela se saiu muito bem na entrevista e todos parecem gostar dela. Você deveria oferecer o trabalho a ela?

Para um número crescente de empresas, a peculiaridade da formação se tornou uma importante prioridade quando se trata de chegar a decisões de contratação. Em vez de simplesmente selecionar funcionários que têm as habilidades necessárias, empresas como a Zappos estão procurando assegurar que os novos contratados partilhem valores comuns antes de trazê-los para a equipe de funcionários.

A ideia tem um apelo intuitivo. Quando os funcionários têm normas e atitudes similares, eles têm mais chances de se relacionarem bem. E quanto melhor eles se relacionarem, com mais probabilidade eles tenderão a produzir. Certo?

Ocorre que a equação nem sempre é tão simples.

Quando a similaridade entre colegas de trabalho consegue estimular interações mais sutis e melhores relações profissionais, há um ponto em que muita similaridade pode, na verdade, obstruir certos elementos da *performance*. Há muitas razões para isso. A similaridade, por exemplo, estimula a complacência. Quando nós estamos cercados por outras pessoas que partilham nossos pontos de vista, há pouca razão para que realizemos novos pensamentos. Nós ficamos estagnados fazendo coisas da mesma forma que sempre fizemos porque ninguém nos está desafiando a pensar de forma diferente.

A similaridade também fomenta confiança em demasia. Quando todos ao nosso redor veem o mundo exatamente como nós, nós superestimamos a precisão de nossas opiniões. Essa autoconfiança infundada nos leva a investir menos esforços em nossas decisões, tornando os erros mais comuns.

Por fim, quanto mais nós tivermos coisas em comum com os nossos colegas, com menos probabilidade nós encontraremos novas perspectivas. Isso pode ser especialmente problemático quando o trabalho que fazemos requer pensamentos inovadores.

Um estudo fascinante de 2009 observou a maneira como muita similaridade pode tirar dos trilhos as tomadas de decisões de uma equipe. Em meio ao estudo, as equipes de três membros precisavam resolver um problema com a ajuda de um novo membro que era similar ou distinto em relação aos integrantes do grupo. Os resultados foram claros: enquanto equipes homogêneas se sentiam mais confiantes em suas decisões, eram as equipes diferentes que mostravam melhor desempenho.

Como é que os novatos distintos elevaram o desempenho de suas equipes? Não foi da forma como suspeitamos. Não foi, por exemplo, por meio da introdução de novas formas de apreciar velhos problemas. Em vez disso, foi motivando os membros veteranos da equipe a reexaminar suas posições e os dados do processo de forma mais cautelosa. E isso foi precisamente o que eles negligenciaram pelo fato de todos no grupo serem similares.

A mera presença de alguém de fora leva os membros veteranos a pensar com mais efetividade.

Qual o grau certo de distinção em termos de formação para um candidato a uma vaga de emprego? A resposta pode ser complexa.

Quando o trabalho por si só é simples e o pensamento criativo raramente é requerido, estabelecer uma força de trabalho homogênea tem suas vantagens. Mas o mesmo não pode ser dito para empresas que procuram estar na linha de frente da inovação. Aqui, expor as pessoas a diferentes pontos de vista pode gerar mais valor de assegurar que elas se sintam mais confortáveis e cômodas.

Outro fator a ser considerado: o lugar da empresa em seu ciclo de vida corporativo. Quando uma empresa é pequena ou está apenas saindo do chão, valores partilhados e visões comuns são vitais. Levar uma empresa de quatro pessoas a uma equipe de cinco pessoas aumenta sua força de trabalho em 20 por cento – uma mudança considerável. É nesse estágio inicial que a coesão é muito importante para ser posta de lado.

Mas, conforme a empresa amadurece, muita similaridade pode, na verdade, ter um efeito reverso. Imitar os funcionários não é o ideal – especialmente em empresas em que o trabalho envolve pensamentos complexos. Sem a diversidade de opinião, há também uma falta de tensão inovadora. As ideias ficam estagnadas. A liga que mantém as partes coesas também pode fazer com que elas não saiam do lugar.

A DURA VERDADE SOBRE AS CONTRATAÇÕES

Para criar um ótimo local de trabalho você precisa ser muito bom nas contratações. Não importa quão bem você administre, com qual frequência você reconheça o desempenho dos funcionários ou quão generosamente você distribua recompensas, não há nenhum substituto para a seleção de pessoas talentosas e sua colocação nos papéis certos.

Se nós aprendemos algo neste capítulo, é o seguinte: encontrar ótimos funcionários é muito mais difícil do que parece.

A nossa mente evoluiu para sobreviver na savana – não para discernir entre centenas de candidatos. É por isso que é muito importante que pensemos de forma inteligente sobre as informações que coletamos, ao darmos passos que corrijam os preconceitos cognitivos que turvam a nossa percepção. Afinal, contratar é um jogo. E, em cada jogo, há incerteza e risco. Quanto melhor nos tornarmos em minimizar a ambiguidade, mais melhoraremos nossa sorte.

AS LIÇÕES DAS CONTRATAÇÕES
Itens de ações para gerentes

Criar a sua própria audição cega. Em vez de confiar primariamente em entrevistas pessoais para selecionar candidatos, convide os candidatos a realizar uma tarefa que seja diretamente relevante para o trabalho que eles vão fazer na sua empresa. Se possível, utilize essa atividade como uma base para apresentar o candidato à sua equipe, para que a primeira impressão que eles tenham seja baseada na habilidade ao invés de se relacionar à aparência.

Aproveite os seus funcionários para recrutar grandes talentos. É axiomático no mundo dos negócios falar o seguinte: "Jogadores de nível A atraem jogadores de nível A, enquanto jogadores de nível B atraem jogadores de nível C". No entanto, é raro que as empresas façam bom uso desse *insight*. A realidade do mercado de trabalho é que os melhores funcionários raramente estão procurando um novo trabalho. É por isso que a sua melhor oportunidade para encontrar ótimos funcionários – em vez de pagar milhares de dólares para um recrutador – está em envolver os seus melhores funcionários na identificação e recrutamento dos futuros colegas de trabalho.

Fique atento às ambivalências da formação peculiar de candidatos. Contratar com base na similaridade pode ser uma estratégia útil, especialmente para estruturar equipes para as quais a prioridade número um é o bom relacionamento. Isso não significa, no entanto, que a uniformidade é sempre a melhor abordagem. Quando todos em uma empresa têm a mesma personalidade, isso pode levar a uma perspectiva estreita e enfraquecer as tomadas de decisões. Em vez de pressupor que a similaridade é sempre o melhor, lembre-se dos benefícios da diversidade.

AS LIÇÕES DAS CONTRATAÇÕES
Itens de ações para líderes emergentes

Explore a sua rede de contatos. Você pode esperar que o seu gerente encontre o seu próximo colega, ou, então, você pode recomendar alguém com quem você gostaria de trabalhar para que a vaga seja ocupada. Os benefícios de trabalhar paralelamente como um representante de RH da sua empresa são muitos. Seus amigos apreciarão as suas preocupações com eles. O seu gerente notará seu investimento no sucesso da empresa. As chances de você trabalhar com alguém que respeita aumentam exponencialmente. Também vale a pena considerar: quanto melhor um candidato parecer, mais inteligente você parecerá. Isso acontece porque nós tendemos a pressupor que as pessoas são similares a seus amigos, o que torna a recomendação de um candidato ótimo um movimento perspicaz para a carreira.

Abra com cordialidade. Anteriormente neste capítulo, nós aprendemos sobre um ponto cego cognitivo que leva as pessoas a presumirem que há uma relação inversa entre o nosso nível de cordialidade e o nosso nível de competência. Quando estabelecemos a primeira impressão para um colega ou cliente, muitos de nós focamos em enfatizar a nossa competência em um esforço para demonstrar que somos contribuintes valiosos. No entanto, as pesquisas sugerem que essa é, precisamente, a abordagem errada para criar um vínculo duradouro. Iluminar nossos pontos fortes pode diminuir a percepção da nossa cordialidade, tornando mais difícil o estabelecimento da confiança. Para liderar de forma efetiva no local de trabalho, procure, antes de mais nada, se conectar com os outros, ao mostrar interesse em suas visões e ao estabelecer um terreno comum. Somente então, depois de você ter projetado cordialidade, é possível construir uma fundação sem arriscar transparecer frieza.

Planeje as suas primeiras impressões. Quando você encontra um novo cliente ou colega, os primeiros minutos de uma troca de ideias podem ter um impacto dramático sobre a relação. Em vez de relegar esses momentos críticos ao acaso, considere a possibilidade de esboçar o que você planeja dizer, para que a sua primeira impressão seja forte. Se você estiver entrevistando para uma vaga de trabalho, por exemplo, memorize uma abertura que possa ser usada caso seus entrevistadores comecem com uma questão vaga como, "Fale-me sobre você". Caso essa não seja a primeira pergunta que você receba, tente direcionar suas indagações e, então, trabalhe em direção às suas respostas planejadas. Geralmente, é possível se recuperar de um erro cometido no meio de uma reunião; no entanto, recuperar-se de uma abertura insegura é consideravelmente mais difícil.

Onze

O que os esportes, a política e a religião nos ensinam sobre o estímulo ao orgulho

As portas do elevador se abrem. Você entra no apartamento, ouve Miles Davis acompanhado de brindes gentis com taças de champanhe. Há mais pessoas aqui do que você esperava. A maioria delas em ternos e vestidos. Até mesmo os garçons estão vestidos impecavelmente.

Enquanto subia, você recebeu uma mensagem de texto.

O trânsito está terrível. Vou levar mais 45 minutos.

Perfeito, você pensa. Aqui está você, chegando em um coquetel sem conhecer absolutamente ninguém.

Felizmente, há uma mulher aqui para saudá-lo. Ela tem pouco mais de 50 anos e tem a aparência de alguém que passa o verão no sul da França. Ela o recebe em sua casa.

"Mas que apartamento adorável", você diz, pensando por que você chegou a concordar em um encontro *dentro* da festa em vez de ele acontecer no saguão. Agora, é claro, é tarde para escapar. Não até que você tenha dado a ela o seu casaco e lhe tenha dito o seu nome.

"Então, diga-me", ela diz, dando-lhe uma taça de vinho, "onde você trabalha?"

Vamos parar aqui por um momento. Imagine-se nessa exata situação, em uma sala repleta de estranhos, a ponto de dar a resposta. Agora, direcione a sua atenção para dentro de si. Como é que você se sente naquela fração de segundo, quando você está para revelar o nome do seu local de trabalho?

A pergunta não é simplesmente retórica – trata-se de um diagnóstico. A forma como vivenciamos a revelação para os outros sobre o local onde trabalhamos fornece uma afirmação valiosa do nosso orgulho em relação ao local de trabalho.

Considere a sua reação ao dizer às pessoas o nome da sua empresa. Você se sente um pouco mais alto, ou a sua postura subitamente se retrai? Você espera por um incremento na admiração do seu ouvinte, ou, em vez disso, por um olhar de educada confusão? Você está esperando, secretamente, por uma mudança de assunto ou por uma série de novas perguntas?

É raro que as empresas reflitam devidamente sobre se os seus funcionários sentem orgulho de seu local de trabalho, mas, ainda assim, as implicações podem ser profundas. Pesquisas indicam que o orgulho está associado com uma maior lealdade por parte dos funcionários e um menor interesse na busca por outros empregos. Em muitas empresas, minimizar os pedidos de demissão é algo vital. Quanto mais tempo os funcionários trabalharem para uma empresa, melhor eles conhecem o negócio e mais valiosas serão suas contribuições.

O orgulho também influencia a disposição das pessoas para dizer a seus amigos e vizinhos sobre onde elas trabalham. E essas conversas se somam e quanto mais os funcionários descreverem suas empresas de maneira radiante para as pessoas ao seu redor, mais forte será a reputação da empresa para as futuras contratações e o clientes potenciais.

Estudos sugerem que o orgulho também pode contribuir para o desempenho no trabalho de várias maneiras. Pesquisadores descobriram que a experiência do orgulho traz energia e leva as pessoas a perseverarem mais tempo em tarefas desafiadoras. Vendedores que afirmam sentir orgulho de seu local de trabalho são mais motivados, se esforçam mais e apresentam melhores resultados. E não se trata apenas dos lucros. Estudos mostram que funcionários orgulhosos também apresentam mais tendência a ajudar seus colegas, assim como a se envolver em comportamentos que melhoram o funcionamento da empresa como um todo.

Um experimento de 2009 observou o impacto de *fazer* as pessoas se sentirem orgulhosas em laboratório. Após terminar um exame falso supostamente feito para testar a capacidade espacial, os participantes haviam chegado à pontuação do 94º percentil, o que, acrescentou a condutora do experimento, estava entre as pontuações mais altas que ela já havia visto.

Os participantes tiveram, então, que resolver um jogo de palavras cruzadas tridimensional – dessa vez, ao lado de um parceiro.

Como a experiência do orgulho influenciaria o desempenho das pessoas de uma equipe? Para descobrir, os condutores do experimento compararam os participantes que receberam um *feedback* positivo em seus exames com aqueles que fizeram o teste mas não haviam recebido comentários sobre como haviam se saído. Os resultados enfatizam as maneiras sutis como o orgulho pode afetar o comportamento em um arranjo no local de trabalho. Os participantes orgulhosos tiveram mais iniciativa nas tarefas de resolução de problemas e mostraram maior liderança em meio à sua equipe, apesar de isso não se dar da forma que poderia ser vivenciado por colegas como soberba. Eles foram assertivos sem serem agressivos. Na verdade, comparados àqueles que não haviam recebido qualquer *feedback* em seus exames, os participantes orgulhosos foram considerados mais apreciáveis por seus colegas de equipe.

Os líderes frequentemente presumem que, enquanto os funcionários estiverem felizes com seus trabalhos, o orgulho em relação à empresa fluirá naturalmente. Mas não está claro que isso seja realmente verdadeiro. Uma coisa é gostar de trabalhar em uma empresa, outra coisa é se sentir orgulhoso em relação a isso.

Veja o exemplo de Craig Sherman, que, aos 36 anos, considera seu trabalho como gerente imensamente gratificante. Todos os dias Craig ajuda uma equipe crescente de funcionários a desenvolver novas habilidades, a cumprir uma variedade de prazos desafiadores e a satisfazer centenas de clientes.

Craig ama o seu trabalho, mas isso não significa que ele tem orgulho do fato de que ele trabalha no McDonald's.

Então, o que você faz quando quer que os Craigs do mundo se sintam orgulhosos de seus locais de trabalho? Como você torna os funcionários genuinamente empolgados para falar sobre suas empresas na próxima vez em que alguém perguntar?

Nós sabemos que o orgulho pode elevar o desempenho de uma empresa. Mas qual é a fórmula para desenvolver o orgulho?

DE ONDE O ORGULHO VEM

Psicólogos sociais que estudam a ciência da emoção humana argumentam que, em sua essência, o orgulho se refere fundamentalmente ao *status*. O orgulho é um sentimento prazeroso que temos quando refletimos sobre a conquista de um resultado socialmente desejável, algo que eleva a nossa posição em meio ao nosso grupo.

Como animais sociais, nós buscamos ser vistos de forma positiva. Isso acontece pelo fato de que ser valorizado pelos outros traz consigo vantagens evolutivas significativas: mais atenção, maior influência, acesso a recursos importantes.

Uma forma para que determinemos se nós somos valorizados se dá pela comparação de nossa posição social com a posição daqueles que estão ao nosso redor. Quando o nosso *status* aumenta, nós nos sentimos bem em relação a nós mesmos e sentimos orgulho. Mas, no momento em que o nosso *status* diminui, nós tendemos a vivenciar a emoção oposta: vergonha.

A ideia de que o orgulho e a vergonha estejam vinculados de forma intrínseca ao *status* social explica por que perder um emprego e ganhar uma competição podem nos afetar de maneira tão forte. Mudanças na consciência de nossa posição estão diretamente ligadas às nossas experiências emocionais. Orgulho e vergonha servem como guias emocionais que nos dizem se nós estamos agindo com sucesso em nossos objetivos socialmente valorosos.

Nós sentimos orgulho em conquistas que elevam o nosso *status* aos olhos dos outros: uma posição de trabalho de prestígio, um carro caro, uma família atraente. Essas são as coisas que nós apresentamos aos nossos amigos e vizinhos – e não os problemas financeiros e as brigas no casamento.

Nós utilizamos critérios similares para determinar se é preciso colocar as filiações de nosso grupo à mostra. Quando nós estamos associados a um grupo que estimula o nosso *status* social – um clube de golfe de prestígio, uma instituição acadêmica, a Mensa, a maior e mais antiga sociedade de alto QI do mundo – nós exprimimos um grande orgulho de nossa afiliação. Mas, se um grupo confere pouca vantagem ou diminui a consciência de nosso *status*, nós geralmente nos inclinamos a guardar a afiliação para nós mesmos.

Estudos sugerem que nós somos bastante estratégicos para sinalizar as nossas afiliações. O comportamento dos fãs de esportes fornece uma ilustração útil nesse sentido. Pesquisas mostram que os fãs tendem significativamente mais a vestir a parafernália de suas equipes um dia *depois* que o time se saiu vitorioso, promovendo sua conexão com um vencedor consumado. Mas, no momento em que um time começa a atingir uma virada de derrotas, os bonés e camisas misteriosamente desaparecem. Os psicólogos chamam isso de SAL, um acrônimo que significa *saborear a glória alheia*. Em muitos casos, trata-se de um impulso inconsciente, um impulso que não se limita aos esportes.

Nos dias que se seguiram às eleições gerais de 2008, psicólogos se perguntaram quanto tempo levaria para os eleitores de Barack Obama e John McCain removerem as placas de apoio político de seus jardins. Para descobrir isso, os pesquisadores se dirigiram ao redor de centenas de lares todos os dias durante uma semana, gravando as placas que ainda estavam de pé. Em média, os sinais de McCain desapareceram de forma relativamente rápida. Os apoiadores de Obama, por outro lado, não tinham pressa, mantendo as placas dispostas por quase cinco dias após o resultado das eleições.

A base psicológica do orgulho levanta problemas inusitadamente espinhosos a partir da perspectiva do local de trabalho. Se o orgulho está vinculado ao *status*, o que uma empresa pode fazer para aumentar a posição social dos seus funcionários?

Conforme nós descobriremos na próxima seção, a resposta é mais do que você inicialmente pode imaginar.

AS BASES PARA O ORGULHO

Nem toda empresa é igualmente adepta do desenvolvimento do orgulho de grupo. Ao dirigir por uma estrada, é muito mais provável que você encontre um adesivo exprimindo orgulho por um grupo étnico ou por um time da liga menor de beisebol do que alguém que comunica a paixão pelo local de trabalho.

Trata-se de uma desconexão curiosa. Nós passamos quase metade das nossas horas despertas trabalhando em empresas que financiam o nosso sustento, desenvolvem nossas habilidades e nos aproximam de muitos dos nossos amigos. Ainda assim, nós raramente apresentamos sequer uma fração do entusiasmo por nossas empresas como o fazemos para grupo que, frequentemente, desempenham papeis muito menos proeminentes em nossas vidas.

O que é que torna alguns grupos – particularmente, as instituições religiosas, os partidos políticos e as equipes esportivas – tão efetivos em desenvolver o orgulho entre seus membros?

Vamos dar uma olhada para algumas das características que os grupos *indutores de orgulho* frequentemente têm em comum e examinar como cada elemento pode ser usado para construir o orgulho no local de trabalho.

BASE Nº 1: UMA GRANDE NARRATIVA

A primeira característica de grupos indutores de orgulho: uma história arrebatadora tanto sobre o futuro do grupo quanto sobre seu passado.

Vamos começar primeiramente com o futuro. Instituições religiosas, partidos políticos e equipes esportivas unem seus membros ao redor de visões inspiradoras. Ao fornecer a seus membros uma visão comum de sucesso (por exemplo, entrar no céu, reformar o sistema de impostos e vencer um campeonato), cada grupo oferece a seus seguidores uma razão para que eles vejam o pertencimento como um investimento – algo com o qual seu *status* será elevado.

Os especialistas em liderança Jim Collins e Jerry Porras argumentam que empresas de sucesso precisam de mais do que uma missão corporativa; elas também precisam de "um grande e audacioso objetivo" para manter suas equipes estimuladas. Religiões, partidos políticos e equipes esportivas têm usado essa abordagem por gerações, pintando um quadro emocionalmente arrebatador de um futuro que os membros do grupo podem alcançar ao trabalharem de forma colaborativa. Quando mais estimuladas as pessoas estiverem ao redor dos objetivos de seus grupos, mais orgulho elas podem sentir em pertencerem a eles.

Centrar-se no futuro oferece um benefício adicional: isso faz com que as pessoas estejam mais dispostas a se sacrificar no presente. Essa é uma razão pela qual as pessoas que estão de dieta sentem-se dispostas a deixar de lado as delícias de uma série de alimentos que engordam. Ao projetar o futuro em uma sunga ou biquíni, elas estão mais dispostas a lançar mão da vontade de poder resistir à tentação no presente.

Parafraseando Nietzsche, "aquele que tem uma razão, consegue suportar quase tudo".

Mas quando se trata de desenvolver o orgulho do grupo, uma visão inspiradora do futuro é, com frequência, apenas metade da equação. Em muitos casos, é a *história* de uma empresa que representa o maior recurso para desenvolver o orgulho dos funcionários. A razão é simples: quanto mais os membros da equipe souberem sobre as conquistas preteridas de sua empresa, mais orgulho eles podem sentir em fazer parte do grupo. Há uma diferença entre ser o arremessador do Tampa Bay Rays e do New York Yankees – e não se trata apenas da localização geográfica. Quando nós sentimos que pertencemos a uma empresa com uma tradição célebre, isso estimula a consciência de nosso *status* e eleva a nossa conexão com a equipe.

Líderes políticos e religiosos frequentemente entremeiam eventos históricos em grandes discursos, construindo um senso de conexão com o passado antes de lançar suas visões sobre o futuro. Trata-se de uma técnica retórica efetiva. Invocar a história do grupo dá aos ouvintes o senso de que eles são parte de algo maior e faz com que o pertencimento seja mais significativo.

Compare isso com a realidade de muitas empresas, nas quais os funcionários são lançados em posições sem qualquer senso de como suas contribuições servem para a história da empresa. Uma falta de contexto os impede de apreciar totalmente seus trabalhos e deles sentir orgulho.

Não é incomum que os líderes se tornem consumidos por demandas do presente que eles negligenciam ao apresentar uma visão do futuro ou ao celebrar os sucessos do passado. A partir de uma perspectiva que busca embasar o orgulho, fazer isso desperdiça uma importante oportunidade. É por isso que faz sentido investir na educação de novos funcionários sobre a história da empresa, dispor placas no local de trabalho que sublinhem conquistas pretéritas e usar os discursos ocasionais para lembrar aos membros atuais da equipe de quão longe eles chegaram.

Quanto mais os funcionários estiverem harmonizados com a história da empresa – passada e futura –, mais fácil é para eles sentir orgulho em desempenhar um papel.

BASE Nº 2: DISTINÇÃO DE GRUPO

Outra característica de grupos indutores de orgulho: um ponto claro de diferença.

No passado, rituais, linguagem e vestimentas serviam para distinguir os membros da tribo dos forasteiros. Aspectos visuais e comportamentais de distinção de um grupo ajudavam a facilitar os vínculos entre os membros enquanto tornavam os forasteiros mais marcadamente diferentes.

Hoje, identificar as diferenças entre a nossa "tribo" e os forasteiros pode ser mais desafiador.

Quando quase tudo sobre uma empresa é similar a seus competidores – de sua oferta de produtos ao *design* do local de trabalho, do visual ao sentido de sua marca –, é difícil para os funcionários encontrarem de que eles possam se orgulhar. Não é o suficiente saber o que a empresa faz bem. Para que o orgulho em relação ao local de trabalho venha à tona, você precisa de um entendimento claro daquilo que o torna distintivo.

Sejam uma missão da empresa não convencional, uma cultura única no local de trabalho ou um espaço de trabalho excepcional, as empresas que têm um ponto explícito de diferenciação estão em vantagem quando se trata de desenvolver o orgulho de grupo.

Ao fim, a forma como uma empresa define sua distinção é menos importante do que o fato de que ela tenha algo que a distinga e que seus membros considerem significativo. É quando nós vemos todos os grupos como similares ("republicanos, democratas... eles são todos iguais!") que nós deixamos de sentir orgulho de nossas afiliações.

BASE Nº 3: UM COMPROMISSO COM O BEM MAIOR

Uma terceira característica de grupos indutores de orgulho: uma devoção a melhorar a vida dos outros.

É comum a grupos religiosos e partidos políticos alardear a forma como seus trabalhos beneficiam a sociedade. Até mesmo equipes esportivas frequentemente estabelecem seus desejos de vitória em relação às implicações que seu sucesso terá sobre as escolas, as cidades ou os fãs.

O altruísmo empresarial pode tornar a afiliação mais atraente. Quando as contribuições de um grupo beneficiam a comunidade mais ampla, o *status* social dos membros melhora. Não só os funcionários se orgulham de sua afiliação, mas também eles passam a querer que outros saibam que eles são parte de uma empresa que realiza trabalhos socialmente valorosos.

Os psicólogos acreditam que, mesmo que sejamos motivados a maximizar o nosso próprio interesse, nós também tendemos a colaborar e a agir de forma altruísta em certas circunstâncias. Ajudar os outros é intrinsecamente recompensador e nos faz sentir bem em relação a nós mesmos. Isso também dá ao trabalho que realizamos um maior valor ao fazer com que vejamos que nossos sacrifícios têm um sentido.

Uma forma pela qual as empresas frequentemente iluminam seu compromisso com o bem maior é por meio de doações de caridade a causas importantes. Trata-se de uma ação louvável. Mas, em muitos casos, ela é feita de uma forma que falha em aproveitar a vantagem total da oportunidade para estruturar o orgulho da empresa.

Na maioria das empresas, as decisões para as doações são tomadas em nível executivo, deixando os funcionários surpreendentemente desvinculados do processo. As doações são simplesmente anunciadas por meio de um *e-mail* ou pela lista de novidades da empresa. E, ainda que os funcionários possam apreciar genuinamente o envolvimento de sua empresa nesse sentido, sua participação é mínima.

O problema com essa abordagem é que ela deixa de lado um importante componente psicológico do orgulho: a responsabilidade pessoal. É difícil se sentir orgulhoso por um resultado para o qual nós mal contribuímos.

Empresas como a Allianz Life, um empresa de seguro de Minnesota, estão tentando lidar com essa questão convidando seus funcionários a indicar organizações sem fins lucrativos, e então elas permitem a eles que votem em relação às ações de caridade da empresa fornecidos em grupo. Outras empresas, como a Charles Schwab, associam-se às doações pessoais dos funcionários para as organizações sem fins lucrativos, multiplicando o impacto de suas doações individuais.

Outra forma de utilizar as doações das empresas para estruturar o orgulho se dá ao permitir que os funcionários passem um tempo de folga para realizar trabalho voluntário. A empresa de roupas Patagonia, por exemplo, todos os anos, organiza uma série de estágios para os funcionários, permitindo que eles sejam voluntários em grupos de conservações por até sessenta dias.

Em muitas empresas, oferecer aos funcionários um tempo estendido fora do escritório não é uma opção realista. O programa da Microsoft, gigante de *softwares* para computadores, pede as funcionários que relatem a quantidade de tempo que eles passaram realizando atividades voluntárias em organizações de caridade e recompensa seus esforços com uma doação de caridade de 17 dólares para cada hora trabalhada. É uma maneira de demonstrar o compromisso da empresa com o bem maior, ao colocar os funcionários à frente do processo.

BASE Nº 4: A CONVICÇÃO DE TODOS OS MEMBROS SÃO IMPORTANTES

Um ingrediente final dos grupos indutores de orgulho: fazer com que cada membro sinta que suas contribuições sejam válidas.

Religiões e partidos políticos frequentemente enfatizam que todos os membros podem fazer a diferença. Seja espraiando a palavra de Deus ou indo votar no dia da eleição, a mensagem subliminar é a mesma: cada um de nós é importante.

Uma maneira de fazer com que os funcionários sintam que suas contribuições importam no trabalho é ajudá-los a desenvolver um senso de propriedade. Quando mais sentido de propriedade nós tivermos em relação a nosso grupo, mais fácil será nos orgulharmos por sermos membros.

O envolvimento em decisões empresariais – como escolher que instituições de caridade recebem uma doação – é uma forma de desenvolver o senso de propriedade dos funcionários. Assim como colocar o nome deles em brindes para os clientes e apresentar suas biografias na página da empresa.

Ver nosso nome vinculado ao nosso trabalho nos permite sentir orgulho por nossas conquistas. Isso também elimina o caráter anônimo que pode contribuir para prejudicar o desempenho. Quando há um vínculo visível entre a nossa identidade e o produto do nosso trabalho, nossos desempenhos se tornam um reflexo de quem nós somos.

Se você foi a restaurantes chiques nos últimos anos, provavelmente notou uma tendência crescente de dispor os nomes dos chefs no cardápio. É difícil saber se isso faz mais para elevar o esforço dos chefs em preparar seus pratos ou se simplesmente estimula as expectativas em relação ao jantar, mas, pela minha experiência, trata-se de um indicador de uma boa refeição.

Outra forma de ajudar os funcionários a sentir que suas contribuições são importantes é expressar gratidão diretamente às suas famílias. Elas são um grande juiz sobre o nosso *status*. Quando uma empresa faz com que um funcionário se saia bem diante de sua esposa e filhos, isso os afeta de maneiras muito mais poderosas do que um simples tapinha nas costas no trabalho.

Aqui estão algumas das maneiras mais inovadoras com as quais as empresas começaram a elevar o *status* dos funcionários em casa em relação a vários pontos de seu período na empresa:

Para os novos contratados
- Mandar flores ou doces para a casa de um novo contratado assim que a oferta de emprego foi consolidada (McMurry, uma agência de publicidade).
- Uma carta para o cônjuge do novo contratado, dando as boas-vindas à família (Acuity, uma empresa de seguro).
- Convidar os membros da família para um *tour* pela empresa no primeiro dia de trabalho (Talent Plus, uma empresa de recrutamento).

Para funcionários esforçados e já há muito tempo na empresa
- Cestas de alimentos para os entes queridos quando um funcionário fez horas extras (Hotéis e Restaurantes Kimpton).
- Uma viagem de fim de semana em um *resort* no Lago Tahoe de propriedade da empresa (Construtora DPR).
- Uma nota de agradecimento e um vale de 100 dólares para os cônjuges ao fim de uma temperadora de impostos muito atarefada (firma de contabilidade EKS&H).
- Depois de cinco anos de empresa, uma semana adicional de férias acrescida de 5.000 dólares (Incorporadora Akraya, uma firma de fornecimento de pessoal).

Para os mais recentes papais
- Refeições preparadas por um chefe depois de uma semana do nascimento do bebê (Snagajob, uma empresa de desenvolvimento de *websites*).
- "Dinheiro do bebê" para ajudar nos custos de cuidado, fraldas e dias a passeio (Facebook).
- Um novo assento para transportar o bebê com segurança no carro (Projetos Integrados de Gerenciamento).
- Um bônus para os pais cujas crianças são adotadas (Deloitte).

Para os pais que têm filhos mais velhos
- Um vale-presente a cada aniversário dos filhos (Grupo Studer).
- Dia de folga para o primeiro dia no jardim de infância e na primeira série, assim como as reuniões de pais e professores (Spokane, união de crédito para os professores).

- Um painel no escritório dedicado aos trabalhos de arte dos filhos dos funcionários (Alston & Bird).

- Uma bolsa anual para estudantes de alto nível (Empresa de Mineração Badger).

- Convidar os filhos dos funcionários para desenvolver o cartão de férias da empresa (Incorporador Integrity Applications).

Os funcionários querem se sentir orgulhosos de sua empresa. Quando uma empresa passa a reconhecer seus esforços e os ajuda a ter uma boa visão diante de seus entes queridos, a experiência do orgulho se torna um resultado natural.

E, muitas empresas que aplicam essas técnicas voltadas para a família, estão descobrindo o valor que esses benefícios fornecem e se estendem para além do crescimento e do orgulho dos funcionários. Em muitos casos, eles também fazem com que os cônjuges, a família e os amigos falem de forma vibrante sobre uma empresa, elevando a sua reputação em meio à comunidade e pavimentando o caminho para a atração de futuros talentos.

A MANEIRA ERRADA DE ESTRUTURAR O ORGULHO

Nem tudo que uma empresa faz para elevar o *status* dos funcionários vale a pena. De fato, alguns passos são surpreendentemente contraproducentes.

Considere, por exemplo, as posições de emprego.

Suponha que você tenha preparado fundos para uma nova posição de vendas na sua empresa. Você tem a candidata perfeita em mente e liga para ela para oferecer o trabalho. Depois que você terminou de descrever a vaga, ela faz uma pergunta que você não havia considerado devidamente: qual é o título dessa vaga de trabalho?

Você para um momento para pensar em algumas opções. Uma opção à mão, "associado de vendas", é tecnicamente precisa, apesar de não ser particularmente glamorosa. Então há a possibilidade de "diretor de vendas", a qual é muito mais distinta, mas se trata de algo que força um pouco a barra. Essa é a primeira vaga da sua empresa para um trabalho de tempo integral em vendas, o que significa que a única pessoa que a sua nova funcionária vai dirigir é ela mesma.

Ainda assim, você não consegue deixar de se perguntar se o orgulho que ela sentirá em ter uma posição de nível de diretoria também poderá motivá-la a trabalhar mais duro, transformando-a em uma melhor vendedora.

Trata-se de uma pressuposição razoável. Infelizmente, as pesquisas sugerem que ela também está errada.

Estudos mostram que, quando os funcionários recebem um título de trabalho que não foi conquistado, eles de fato vivenciam um aumento imediato de satisfação – exatamente como nós esperaríamos que acontecesse. Seu *status* elevado até mesmo leva a uma breve melhora no desempenho. Mas tudo isso não permanece. Depois de um curto intervalo de tempo, algo curioso acontece. Eles se tornam insatisfeitos, e o desempenho no trabalho começa a declinar.

A razão? Eles começam a se sentir mal pagos.

"Inflação do título do trabalho", conforme a terminologia dos especialistas em recursos humanos, acontece em todos os lugares – do "diretor de primeiras impressões" que o saúda na recepção aos numerosos vice-presidentes que ocupam escritórios nos cantos de cada andar. O professor de Administração Arthur Martinez argumenta que a inflação do trabalho desponta com duas grandes variedades: *decepção encoberta e brincadeira aberta*.

As decepções encobertas são frequentemente utilizadas por empresas que buscam elevar o status de seus funcionários aos olhos dos clientes. Quanto maior o título de um representante de uma empresa, assim segue tal ideia, mais atenção os clientes sentirão que estão recebendo. Trata-se de uma estratégia arriscada, alguns clientes gostam dela. Outros, eventualmente, começam a se perguntar sobre a integridade da empresa. (Assim como, podemos imaginar, o fazem os próprios funcionários.).

Outra razão pela qual as empresas utilizam a inflação encoberta do título do trabalho: como um substituto para a compensação. Quando uma empresa não pode pagar (ou decide não pagar) aos funcionários os salários que eles merecem, ela pode tentar enaltecê-los com títulos chiques.

O tiro tende a sair pela culatra. Conforme já vimos, inflar os títulos dos trabalhos pode semear os germes da insatisfação posterior – especialmente na era da *internet*, em que qualquer pessoa com um *smartphone* pode ter acesso à média salarial de seu cargo em questão de segundos. No momento em que o funcionário descobre que está sendo mal pago, a confiança começa a naufragar. Ironicamente, o impacto duradouro de título de trabalho inflacionado é que ele aumenta o apelo do currículo de um funcionário quando entra no mercado de trabalho, tornando-o mais propício a encontrar uma vaga alternativa.

Diferentemente das decepções encobertas, as brincadeiras abertas são muito mais benignas. Elas envolvem representações criativas e ocasionalmente sarcásticas dos papeis dos funcionários. O Starbucks têm baristas, isto é, profissionais especializados em cafés de alta qualidade, a Apple têm gênios, e o Subway têm artistas do sanduíche. Tecnicamente, eles são trabalhadores que prestam serviços aos clientes – mas essa não é a forma como as empresas querem que os funcionários ou os clientes vejam esses trabalhos. O título enfatiza que esses trabalhos requerem conhecimento e habilidades especializadas.

Trata-se de uma abordagem que não se limita à indústria de serviços. Ao longo dos anos, a Fast Company tem demonstrado várias características de emergência de títulos heterodoxos de trabalhos corporativos. A lista inclui:

- Embaixador de ideias (para um executivo de contabilidade em uma firma de publicidade).

- Detonador chefe (para um especialista em relações públicas).

- Ministro da comédia (para um funcionário encarregado de ajudar os executivos a preparar apresentação com o *PowerPoint*).

Será que esses títulos são efetivos?

Títulos de trabalho criativos certamente podem atrair a atenção e estimular o entusiasmo por um cargo, particularmente entre os funcionários mais jovens e menos experientes. Quando você está entrando no mercado de trabalho logo após sair da universidade, um novo trabalho representa mais do que apenas um salário – ele significa uma nova identidade. Na medida em que títulos de trabalho incomuns ajudam os funcionários mais novos a entender melhor seus papéis em uma empresa, eles tendem a ajudar.

Mas, entre os funcionários experientes, cuja credibilidade já está estabelecida, títulos incomuns dificilmente incitarão o mesmo nível de orgulho. Uma coisa é ter terminado a faculdade há alguns meses e carregar um cartão profissional que diz "Astro da Publicidade". Outra coisa é estar a ponto de se aposentar e se apresentar em coquetéis e eventos para contatos de trabalho como o "Vice-presidente do fantástico".

QUANDO O ORGULHO TORNA VOCÊ MENOS BEM-SUCEDIDO

Eu tenho uma confissão a lhes fazer. Até agora, neste capítulo, eu apresentei o orgulho com uma coloração uniformemente positiva, implicando que ele só pode fazer bem para uma empresa.

Isso não é algo inteiramente verdadeiro.

Os psicólogos argumentam que o orgulho aparece em duas formas: o orgulho positivo e orientado para as conquistas, sobre o qual nós falamos até agora, é conhecido como o *orgulho autêntico*; e uma versão mais obscura e narcísica do orgulho, chamado de *orgulho presunçoso*. É esta última versão a que Dante se refere como o mais letal dos sete pecados capitais. O filósofo chinês Lao Tzu o definiu da seguinte maneira: "Aqueles que glorificam a si mesmos não têm méritos; aqueles que têm orgulho de si mesmos não perduram".

Será o orgulho bom ou ruim para nós? A resposta depende do tipo de orgulho que estamos vivenciando.

Quando o nosso orgulho é autêntico, nós sentimos vontade de nos vangloriarmos ou de nos mostrarmos. Nós nos tornamos mais confiantes e altruístas, desenvolvendo o nosso *status* não ao dominar os demais, mas ao partilhar o nosso conhecimento e ao ganhar o respeito dos outros.

O orgulho presunçoso, por outro lado, leva a um conjunto de resultados inteiramente diferentes. Em vez de agir com humildade, nós fazemos o oposto, discorrendo sobre o nosso orgulho aos quatro cantos. As pesquisas mostram que as pessoas que recebem muitos pontos no que se refere ao orgulho presunçoso tendem a ser menos cooperativas, mais agressivas e, ironicamente, mais inclinadas a vivenciar a vergonha. Elas também são mais propensas a se fiarem na força e na intimidação como estratégias para estruturar seu *status*, o que complica suas relações e faz com que elas não sejam benquistas.

O que leva as pessoas a vivenciar o orgulho autêntico e o orgulho presunçoso? Muito disso tudo tem a ver com a forma como elas interpretam as causas para o seu sucesso.

Quando algo bom acontece a você – digamos, ganhar uma promoção no trabalho –, há várias explicações que você pode dar para essa conquista. Por um lado, você pode pensar, "Eu fui promovido porque sou talentoso". Ou você pode dizer, "Eu fui promovido porque eu trabalhei duro para me manter no nível das últimas tendências empresarias".

Há uma diferença sutil nessas explicações que pode ter um impacto profundo sobre a sua experiência.

Aqui está a razão. A primeira interpretação – *Eu sou talentoso* – implica que o sucesso é uma questão de habilidade, em vez de estar vinculado ao esforço. Você recebeu uma promoção por ser quem você é, e não pelo que você fez. A segunda interpretação – *Eu trabalhei duro* – implica o oposto: nomeadamente, que o sucesso é uma questão de esforço, e não de habilidade. Aqui, você ganhou aquela promoção por causa de um curso específico de ação que você escolheu implementar. Por essa perspectiva, o seu sucesso é um resultado direto do seu trabalho árduo.

Estudos indicam que é essa última interpretação – a que está fundamentada na crença de que o sucesso se vincula ao que você faz, e não a quem você é – que desenvolve o orgulho genuíno. Inversamente, quando nós vemos o progresso como uma questão de habilidade, estamos mais propensos a vivenciar o orgulho presunçoso e menos confiável.

A crença de que o sucesso é uma questão de talento pode trazer um sentimento bastante ameaçador. Isso significa que você tem um controle limitado sobre os resultados da vida. Ou você consegue as coisas, ou você não consegue. Não surpreende que o orgulho presunçoso leve a demonstrações bombásticas de autopromoção – é como se, ao convencer os outros de nossas virtudes, nós esperamos que a nossa própria insegurança seja simultaneamente diminuída.

Há uma lição importante aqui sobre o desenvolvimento do tipo certo de orgulho no local de trabalho. Quando boas notícias chegam a uma empresa, frequentemente os líderes no topo ficam sabendo delas em primeiro lugar. O que essa pesquisa sugere é que a forma como eles falam sobre a vitória da equipe pode ter um impacto poderoso sobre o tipo de orgulho que é vivenciado.

Enfatizar as ações específicas que precipitam grandes conquistas ("Nós realmente fizemos a nossa lição de casa antes de irmos para essa apresentação") tende a estimular mais orgulho genuíno do que ostentar a habilidade do grupo. ("Isso prova que nós temos mais talento nesse prédio do que qualquer outra firma").

Essa abordagem pode ser muito mais difícil do que parece. Quando coisas boas acontecem, nós queremos exprimir o orgulho por nossa equipe e reconhecer quanto talentos eles têm. Mas as pesquisas indicam que enfatizar a habilidade à custas do esforço pode vir com um preço.

Quanto mais orgulho as pessoas sentem por quem elas são, menos centradas elas ficam nos comportamentos que realmente as ajudam a ser bem-sucedidas.

AS LIÇÕES DO ORGULHO
Itens de ação para gerentes

Eleve o *status* dos funcionários. Nós sentimos orgulho de grupos que estimulam a consciência do nosso status em comparação a outros. Para que os funcionários sintam orgulho em seu local de trabalho, eles precisam acreditar que sua empresa os faz parecerem inteligentes, realizados ou dedicados. Enfatizar conquistas pretéritas, ter uma visão ambiciosa sobre o futuro e fornecer benefícios tangíveis para a comunidade podem desenvolver o orgulho ao ajudar os funcionários a ver seu pertencimento a uma empresa como algo benigno para seu *status* social.

Olhe para o passado, e não apenas para o futuro. "Um objetivo grande e audacioso" pode inspirar o trabalho árduo, assim como um entendimento mais aprofundado das conquistas pretéritas de uma empresa. No mundo dos negócios, é tentador centrar toda a atenção no que vem em seguida. Mas as pesquisas sugerem que ajudar a sua equipe a refletir sobre como você chegou aqui pode elevar a motivação deles e torná-los mais bem-sucedidos.

Torne público o senso de propriedade. Em vez de permitir aos funcionários que se escondam atrás de sua empresa de forma anônima, coloque-os à frente e ao centro ao tornar públicos seus papéis como contribuintes. Alguns gerentes acreditam que a ênfase nos funcionários desenvolve a cultura do ego e desvia a atenção da marca da empresa. Levada ao extremo, isso de fato pode acontecer. Mas o caráter anônimo é pior. Requerer que as pessoas vinculam seu nome a seus trabalhos as leva a se sentir mais vinculadas a seus produtos e lhes permite vivenciar um sentido maior de orgulho quando elas se saem bem-sucedidas.

AS LIÇÕES DO ORGULHO
Itens de ação para líderes emergentes

Pergunte sobre a história de sua empresa. Aprender a história da sua empresa pode ajudar você a entender melhor seu papel atual e revelar muito sobre as perspectivas das pessoas que administram a sua empresa. Eu trabalhei com muitas empresas em que ninguém sabia ao certo como ela fora fundada, com a exceção da pessoa que a estava administrando. Pedir aos líderes que partilhem a história da empresa não lhe fornece apenas boas informações. Isso também fortalece os vínculos entre você e aqueles que estão no topo.

Plante a semente de narrativas que estimulem o orgulho na mente de seus colegas de trabalho. Em vez de cumprimentar os colegas na próxima vez em que eles conquistarem uma grande vitória, pergunte-lhes como conseguiram ser tão efetivos. Sua pergunta vai dirigir a atenção deles para o trabalho e os sacrifícios que fizeram. Ao mesmo tempo, quando o elogio é estruturado como uma pergunta, fica mais fácil para as pessoas aceitarem o seu elogio sem o acanhamento de que pareça algo presunçoso.

Construa uma ponte entre o seu local de trabalho e o bem maior. Muitas empresas fazem doações financeiras para causas de caridade sem envolver seus funcionários. Frequentemente, não é que eles não queiram se envolver com o processo. É que nunca lhes ocorreu pedir à empresa. Considere a possibilidade de perguntar à sua equipe gerencial se eles aceitariam indicação de você e dos seus colegas de trabalho, e, talvez, se eles estariam abertos a votos. Se isso funcionar, você pode sugerir a utilização do mesmo processo para trabalho voluntário. Quando as decisões de grupo são alcançadas coletivamente, é mais fácil para todos sentir orgulho do resultado, sabendo que todos desempenharam um papel.

Conclusão
Três chaves para criar um local de trabalho extraordinário

A cada ano, a empresa Gallup apresenta uma pesquisa sobre o envolvimento dos funcionários que suscita a culpa coletiva de novos âncoras e editores ao redor do país.

Os resultados são tão previsíveis quanto sombrios. Os últimos números indicam que 70 por cento dos funcionários norte-americanos se sentem desmotivados no trabalho. Entre eles, 18 por cento estão "ativamente desmotivados", o que significa que não estão simplesmente falhando em alcançar seu potencial – estão agindo de forma a prejudicar significativamente suas empresas. Alguns são mais flagrantes do que outros. Eles se dizem doentes com regularidade ou tomam atitudes negativas em relação aos colegas. E há aqueles que descontam suas frustrações nos clientes. De acordo com as estimativas do Gallup, funcionários desmotivados custam aos negócios dos EUA um montante astronômico: até 550 bilhões de dólares por ano.

Ainda mais alarmante é o fato de que a força de trabalho dos EUA não está próxima do fim do poço quando se trata do envolvimento no local de trabalho. Um estudo de 2010 envolvendo120 países descobriu que, internacionalmente, 84 por cento dos funcionários estão desmotivados no trabalho.

Você poderia pensar que os dados do Gallup incitariam uma maior renovação no local de trabalho – que os líderes de negócios iriam prestar atenção ao envolvimento dos funcionários com toda a urgência e pensar que eles haviam estimulado uma falha empresarial. Entretanto, não é isso que aconteceu. Os dados do Gallup sugerem que praticamente nada mudou desde que a empresa de pesquisas começou a acompanhar o envolvimento dos funcionários perto da virada para o século 21. Em 2012, 30 por cento dos funcionários norte-americanos estavam envolvidos com seus trabalhos. Uma década antes, esse número era *exatamente* o mesmo.

O que nós devemos fazer com a falta de progresso quando se trata de aumentar o envolvimento dos funcionários?

Uma possibilidade é que ainda existem muitos negócios que não reconhecem o valor dos funcionários engajados. Certas empresas – como as de tecnologia, por exemplo

– estão mais voltadas para a conexão entre o envolvimento e o desempenho. Mas elas são as exceções. As outras ainda estão muito atrás.

Mesmo sendo verdade que alguns setores dão mais valor ao envolvimento dos funcionários do que outros, essa dificilmente é a razão para que os números do Gallup tenham permanecido os mesmos. A preocupação com o fato de que os funcionários mais envolvidos são mais produtivos está crescendo, e ninguém está promovendo a visão oposta. Mesmo se apenas uma pequena porcentagem dos negócios estivesse voltada para aumentar o engajamento dos funcionários, nós ainda deveríamos ver algum aumento nos quadros gerais, especialmente em relação à duração de toda uma década.

Uma segunda possibilidade é que fatores econômicos turbulentos tornaram difícil aumentar o envolvimento dos funcionários na última década. Afinal, nós vivenciamos uma recessão profunda que deixou muitos negócios financeiramente desfalcados. É desafiador para as empresas investir recursos na experiência do local de trabalho quando elas estão fazendo tudo o que podem para não naufragarem.

Mas essa explicação também não é muito satisfatória. Afinal, a economia estava indo admiravelmente bem antes de a bolha do mercado imobiliário estourar. Ainda assim, os dados do Gallup mostram que, em 2007 – o mesmo ano em que o mercado de ações alcançou seu nível mais alto em seis anos –, o envolvimento dos funcionários permaneceu estagnado em 30 por cento.

Ao mesmo tempo, se os negócios vissem o envolvimento dos funcionários como um investimento para futuros ganhos, eles não fariam todo o possível para estimular o desenvolvimento, independentemente das condições econômicas?

A melhor resposta é que os líderes das empresas *têm tentado* aumentar o envolvimento dos funcionários, mas eles vêm atuando da forma errado. Em parte, isso acontece por causa da confiança excessiva e contínua nos salários, nos títulos e nos escritórios nos cantos dos andares, além dos muitos estímulos de curto prazo que nós examinamos neste livro e que tornam o envolvimento de longo prazo tão difícil de ser mantido. Como afirmou Jim Harter, cientista do Gallup líder em administração do local de trabalho e bem-estar, "Há uma lacuna entre conhecer o envolvimento e fazer algo sobre ele na maioria dos locais de trabalho norte-americanos".

É aí que a ciência pode ajudar.

Como vimos ao longo deste livro, as pesquisas agora estão lançando luz sobre métodos práticos que qualquer empresa pode utilizar para melhorar seu local de trabalho. Nós temos agora um entendimento rico e crescente das condições que promovem a motivação intrínseca, estimulam a criatividade e aumentam o desempenho. Nós já não precisamos de conjeturas sobre as maneiras de estimular as relações entre os colegas, estruturar um clima emocional positivo ou incitar um senso de orgulho.

No começo deste livro, eu mencionei que eu não penso que exista uma receita universal para um ótimo local de trabalho. E, após analisar milhares de artigos publicados em periódicos e livros acadêmicos, essa é uma conclusão que eu continuo a sustentar. Não há *um* caminho certo de operar uma empresa. Administrar um escritório de advocacia não é a mesma coisa que administrar uma padaria. Mesmo dentro da mesma empresa, os desafios enfrentados por um pequeno negócio diferem enormemente daqueles presentes em uma multinacional. O local de trabalho é muito complexo para ser reduzido a uma simples fórmula.

É por isso que este livro não oferece uma abordagem única e homogênea. Em vez disso, ele forneceu um quadro para o entendimento das necessidades dos funcionários e as opções para experimentar as técnicas comprovadas.

Dito isso, se você der um passo para trás e olhar com mais amplitude para as sugestões deste livro, você poderá notar que certos temos emergem. Não se trata simplesmente de uma mescla aleatória das descobertas das pesquisas. Há um padrão nas recomendações.

Aqui estão as três lições predominantes de como ser feliz no trabalho:

LIÇÃO 1: NECESSIDADES PSICOLÓGICAS ESTÃO NO CORAÇÃO DO ENVOLVIMENTO DOS FUNCIONÁRIOS

Como você faz com que os funcionários fiquem envolvidos com seus trabalhos? Ao lhes fornecer oportunidades para que eles vivenciem a autonomia, a competência e as relações com os colegas em termos diários.

Aqui vai uma rápida recapitulação de como fazer isso acontecer. Os funcionários vivenciam a autonomia quando eles têm um senso de escolha no trabalho. Para promover a autonomia, forneça uma razão quando as tarefas forem apresentadas, ofereça flexibilidade em relação a como e quando a tarefa estiver sendo realizada e minimize o foco nas recompensas. Você também pode desenvolver a autonomia ao fornecer aos funcionários opções sobre onde eles podem realizar seus trabalhos. Isso pode significar a criação de uma variedade de arranjos dentro do escritório, ou então isso pode significar permitir a eles a opção de trabalhar ocasionalmente a partir de casa, de um café ou da praia.

Como você ajuda os funcionários a se sentirem competentes? Ao criar um local de trabalho que lhes forneça *feedbacks* imediatos, reconhecimento significativo e oportunidades de crescimento. Assegurar que os funcionários vivenciem a competência no trabalho é algo crítico para manter o interesse deles, mas não é necessariamente o bastante. Também é importante empoderá-los para encontrar novos desafios a serem superados. Essa é uma razão pela qual permitir que haja falhas ocasionais é tão importante. Quando nós ficamos com medo de cometer erros, paramos de buscar novas maneiras de desenvolver nossa competência. E quando o nosso local de trabalho já não satisfaz a nossa necessidade de competência, é só uma questão de tempo antes que o envolvimento caia.

Em meio ao mundo dos negócios, as relações de trabalho são, há muito tempo, a necessidade mais subestimada entre as três necessidades psicológicas. Mas, conforme vimos no capítulo 5, conectar os funcionários uns aos outros não apenas os ajuda a sentir prazer em estar no trabalho, como também leva a ganho quantificáveis em seu desempenho.

Para estruturar conexões entre os funcionários, é importante criar interações que estimulem os catalisadores naturais das relações próximas: *proximidade, familiaridade, similaridade* e *abertura de si*. Você pode fazer isso ao projetar um processo estendido de chegada dos novos funcionários visando à disseminação de amizades, ao oferecer atividades não relacionadas ao trabalho que permitam aos colegas a colaboração em objetivos superordenados, e ao construir espaços comuns que criem oportunidades para eles estabelecerem vínculos, mesmo quando estiverem falando sobre o trabalho.

LIÇÃO 2: EMPRESAS SÃO BEM-SUCEDIDAS QUANDO ELAS COMPREENDEM OS LIMITES DA MENTE E DO CORPO

Ao longo deste livro, nós nos deparamos com muitas limitações da condição humana. Aprendemos que a nossa concentração diminui à tarde, que leva um longo tempo para que recuperemos o foco até mesmo depois de uma breve interrupção e que as nossas habilidades para resolver problemas declinam quando estamos sobrecarregados de estresse.

O nosso cérebro tem uma capacidade de armazenamento mental limitada, e quando os recursos cognitivos que temos se esgotam – seja pelo fato de estarmos cercados por um ambiente de trabalho frenético, seja por estarmos sobrecarregados com muitas demandas, ou seja, por trabalharmos continuamente sem uma pausa –, o nosso humor piora e a nossa *performance* se deteriora.

Ao contrário de ignorar as limitações do corpo e insistir que os funcionários se fortalecam em períodos de queda de energia, as empresas fariam bem melhor em projetar espaços de trabalho que permitam aos funcionários conservar seus recursos mentais existentes e lhes oferecer oportunidades para guardar seus estoques de energia para períodos em que eles estejam mais baixos.

Dependendo do tipo de trabalho que uma empresa realiza, para alguns locais de trabalho isso pode significar a criação de uma variedade de "cavernas e fogueiras de acampamento" que empoderem os funcionários a escolher um ambiente que melhor sirva à natureza de suas tarefas. Para outras empresas, isso pode significar a permissão aos funcionários para que eles se exercitem, joguem e, ocasionalmente, tirem um cochilo, mesmo em meio ao tempo de trabalho. Em todos os casos, acesso à luz natural do sol, um espaço de trabalho personalizado, petiscos saudáveis e experiências restauradoras podem ajudar.

Conforme vimos no capítulo 3, no passado, a quantidade de tempo que os funcionários passavam no chão de fábrica estava diretamente vinculada ao seu nível de produtividade. Hoje, sentar em frente aos nossos computadores já não é um indicador de trabalho de qualidade. Algumas das nossas melhores contribuições vêm à toa quando estamos longe de nossas mesas, nos distraindo e permitindo que ideias esparsas surjam.

Uma observação relacionada pode ser feita para funcionários que lidam com os clientes. Quando nossa energia está baixa, temos mais dificuldade em nos conectar com os clientes e corremos o risco de partilhar emoções negativas. Independentemente do fato de o seu trabalho se relacionar ao desenvolvimento de grandes ideias ou ao atendimento de telefones na recepção, ter mais energia mental pode ajudar.

A natureza do trabalho está mudando. O que já pode ter parecido tempo desperdiçado para os gerentes tradicionais hoje pode ser uma chave para alcançar *performances* de alto nível.

LIÇÃO 3: TRABALHOS DE INTEGRAÇÃO E VIDA FAMILIAR MELHORAM A QUALIDADE DESSAS DUAS ESFERAS

Anteriormente, quando eu estava tentando entrar no mundo corporativo, várias empresas que me entrevistaram enfatizaram seu compromisso com "o equilíbrio entre trabalho e vida" como um ponto de atração. Isso parecia interessante, só que nunca se materializava.

Na maioria das empresas, a ideia de equilíbrio entre trabalho e vida é um mito. Nas últimas duas décadas, as nossas vidas pessoais passaram a ser sitiadas. Isso começou com o advento dos *e-mails* em meados dos anos 1990 e se acelerou rapidamente com a explosão de *smartphones* uma década depois. Hoje, nossa casa raramente está fora do alcance do escritório. Em um número crescente de locais de trabalho, tornou-se uma expectativa tácita que os funcionários permaneçam conectados e prontos para possíveis chamadas durante a noite e nos fins de semana.

A realidade, é claro, é que os funcionários estão trabalhando mais horas, mesmo quando eles não permanecem na empresa depois do horário. Eles estão continuamente projetando o futuro e desenvolvendo novas ideias enquanto tomam banho, levam seus filhos à academia ou se preparam para dormir.

Em vez de fingir que trabalho e vida pessoal estão separados, uma das lições deste livro é que as empresas fariam muito melhor em procurar fundir os dois mundos. Anteriormente, nós vimos os méritos de incluir as pessoas significativas para os funcionários em atividades após o trabalho como um meio de aprofundar as amizades no local de trabalho. Examinamos o valor de utilizar o local de trabalho como um veículo para conectar os funcionários a instituições sem fins lucrativos em suas comunidades. E vimos como exprimir elogios diretamente para a família de um funcionário pode influência o orgulho em relação à empresa.

Nós vivemos em um mundo em que é aceitável que o trabalho interrompa a vida pessoal. Mas, ainda assim, nós não nos sentimos tão confortáveis quando a vida pessoal interrompe o trabalho. Por quê? Quando as empresas confiam na capacidade de os funcionários administrarem seu tempo de maneira responsável, tornando aceitável para um funcionário tirar uma hora durante o dia para observar sua filha jogando futebol, eles criam lealdade e compromisso que acaba por lhes *poupar* dinheiro em longo prazo.

O futuro dos grandes locais de trabalho se encontra em ajudar os funcionários a fundir suas vidas pessoais e profissionais, de modo que eles possam fornecer seu melhor trabalho.

CRIAR UM LOCAL DE TRABALHO EXTRAORDINÁRIO

Enquanto escrevia este livro, frequentemente me perguntava como seria o local de trabalho moderno se a indústria nunca tivesse sido inventada. Se nós estivéssemos construindo um local de trabalho hoje a partir de um rascunho, será que nós ainda demandaríamos que todos os funcionários chegassem ao trabalho ao mesmo tempo, ou insistiríamos que eles ficassem em seus lugares em turnos de 8 horas, ou, ainda, promoveríamos a noção de que bons funcionários recebem suas ordens de um gerente?

E, ainda assim, fazemos isso.

Temos agora fortes provas de que muitos aspectos do local de trabalho moderno são ultrapassados, contraproducentes e até mesmo psicologicamente danosos. É por isso que não nos deveria surpreender quando o Gallup relata que mais de 80 por cento dos funcionários ao redor do mundo estão desmotivados. Eles estão trabalhando em estruturas que tornam quase impossível se desenvolver.

Felizmente, agora temos técnicas apoiadas em pesquisas para criar um local de trabalho melhor. Conforme eu espero que este livro tenha demonstrado, há passos práticos que qualquer empresa pode tomar para elevar as experiências dos funcionários no local de trabalho.

Quando nós satisfazemos as necessidades dos funcionários por autonomia, competência e relações; quando permitimos a eles que expandam a amplitude de sua capacidade mental; quando lhes fornecemos a flexibilidade para que sejam bem-sucedidos tanto em sua vida pessoal quanto na profissional, alcançamos algo maior do que um local de trabalho extraordinário.

Nós criamos uma empresa, cujo desempenho alcança sua melhor capacidade.

Agradecimentos

Pouco depois que minha esposa e eu tivemos nosso primeiro filho, um consultor político que eu conheço partilhou essa joia de *insight*: "A única razão pela qual as pessoas concordam em ter filhos", declarou ele com certeza obstinada, "é que elas são muito ingênuas para avaliar em que elas realmente estão se metendo".

Mesmo que alguns de nós possamos argumentar que ele está subestimando a paternidade, eu tenho certeza de que sua análise estava correta quando se trata de escrever seu primeiro livro. Felizmente, eu também descobri que escrever um livro e educar uma criança comportam uma outra similaridade. Em ambos os casos, bons amigos e uma esposa compreensiva podem ajudar você a terminar a tarefa.

Ao longo dos anos, eu tive a felicidade de me deparar com vários educadores formidáveis cuja paixão, generosidade e autenticidade têm sido uma fonte duradoura de inspiração. Por isso, eu gostaria de agradecer ao Dr. Benzion Chanowitz, da Faculdade do Brooklyn, ao Dr. Sheldon Solomon, da Faculdade Skidmore, e ao Dr. Andrew Elliot, Dr. Edward Deci, Dr. Richard Ryan, Dr. Harry Reis e Dr. Miron Zuckerman, da Universidade de Rochester.

Muitos amigos, pesquisadores e executivos generosamente revisaram partes deste livro, fornecendo sugestões que melhoraram o produto final de forma exponencial: Dr. Art Aron, Dr. Peter Caprariello, Dr. Cheryl Carmichael, Dr. Edward Deci, Dr. Andrew Elliot, Dr. Jim Fryer, Timothy Harrington, Craig Herman, Jon Iuzzini, Dr. Karen Jehn, James Masciale, Mike Ofsowitz, Paul Nunes, Dr. Harry Reis, Nikil Saval, Dr. Dean Simonton e Dra. Marina Tasopoulos-Chan. A Dra. Susan Thompson merece a sua própria linha, porque seus comentários detalhados e repletos de sentido serviram praticamente como uma editora à parte.

Obrigado à Dra. Laurie Charles, da Universidade Tufts, a Gary Jacos, das Ilustrações Jacob, ao Dr. Dinesh John, da Universidade Northeastern, a Megan Prokes, da Orquestra Filarmônica de Buffalo, e ao Dr. Anthony Suchman, do Centro de Relacionamento com a Saúde, por me concederem entrevistas. Eu espero ter feito justiça a seus *insights*; eles foram valorosíssimos.

Agradeço a Bart Lorang, da Full Contact, a Katelin Jabbari, do Google, ao Dr. John Ratey, da Faculdade de Medicina de Harvard, à Dra. Julian Birkinshaw, da Faculdade de Administração de Londres, ao Dr. J. David Craswell, da UCLA, e à Dra. Rosemary

Ramsey, Universidade Estadual de Wright, por tomar parte de seu tempo para contribuir por *e-mail*.

Os autores Charles Benoit, Dr. David Burkus e Dr. Art Markman foram gentis ao me contar sobre suas experiências narradas em seus livros. Essas conversas foram de muita ajuda. Um agradecimento especial à psicóloga Sonja Lyubomirsky por partilhar o prospecto de , dando-me meu primeiro olhar sobre uma proposta de livro bem-sucedido.

Alia Macrina e Sahil Koul me ajudaram a transformar uma quantidade intimidante de livros, artigos e dados em uma seção de referência. Obrigado por sua ajuda.

Obrigado a Joel Benenson, Larry e Judy Katzman, Matthew McKeveny, Tina Olechowski, à futura Dra. Suzanne Piotrowski, Kevin Ryan, Alan Sclar, Anthony Weiner e Miranda Wilcox por serem algumas das pessoas mais inteligentes que eu conheço.

Se você estiver lendo esta seção à procura de um nome de agente literário sensacional especializado em livro de negócios ou psicologia, não procure mais. O nome dele é Giles Anderson. Você pode visitá-lo em sua página andersonliteraryagency.com. Ele é uma fonte extraordinária que faz muito mais por seus autores do que simplesmente posicionar seus livros, a ponto de o título de agente literário não lhe fazer total justiça.

Giles me apresentou a John Duff, um editor brilhante que está à frente da Livros Perigee, uma divisão da Penguin Random House. O conselho de John antes que eu começasse a escrever ("As pessoas vão ler as estatísticas, mas elas vão se lembrar das histórias" e "talvez você pudesse mencionar alguns itens de ação ao fim de cada capítulo") moldaram meu plano para este livro. Mais tarde, seus *feedbacks* e sugestões elevaram o produto final de todas as formas. Obrigado, John. E obrigado aos membros da equipe notável de John, especialmente à diretora de arte Lisa Amoroso, à publicitária sênior Lindsey Ruthen, à diretora executiva de publicidade Brianna Yamashita e à assistente editorial Amanda Shih.

Eu sou eternamente grato à minha família. Aos meus pais, que não entendem muito bem o que eu faço, mas que, de qualquer maneira, sempre me respeitaram; aos meus filhos, Madeleine, de 7 anos, e Henry, de 2 anos, que suportaram uma paternidade facultativa por mais de um ano e fingiram não notar; e para Anna, minha esposa incrivelmente solícita, cujo mantra de inspiração, "já está terminado", ajudou a conduzir este trabalho à sua conclusão.

Notas

Capítulo 1: O sucesso é superestimado

9   **A história de Silas Johnson:** conferir Angela Accomando, "HOMETOWN: Si Street–Major-Leaguer Johnson Still a Prominent Sheridan Name" ("CIDADES NATAIS: Johnson Still, um jogador da Liga Principal da rua Si, ainda é um nome proeminente de Sheridan"), *The Times* (blog), 30 de julho de 2010, disponível em: www.mywebtimes.com/life/hometowns-si-street--major-leaguer-johnson-still/article_10deb2a-f2ff-56b2-9f7e-6b5eb1741124.html; David Craft, "Silas 'Si' Johnson: Pitcher, Coach, Fan" ("Silas 'Si' Johnson: arremessador, técnico, fã"), *Sports Collectors Digest*, 19 de janeiro de 1990, 210; Mike Cunniff, "Area Native Played Ball with the Babe" ("Nativo da região jogou beisebol com o menino"), *Ottawa Daily Times*, 09 de junho de 1992; Mal Florence, "Striking Out the Babe Wasn't as Big by Then" ("Tirar o rebatedor menino não era algo tão difícil antes"), *Los Angeles Times*, 22 de abril de 1992, disponível em: http://articles.latimes.com/1992-04-22/sports/sp-354_1_babe-ruth; Mark Mandernach, "The Day the Bambino Bombed" ("O dia em que o menino arrasou", *SI Vault*, 14 de junho de 1993, disponível em: http://si.com/vault/article/magazine/MAG1138666/index.htm.

10 **A história de Albert Ellis:** conferir *The Albert Ellis Reader: A Guide to Well-Being Using Rational Emotive Behavior Therapy* (*Guia de leitura de Albert Ellis: um guia para o bem-estar usando terapia racional de comportamento emocional*), editado por Shawn Blau e Albert Ellis (Secaucus, NJ: Carol Publishing Group, 1998); Matt Dobkin, "Behaviorists Behaving Badly" ("Behavioristas se comportando mal"), *New York Magazine*, 31 de outubro de 2005, disponível em: http://nymag.com/nymetro/news/people/features/14947/; Michael T. Kaufman, "Albert Ellis, 93, Influential Psychoterapist, Dies" (Morre Albert Ellis, 93 anos, influente psicoterapeuta"), *New York Times*, 25 de julho de 2007, disponível em: www.nytimes.com/2007/07/25/nyregion/25ellis.html?pagewanted=all&_r=0; Anthony Ramirez, "Despite Illness and Lawsuits, a Famed Psychoterapist is Temporarily Back in Session" ("Apesar da doença e de processos judiciais, um famoso psicoterapeuta está temporariamente de volta às sessões"), *New York Times*, 09 de dezembro de 2006, disponível em: www.nytimes.com/2006/12/10/nyregion/10ellis.html?_r=0.

13 **O trabalho de Dean Keith Simonton:** conferir Dean Keith Simonton, "Career Landmarks in Science: Individual Differences and Interdisciplinary Contrasts" ("Marcos de carreira na ciência: diferenças individuais e contrastes interdisciplinares"), *Developmental Psychology*, 27, nº 1 (1991): 23119-130; Dean Keith Simonton, "Creative

Productivity: A Predictive and Explanatory Model of Career Trajectories and Landmarks" ("Produtividade criativa: um modelo projetivo e explicativo de trajetórias e marcos de carreiras")), *Psychological Review*, 104, nº 1 (1997): 66-89; Dean Keith Simonton, "Developments as Acquired Expertise: Theoretical Issues and an Empirical Test" ("Desenvolvimentos como especialidades adquiridas: questões teóricas e um teste empírico"), *Developmental Review*, 20 (2000): 238-318; Dean Keith Simonton, *Origins of Genius: Darwinian Perspectives on Creativity* ("Origens de gênios: perspectivas darwinistas sobre a criatividade", New York: Oxford University Press, 1999).

14 **Thomas Edison:** conferir Paul Israel, *Edison: A Life of Invention* (*Edison: uma vida de invenções*, New York: John Wiley, 1998); Michael Peterson, "Thomas Edison, Failure" ("Thomas Edison, fracasso"), *American Heritage of Invention and Technology*, 6 (Winter, 1991): 8-14.

14 **Steve Jobs:** conferir Walter Isaacson, *Steve Jobs* (New York: Simon & Schuster, 2011); Nick Schulz, "Steve Jobs: America's Greatest Failure" ("Steve Jobs: o maior fracasso dos EUA"), *National Review Online*, 25 de agosto de 2011, disponível em: www.nationalreview.com/articles/275528/steve-jobs-america-s-greatest-failure-nick-schulz; Peter Sims, "Five of Steve Jobs' Biggest Mistakes" ("Cinco dos maiores erros de Steve Jobs"), *Harvard Business Review Blog*, 21 de janeiro de 2013, disponível em: http://blogs.hbr.org/2013/01/five-of-steve-jobs-biggest-mi/.

14 **Babe Ruth falando sobre rebater 600 vezes:** citado em Russell Roberts, *Stolen!: A History of Base Stealing* (*Roubado!: uma história do roubo na base*, Jefferson, NC: McFarland, 1999), 71.

14 **Marca de retirada de rebatedores na carreira:** conferir "Career Leaders & Records for Strikeouts" ("Líderes de carreiras e recordes de retiradas de rebatedores"), Baseball-Reference.com, acessado em 19 de maio de 2014, disponível em: www.baseball-reference.com/leaders/SO_career.shtml.

14 **Kobe Bryant:** conferir "Lakers News: Kobe Sets NBA Record for Most Carreer Misses" ("Notícias do Lakers: Kobe estabelece um novo recorde na NBA com o maior número de erros na carreira"), LakersNation.com, 10 de janeiro de 2013, disponível em: www.lakersnation.com/lakers-news-koke-sets-nba-record-for-most-career-misses/2013/01/10.

14 **Brett Favre:** conferir "NFL Career Passes Intercepted Leaders" ("Carreira na NFL passa adiante líderes interceptados"), Pro-Football-Reference.com, acessado em 19 de maio de 2014, disponível em: www.pro-football-reference.com/leaders/pass_int_career.htm.

15 **Wayne Gretzky:** conferir Daniel Coyle, *The Little Book of Talent: 52 Tips for Improving Skills* (*O pequeno livro do talento: 52 dias para melhorar as habilidades*, New York: Bantam Books, 2012). Conferir também Daniel Coyle, *The Talent Code: Greatness Isn't Born: It's Grown, Here's How* (*O código do talento: a grandiosidade não é inata: ela é desenvolvida, veja como*, New York: Bantam Books, 2009).

15 **Eric Schmidt sobre a onda do Google:** conferir Ina Fried, "Eric Schmidt on the Demise of Google Wave" ("Eric Schmidt fala sobre o fim da onda do Google"), CNET News, 04 de agosto de 2010, disponível em: www.cnet.com/news/eric-schmidt-on-the-demise-of-google-wave/.

15 **A história de Sara Blakely:** conferir Alexandra Jacobs, "Smooth Moves: How Sara Blakely Rehabilitated the Girdle" ("Movimentos sutis: como Sara Blakely readquirou a silhueta"), *New Yorker*, 28 de março de 2011, disponível em: www.newyorker.com/reporting/2011/03/28/110328fa_fact_jacobs?currentPage=all; Stacy Perman, "How Failure Molded Spanx's Founder" ("Como o fracasso moldou o fundador da Spanx"), *Business Week*, 21 de novembro de 2007, disponível em: www.businessweek.com/stories/2007-11-21/how-failure-molded-spanxs-founderbusinessweek-business-news-stock-market-and-financial-advice; Beth Silcox, "Success Stories – Sara Blakely, Improving Her Assets" ("Histórias de sucesso – Sara Blakely, melhorando seus ativos"), revista *Success*, 30 de março de 2009, disponível em: www.success.com/article/success-stories-sara-blakely. Uma parte que não foi publicada da entrevista de Sara Blakely com Anderson Cooper está disponível em: www.youtube.com/watch?v=DT-5Ni-jtHY e em suas notas publicadas pela revista Inc. na Cúpula das Mulheres de 2011. A Cúpula das Mulheres está disponível em: www.inc.com/sara-blakely/the-spanx-story-how-sara-blakely-turned-footless-pantyhose-into-a-business.html.

17 **Edward Burger:** conferir Edward Burger, "Teaching to Fail" ("Ensinar a fracassar"), *Inside Higher* Ed, 12 de agosto de 2012, disponível em: www.insidehighered.com/views/2012/08/21/essay-importance-teaching-failure#sthash.uWRzlyUz.dpbs; Stephen Spencer Davis, "Star Math Teacher Applies the Power of Failure, Squared" ("Professor estrela da matemática utiliza o poder do fracasso ao quadrado"), *Globe and Mail*, 31 de agosto de 2012, disponível em: www.theglobeandmail.com/life/parenting/back-to-school/star-math-teacher-applies-the-power-of-failure-squared/article4513390/.

18 **Testes de associações remotas (RAT, em inglês):** os itens incluídos neste livro representam uma versão modificada dos RATs originais, os quais estão agora um pouco datados. Para saber mais sobre os RATs originais, conferir Sarnoff Mednick, "The Associative Basis of the Creative Process" ("A base associativa do processo criativo"), *Psychological Review*, 69, nº 3 (1962): 220-32; e Sarnoff A. Mednick e Martha T. Mednick, *Examiner's Manual, Remote Associates Test: College and Adult Forms 1 and 2* (*Manual do examinador, Testes de associações remotas: Formulários 1 e 2 para universidades e adultos*, Boston: Houghton Mifflin, 1967).

19 **Abordagem e motivação de fuga:** vale a pena notar que, ainda que a influência da fuga sobre a criatividade tenda a ser negativa, às vezes pode haver moderadores para esse efeito. Para uma revisão detalhada, conferir Andrew J. Elliot, *Handbook of Approach and Avoidance Motivation* (*Manual de abordagem e motivação de fuga*, New York: Psychology Press, 2008).

19 **Psicólogo Mark Seery:** Pelo fato de o experimento de Seery não ter sido hipotético e ter envolvido muitos sujeitos, uma recompensa de 5 dólares para cada resposta correta teria sido muito custosa. Portanto, ele usou a quantia mais modesta de 50 centavos, o que de alguma forma torna seus resultados ainda mais atraentes. O estudo está relatado em Mark D. Seery, Max Weisbuch e Jim Blascovich, "Something to Gain, Something to Lose: The Cardiovascular Consequences of Outcome Framing" ("Algo a ganhar, algo a perder: as consequências cardiovasculares da moldura de resultados"), *International Journal of Psychophysiology*, 73, nº 3 (2009): 308-12.

20   **Robert Sapolsky:** conferir Robert M. Sapolsky, *Why Zebras Don't Get Ulcers: A Guide to Stress, Stress Related Diseases, and Coping* (*Por que as zebras não têm úlceras: um guia para o estresse, para doenças relacionadas ao estresse e a superação*, New York: W. H. Freeman, 1994).

20   **"A necessidade é a mãe da invenção":** conferir Marieke Roskes, Carsten K. W. D. Dreu e Bernard A. Nijstad, "Necessity Is the Mother of Invention: Avoidance Motivation Stimulates Creativity Through Cognitive Effort" ("A necessidade é a mãe da invenção: a motivação de fuga estimula a criatividade por meio do esforço cognitivo"), *Journal of Personality and Social Psychology*, 103, nº 2 (2012): 242-56. Para mais a respeito da relação entre estados psicológicos e criatividade, conferir Kris Byron e Shalini Khazanchi, "Rewards and Creative *Performance*: A Meta-Analytic Test of Theoretically Derived Hypotheses" ("Recompensas e desenvolvimento criativo: um teste meta-analítico de hipóteses teoricamente derivadas"), *Psychological Bulletin*, 138, nº 4 (2012): 809-30; Kristin Byron, Shalini Khazanchi e Deborah Nazarian, "The Relationship Between Stressor and Creativity: A Meta-Analysis Examining Competing Theoretical Models" ("A relação entre o agente causador de estresse e a criatividade: uma meta-análise examinando modelos teóricos competitivos"), *Journal of Applied Psychology*, 95, nº 1 (2010): 201-12; Ronald S. Friedman e Jens Forster, "The Influence of Approach and Avoidance Motor Actions on Creative Cognition" ("A influência de ações de abordagem e com motes de fuga sobre a cognição criativa"), *Journal of Experimental Social Psychology*, 38 (2002): 41-55; Jens Forster, Nira Liberman e Oren Shapira, "Preparing for Novel Versus Familiar Events: Shifts in Global and Local Processing" ("Preparando-se para eventos novos em contraposição a eventos familiares: mudanças nos processos globais e locais"), *Journal of Experimental Psychology: General*, 138, nº 3 (2012): 383-99; Karen Gasper, "When Necessity Is the Mother of Invention: Mood and Problem Solving" ("Quando a necessidade é a mãe da invenção: humor e resolução de problemas"), *Journal of Experimental Social Psychology*, 39, nº 3 (2003): 248-62; Klodiana Lanaj, Chu-Hsiang Chang e Russell Johnson, "Regulatory Focus and Work-related Outcomes: A Review and Meta-Analysis" ("Foco regulatório e resultados relacionados ao trabalho: uma revisão e uma meta-análise"), *Psychologial Bulletin*, 138, nº 5 (2012): 998-1034.

20   **Amy Edmondson:** conferir Amy C. Edmondson, "Learning from Mistakes Is Easier Said Than Done: Group and Organizational Influences on the Detection and Correction of Human Error" ("É mais fácil dizer do que fazer em termos da aprendizagem com os erros: influências de grupo e empresarias sobre a detecção e a correção dos erros humanos"), *Journal of Applied Behavioral Science*, 32, nº 1 (1996): 5-28; Amy C. Edmondson, "Teamwork on the Fly" ("Uma breve visão sobre o trabalho de equipe"), *Harvard Business Review*, 90, nº 4 (abril de 2012): 72-80; Amy C. Edmondson, "Strategies for Learning from Failure" ("Estratégias para aprender com os fracassos"), *Harvard Business Review*, 89, nº 4 (abril de 2011): 48-55; Anita L. Tucker e Amy Edmondson, "Why Hospitals Don't Learn from Failures: Organizational and Psychological Dynamics That Inhibit System Change" ("Por que os hospitais não aprendem com as falhas: dinâmicas empresariais e psicológicas que inibem a mudança do sistema"), *California Management Review*, 45, nº 2 (2003): 1-18.

22 **A história de Amanda Zolten:** adaptado de Sue Shellenbarger, "Better Ideas Through Failure" ("Ideias melhores por meio do fracasso"), *Wall Street Journal*, 27 de setembro de 2011, disponível em: http://online.wsj.com/nes/articles/SB10001424052970204010604576546715725841 58.

21 **Recompensar as falhas dos funcionários:** conferir Leigh Buchanan, "Rethinking Employee Awards" ("Repensando as recompensas aos funcionários"), *Inc.com* (julho de 2011), disponível em: www.inc.com/magazine/201107/rethinking--employee-awards.html; Arlene Weintraub, "Is Merck's Medicine Working?" ("A medicina da Merck está funcionando?", *Business Week*, 29 de julho de 2007, disponível em: www.businessweek.com/stories/2007-07-29/is-mercks-medicine-working; "Cultivating Business-Led Innovation" ("Cultivar inovações que levam a negócios"), *Economist Intelligence Unit*, 17 de outubro de 2012, disponível em: www.oracle.com/us/products/application/eiu-oracle-bus-innovation-1867915.pdf.

23 **Currículo falho:** conferir Julian Birkinshaw, "Taming Your Company's Most Elusive Beast" ("Amansando a fera mais arredia de sua empresa"), *Harvard Business Review Blog*, 07 de novembro de 2012, http://blogs.hbr.org/2012/11/three-rules-for-making-innovat/. Em uma troca de *e-mails* com o Dr. Birkinshaw, eu fique sabendo que a fonte sobre essa fascinante iguaria era o antigo executivo-chefe da HCL Technologies Vineet Nayar.

Capítulo 2: O poder do lugar

27 **Google, Intel e Cisco:** ver Adam Ulter, "How to Build a Collaborative Office Space Like Pixar and Google" ("Como construir um espaço de escritório colaborativo como o da Pixar e do Google"), 99U.com, 20 de maio de 2014, disponível em: http://99u.com/articles/16408/how-to-build-a-collaborative-office-space-like-pixar-and-google; Andrew Laing, "What Will the Future Workplace Look Like?" ("Como será o futuro local de trabalho?"), CNNMoney.com, 19 de janeiro de 2011, disponível em: http://management.fortune.cnn.com/2011/01/19/what-will-the-future-workplace-look-like/; "Office *Design* Case Study: How Cisco Designed the Collaborative Connected Workplace Environment – Cisco on Cisco" ("Um estudo de caso sobre o design de escritórios: como a Cisco desenvolveu um ambiente de local de trabalho colaborativo e conectado – a Cisco falando sobre a Cisco"), Cisco.com, 20 de maio de 2014, disponível em: www.cisco.com/web/about/ciscoitatwork/collaboration/connected_workplace_web.html; "Google Was Cubicle Land When We Started *Designing* Offices for Them" ("O Google era uma terra de cubículos quando nós começamos a projetar os escritórios para eles"), revista *Dezeen*, 17 de março de 2014, disponível em: www.dezeen.com/2014/03/17/office-design-google-clive-wilkinson-interview/; Kristina Shevory, "Office Work Space Is Shrinking, but That's Not All Bad" ("O espaço de trabalho no escritório está ficando se reduzindo, mas isso não é de todo ruim"), *New York Times*, 19 de janeiro de 2011, disponível em: www.nytimes.com/2011/01/19/realestate/commercial/19space.html?_r=0. Para mais informações a respeito da história da reformulação dos escritórios na indústria de alta tecnologia, conferir John Markoff, "Where the Cubicle Is Dead" ("Onde o cubículo morreu"), *New York Times*, 25 de abril de 1993, disponível em: http://www.nytimes.com/1993/04/25/business/where-the-cubicle-is-dead.html.

27 **Considere um estudo de 2007:** conferir Joan Meyers Levy e Rui (Juliet) Zhu, "The Influence of Ceiling Height: The Effect of Priming on the Type of Processing That People Use" ("A influência da altura do teto: o efeito do vínculo com os objetos sobre o tipo de processamento que as pessoas realizam"), *Journal of Consumer Research*, 34, nº 2 (2007): 174-86.

28 **Influência das cores:** conferir Pam Belluck, "Reinvent Wheel? Blue Room. Defusing a Bomb? Red Room" ("Reinventando a roda? Sala azul. Desativando uma bomba? Sala vermelha"), *New York Times*, 05 de fevereiro de 2009, disponível em: www.nytimes.com/2009/02/06/science/06color.html; Andrew J. Elliot, Markus A. Maier, Arlen C. Moller, Ron Friedman e Jörg Meinhardt, "Color and Psychological Functioning: The Effect of Red on *Performance* Attainment" ("Cores e funcionamento psicológico: o efeito do vermelho sobre a competência do desempenho"), *Journal of Experimental Psychology:* General, 136, nº 1 (2007): 154-68; Ravi Mehta e Rui (Juliet) Zhu, "Blue or Red? Exploring the Effect of Color on Cognitive Task *Performances*" ("Azul ou vermelho? Explorando o efeito das cores sobre o desempenho de tarefas cognitivas"), *Science*, 323, nº 5918 (2009): 1226-29.

28 **Influência do som:** conferir Ravi Mehta, Rui (Juliet) Zhu e Amar Cheema, "Is Noise Always Bad? Exploring the Effects of Ambient Noise on Creative Cognition" ("O som é sempre ruim? Explorando os efeitos do som ambiente sobre a cognição criativa"), *Journal of Consumer Research*, 39, nº 4 (2012): 784-99; George Prochnik, "I'm Thinking. Please. Be Quiet" ("Eu estou pensando. Por favor. Faça silêncio"), *New York Times*, 24 de agosto de 2013, disponível em: www.nytimes.com/2013/08/25/opinion/sunday/im-thinking-please-be-quiet.html?_r=0.

29 **Influência dos móveis:** conferir Rui (Juliet) Zhu e Jennifer J. Argo, "Exploring the Impact of Various Shaped Seating Arrangements on Persuasion" ("Explorando o impacto de vários arranjos de assentos moldados sobre a persuasão"), *Journal of Consumer Research*, 40, nº 2 (2013): 336-49.

29 **A história de Robert Propst:** conferir Yvonne Abraham, "The Man Behind the Cubicle" ("O homem por detrás do cubículo"), *Metropolis* (Novembro de 1998), disponível em: http://tds.ic.poly.edu.hk/digital_design/case_action_office/Metropolis%20Feature_%20The%20Man%20Behind%20the%20Cubicle.pdf; David Franz, "The Moral Life of Cubicles" ("A vida moral dos cubículos"), *New Atlantis* (Winter, 2008), disponível em: www.thenewatlantis.com/publications/the-moral-life-of-cubicles.; Marc Kristal, "An Idea Whose Time Has Come" ("Uma ideia cujo tempo chegou"), Metropolis (junho de 2013), disponível em: www.metropolistmag.com/June-2013/An-Idea-Whose-Time-Has-Come/; Robert Propst, *The Office, A Facility Based on Change* (*O escritório, um local baseado na mudança*, Elmhurst, IL: Business Press, 1968); Julie Schlosser, "Trapped in Cubicles" ("Fechados em cubículos"), *Fortune* (CNNMoney.com), 22 de março de 2006, disponível em: http://money.cnn.com/2006/03/09/magazines/fortune/cubicle_howiwork_fortune/; Tim Sullivan, "Where Your Cubicle Came From" ("De onde veio o seu cubículo"), *Harvard Business Review Blog*, 24 de janeiro de 2013, disponível em: http://blogs.hbr.org/2013/01/where-your-cubicle-came-from/. Finalmente, se você estiver interessado em aprender mais sobre a história do *design* de escritórios, eu recomendo veementemente o livro bastante abrangente de Nikil Saval, *Cubed: A Secret History of the Workplace* (*Encubado: uma história secreta do local de trabalho*, New York: Doubleday, 2014).

31 **Trabalhando em um cubículo:** conferir Matthew C. Davis, Desmond J. Leach e Chris W. Clegg, "The Physical Environment of the Office: Contemporary and Emerging Issues" ("O ambiente físico do escritório: questões contemporâneas e emergentes"), in *International Review of Industrial and Organizational Psychology*, Volume 26, editada por Gerald P. Hodgkinson e J. Kevin Ford (Chichester: Wiley-Blackwell, 2011), 193-235; Helena Jahncke, Staffan Hygge, Niklas Halin, Anne Marie Green e Kenth Dimberg, "Open-Plan Office Noise: Cognitive *Performance* and Restoration" ("Barulhos de escritórios de plano aberto: *performance* cognitiva e restauração"), *Journal of Environmental Psychology*, 31, nº 4 (2011): 373-82; Guy Newsham, Jay Brand, Cara Donnelly, Jennifer Veitch, Myriam Aries e Kate Charles, "Linking Indoor Environment Conditions to Job Satisfaction: A Field Study" ("Vinculando condições ambientes internas à satisfação no trabalho: um estudo de campo"), *Building Research and Information*, 37, nº 2 (2009): 129-47; Jennifer Veitch, "Workplace *Design* Contributions to Mental Health and Well-Being" ("Contribuições do *design* do local de trabalho para a saúde mental e o bem-estar"), *Healthcare-papers*, 11 (2011): 38-46; Jacqueline C. Vischer, "The Effects of the Physical Environment on Job *Performance*: Towards a Theoretical Model of Workplace Stress" ("Os efeitos do ambiente físico sobre a *performance* no trabalho: por um modelo teórico do estresse no local de trabalho"), *Stress and Health*, 23, volume 3 (2007): 175-84; Jacqueline C. Viscer, "Towards an Environmental Psychology of Workspace: How People Are Affected by Environments for Work" ("Por uma psicologia ambiental do local de trabalho: como as pessoas são afetadas pelos ambientes para trabalhar"), Architectural Science Review, 51, nº 2 (2008): 97-108.

32 **Professora de Administração Anne-Laure Fayard:** conferir John Tierney, "From Cubicles, Cry for Quiet Pierces Office Buzz" ("Dos cubículos, clamores for perfurações silenciosas em meio ao zunido do escritório"), *New York Times*, 19 de maio de 2012, disponível em: www.nytimes.com/2012/05/20/science/when-buzz-at-your-cubicle-is-too-loud-for-work.html?pagewanted=all.

33 **Psicologia evolutiva e preferências de design:** conferir Sally Augustin, *Place Advantage: Applied Psychology for Interior Architecture* (*A vantagem do lugar: psicologia aplicada para arquitetura de interiores*, Hoboken, NJ: John Wiley & Sons, 2009); Marc G. Berman, John Jonides e Stephen Kaplan, "The Cognitive Benefits of Interacting with Nature" ("Os benefícios cognitivos de se interagir com a natureza"), *Psychological Science*, 19, nº 12 (2008): 1207-212; Irving Biederman e Edward Vessel, "Perceptual Pleasure and the Brain" ("O prazer da percepção e o cérebro"), *American Scientist*, 94 (2006): 249-55; Grant Hildebrand, *Origins of Architecture Pleasure* (*As origens do prazer arquitetônico*, Berkeley: University of California Press, 1999); Rachel Kaplan, "The Nature of the View from Home: Psychological Benefits" ("A natureza da visão a partir de casa: benefícios psicológicos"), *Environment and Behavior*, 33, nº 4 (2001): 507-42; Rachel Kaplan e Stephen Kaplan, *The Experience of Nature: A Psychological Perspective* (*A experiência da natureza: uma perspectiva psicológica*, Cambridge: Cambridge University Press, 1989).

34 **Benefícios da luz do sol e da exposição à natureza:** conferir Ruth Ann Atchley, David L. Strayer e Paul Atchley, "Creativity in the Wild: Improving Creative Reasoning Through Immersion in Natural Settings" ("Criatividade na natureza: melhorando o raciocínio

criativo por meio da imersão em locais naturais"), *PLoS ONE*, 7, nº 12 (2012); Amanda L. Chan, "Windows in the Workplace Linked with Better Sleep" ("Janelas no local de trabalho ligadas a um sono melhor"), *Huffington Post*, 12 de junho de 2013, disponível em: www.huffingtonpost.com/2013/06/12/windows-workplace-sleep-sunlight-exposure_n_3415797.html; Mary M. DeSchriver e Carol C. Riddick, "Effects of Watching Aquariums on Elders' Stress" ("Efeitos de ficar olhando para aquários sobre o estresse dos mais velhos"), *Anthrozoös*, 4, nº 1 (1992): 44-48; Phil Leather, Mike Pyrgas, Di Beale e Claire Lawrence, "Windows in the Workplace Sunlight, View, and Occupational Stress" ("Janelas permitindo a entrada da luz do sol e da visão no local de trabalho e estresse ocupacional"), *Environment and Behavior*, 30, nº 6 (1998): 739-62; American Academy of Sleep Medicine, "Study Links Workplace Daylight Exposure to Sleep, Activity and Quality of Life" (Academia Norte-Americana de Medicina do Sono, "Estudo vincula a exposição à luz do dia no local de trabalho à atividade do sono e à qualidade de vida"), *Science Daily*, 03 de junho de 2013, disponível em: www.sciencedaily.com/releases/2013/06/130603114000.htm; Stephanie Lichtenfeld, Andrew Elliot, Marcus Maier e Reinhard Pekrun, "Fertile Green: Green Facilitates Creative *Performance*" ("Verde fértil: o verde facilita a *performance* criativa"), *Personality and Social Psychology Bulletin*, 38, nº 6 (2012): 784-97; Donald Liu, Bernadette O. Fernandez, Alistair Hamilton et al., "UVA Lowers Blood Pressure and Vasodilates the Systemic Arterial Vasculature by Mobilization of Cutaneous Nitric Oxide Stores" ("Raios UVA reduzem a pressão sanguínea e dilatam os vasos do sistema arterial ao mobilizar reservas cutâneas de óxido nítrico"), *Journal of Investigative Dermatology*, 133 (2013): S209-29; Ravi Mehta e Rui (Juliet) Zhu, "Blue or Red? Exploring the Effect of Color on Cognitive Task *Performances*" ("Azul ou vermelho? Explorando o efeito das cores sobre as performances de tarefas cognitivas"), *Science*, 323, nº 5918 (2009): 1226-29; Ruth K. Raanaas, Katinka Horgen Evensen, Debra Rich et al., "Benefits of Indoor Plants on Attention Capacity in an Office Setting" ("Os benefícios das plantas em relação à capacidade de atenção em um arranjo de escritório"), *Journal of Environmental Psychology*, 31, nº 1 (2011): 99-105; Roger Ulrich, "View Through a Window May Influence Recovery from Surgery" ("Ver através da janela pode influenciar a recuperação de cirurgias"), *Science*, 224, nº 4647 (1984): 420-21.

35 **Professor da Universidade de Administração de Cornell Franklin Becker:** conferir Franklin Becker, *Offices at Work: Uncommon Work Space Strategies That Add Value and Improve Performance* (*Escritórios no trabalho: estratégias incomuns para espaço no trabalho que acrescentam valor e melhoram o desempenho*, San Francisco: John Wiley & Sons, 2004).

35 **Funcionários usam a qualidade de um ambiente de escritório para realizar inferências:** conferir Craig Knight e S. Alexander Haslam, "The Relative Merits of Lean, Enriched, and Empowered Offices: An Experimental Examination of the Impact of Work Space Management Strategies on Well-Being and Productivity" ("Os méritos relativos de escritórios esbeltos, enriquecidos e empoderados: um exame experimental do impacto das estratégias de administração do espaço no trabalho sobre o bem-estar e a produtividade"), *Journal of Experimental Psychology: Applied*, 16, nº 2 (2010): 158-72.

36 **O valor de utilizar interações empresariais com os clientes:** para ler mais sobre o *design* dessa exibição de saguão e ver imagens da apresentação, visite a página www.ferrettidesigns.com/branding/html.

37 **Criada uma "parede favorita":** conferir Clint Chapple, "Daxko's Double Helix" ("A hélice dupla da Daxko"), Daxko.com, 27 de dezembro de 2012, disponível em: http://daxko.com.blog/2012/12/daxkos-double-helix.

37 **Fazendo com que [os funcionários] fiquem pessoalmente envolvidos no *design*:** conferir Lambeth Hochwald, "Encouraging Employees to Put Their Personal Stamp on the Workplace" ("Encorajando os funcionários a colocar sua marca pessoal no local de trabalho"), *Entrepreneur*, 01 de agosto de 2012, disponível em: www.entrepreneur.com/article/224070.

37 **Comprometimento em prover experiências noturnas memoráveis:** conferir "The Most Creative Meeting Room Names in the U.S." ("Os nomes mais criativos para salas de reuniões nos EUA"), *eVenus Blog*, acessado no dia 23 de maio de 2014, disponível em: http://blog.evenues.com/2011/11/19/the-most-creative-meeting-room-names-in-the-u-s/.

37 **Composição física da mobília:** conferir Josh M. Ackerman, Christopher C. Nocera e John A. Bargh, "Incidental Haptic Sensations Influence Social Judgements and Decisions" ("Sensações táteis acidentais influenciam juízos sociais e decisões"), *Science*, 328, nº 5986 (2010): 1715.

38 **Aprendizagem no banheiro no Google:** conferir Bharat Mediratta, "The Google Way: Give Engineers Room" ("A maneira do Google: dê espaço aos engenheiros"), *New York Times*, 20 de outubro de 2007, disponível em: www.nytimes.com/2007/10/21/jobs/21pre.html.

39 **Empresas que deixam de construir espaço de socialização têm *metade* do número de funcionários com um melhor amigo no trabalho:** conferir Tom Rath, "Wanted: More Conversations in the Workplace" ("Procuradas: mais conversas no local de trabalho"), *Gallup Business Journal*, 13 de julho de 2006, disponível em: http://businessjournal.gallup.com/content/23596/wanted-more-conversations-in-the-workplace.aspx.

39 **Criatividade e inovação estimula encontros fortuitos:** ver Malcolm Gladwell, "*Designs* for Working" ("*Designs* para o trabalho"), *New Yorker*, 11 de dezembro de 2000, disponível em: www.newyorker.com/archive/2000/12/11/2000_12_11_060_TNY_LIBRY_000022275.

39 **Socióloga Jennifer Glass:** conferir Jennifer Glass, "It's About the Work, Not the Office" ("Trata-se do trabalho, não do escritório"), *New York Times*, 07 de março de 2013, disponível em: www.nytimes.com/2013/03/08/opinion/in-defense-of-telecommuting.html.

39 **Susan Milligan, colunista do U.S. News & World Report:** conferir Susan Milligan, "In Defense of Marissa Mayer's Telecommuting Ban" ("Em defesa do veto para teletrabalho de Marissa Mayer"), *U.S. News & World Report*, 28 de fevereiro de 2013, disponível em: www.usnews.com/opinion/blogs/susan-milligan/2013/02/28/in-defense-of-yahoo-and-marissa-mayers-telecommuting-ban.

40 **Os benefícios do *home office*:** ainda que os seguintes estudos apresentem evidências de que o teletrabalho pode ser benéfico para a saúde dos funcionários e os resultados, nós não deveríamos levá-los a dizer que o *home office* é um bem inquestionável. Dados do

Gallup indicam que os funcionários que trabalham remotamente durante *algum* tempo da semana tendem a estar mais envolvidos do que aqueles que passam todo o tempo no escritório. Parece, portanto, que ter alguma flexibilidade em relação ao *home office* benéfico. Para mais informações sobre os benefícios do *home offcie*, conferir Nicholas Bloom, James Liang, John Roberts e Jenny Ying, "Does Working from How Work? Evidence from a Chinese Experiment" ("Trabalhar a partir de casa funciona? Evidências a partir de um experimento chinês"), *Quarterly Journal of Economics*, disponível em: www.stanford.edu/~nbloom/WFH.pdf; Steve Crabtree, "Can People Collaborate Effectively While Working Remotely?" ("As pessoas colaboram efetivamente ao trabalharem à distância?"), *Gallup Business Journal*, 13 de março de 2014, disponível em: http://businessjournal.gallup.com/content/167573/people-collaborate-effectively-working-remotely.aspx; Andrew DuBrin, "Comparison of the Job Satisfaction and Productivity of Telecommuters versus In-House Employees: A Research Note on Work in Progress" ("Uma comparção entre satisfação no trabalho e produtividade dos teletrabalhadores em contraposição aos funcionários que trabalham em casa: notas de pesquisa sobre um trabalho ainda em desenvolvimento"), *Psychological Reports*, 68, nº 4 (1991): 1223-34; Edwin Glenn Dutcher, "The Effects of Telecommuting on Productivity: An Experimental Examination. The Role of Dull and Creative Tasks" ("Os efeitos do teletrabalho sobre a produtividade: um exame experimental. O papel de atividades estúpidas e criativas"), *Journal of Economic Behavior and Organization*, 84, nº 1 (2012): 355-63; Edward J. Hill, Jenet J. Erickson, Erin K. Holmes e Maria Ferris, "Workplace Flexibility, Work Hours, and Work-Life Conflict: An Extra Day or Two" ("Flexibilidade no local de trabalho, horas de trabalho e conflitos na vida de trabalho: um ou dois dias a mais"), *Journal of Family Psychology*, 24, nº 3 (2010): 349-58; Apgar Mahlon, "The Alternative Workplace: Changing Where and How People Work" ("O local de trabalho alternativo: mudando onde e como as pessoas trabalham"), *Harvard Business Review*, 76, nº 3 (maio-junho de 1998): 121-36.

40 **O custo das multiatividades:** conferir Mark W. Becker, Reem Alzahabi e Christopher J. Hopwood, "Media Multitasking Is Associated with Symptoms of Depression and Social Anxiety" ("Multiatividades midiáticas estão associadas com sintomas de depressão e ansiedade social"), *Cyberpsychology, Behavior, and Social Networking*, 16, nº 2 (2013): 132-35; Gloria Mark, Victor M. Gonzalez e Justin Harris, "No Task Left Behind? Examining the Nature of Fragmented Work" ("Nenhuma tarefa deixada para trás? Examinando a natureza do trabalho fragmentado"), *Conference on Human Factors in Computing Systems* (2005): 321-30; Rachel E. Silverman, "Workplace Distractions: Here's Why You Won't Finish This Article" ("Distrações no local de trabalho: eis a razão pela qual você não vai terminar de ler esse artigo"), *Wall Street Journal*, 11 de dezembro de 2012, disponível em: http://online.wsj.com/news/articles/SB10001424127887324339204578173252223022388; "Too Many Interruptions at Work?" ("Muitas interrupções no trabalho?"), *Gallup Business Journal*, 08 de junho de 2006, disponível em: http://businessjournal.gallup.com/content/23146/too-many-interruptions-work.aspx#2.

41 **Empresas que encorajam os funcionários a customizar o local de trabalho:** conferir Craig Knight e Alexander Haslam, "Your Place or Mine? Organizational Identification and Comfort as Mediators of Relationships Between the Managerial Control of Workspace and Employees' Satisfaction and Well-Being" ("No seu lugar ou no meu?

Identificação empresarial e conforto como mediadores de relações entre o controle gerencial do espaço de trabalho e a satisfação e o bem-estar dos funcionários"), *British Journal of Management*, 21, nº 3 (2010): 717-35.

42 **Fornecer aos novos contratados um modesto orçamento para a decoração:** conferir Nadia Goodman, "What Your Desk Says About You" ("O que a sua mesa diz sobre você"), *Entrepreneur*, 13 de janeiro de 2013, disponível em: www.entrepreneur.com/blog/225512; Tim Henneman, "DreamWorks Animation Etches Out a Creative Culture Through Connectivity" ("A DreamWorks desenvolve uma cultura criativa através da conectividade"), *Workforce.com*, 25 de julho de 2012, disponível em: www.workforce.com/articles/dreamworks-animation-etches-out-a-creative-culture-through-connectivity.

42 **Gary Jacobs:** Gary foi muito gentil ao se sentar comigo para uma entrevista em 21 de agosto de 2013. Para saber mais sobre o trabalho de Gary, visite a página www.jacobsillustration.com. Vale a pena notar que, ainda que Gary utilize a distinção "cavernas e fogueiras de acampamento", outros preferem "cavernas e lugares comuns". As palavras são diferentes, mas as ideias são geralmente as mesmas.

43 **Sons e criatividade:** conferir Anahad O'Connor, "How the Hum of a Coffee Shop Can Boost Creativity" ("Como os ruídos de um café podem estimular a criatividade"), *New York Times Blog*, 21 de junho de 2013, disponível em: http://well.blogs.nytimes.com/2013/06/21how-the-hum-of-a-coffee-shop-can-boost-creativity.

Capítulo 3: Por que você deveria ser pago para jogar

47 **Decisão de Obama:** conferir Mark Bowden, *The Finish: The Killing of Osama Bin Laden* (*O fim: a morte de Osama Bin Laden*, New York: Atlantic Monthly Press, 2012); Mark Bowden, "Inside Osama Bin Laden's Final Hours – and How the White House Chose Their Assassination Plot" ("As horas finais de Osama Bin Laden – e como a Casa Branca escolheu a trama para o assassinato"), *Vanity Fair*, novembro de 2012, disponível em: www.vanityfair.com/politics/2012/11/inside-osama-bin-laden-assassination-plot; John A. Gans Jr., "This Is 50-50: Behind Obama's Decision to Kill Bin Laden" ("50% de chance: por trás da decisão de Obama de matar Bin Laden"), *Atlantic*, 10 de outubro de 2012, disponível em: www.theatlantic.com/international/archive/2012/10/this-is-50-50-behind-obamas-decision-to-kill-bin-laden/263449/.

49 **Pesquisas sobre pensamento inconsciente:** Bos e Amy Cuddy, "A Counter-Intuitive Approach to Making Complex Decisions" ("Uma abordagem contraintuitiva para a tomada de decisões complexas"), *Harvard Business Review Blog*, 14 de maio de 2011, disponível em: http://blogs.hbr.org/2011/05/a-counter-intuitive-approach-t/; Maarten Bos, Ap Dijksterhuis e Rick B. Van Baaren, "The Benefits of 'Sleeping on Things'": Unconscious Thought Leads to Automatic Weighting" ("Os benefícios de 'dar um tempo às coisas': pensamentos inconscientes levam a um sopesamento automático"), *Journal of Consumer Psychology*, 21, nº 1 (2011): 4-8; Maarten Bos, Ap Dijksterhuis e Rick B. Van Baaren, "On the Goal-Dependency of Unconscious Thought" ("Sobre a dependência de objetivos dos pensamentos inconscientes"), *Journal of Experimental Social Psychology*,

44, nº 4 (2008): 1114-20; J. David Creswell, James Bursley e Ajay Satpute, "Neural Reactivation Links Unconscious Thought to Decision-Making Performance" ("Reativação neural vincula pensamentos inconscientes ao desempenho na tomada de decisões"), *Social Cognitive and Affective Neuroscience*, 8, nº 8 (2013): 863-69; Ap Dijksterhuis, "On Making the Right Choice: The Deliberation-Without-Attention Effect" ("Sobre fazer a escolha certa: o efeito da deliberação sem atenção"), *Science*, 311, nº 5763 (2006): 1005-7; Ap Dijksterhuis e Teun Meurs, "Where Creativity Resides: The Generative Power of Unconscious Thought" ("Onde reside a criatividade: o poder produtivo do pensamento inconsciente", *Consciência e cognição*, 15, nº 1 (2006): 135-46; Simone M. Ritter, Rick B. Van Baaren e Ap Dijksterhuis, "Creativity: The Role of Unconscious Processes in Idea Generation and Idea Selection" ("Criatividade: o papel dos processos inconscientes na geração e na seleção de ideias"), *Thinking Skills and Creativity*, 7, nº 1 (2012): 21-27; Chen-Bo Zhong, Ap Dijksterhuis e Adam D. Galinsky, "The Merits of Unconscious Thought in Creativity" ("Os méritos do pensamento inconsciente na criatividade"), *Psychological Science*, 19, nº 9 (2008): 912-18.

49 **Os rituais de Einstein, Beethoven e Allen:** conferir Mason Currey, *Daily Rituals: How Artists Work* (*Rituais diários: como os artistas trabalham*, New York: Knopf, 2013); Brian Foster, "Einstein and His Love of Music" ("Einstein e seu amor pela música"), *Physics World* (janeiro de 2005): 34; Walter Isaacson, *Einstein: His Life and Universe* (*Einstein: sua vida e universo*, New York: Simon & Schuster, 2007).

52 **Solucionadores de problemas são como artistas:** uma parte desse texto apareceu primeiramente em Ron Friedman, "Where You Spend the Most Creative Minutes of Your Day" ("Onde você passa os minutos mais criativos do seu dia"), *Fast Company*, 11 de julho de 2012, disponível em: www.fastcompany.com/1842441/where-you-spend-most-creative-minutes-your-day.

52 **Marcar jogos durante o dia de trabalho:** conferir Kaomi Goetz, "How 3M Gave Everyone Days Off and Created and Innovation Dynamo" ("Como o 3M deus a todos dias de folga e criou um dínamo de inovações"), *Fast Company*, 01 de fevereiro de 2011, disponível em: www.fastcodesign.com/1663137/how-3m-gave-everyone-days-off-and-created-an-innovation-dynamo; Bruce Nussbaum, "How Serious Play Leads to Breakthrough Innovation" ("Quão seriamente os jogos levam ao surgimento de inovações"), *Fast Company*, 04 de março de 2013, disponível em: www.fastcodesign.com/1671971/how-serious-play-leads-to-breakthrough-innovation; Rachel Rodriguez, "Goofing Off Company Time? Go for It" ("Divertindo-se durante o tempo de trabalho? Vá adiante"), CNN.com, 29 de março de 2013, disponível em: www.cnn.com/2013/03/29/living/play-at-work-irpt/.

52 **Mentalidade infantil:** conferir Darya L. Zabelina e Michael D. Robinson, "Child's Play: Facilitating the Originality of Creative Output by a Priming Manipulation" ("Jogos de criança: facilitando a originalidade de resultados criativos por meio de manipulações e impulsos"), *Psychology of Aesthetics, Creativity, and the Arts*, 4, nº 1 (2010): 57-65.

53 **Jogos... são uma mentalidade:** conferir Laurie Tarkan, "Work Hard, Play Harder: Fun at Work Boosts Creativity, Productivity" ("Trabalhe duro, jogue ainda mais duro: diversão no trabalho aumenta a criatividade e a produtividade"), Fox News, 15 de setembro de 2012, disponível em: www.foxnews.com/health/2012/09/13/work-hard-play-harder-

fun-at-work-boosts-creativity-productivity; Stuart Brown, *Play: How It Shapes the Brain, Opens the Imagination, and Invigorates the Soul* (*Como jogar molda o cérebro, abre a imaginação e revigora a alma*, New York, Avery, 2009).

54 **Os benefícios cognitivos dos exercícios:** conferir Aderbal S. Aguiar et al., "Short Bouts of Mild-Intensity Physical Exercisve Improve Spatial Learning and Memory in Aging Rats: Involvement of Hippocampal Plasticity via AKT, CREB and BDNF Signaling" ("Pequenas pulsões de intensidade média que os exercícios físicos melhoram, assim como a aprendizagem espacial e a memória em ratos idosos: envolvimento da plasticidade do hipocampo via sinalização AKT, CREB e BDNF"), *Mechanisms of Ageing and Development*, 132, nº 11-12 (2011); 560-67; David M. Blanchette, Stephen P. Ramocki, John N. O'del e Michael S. Casey, "Aerobic Exercise and Cognitive Creativity: Immediate and Residual Effects" ("Exercícios aeróbicos e criatividade cognitiva: efeitos imediatos e residuais"), *Creativity Research Journal*, 17 (2005): 257-64; Stanley Colcombe e Arthur F. Kramer, "Fitness Effects on the Cognitive Function of Older Adults: A Meta-Analytic Study" ("Efeitos de exercícios físicos sobre a função cognitiva de adultos mais velhos: um estudo meta-analítico"), *Psychological Science*, 14, nº 2 (2003): 125-30; Candice L. Hogan, Jutta Mata e Laura L. Carstensen, "Exercise Holds Immediate Benefits for Affect and Cognition in Younger and Older Adults" ("Exercícios trazem benefícios imediatos para o afeto e a cognição em adultos mais jovens e mais velhos"), *Psychology and Aging*, 28, nº 2 (2013): 587-94; John J. Ratey e Eric Hagerman, *Spark: The Revolutionary New Science of Exercise and the Brain* (*Animação: a nova ciência revolucionária do exercício e do cérebro*, New York: Little, Brown, 2008); Robert M. Sapolsky, *Why Zebras Don't Get Ulcers: A Guide to Stress, Stress-Related Diseases, and Coping* (*Por que as zebras não têm estresse: um guia para o estresse, as doenças relacionadas ao estresse e a superação*, New York: W. H. Freeman, 1994); Shannon Stapleton, "How Exercise Fuels the Brain" ("Como os exercícios abastecem o cérebro"), *New York Times*, 22 de fevereiro de 2012, disponível em: http://well.blogs.nytimes.com/2012/02/22/how-exercise-fuels-the-brain.

55 **Salo:** conferir Eric V. Copage, "Don't Just Sit There, Work Out at Your Desk" ("Não fique apenas sentado, exercite-se junto à sua mesa"), *New York Times*, 03 de dezembro de 2011, disponível em: www.nytimes.com/2011/12/04/jobs/working-out-inside-the-office.html.

55 **Sala de reuniões repleta de bicicletas estacionárias:** conferir Rachael King, "Jumping on a Bike or Treadmill to Meet with the Boss" ("Exercitando-se em uma bicicleta ou esteira para se encontrar com o chefe"), *Wall Street Journal*, 25 de abril de 2013, disponível em: http://blogs.wsj.com/cio/2013/04/25/jumping-on-a-bike-or-treadmill-to-meet-with-the-boss/.

55 **John Osborn, chefe executivo da BBDO:** conferir Parekh Rupal, "Would You Try a Treadmill Desk, Like BBDO's New York CEO?" ("Você tentaria usar uma mesa-esteira, como o chefe executivo da BBDO, em Nova Iorque?"), *Advertising Age*, 28 de agosto de 2012, disponível em: http://adage.com/article/adages/a-treadmill-desk-bbdo-s-york-ceo/236902/; Jen Wieczner, "Falling Down on the Job?" ("Caindo no trabalho?"), *Wall Street Journal*, 29 de janeiro de 2013, disponível em: http://online.wsj.com/news/articles/SB10001424127887324539304578263650060635048.

56   **Um estudo de 2009 da Universidade do Tennessee:** Dinesh John também incluiu muitas outras medidas de desempenho em seu estudo, mas os resultados para os dois grupos não difereriram significativamente. Seu estudo está relatado em Dinesh John, Dixie L. Thompson, Hollie Raynor et al., "Effects of Treadmill Workstations as a Worksite Physical Activity Intervention in Overweight and Obese Office Workers" ("Efeitos de esteiras de exercícios como uma intervenção de atividade física no local de trabalho em relação aos funcionários acima do peso e obesos"), *Medicine and Science in Sports and Exercise*, 42 (2010): 1034-43.

56   **Os andarilhos das esteiras podem se adaptar:** conferir Avner Ben-Ner, Darla J. Hamann, Gabriel Koepp et al., "Treadmill Workstations: The Effects of Walking While Working on Physical Activity and Work *Performance*" ("Esteiras de exercícios no trabalho: os efeitos da caminhada enquanto se trabalho em relação à atividade física e à *performance* no trabalho"), PLoS ONE, 9, nº 2 (2014): e88620.

56   **Um estudo de 2004 da Universidade Metropolitana de Leeds:** conferir Jim McKenna e Jo Coulson, "How Does Exercising at Work Influence Work Productivity? A Randomized Cross-Over Trial" ("Como o hábito de se exercitar no trabalho influencia a produtividade no trabalho? Um experimento amostral"), *Medicine and Science in Sports and Exercise*, 37 (2005): S323. Conferir também Jo C. Coulson, Jim McKenna e Matthew Field, "Exercising at Work and Self-Reported Work *Performance*" ("Exercitar-se no trabalho e *performances* no trabalho autorrelatadas"), *International Journal of Workplace Health Management*, 1, nº 3 (2008): 176-197.

56   **Atlassian:** conferir Thomas Owens, "Inside Atlassian: This Is Where They Make the Software That Software Makers Use" ("Dentro de Atlassian: eis o lugar onde eles fazem o *software* que os criadores de *softwares* utilizam"), Business Insider, 19 de julho de 2012, disponível em: www.businessinsider.com/atlassian-san-francisco-office-tour-201207?op=1.

57   **A rádio Flyer encoraja os funcionários:** conferir "The 25 Best Small Companies to Work for: Radio Flyer" ("As 25 melhores pequenas empresas para se trabalhar: Rádio Flyer"), CNNMoney.com, 25 de outubro de 2012, disponível em: http://money.cnn.com/gallery/news/companies/2012/10/25/best-small-companies.forune/11.html.

57   **Estímulos físicos ensejam o bem-querer:** conferir Craig Foster, Betty Witcher, Keith Campbell e Jeffery Green, "Arousal and Attraction: Evidence for Automatic and Controlled Processes" ("Estímulos e atração: evidências para processos automáticos e controlados"), *Journal of Personality and Social Psychology*, 74, nº 1 (1998): 86-101.

58   **Uma dieta de estímulos mentais diversos:** conferir Steven Johnson, *Where Good Ideas Come From: The Natural History of Innovation* (De onde vêm as boas ideias: a história natural da inovação, New York: Riverhead Books, 2010); Simone M. Ritter, Rodica Ioana Damian, Dean Keith Simonton et al., "Diversifying Experiences Enhance Cognitive Flexibility" ("Diversificar experiências estimula a flexibilidade cognitiva"), *Journal of Experimental Social Psychology*, 48, nº 4 (2012): 961-64; Dean Keith Simonton, "The Science of Genius" ("A ciência do gênio"), *Scientific American Mind*, 23, nº 5 (2012), 34-41, disponível em: www.scientificamerican.com/article/the-science-of-genius/.

58 **"A criatividade está só conectando as coisas":** conferir Gary Wolf, "Steve Jobs: The Next Insanely Great Thing" ("A próxima coisa insanamente formidável"), *Wired* (fevereiro de 1996), disponível em: http://archive.wired.com/wired/archive/4.02/jobs_pr.html.

58 **"Se você quiser gerar regularmente ideias brilhantes":** conferir Todd Henry, *The Accidental Creative: How to Be Brilliant at a Moment's Notice* (*A criatividade acidental: como ser brilhante num momento a esmo*, New York: Portfolio/Penguin, 2011).

59 **20 por cento do tempo:** conferir John Battelle, "The 70 Percent Solution" ("A solução de 70 por cento"), CNNMoney.com, 01 de dezembro de 2005, disponível em: http://money.cnn.com/magazines/business2/business2_archive/2005/12/01/8364616/; Goetz Kaomi, "How 3M Gave Everyone Days Off and Created na Innovation Dynamo" ("Como a 3M deu a todos dias de folga e criou um dínamo de inovação"), *Fast Company*, 01 de fevereiro de 2011, disponível em: www.fastcodesign.com/1663137/how-3m-gave-everyone-days-off-and-created--an-innovation-dynamo; Bharat Mediratta, "The Google Way: Give Engineers Room" ("A maneira do Google: dê espaço aos engenheiros"), *New York Times*, 20 de outubro de 2007, disponível em: www.nytimes.com/2007/10/21/jobs/21pre.html; Ryan Tate, "Google Couldn't Kill 20 Percent Time Even If It Wanted" ("Google não poderia matar 20% de seu tempo nem se quisesse"), *Wired*, 19 de agosto de 2013, disponível em: www.wired.com/2013/08/20-percent-time-will-never-die/; "100 Best Companies to Work For: Qualcomm" ("As 100 melhores empresas para se trabalhar: Qualcomm"), CNNMoney.com, 04 de fevereiro de 2013, disponível em: http://money.cnn.com/magazines/fortune/best-companies/2013/snapshots/11.html.

60 **Os benefícios de tirar um cochilo:** conferir Cotton Delo, "Why Companies Are Cozying Up to Napping at Work" ("Por que as empresas estão consentindo com o cochilo no trabalho"), CNNMoney.com, 18 de agosto de 2011, disponível em: http://management.fortune.cnn.com/2011/08/18/why-companies-are-cozying--up-to-napping-at-work/; Amie Gordon e Serena Chen, "The Role of Sleep in Interpersonal Conflict: Do Sleepness Nights Mean Worse Fights?" ("O papel do sono nos conflitos interpessoais: noites insones significam brigas piores?"), *Social Psychology and Personality Science*, 5, nº 2 (2014): 168-75; Angela Haupt, "Why Power Naps at Work Are Catching On" ("Por que poderosas sonecas no trabalho estão entrando em moda"), *U.S. News & World Report*, 15 de novembro de 2010, disponível em: http://health.usnews.com/health-news/family-health/sleep/articles/2010/11/15/why-power-naps-at-work-are-catching-on; Phyllis Korkki, "To Stay on Schedule, Take a Break" ("Para acompanhar a agenda, faça uma pausa"), *New York Times*, 16 de junho de 2012, disponível em: www.nytimes.com/2012/06/17/jobs/take-breaks-regularly-to-stay-on-schedule-workstation.html?_r=0; Rebecca Mead, "Benefits Dept.: Lights-out" ("Benefícios ao departamento: sem luzes"), *New Yorker*, 25 de junho de 2007, disponível em: www.newyorker.com/talk/2007/06/25/070625ta_talk_mead; Sara C. Mednick, *Take a Nap!: Change Your Life* (*Tire um cochilo: mude sua vida*, New York: Workman, 2006); Tony Schwartz, *Be Excellent at Anything: The Four Keys to Transforming the Way We Work and Live* (*Seja excelente em qualquer coisa: as quatro chaves para transformar a maneira como nós trabalhamos e vivemos*, New York: Free Press, 2011); Tony Schwartz, "Relax! You'll Be More Productive" ("Relaxe! Você será mais produtivo"), *New York Times*, 09 de fevereiro

de 2013, disponível em: www.nytimes.com/2013/02/10/opinion/sunday/relax-youll-be-more-productive-html?pagewanted=all; Zak Stone, "Tired at Work? Sleep on It, in This Space-Age Nap Pod" ("Cansado no trabalho? Dê uma cochilada nesse espaço apropriado para isso"), *Fast Company*, 11 de novembro de 2012, disponível em: www.fastcoexist.com/1680864/tired-at-work-sleep-on-it-in-this-space-age-nap-pod.

62 **Um estudo de 2010 publicado no *Journal of Applied Psychology*:** conferir Sabine Sonnentag, Carmen Binnewies e Eva J. Mojza, "Staying Well and Engaged When Demands Are High: The Role of Psychological Detachment" ("Ficar bem e motivado quando as demandas são altas: o papel do isolamento psicológico"), *Journal of Applied Psychology*, 95, nº 5 (2010): 965-76.

63 **Jim Loehr:** conferir Christopher Clarey, "Strange Habits of Successful Tennis Players" ("Hábitos estranhos de jogadores de tênis bem-sucedidos"), *New York Times*, 20 de junho de 2008, disponível em: www.nytimes.com/2008/06/21/sports/tennis/21tennis.html?pagewanted=all; James E. Loehr, *The New Toughness Training for Sports: Mental, Emotional, and Physical Conditioning from One of the World's Premier Sports Psychologists* (*A nova dureza nos treinamentos para os esportes: condicionamento mental, emocional e físico por um dos mais conceituados psicólogos esportivos do mundo*, New York: Dutton, 1994); James E. Loehr e Tony Schwartz, *The Power of Full Engagement: Managing Energy, Not Time, Is the Key to High Performance and Personal Renewal* (*O poder do envolvimento total: administrar a energia, e não o tempo, é a chave para alta performance e renovação pessoal*, New York: Free Press, 2003).

63 **Limitar o acesso do funcionário ao trabalho:** conferir Blaire Briody, "The New Workplace Trend: Goof Off to Get Head" ("A nova tendência no local de trabalho: descanse para seguir adiante"), *Fiscal Times*, 25 de abril de 2012, disponível em: www.thefiscaltimes.com/Articles/2012/04/25/The-New-Workplace-Trend-Goof-Off-to-Get-Ahead; Craig Kanalley, "FullContact Pays Its Employees $7,500 to Go on Vacation" ("A FullContact paga a seus funcionários 7.500 dólares para sair de férias"), *Huffington Post*, 12 de julho de 2012, disponível em: www.huffingtonpost.com/2012/07/12/fullcontact-employees-vacation_n_1669668.html; Bart Lorang, "Paid Vacation? Not Cool. You Know What's Cool? Paid, PAID Vacation" ("Férias pagas? Não são bacanas. Você sabe o que é bacana? Férias pagas, PAGAS"), FullContact.com, 10 de julho de 2012, disponível em: www.fullcontact.com/blog/paid-paid-vacation/; Tanya Mohn, "Silencing the *Smartphone*" ("Silenciando o *smartphone*"), *New York Times*, 31 de dezembro de 2012, disponível em: www.nytimes.com/2013/01/01/business/some-companies-seek-to-wean-employees-from-their-smartphones.html; Gary M. Stern, "Put the *Smartphone* Down: It'll Be Okay" ("Deixe o *smartphone* de lado: ficará tudo bem"), CNNMoney.com, 21 de junho de 2012, disponível em: http://management.fortune.cnn.com/2012/06/21/smartphones-work-life-balance/; Alina Tugend, "The Workplace Benefits of Being out of Touch" ("Os benefícios do local para o trabalho de estar fora de alcance"), *New York Times*, 13 de julho de 2012, disponível em: www.nytimes.com/2012/07/14/your-money/companies-see-benefit-of-time-away-from-mobile-devices.html; "100 Best Companies to Work For: The Boston Consulting Group", CNNMoney.com, 04 de fevereiro de 2013, disponível em: http://money.cnn.com/magazines/fortune/best-companies/2013/snapshots/4.html.

64 **Decisão de Obama, parte dois:** conferir George E. Condon Jr., "Obama Reveals New Details on Bin Laden Raid" ("Obama revela novos detalhes sobre o ataque aéreo a Bin Laden"), *National Journal* (2012), disponível em: www.nationaljournal.com/whitehouse/obama-reveals-new-details-on-bin-laden-raid-20120502; Jennifer Hopper, Subrata De e Tim Uehlinger, "President Obama: Bin Laden Raid Is 'Most Important Single Day of My Presidency'" ("Presidente Obama: o ataque aéreo a Bin Laden é 'o mais importante dia da minha presidência'"), NBC News, 02 de maio de 2012, disponível em: http://rockcenter.nbcnews.com/_news/2012/05/02/11493919-president-obama-bin-laden-raid-is-most-important-single-day-of-my-presidency?lite.

66 **Michael Lewis na *Vanity Fair*:** conferir Michael Lewis, "Obama's Way" ("A maneira de Obama"), *Vanity Fair* (outubro de 2012), disponível em: www.vanityfair.com/politics/2012/10/michael-lewis-profile-barack-obama.

66 **Colunista do *New York Times* Thomas Friedman:** conferir Thomas L. Friedman, "Do You Want the Good News First?" ("Você quer as notícias ruins primeiro?"), *New York Times*, 18 de maio de 2012, disponível em: www.nytimes.com/2012/05/20/opinion/sunday/friedman-do-you-want-the-good-news-first.html. Para dicas adicionais baseadas em pesquisas que os líderes podem usar para estimular uma maior criatividade empresarial, conferir também Teresa M. Amabile e Mukti Khaire, "Creativity and the Role of Leaders" ("Criatividade e o papel dos líderes"), *Harvard Business Review*, 86, nº 10 (outubro de 2008): 100-109.

66 **"Você não tem que ler o livro", pela Mercedes-Benz:** conferir "Top Ten People Pratices from the 2012 Best Small & Medium Workplaces List" ("As dez práticas mais comuns da lista de 2012 dos melhores locais de trabalho pequenos e médios"), Great Place to Work Institute, acessado em 23 de maio de 2014, disponível em: www.greatplacetowork.com/storage/documents/publications/top-ten-people-practices.pdf.

Capítulo 4: O que locais de trabalho felizes podem aprender com um cassino

70 **O que os operadores de cassino sabem:** conferir Henry W. Chase e Luke Clark, "Gambling Severity Predicts Midbrain Response to Near-Miss Outcomes" ("A severidade do jogo previne respostas do mesencéfalo para resultados de quase perda"), *Journal of Neuroscience*, 30, nº 18 (2010): 6180-87; Kalya Cornett, "The Psychology Behind Casino Design" ("A psicologia por detrás do design dos cassinos"), *Time Out New York*, 24 de agosto de 2011, disponível em: www.timeout.com/chicago/things-to-do/the-psychology-behind-casino-design; Karl J. Mayer e Lesley Johnson, "A Customer-Based Assessment of Casino Atmospherics" ("Uma avaliação baseada nos clientes da atmosfera de um cassino"), *UNLV Gaming Research and Review Journal*, 7, nº 1 (2003): 21-32; Linda Rodrigues McRobbie, "Time Stands Still: The Psychology of Casinos" ("O tempo se congela: a psicologia dos cassinos"), *Mental Floss*, 23 de janeiro de 2009, disponível em: http://mentalfloss.com/article/20697/time-stands-still-psychology-casinos; Catharine A. Winstanley, Paul J. Cocker e Robert D. Rogers, "Dopamine Modulates Rewards Expectancy During *Performance* of a Slot Machine Task in Rats: Evidence for a 'Near-Miss' Effect" ("A dopamina modula a expectativa de recompensa durante a *performance* de uma atividade de máquina de caça-níqueis em ratos: evidências para um efeito de 'quase perda'"), *Neuropsychopharmacology*, 36, nº 6 (2011): 913-25.

71 **Pessoas felizes tendem a ser mais efetivas:** conferir Julia K. Boehm e Sonja Lyubomirsky, "Does Happiness Promote Career Sucess?" ("A felicidade promove o sucesso na carreira?"), *Journal of Career Assessment*, 16, nº 1 (2008): 101-16; Ed Diener, "New Findings and Future Directions for Subjective Well-Being Research" ("Novas descobertas e direções futuras para pesquisas sobre o bem-estar subjetivo"), *American Psychologist*, 67, nº 8 (2012): 590-97; Claudia M. Haase, Michael J. Poulin e Jutta Heckhausen, "Happiness as a Motivator: Positive Affect Predicts Primary Control Striving for Career and Educational Goals" ("Felicidade como um fator motivacional: afetos positivos indicam a luta por controle primário pela carreira e por objetivos educacionais"), *Personality and Psychology Bulletin*, 38, nº 8 (2012): 1093-104; James K. Harter, Frank L. Schmidt e Corey L. Keyes, "Well-Being in the Workplace and Its Relationship to Business Outcomes: A Review of the Gallup Studies" ("Bem-estar no local de trabalho e sua relação com os resultados dos negócios: uma revisão dos estudos Gallup"), in *Flourishing: The Positive Person and the Good Life* (*Florescimento: a pessoa positiva e a boa vida*), editado por Corey L. Keyes e Jonathan Haidt (Washington, DC: American Psychological Association, 2002), 205-24.

72 **Nossa inclinação para nos adaptarmos:** conferir Philip Brickman, Dan Coates e Ronnie Janoff-Bulman, "Lottery Winners and Accident Victims: Is Happiness Relative?" ("Vencedores de loteria e vítimas de acidentes: a felicidade é relativa?"), *Journal of Personality and Social Psychology*, 36, nº 8 (1978): 917-27; Daniel Gilbert, *Stumbling on Happiness* (*Tropeçando na felicidade*, New York: Knopf, 2006); Daniel T. Gilbert, Elizabeth C. Pinel, Timothy D. Wilson et al., "Immune Neglect: A Source of Durability Bias in Affective Forecasting" ("Negligenciamento imune: uma fonte de preconceito durável em prognósticos afetivos"), *Journal of Personality and Social Psychology*, 75, nº 3 (1998): 617-38; Daniel Kahneman, Ed Diener e Norbert Schwarz, *Well-Being: The Foundations of Hedonic Psychology* (*Bem-estar: as fundações da psicologia hedônica*, New York: Russell Sage Foundation, 1999).

73 **Frequência é mais importante do que tamanho:** conferir Elizabeth W. Dunn, Daniel T. Gilbert e Timothy D. Wilson, "If Money Doesn't Make You Happy, Then You Probably Aren't Spending It Right" ("Se o dinheiro não o estiver fazendo feliz, então você provavelmente não o está gastando corretamente"), *Journal of Consumer Psychology*, 21, nº 2 (2011): 115-25; Jordi Quoidbach, Elizabeth W. Dunn, K. V. Petrides e Moïra Mikolajczak, "Money Giveth, Money Taketh Away: The Dual Effect of Wealth on Happiness" ("Dinheiro dado, dinheiro subtraído: o efeito dual da riqueza sobre a felicidade"), *Psychological Science*, 21, nº 6 (2010): 759-63.

73 **Recompensas no trabalho:** ver Sebastian Kube, Michel André Maréchal e Clemens Puppe, "The Currency of Reciprocity – Gift Exchange in the Workplace" ("A moeda da reciprocidade – troca de presentes no local de trabalho"), *American Economic Review*, 102, nº 4 (2012): 1644-62.

73 **Executivos na pictometria:** essa história me foi dita por um executivo de alto escalão da pictometria.

74 **A variedade previne a adaptação:** conferir Sonja Lyubomirsky, "New Love: A Short Shelf Life" ("Novo amor: uma vida curta de prateleira"), *New York Times*, 01 de dezembro de 2012, www.nytimes.com/2012/12/02/opinion/sunday/new-love-a-short-shelf-life-

html?pagewanted=all&_r=0; Sonja Lyubomirsky, *The How of Happiness* (*A maneira da felicidade*, New York: Penguin Press, 2008); Acacia C. Parks, Matthew D. Della Porta et al., "Pursuing Happiness in Everyday Life: A Naturalistic Investigation of Online Happiness Seekers" ("Procurando a felicidade na vida cotidiana: uma investigação naturalista sobre aqueles que procuram a felicidade online"), *Emotion 12*, nº 6 (2012): 1222-34; Kennon M. Sheldon e Sonja Lyubomirsky, "Change Your Actions, Not Your Circumstances: An Experimental Test of the Sustainable Happiness Model" ("Mude as suas ações, não as suas circunstâncias: um teste experimental sobre a felicidade sustentável"), *Journal of Happiness Studies*, 7, nº 1 (2006): 5-86; Kennon Sheldon, Julia Boehm e Sonja Lyubomirsky, "Variety Is the Spice of Happiness: The Hedonic Adaptation Prevention Model" ("A variedade é o tempero da felicidade: o modelo de prevenção em relação à adaptação hedônica"), in *Oxford Hadbook of Happiness* (*Manual Oxford da Felicidade*), editado por Ilona Boniwell, Susan A. David e Amanda Conley Ayers (Oxford: Oxford University Press, 2013).

75   **Quebras nos meses quentes:** conferir Colleen Leahey, "Best Companies to Work For Perks" ("As melhores empresas para se trabalhar em busca de privilégios"), CNNMoney.com, 18 de janeiro de 2013, http://money.cnn.com/gallery/news/companies/2013/01/17/best-companies-perks.fortune/6.html.

75   **Um dia do cachorro anual:** Ibidem.

75   **Ministério da diversão:** conferir Will Smale, "The Boss Who Wants Staff to Have Fun" ("O chefe que quer que os funcionários se divirtam"), BBC News, 13 de abril de 2014, disponível em: www.bbc.com/news/business-26873125.

75   **Prazeres inesperados trazem uma emoção maior:** conferir Sonja Lyubomirsky, *The Myths of Happiness* (*Os mitos da felicidade*, New York: Penguin Press, 2013); Timothy D. Wilson, David B. Centerbar, Deborah A. Kermer e Daniel T. Gilbert, "The Pleasures of Uncertainty: Prolonging Positive Moods in Ways People Do Not Anticipate" ("Os prazeres da incerteza: prolongando humores positivos de maneira que as pessoas não conseguem prever"), *Journal of Personality and Social Psychology*, 88, nº 1 (2005): 5-21.

76   **A ciência emergente do gasto mais inteligente:** conferir Peter A. Caprariello e Harry T. Reis, "To Do, to Have, or to Share? Valuing Experiences over Material Possessions Depends on the Involvement of Others" ("Fazer, ter ou partilhar? Valorizar experiências para além de posses materiais depende do envolvimento dos outros"), *Journal of Personality and Social Psychology*, 104, nº 2 (2013): 199-215; Leaf Van Boven e Thomas Gilovich, "To Do or to Have? That Is the Question" ("Fazer ou ter? Eis a questão"), *Journal of Personality and Social Psychology*, 85, nº 6, 2004: 1193-202; Elizabeth W. Dunn, Daniel T. Gilbert e Timothy D. Wilson, "If Money Doesn't Make You Happy, Then You Probably Aren't Spending It Right" ("Se o dinheiro não o torna feliz, então você não o está gastando corretamente"), *Journal of Consume Psychology*, 21, nº 2 (2011): 115-25; Elizabeth Dunn e Michael Norton, *Happy Money: The Science of Smarter Spending* (*Dinheiro feliz: a ciência do gasto mais inteligente*, New York: Simon & Schuster, 2013).

77   **Nosso ambiente frequentemente tem um poderoso impacto:** conferir Adam Alter, *Drunk Tank Pink* (New York: Penguin Press, 2013). Leonard Mlodinow, *Subliminal: How*

Your Unconscious Mind Rules Your Behavior (Subliminar: como a sua mente inconsciente determina o seu comportamento, New York: Pantheon Books, 2012).

78 **Nós raramente prestamos atenção ao... cheiro:** conferir Alan R. Hirsch, "Effects of Ambient Odors on Slot-Machine Usage in a Las Vegas Casino" ("Efeitos dos odores ambientes na utilização de uma máquina caça-níquel em um cassino de Las Vegas"), *Psychology and Marketing*, 12, nº 7 (1995): 585-94; Rob Holland, Merel Hendriks e Henk Aarts, "Smells Like Clean Spirit: Nonconscious Effects of Scent on Cognition and Behavior" ("Cheira a espírito limpo: efeitos inconscientes do cheiro sobre a cognição e o comportamento"), *Psychological Science*, 16 (2005): 689-93; Aradhna Krishna, "An Integrative Review of Sensory Marketing: Engaging the Senses to Affect Perception, Judgment and Behavior" ("Uma revisão integrada da publicidade sensorial: envolvendo os sentidos para afetar a percepção, o juízo e o comportamento"), *Journal of Consumer Psychology*, 22, nº 3 (2012): 332-51; Katie Liljenquist, Chen-Bo Zhong e Adam D. Galinsky, "The Smell of Virtue: Clean Scents Promote Reciprocity and Charity" ("O cheiro da virtude: cheiros limpos promovem a reciprocidade e a caridade"), *Psychological Science*, 21, nº 3 (2010): 381-83; Eric R. Spangenberg, Ayn E. Crowley e Pamela W. Henderson, "Improving the Store Environment: Do Olfactory Cues Affect Evaluations and Behaviors?" ("Melhorando o ambiente da loja: fatores olfativos afetam as avaliações e comportamentos?"), *Journal of Marketing*, 60, nº 2 (1996): 67-80.

78 **A música também eleva o nosso humor inconscientemente:** conferir Francine Garlin e Katherine Owen, "Setting the Tone with Tune: A Meta-Analytic Review of the Effects of Background Music in Retail Settings" ("Ajustando o tom com a afinação: uma revisão meta-analítica dos efeitos da música de fundo em arranjos de vendas"), *Journal of Business Research*, 59 (2006): 755-64; Celine Jacob, "Styles of Background Music and Consumption in a Bar: An Empirical Evalutation" ("Estilos de música de fundo e consumo em um bar: uma avaliação empírica"), *Hospitality Management*, 25, nº 4 (2006): 710-20; Aradhna Krishna, "An Integrative Review of Sensory Marketing: Engaging the Senses to Affect Perception, Judgment and Behavior" ("Uma revisão integrada da publicidade sensorial: envolvendo os sentidos para afetar a percepção, o juízo e o comportamento"), *Journal of Consumer Psychology*, 22, nº 3 (2012): 332-51; Michael Morrison, Sarah GAn, Chris Dubelaar e Harmen Oppewal, "In-Store Music and Aroma Influences on Shopper Behavior and Satisfaction" ("Música nas lojas e influências do aroma nos comportamentos e satisfações dos compradores"), *Journal of Business Research*, 64, nº 6 (2011): 558-64.

78 **Treinemo-nos para sermos gratos:** conferir Robert Emmons, "Why Grateful is Good" ("Por que ser grato é bom"), Greater Good Science Center da Universidade da Califórnia, Berkeley, 16 de novembro de 2010, disponível em: http://greatergood.berkeley.edu/article/item/why_gratitude_is_good; Robert Emmons, *Thanks!: How the New Science of Gratitude Can Make You Happier* (Obrigado!: como a nova ciência da gratidão pode torná-lo mais feliz, Boston: Houghton Mifflin, 2007); Adam M. Grant e Francesca Gino, "A Little Thanks Goes a Long Way: Explaining Why Gratitude Expressions Motivate Prosocial Behavior" ("Um pequeno agradecimento vai longe: explicando por que as expressões de gratidão motivam comportamentos pró-sociais"), *Journal of Personality and Social Psychology*, 98, nº 6 (2010): 946-55; Linda J. Levine e Martin A. Safer, "Sources of Bias in

Memory for Emotions" ("Fontes de preconceitos em memórias que buscam emoções"), *Current Directions in Psychological Science*, 11, nº 5 (2002): 169-73.

80   **O princípio do progresso:** conferir Teresa Amabile e Steven Kramer, *The Progress Principle: Using Small Wins to Ignite Joy, Engagement, and Creativity at Work* (*O princípio do progresso: usando pequenas vitórias para irradiar alegria, envolvimento e criatividade no trabalho*, Boston: Harvard Business Review Press, 2011).

80   **O lado obscuro da felicidade:** conferir Roy F. Baumeister, Ellen Bratslavsky, Catrin Finkenauer e Kathleen D. Vohs, "Bad Is Stronger Than Good" ("O mau é mais forte do que aquilo que é bom"), *Review of General Psychology*, 5, nº 4 (2001): 323-70; Jeremy Dean, "4 Dark Sides to the Pursuit of Happiness" ("4 lados obscuros para a procura da felicidade"), *PSYBlog*, acessado no dia 23 de maio de 2014, disponível em: www.spring.org.uk/2013/08/4-dark-sides-to-the-pursuit-of-happiness.php; Joseph P. Forgas, "Don't Worry, Be Sad! On the Cognitive, Motivational, and Interpersonal Benefits of Negative Mood" ("Não se preocupe, fique triste! Sobre os benefícios cognitivos, motivacionais e interpessoais do humor negativo"), *Current Directions in Psychological Sciences*, 22, nº 3 (2013): 225-32; Adam Grant e Barry Schwartz, "Too Much of a Good Thing: The Challenge and Opportunity of the Inverted U" ("Muito de algo bom: o desafio e a oportunidade do U invertido"), *Perspectives on Psychological Science*, 6, nº 1 (2011): 61-76; June Gruber, Iris B. Mauss e Maya Tamir, "A Dark Side of Happiness? How, When, and Why Happiness Is Not Always Good" ("Um lado obscuro da felicidade? Como, quando e por que a felicidade nem sempre é boa"), *Perspectives on Psychological Science*, 6, nº 3 (2011): 222-33; Shigehiro Oishi, Ed Diener e Richard Lucas, "The Optimum Level of Well-Being: Can People Be Too Happy?" ("O nível ótimo de bem-estar: as pessoas podem ser muito felizes?"), *Perspectives on Psychological Science*, 2, nº 4 (2007): 346-60; Justin Storbeck e Gerald L. Clore, "With Sadness Comes Accuracy; With Happiness, False Memory" ("Com a triste vem a acurácia; com a felicidade, a memória falsa"), *Psychological Science*, 16, nº 10 (2005): 785-90.

83   **Incentivando funcionários a morar perto do trabalho:** conferir David Zax, "By Paying Employees to Live Near the Office, Imo Cuts Commutes, Ups Happiness" ("Ao pagar aos funcionários para que eles vivam perto do escritório, os funcionários deixam de fazer as viagens de carro e se sentem mais felizes"), *Fast Company*, 25 de março de 2013, disponível em: www.fastcompany.com/3007365/creative-conversations/paying-employess-live-near-office-imo-cuts-commutes-ups-happiness.

Capítulo 5: Como transformar um grupo de estranhos em uma comunidade

85   **Donald Clifton:** conferir James K. Harter, Frank L. Schmidt, Emily A. Killham e James W. Asplund, "Q12 Meta-Analysis" ("Meta-análise Q12"), Gallup, disponível em: http://strengths.gallup.com/private/resources/q12meta-analysis_flyer_gen_08%2008_bp.pdf; Todd Purdum, "Nebraska Concern Buys Gallup Organization" ("Nebraska Concern compra a empresa Gallup"), *New York Times*, 18 de setembro de 1988, disponível em: www.nytimes.com/1988/09/18/us/nebraska-concern-buys-gallup-organization.html; "Don Clifton and

the Gallup Organization's Work on Strenghts" ("Don Clifton e da empresa Gallup trabalham na Strenghts"), Strenghts Foundation, acessado em 23 de maio de 2014, disponível em: www.thestrenghtsfoundation.org/don-clifton-and-the-gallup-organizations-work-on-strengths.

86 **Você tem um melhor amigo no trabalho?** Conferir Marcus Buckingham e Curt Coffman, *First, Break All the Rules* (*Primeiramente, quebre todas as regras*, New York: Simon & Schuster, 1999); Steve Crabtree, "Getting Personal in the Workplace" ("Tornando as coisas pessoais no local de trabalho"), *Gallup Business Journal*, 10 de junho de 2004, disponível em: http://businessjournal.gallup.com/content/11956/getting-personal-in-the-workplace.aspx; James K. Harter, Frank L. Schmidt, Sangeeta Agrawal e Stephanie K. Plowman, "The Relationship Between Engagement at Work and Organizational Outcomes: 2012 Q12 Meta-Analysis" ("A relação entre envolvimento no trabalho e resultados empresariais: a meta-análise Q12 de 2012"), Gallup, disponível em: http://employeeengagement.com/wp-content/uploads/2013/04/2012-Q12-Meta-Analysis-Research-Paper.pdf; Harter et al. "Q12 Meta-Analysis" ("Meta-análise Q12"); Tom Rath, *Vital Friends* (*Amigos vitais*, New York: Gallup Press, 2006); Jennifer Robison, "The Business of Good Friends" ("O negócio dos bons amigos"), *Gallup Business Journal*, 21 de dezembro de 2011, disponível em: http://businessjournal.gallup.com/content/151499/business-good-friends.aspx; Rodd Wagner e Jim Harter, "The Tenth Element of Great Managing" ("O décimo elemento da boa administração"), *Gallup Business Journal*, 14 de fevereiro de 2008, disponível em: http://businessjournal.gallup.com/content/104197/tenth-element-great-managing.aspx; Rodd Wagner e James K. Harter, *12: The Elements of Great Managing* (*12: os elementos da boa administração*, New York: Gallup Press, 2006); "Item 10: I Have a Best Friend at Work" ("Item 10: eu tenho um melhor amigo no trabalho"), *Gallup Business Journal*, 26 de maio de 1999, disponível em: http://businessjournal.gallup.com/content/511/item-10-best-friend-work.aspx.

86 **Um estudo conjunto feito pelos professores da Universidade da Pensilvânia e da Universidade de Minnesota:** conferir Karen A. Jehn e Priti Pradhan Shah, "Interpersonal Relationships and Task *Performance*: An Examination of Mediating Processes in Friendship and Acquaintance Groups" ("Relações interpessoais e desempenho nas tarefas: um exame dos processos de mediações na amizade e em grupos de conhecidos"), *Journal of Personality and Social Psychology*, 72, nº 4 (1997): 775-90.

86 **Mais a respeito de tal linha:** para pesquisas relacionadas, conferir Adam M. Grant e Amy Wrzesniewski, "I Won't Let You Down... or Will I? Core Self-Evaluations, Other-Orientation, Anticipated Guilt and Gratitude, and Job *Performance*" ("Eu não vou desapontar você... ou será que eu vou? Autoavaliações essenciais, orientações do outro, culpa anteciPhada, gratidão e *performance* no trabalho"), *Journal of Applied Psychology*, 95, nº 1 (2010): 108-21; Hsiao-Yen Mao, An-Tien Hsieh e Chien-Yu Chen, "The Relationship Between Workplace Friendship and Perceived Job Significance" ("A relação entre amizade no local de trabalho e significância percebida no trabalho"), *Journal of Management and Organization*, 18, nº 2 (2012): 247-62.

87 **Funcionários com melhores amigos tendem a permanecer... durante mais tempo:** ver Rachel L. Morrison, "Informal Relationships in the Workplace: Associations with Job Satisfaction, Organisational Commitment and Turnover Decisions" ("Relações

informais no local de trabalho: associações com a satisfação no trabalho, o compromisso organizacional e as decisões de demissões"), *New Zealand Psychological Society*, 33, nº 3 (2004): 114-28; Rath, Vital Friends (Amigos vitais).

87   **Perda de processo:** conferir Ivan D. Steiner, *Group Processes and Productivity* (*Processos de grupo e produtividade*, New York: Academic Press, 1972).

87   **O custo da solidão:** conferir Stephanie Cacioppo e John T. Caciopppo, "Social Relationships and Health: The Toxic Effects of Perceived Social Isolation" ("Relações sociais e saúde: os efeitos tóxciso do isolamento social percebido"), *Social and Personality Psychology Compass*, 8, nº 2 (2014): 58-72; Louise Hawkley e John T. Cacioppo, "Loneliness and Health" ("Solidão e saúde"), in *Encyclopedia of Behavioral Medicine* (*Enciclopédia de medicina comportamental*), editorada por Marc Gellman e J. Rick Turner (New York: Springer, 2013); Phyllis Korkki, "Building a Bridge to a Lonely Colleague" ("Construindo uma ponte para um colega solitário"), *New York Times*, 28 de janeiro de 2012, disponível em: www.nytimes.com/2012/01/29/jobs/building-a-bridge-to-a-lonely-colleague-worstation.html; Mark Leary e Geoff MacDonald, "Why Does Social Exclusion Hurt? The Relationship Between Social and Physical Pain" ("Por que a exclusão social dói? A relação entre a dor social e física"), *Psychological Bulletin*, 131, nº 2 (2005): 202-23; Hakan Ozcelik e Sigal Barsade, "Work Loneliness and Employee Performance" ("Solidão no trabalho e desempenho dos funcionários"), *Academy of Management Annual Meeting Proceedings*, 8, nº 1 (2011): 1-6.

89   **Ingredientes no centro das amizades de sucesso:** conferir Ellen Berscheid e Harry Reis, "Attraction and Close Relationships" ("Atração e relações próximas"), in *The Handbook of Social Psychology*, 4ª edição, editado por Daniel T. Gilbert, Susan T. Fiske e Gardner Lindzey (New York: McGraw-Hill, 1998), 193-281; Peter A. Caprariello, Shannon M. Smith, Harry T. Reis e Susan K. Sprecher, "Acquaintance Process" ("Processo de intimidade"), in *The Encyclopedia of Human Relationships* (*A enciclopédia de relacionamentos humanos*), editada por Harry Reis e Susan K. Sprecher (Thousand Oaks, CA: Sage Publications, 2009): 22-26; Peter A. Caprariello, Shannon M. Smith, Harry T. Reis e Susan K. Sprecher: "Liking" ("Gostar"), in *The Encyclopedia of Human Relationships* (*A enciclopédia dos relacionamentos humanos*), editada por Harry Reis e Susan K. Sprecher (Thousand Oaks, CA: Sage Publications, 2009), 978-89; Hilla Dotn e Ramat Aviv, "Workplace Friendships: Origins and Consequences for Managerial Effectiveness" ("Amizades no local de trabalho: origens e consequências para a efetividade administrativa"), *Academy of Management Annual Meeting Proceedings*, 8, nº 1 (2009): 1-6; Rowland Miller, *Intimate Relationships* (*Relações íntimas*, New York: McGraw-Hill, 2002); Richard Moreland e Scott Beach, "Exposure Effects in the Classroom: The Development of Affinity Among Students" ("Os efeitos da exposição na sala de aula: o desenvolvimento da afinidade entre os estudantes"), *Journal of Experimental Social Psychology*, 28 (1992): 255-76; Harry T. Reis, Michael Maniaci, Peter Caprariello et al., "Familiarity Does Indeed Promote Attraction in Live Interaction" ("A familiaridade de fato promove a atração em interações reais"), *Journal of Personality and Social Psychology*, 101, nº 3 (2011): 557-70; Mady W. Segal, "Alphabet and Attraction: An Unobstrusive Measure of the Effect of Propinquity in a Field Setting" ("Alfabeto e atração: uma medida não obstrusiva do efeito da proximidade em um arranjo de campo"), *Journal of Personality and Social Psychology*, 30 (1974): 654-57.

90 **"A amizade nasce":** C. S. Lewis, *The Four Loves* (*Os quatro amores*, New York: Harcourt, Brace, 1960).

90 **Um estudo sobre melhores amigos:** conferir Andrew M. Ledbetter, E. M. Griffin e Glenn G. Sparks, "Forecasting 'Friends Forever': A Longitudinal Investigation of Sustained Closeness Between Best Friends" ("Pesquisando 'amigos para sempre': uma investigação longitudinal de proximidade sustentável entre melhores amigos"), *Personal Relationships*, 14, nº 2 (2007): 343-50. Conferir também William W. Hartup e Nan Stevens, "Friendships and Adaptation in the Life Course" ("Amizades e adaptação no curso da vida"), *Psychological Bulletin*, 121, nº 3 (1997): 355-70.

90 **A similaridade supera as diferenças:** A familiaridade também pode, relativamente em algumas ocasiões, fomentar o contentamento. Se a sua impressão inicial de outra pessoa é negativa, é provável que no futuro as interações apenas piorem. O contato reiterado tende a reforçar a nossa resposta inicial por causa da nossa tendência a buscar informações confirmadoras. Nós vemos o que queremos ver. Para mais informações, conferir Michael I. Norton e Jeana H. Frost, "Does Familiarity Breed Contempt or Liking? Coment on Reis, Maniaci, Caprariello, Eastwick, and Finkel ("A familiaridade fomenta o contentamento ou o sentimento?", 2011), *Journal of Personality and Social Psychology*, 101, nº 3 (2011): 571-74; Harry T. Reis et al., "Familiarity Does Indeed Promote Attraction in Live Interaction" ("A familiaridade de fato promove a atração em interações reais"), *Journal of Personality and Social Psychology*, 101, nº 3 (2011): 557-70.

90 **O especialista em relacionamentos Art Aron estava enfrentando um problema:** conferir Arthur Aron, Edward Melinat, Elaine N. Aron et al., "The Experimental Generation of Interpersonal Closeness: A Procedure and Some Preliminary Findings" ("A geração experimental de proximidade interpessoal: um procedimento e algumas descobertas preliminares"), *Personality and Social Psychology Bulletin*, 23, nº 4 (1997): 363-77; Nancy Collins e Carol Miller, "Self-Disclosure and Liking: A Meta-Analytical Review" ("Autoabertura e sentimento: uma revisão meta-analítica"), *Psychological Bulletin*, 116, nº 3 (1994): 457-75.

93 **Partilhando informações emocionalmente sensíveis com os colegas de trabalho:** conferir Patricia M. Sias, *Organizing Relationships: Traditional and Emerging Perspectives on Workplace Relationships* (*Organizando as relações: perspectivas tradicionais e emergentes a respeito das relações no local de trabalho*, Los Angeles: Sage Publications, 2009); Patricia Sias e Daniel Cahill, "From Coworkers to Friends: The Development of Peer Friendships in the Workplace" ("De colegas de trabalho a amigos: o desenvolvimento das amizades entre os pares no local de trabalho"), *Western Journal of Communication*, 62, nº 3 (Summer, 1998): 273-99; Patricia M. Sias e Erin Gallagher, "Developing, Maintaining and Disengaging from Workplace Relationships" ("Desenvolver e manter as e se desmotivar em relação às relações no local de trabalho"), in *Friends and Enemies in Organizations: A Work Psychology Perspective* (*Amigos e inimigos em empresas: um trabalho com perspectiva psicológica*, editado por Sarah Wright e Rachel Morrison (Houndmills, Basingstoke, Hampshire: Palgrave Macmillan, 2009).

95 **Confissões de um pró-ativo:** conferir Jason Fell, "Beyond the Free Snacks: Spotlighting the Best Small Workplace Practices" ("Para além dos aperitivos grátis: lançando sobre

as melhores práticas dos locais de trabalho pequenos"), *Entrepreneur*, 17 de outubro de 2011, disponível em: www.entrepreneur.com/article/220512.

97 **Pico de adrenalina:** conferir Arthur Aron et al., "Couples' Shared Participation in Novel and Arousing Activities and Experienced Relationship Quality" ("A participação conjunta dos casais em atividades novas e estimulantes e na qualidade de relacionamentos experientes"), *Journal of Personality and Social Psychology*, 78, nº 2 (2000): 273-84; Craig Foster, Betty Witcher, Keith Campbell e Jeffery Green, "Arousal and Attraction: Evidence for Automatic and Controlled Processes" ("Estímulo e atração: evidências para processos automáticos e controlados"), *Journal of Personality and Social Psychology*, 74, nº 1 (1998): 86-101.

97 **Experimento de Muzafer Sherif de 1954:** conferir Muzafer Sherif, O. J. Harvey, B. Jack White et al., *Intergroup Conflict and Cooperation: The Robbers Cave Experiment* (*Conflito intergrupal e cooperação: o experimento dos ladrões de caverna*, Norman, OK: University Book Exchange, 1961).

99 **Especialista em inovação Tom Kelley:** conferir Tom Kelley com Jonathan Littman, *The Art of Innovation* (*A arte da inovação*, New York: Currency/Doubleday, 2001).

99 **Um dia de osmose:** conferir Michael Burchell e Jennifer Robin, "Canada's Best Workplaces" ("Os melhores locais de trabalho no Canadá"), *Globe and Mail*, 19 de abril de 2012, disponível em: http://v1.theglobeandmail.com/partners/free/sr/gptw_apr_19_2012/Great%20Places%20to%20Work%20April%2019.pdf.

100 **Um programa de rotação departamental:** conferir Jen Wetherow, "Canada's Best Workplaces" ("Os melhores locais de trabalho do Canadá"), *Globe and Mail*, 12 de abril de 2011.

100 **Um cheque de 100.000 dólares:** conferir Jack Stack, "Hilcorpo Energy Shares the Wealth" ("A Hilcorp Energia divide a riqueza"), *New York Times Blog*, 06 de julho de 2010, disponível em: http://boss.blogs.nytimes.com/2010/07/06/hilcorp-energy-shares-the-wealth/; "100 Best Companies to Work For: Hilcorp Energy Company" ("As 100 melhores empresas para se trabalhar: empresa de energia Hilcorp"), CNNMoney.com, 04 de fevereiro de 2013, disponível em: http://money.cnn.com/magazines/fortune/best-companies/2013/snapshots/7.html.

100 **Psicólogo Sheldon Cohen:** conferir Sheldon Cohen et al., "Social Ties and Susceptibility to the Common Cold – Reply" ("Vínculos sociais e suscetibilidade para a resposta comum à gripe"), *JAMA: The Journal of the American Medical Association*, 278, nº 15 (1997): 1232; Susan Gilbert, "Social Ties Reduce Risk of a Cold" ("Vínculos sociais reduzem o risco de gripe"), *New York Times*, 24 de junho de 1997, disponível em: www.nytimes.com/1997/06/25/us/social-ties-reduce-risk-of-a-cold.html?scp=49&sq=sheldon+cohen&st=nyt.

101 **A maneira como apreendemos nossa rede de contatos sociais é vital para a nossa saúde mental:** conferir Roy F. Baumeister e Mark R. Leary, "The Need to Belong: Desire for Interpersonal Attachments as a Fundamental Human Motivation" ("A necessidade de pertencimento: desejo por vínculos interpessoais como uma motivação humana fundamental"), *Psychological Bulletin*, 117, nº 3 (1995): 497-529; Joseph Cesario e Carlos

Navarrete, "Perceptual Bias in Threat Distance: The Critical Roles of In-Group Support and Target Evaluations in Defensive Threat Regulation" ("Preconceitos apreendidos em distância de ameaça: os papeis críticos dos apoios do grupo e avaliações-alvo em regulações defensivas de ameaça"), *Social Psychological and Personality Science*, 5, nº 1 (2014): 12-17; Shelley E. Taylor, "Fostering a Supportive Environment at Work" ("Desenvolvendo um ambiente de apoio no trabalho"), *Psychologist-Manager Journal*, 11 (2008): 265-83; Shelley E. Taylor e Annette Stanton, "Coping Resources, Coping Processes, and Mental Health" ("Recursos e processos de superação e saúde mental"), *Annual Review of Clinical Psychology*, 3, nº 1 (2007): 129-53.

101 **Partilha de eventos positivos e negativos:** conferir Jennifer K. Bosson, Amber B. Johnson, Kate Niederhoffer e William B. Swann, "Interpersonal Chemistry Through Negativity: Bonding by Sharing Negative Attitudes About Others" ("Química interpessoal por meio da negatividade: vinculando-se pela partilha de atitudes negativas com os outros"), *Personal Relationships*, 13, nº 2 (2006): 135-50; Diane E. Macready et al.; "Can Public versus Private Disclosure Cause Greater Psychological Symptom Reduction?" ("A abertura pública em contraposição à privada pode causar uma maior redução de sintomas psicológicos?"), *Journal of Social and Clinical Psychology*, 30, nº 10 (2011): 1015-104; Harry T. Reis et. Al., "Are You Happy for Me? How Sharing Positive Events with Others Provides Personal and Interpersonal Benefits" ("Você está feliz por mim? Como partilhar eventos positivos com os outros fornece benefícios pessoais e interpessoais"), *Journal of Personality and Social Psychology*, 99, nº 2 (2010): 311-29.

102 **Parceiros de Unidades de Cuidadoras (ou CUP, em inglês):** para conferir o formulário corrente que os funcionários do Starbucks preenchem para receber suporte financeiro, visite a página http://lifeat.sbux.com/NR/rdonlyres/2D1714B2-9D39-4A4D-8800-0CCECDFE96D0/0/USCUPFundapplicationJune2007.pdf.

102 **Os benefícios do altruísmo:** conferir C. Daniel Batson, *Altruism in Humans* (*O altruísmo nos humanos*, Oxford: Oxford University Press, 2011); Barbara L. Fredrickson et al., "What Good Are Positive Emotions in Crisis? A Prospective Study of Resilience and Emotions Following the Terrorist Attacks on the United States on September 11th, 2001" ("Que bem podem fazer as emoções positivas nas crises? Um estudo prospectivo sobre a resiliência e as emoções que se seguiram aos ataques terroristas nos Estados Unidos em 11 de setembro de 2001"), *Journal of Personality and Social Psychology*, 84, nº 2 (2003): 365-76.

102 **A psicologia da fofoca:** conferir Roy F. Baumeister, Liqing Zhang e Kathleen D. Vohs, "Gossip as Cultural Learning" ("A fofoca como aprendizagem cultural"), *Review of General Psychology*, 8, nº 2 (2004): 111-21; Bianca Beersma e Gerben A. Van Kleef, "Why People Gossip: An Empirical Analysis of Social Motives, Antecedents, and Consequences" ("Por que as pessoas fofocam: uma análise empírica dos motivos sociais, antecedentes e consequências"), *Journal of Applied Social Psychology*, 42, nº 11 (2012): 2640-70; Robin Dunbar, *Grooming, Gossip, and the Evolution of Language* (*Coçar-se, fofocar e a evolução da língua*, Cambridge, MA: Harvard University Press, 1998); Tanushree Mitra e Eric Gilbert, "Have You Heard?: How Gossip Flows Through Workplace E-mail" ("Você ficou sabendo?: como a fofoca flui através dos *e-mails* no local de trabalho"), Association for the Advancement of Artificial Intelligence, acessado em 23

de maio de 2014, disponível em: http://ts-si.org/files/ICWSM12GossipMitraAAAI.pdf; Sally Farley, "Is Gossip Power? The Inverse Relationships Between Gossip, Power, and Likability" ("Fofoca é poder? As relações inversas entre fofoca, poder e atratividade"), *European Journal of Social Psychology*, 41, nº 5 (2011): 574-79; Matthew Feinberg et al., "The Virtues of Gossip: Reputational Information Sharing as Prosocial Behavior" ("As virtudes da fofoca: partilhar de informações sobre reputações como um comportamento pró-social"), *Journal of Personality and Social Psychology*, 102, nº 5 (2012): 1015-30; Sarah R. Wert e Peter Salovey, "A Social Comparsion Account of Gossip" ("Uma comparação social sobre a fofoca"), *Review of General Psychology*, 8, nº 2 (2004): 122-37.

Capítulo 6: O paradoxo da liderança

111 **A história de Charles Henry:** conferir Debra Lau, "Forbes Faces: Charles (Jerry) Henry" ["Rostos da Forbes: Charles (Jerry) Henry"], *Forbes*, 12 de dezembro de 2000, disponível em: www.forbes.com/2000/12/12/1212faces.html; Carol J. Loomis, "The Value Machine" ("A máquina de valor"), *Fortune*, fevereiro de 2001; Tom McGhee, "Buffett to Buy Johns Manville" ("Buffett vai comprar a Johns Manville"), *Denver Post*, 21 de dezembro de 2000, disponível em: http://extras.denverpost.com/business/biz1221.htm; Tom McGhee, "Manville: Buffett Sought Buyout" ("Manville: Buffett tenta comprar a empresa"), *Denver Post*, 22 de dezembro de 2000, disponível em: http://extras.denverpost.com/business/biz1222a.htm; Gil Rudawsky, "Old Job, New Mission: 'Gentleman from Omaha' Stalled Johns Manville CEO's Retirement Plans" ("Velho trabalho, nova missão: 'cavalheiros de Omaha' entravam os planos de aposentadoria do alto executivo da John Manville"), *Rocky Mountain*, 04 de março de 2001, disponível em: www.highbeam.com/doc/IGI-72101824.html.

111 **Fontes sobre Warren Buffett:** conferir Mary Buffett e David Clark, *Buffettology* (*Buffettologia*, New York: Scriber, 1999); Mac Greer, "Interview with Alice Schroeder: Buffett's Biggest Weakness" ("Entrevista concedida a Alice Schroeder: a maior fraqueza de Buffett"), *Motley Fool*, 09 de novembro de 2009, disponível em: www.fool.com/investing/general/2009/11/09/interview-with-alice-schroeder-buffetts-biggest-we.aspx; Carol J. Loomis, *Tap Dancing to Work: Warren Buffett on Practically Everything* (*Sapateando para trabalhar: Warren Buffett fala sobre praticamente tudo*, 1966-2012, New York: Portfolio Trade, 2012); Roger Lowenstein, *Buffett, Making of an American Capitalist* (*Buffett, a carreira de um capitalista norte-americano*, New York: Random House, 1995); Alice Schroeder, *The Snowball: Warren Buffett and the Business of Life* (*A bola de neve: Warren Buffett e o negócio da vida*, New York: Bantam Books, 2008); Andrew Ross Sorkin, "Warren Buffett, Delegator in Chief" ("Warren Buffett, delegado em chefe"), *New York Times*, 23 de abril de 2011, disponível em: www.nytimes.com/2011/04/24/weekinreview/24buffett.html; Gary M. Stern, "Why Warren Buffett's Laissez-Faire Management Style Works" ("Por que o estilo de administração liberal de Warren Buffett funciona"), *Investor's Business Daily*, 28 de maio de 2010, disponível em: http://news.investors.com/management-managing-for-success/052810-535754-why-warren-buffetts-laissez-faire-management-style-works.htm.

113 **Frederick Winslow Taylor:** conferir Sudhir Kakar, *Frederick Taylor: A Study in Personality and Innovation* (*Frederick Taylor: um estudo sobre personalidade e inovação*,

Cambridge, MA: MIT Press, 1970); Robert Kanigel, "Frederick Taylor's Apprenticeship" ("A aprendizagem de Frederick Taylor"), *Wilson Quarterly*, 20, nº 3 (Summer, 1996): 44-51; Robert Kanigel, "Taylor-Made" ("Feito à la Taylor"), *Sciences*, 37, nº 3 (maio-junho, 1997): 18-23; Robert Kanigel, *The One Best Way: Frederick Winslow Taylor and the Enigma of Efficiency* (*A melhor maneira: Frederick Winslow Taylor e o enigma da eficiência*, New York: Viking, 1997); Jill Lepore, "The History of Management Consulting" ("A história da consultoria administrativa"), *New Yorker*, 12 de outubro de 2009, disponível em: www.newyorker.com/arts/critics/atlarge/2009/10/12/091012crat_atlarge_lepore?currentPage=all.

116 **Economista comportamental da Universidade de Duke Dan Ariely:** conferir Dan Ariely, Uri Gneezy, George Loewenstein e Nina Mazar, "Large Stakes and Big Mistakes" ("Grandes riscos e grandes erros"), *Review of Economic Studies*, 76 (2009): 451-69. Para pesquisas relacionadas, conferir Uri Gneezy, Stephan Meier e Pedro Rey-Biel, "When and Why Incentives (Don't) Work to Modify Behavior" ("Quando e por que incentivam (não) funcionam para modificar o comportamento"), *Journal of Economic Perspectives*, nº 4 (2011): 191-210; Dan Ariely, *The Upside of Irrationality: The Unexpected Benefits of Defying Logic at Work and at Home* (*O lado positivo da irracionalidade: os benefícios inesperados de desafiar a lógica no trabalho e em casa*, New York: Harper, 2010).

117 **A psicologia da asfixia sob pressão:** Para mais informações sobre esse tópico, conferir Sian Beilock, *Choke: What the Secrets of the Brain Reveal About Getting It Right When You Have To* (*Asfixia: o que os segredos do cérebro revelam sobre os acertos quando você os têm que conseguir*, New York: Free Press, 2010).

117 **Como você faz com que os funcionários fiquem intrinsecamente motivados:** conferir Teresa Amabile, "Creativity and Innovation in Organizations" ("Criatividade e inovação em empresas"), Harvard Business School Background Note (1996): 9-396-239; Teresa M. Amabile, *Creativity in Context* (*Criatividade em contexto*, Boulder, CO: Westview, 1996); Edward L. Deci e Richard M. Ryan, *Intrinsic Motivation and Self-Determination in Human Behavior* (*Motivação intrínseca e autodeterminação no comportamento humano*, New York: Plenum, 1985); Edward L. Deci e Richard Flaste, *Why We Do What We Do: Understanding Self-Motivation* (*Por que nos fazemos o que fazemos: entendendo a automotivação*, New York: Penguin, 1996); Edward L. Deci e Richard M. Ryan, *Handbook of Self-Determination Research* (*Manual de pesquisa em autodeterminação*, Rochester, NY: University of Rochester Press, 2002); Bruno S. Frey, *Not Just for the Money: An Economic Theory of Personal Motivation* (*Não só pelo dinheiro: uma teoria econômica da motivação pessoal*, Cheltenham, UK: Edward Elgar, 1997); Margit Osterloh e Bruno S. Frey, "Does Pay for *Performance* Really Motivate Employees?" ("Pagar pelo desempenho de fato motiva os funcionários?"), *Business Performance Measurement* (2002): 107-22; Daniel H. Pink, *Drive: The Surprising Truth About What Motivates Us* (*Impulso: a verdade surpreendente sobre o que nos motiva*, New York: Riverhead Books, 2009); Johnmarshall Reeve, *Understanding Motivation and Emotion* (*Entendendo a motivação e a emoção*, Fort Worth: Harcourt Brace Jovanovich College Publishers, 1992).

119 **Uma nota sobre o efeito Romeu e Julieta:** porque nós não podemos designar experimentalmente pares românticos para pais que os aprovam ou desaprovam, nós

temos total certeza de que a crítica dos pais *faz com que* os parceiros se amem ainda mais. Os autores do artigo, no entanto, de fato apresentam essa como uma explicação para a correlação. Mais dados são obviamente necessários para essa interpretação ser conclusiva.

119 **Reatância:** conferir Mary M. Bischoff e Terence J. G. Tracey, "Client Resistance as Predicted by Therapist Behavior: A Study of Sequential Dependence" ("Resistência dos clientes conforme prevista pela terapia comportamental: um estudo sobre a dependência sequencial", *Journal of Counseling Psychology*, 42, nº 4 (1995): 487-95; Sharon S. Brehm e Jack Williams Brehm, *Psychological Reactance: A Theory of Freedom and Control* (*Reatância psicológica: uma teoria sobre a liberdade e o controle*, San Diego: Academic Press, 1966); Richard Driscoll, Keith Davis e Milton Lipetz, "Parental Interference and Romantic Love: The Romeo & Juliet Effect" ("Interferência dos pais e amor romântico: o efeito Romeu & Julieta"), *Journal of Personality and Social Psychology*, 24 (1972): 1-10; David M. Erceg-Hurn e Lyndall G. Steed, "Does Exposure to Cigarette Health Warnings Elicit Psychological Reactance in Smokers?" ("A exposição a avisos de saúde contra o cigarro ativa a reatância psicológica nos fumantes?"), *Journal of Applied Social Psychology*, 41, nº 1 (2011): 219-37.

120 **Autonomia e intenções de pedir demissão:** conferir Anders Dysvik e Bard Kuvaas, "Exploring the Relative and Combined Influence of Mastery-Approach Goals and Work Intrinsic Motivation on Employee Turnover Intention" ("Explorando a influência relativa e combinada de objetivos de domínio de abordagem e da motivação intrínseca do trabalho sobre a intenção de o funcionário pedir demissão"), *Personnel Review*, 39, nº 5 (2010): 622-38; Maura Galleta, Igor Portoghese e Agalgisa Battistelli, "Intrinsic Motivation, Job Autonomy and Turnover Intention in the Italian Healthcare: The Mediating Role of Affective Commitment" ("Motivação intrínseca, autonomia no trabalho e intenção de pedir demissão no sistema de saúde italiano: o papel mediador do envolvimento afetivo"), *Journal of Management Research*, 3 (2002): 2089-113; Jason Thatcher, Yongmei Liu, Lee Stepina et al., "IT Worker Turnover: An Empirical Examination of Intrinsic Motivation" ("Pedidos de demissão dos trabalhadores de Tecnologia da Informação: uma investigação empírica sobre a motivação intrínseca"), *Database for Advances in Information Systems*, 37, nº 2-3 (2006): 133-46.

120 **A arte de desenvolver a autonomia:** conferir Deci e Flaste, *Why We Do What We Do* (*Por que nós fazemos o que fazemos*); Marylene Gagne, Richard Koestner e Miron Zuckerman, "Facilitating Acceptance of Organizational Change: The Importance of Self-Determination" ("Facilitando a aceitação da mudança empresarial: a importância da autodeterminação"), *Journal of Applied Social Psychology*, 30, nº 9 (2000): 1843-52; Dan Stone, Edward Deci e Richard Ryan, "Beyond Talk: Creating Autonomous Motivation Through Self-Determination Theory" ("Para além da conversa: criando motivação autônoma através da teoria da autodeterminação"), *Journal of General Management*, 34, nº 3 (2008): 75-91.

120 **A contribuição flutua ao longo do dia:** conferir Ana Adan, "Influence of Morningness-Eveningness Preference in the Relationship Between Body Temperature and *Performance*: A Diurnal Study" ("A influência da preferência pelo dia ou pela noite na relação entre a temperatura do corpo e o desempenho: um estudo diurno"), *Personality and Individual Differences*, 12, nº 11 (1991): 1159-69; Lynn Hasher, Cindy Lustig e Rose Zacks, "Inhibitory

Mechanisms and the Control of Attention" ("Mecanismos inibitórios e o controle da atenção"), in *Variation in Working Memory* (*Variação na memória em funcionamento*), editado por Andrew R. A. Conway, Christopher Jarrold, Michael Kane et al. (Oxford: Oxford University Press, 2007), 227-49; Cynthia May, Lynn Hasher e Ellen Stoltzfus, "Optimal Time of Day and the Magnitude of Age Differences in Memory" ("Tempo ótimo do dia e a magnitude das diferenças de idade em relação à memória"), *Psychological Science*, 4, nº 5 (1993): 326-30; Christina Schmidt, Fabienne Collette, Christian Cajochen e Philippe Peigneux, "A Time to Think: Circadian Rhythms in Human Cognition" ("Um tempo para pensar: ritmos circadianos na cognição humana"), *Cognitive Neuropsychology*, 24, nº 7 (2007): 755-89; Sue Shellenbarger, "The Peak Time for Everything" ("O pico do tempo para tudo"), *Wall Street Journal*, 26 de setembro de 2012, disponível em: http://online.wsj.com/news/articles/SB10000872396390444180004578018294057070544; Mareike B. Wieth e Rose T. Zacks, "Time of Day Effects on Problem Solving: When the Nonoptimal Is Optimal" ("Os efeitos do tempo do dia sobre a resolução de problemas: quando o não-ótimo se torna ótimo"), *Thinking and Reasoning*, 17, nº 4 (2011): 387-401.

124 **Pesquisa conduzida pelo Departamento de Economia de Stanford:** conferir Nicholas Bloom, James Liang, John Roberts e Jenny Ying: "Does Working from Home Work? Evidence from a Chinese Experiment" ("Trabalhar a partir de casa funciona? Evidências a partir de um experimento chinês"), sob revisão no *Quarterly Journal of Economics*, disponível em: www.stanford.edu/~nbloom?WFH.pdf; *Harvard Business Review* (janeiro-fevereiro de 2014), disponível em: http://hbr.org/2014/01/to-raise-productivity-let-more-employees-work-from-home/ar/1.

124 **Uma nota sobre teletrabalho:** é desnecessário dizer que os *call centers* não são representativos de todas as empresas. E, claramente, nem todos os trabalhos servem para que os funcionários trabalhem em suas próprias casas durante a maior parte da semana. Ainda assim, o fato de que mesmo tarefas tão repetitivas quanto chamadas de campo para clientes podem ser melhoradas ao fornecer aos funcionários flexibilidade em sua rotina sugere que a supervisão no local de trabalho conta menos do que nós frequentemente pensamos.

125 **A autonomia é um indicador consistentemente melhor:** conferir Ronald Fischer e Diana Boer, "What Is More Important for National Well-Being: Money or Autonomy? A Meta-Analysis of Well-Being, Burnout and Anxiety Across 63 Societies" ("O que é mais importante para o bem-estar nacional: dinheiro ou autonomia? Uma meta-análise do bem-estar, da fadiga e da ansiedade através de 63 sociedades"), *Journal of Personality and Social Psychology*, 10, nº 1 (2011): 164-84.

Capítulo 7: Melhor do que dinheiro

127 **Revolução do dança, dança:** conferir Snorre Bryne, "Ready for European Cup in Machine Dancing" ("Pronto para a Eurocopa na máquina de dança"), *Dagbladet.no*, 15 de março de 2005, disponível em: www.positivegaming.com/assets/downloads/press_archive/2005_xx_xx_pg_ec2005_dagbladet.pdf; David Liu, "A Case History in the Success of Dance Dance Revolution in the United States" ("Uma história de um caso no sucesso da revolução

dance, dance nos Estados Unidos"), acessado em 21 de maio de 2014, disponível em: www.stanford.edu/group/htgg/sts145papers/dliu_2002_1.pdf; Seth Schiesel, "P.E. Classes Turn to Video Game That Works Legs, Not Thumbs" ("Aulas de P.E. se voltam para *video games* que trabalham as pernas, e não os dedões"), *New York Times*, 29 de abril de 2007, disponível em: www.nytimes.com/2007/04/30/health/30exer.html?_r=0.

129 **O impacto real do salário sobre a satisfação no trabalho:** conferir Timothy A. Judge, Ronald F. Piccolo, Nathan P. Podsakoff et al., "The Relationship Between Pay and Job Satisfaction: A Meta-Analysis of the Literature" ("A relação entre pagamento e satisfação no trabalho: uma meta-análise da literatura"), *Journal of Vocational Behavior*, 77, nº 2 (2010): 157-67.

129 **"O nível de pagamento tinha pouca relação":** para sermos claros, Judge *de fato* encontrou uma correlação estatisticamente significativa entre o salário e a satisfação no trabalho, mas ela era tão pequena (0,15) que dificilmente poderia ser considerada um indicador maior da felicidade no trabalho.

129 **Ao redor de 75.000 dólares por ano:** conferir Daniel Kahneman e Angus Deaton, "High Income Improves Evaluation of Life but Not Emotional Well-Being" ("Alta renda melhora a avaliação da vida, mas não o bem-estar emocional"), *Proceedings of the National Academy of Sciences*, 107, nº 38 (2010): 16489-93.

130 **Uma resposta... é o *status*:** conferir Cameron Anderson, Michael Kraus, Adam Galinsky e Dacher Keltner, "The Local-Ladder Effect: Social *Status* and Subjective Well-Being" ("O efeito da hierarquia local: *status* social e bem-estar subjetivo"), *Psychological Science*, 23 (2012): 764-71.

130 **Nós nunca nos acostumamos propriamente a nos sentirmos respeitados:** conferir Roy F. Baumeister e Mark R. Leary, "The Need to Belong: Desire for Interpersonal Attachments as a Fundamental Human Motivation" ("A necessidade de pertencimento: o desejo por vínculos interpessoais como uma motivação humana fundamental"), *Psychological Bulletin*, 117, nº 3 (1995): 497-529; David J. Becker, Kenneth Chay e Shailender Swaminathan, "Mortality and the Baseball Hall of Fame: An Investigation into the Role of *Status* in Life Expectancy" ("Mortalidade e o hall da fama do beisebol: uma investigação sobre o papel do *status* na expectativa de vida"), artigo apresentado na iHEA 2007, no Sexto Congresso Mundial: Explorações sobre Economia da Saúde: disponível em: http://ssrn.com/abstract=995034; Donald A. Redelmeier e Sheldon M. Singh, "Survival in Academy Award-Winning Actors and Actresses" ("Sobrevivência entre os autores e atrizes laureados com o Oscar"), *Annals of Internal Medicine*, 134, nº 10 (2001): 955-62.

131 **A competência é um fator motivacional inerente:** conferir Andrew J. Elliot e Carol S. Dweck, *Handbook of Competence and Motivation* (*Manual de competência e motivação*, New York: Guilford Press, 2005).

131 **A sua escolha de carreira:** para mais informações sobre esse tópico, conferir Cal Newport, "Follow a Career Passion? Let It Follow You" ("Seguir uma carreira apaixonante? Deixe que ela siga você"), *New York Times*, 29 de setembro de 2012, disponível em: www.nytimes.com/2012/09/30/jobs/follow-a-career-passion-let-it-follow-you.html, e Amy Wrzesniewski, Clark McCauley, Paul Rozin e Barry Schwartz, "Jobs, Careers, and

Callings: People's Relations to Their Work" ("Trabalhos, carreiras e vocações: as relações das pessoas com seus trabalhos"), Journal of Research in Personality, 31 (1997): 21-33.

131 **Jon Stewart:** conferir Paul Harris, "The Oscar for Best Satirist Goes to..." ("O Oscar para o melhor satirista vai para..."), 26 de fevereiro de 2006, disponível em: www.theguardian.com/media/2006/feb/26/broadcasting.oscars2006; Susan Howard, "Nighttime Talk, MTV Style" ("Conversas noturnas, estilo MTV"), Record (1994), disponível em: http://jon.happyfun.net/tran/1990/94_0000record.html.

132 **O reconhecimento aumenta o valor apreendido do trabalho:** conferir Jane Dutton, Gelaye Debebe e Amy Wrzesniewski, "Being Valued and Devalued at Work: A Social Valuing Perspective" ("Ser valorizado e desvalorizado no trabalho: uma perspectiva de valorização social"), Qualitative Organizational Research: Best Papers from the Davis Conference on Qualitative Research (Pesquisas empresarias qualitativas: os melhores artigos a partir da Conferência Davis sobre pesquisas de qualidade), 3 (2012): 1-57.

133 **"Aquele que elogia a todos não elogia a ninguém":** citado em James Boswell, The Life of Samuel Johnson (A vida de Samuel Johnson, New York: Penguin Classics, 2008).

134 **A ciência do elogio:** conferir Roy F. Baumeister, *Public Self and Private Self* (*Eu público e eu privado*, New York: Springer-Verlag, 1986); Roy F. Baumeister e Edward E. Jones, "When Self-Presentation Is Constrained by the Target's Knowledge: Consistency and Compensation" ("Quando a autoapresentação está restrita pelo conhecimento do alvo: consistência e compensação"), *Journal of Personality and Social Psychology*, 36, nº 6 (1978): 608-18; Ayelet Fischbach, Tal Eyal e Stacey R. Finkelstein, "How Positive and Negative *Feedback* Motivate Goal Pursuit" ("Como *feedbacks* positivos e negativos motivam a busca por objetivos"), *Social and Personality Psychology Compass*, 4, nº 8 (2010: 517-30; John Hattie e Helen Timperley, "The Power of Feedback" ("O poder do *feedback*"), *Review of Educational Research*, 77, nº 1 (2007): 81-112; Melissa L. Kamins e Carol S. Dweck, "Person Versus Process Praise and Criticism: Implications for Contingent Self-Worth and Coping" ("Elogio e críticos pessoais em contraposição a colocações sobre o processo: implicações para autovalorizações e superações contingentes"), *Developmental Psychology*, 35, nº 3 (1999): 835-47; Alan E. Kazdin, *Behavior Modification in Applied Settings* (*Modificações comportamentais em arranjos aplicados*, Homewood, IL: Waveland Press, 2001).

134 **O chefe executivo compra sorvete para todos:** conferir "The 25 Best Small Companies to Work For: Akraya, Inc." ("As 25 melhores pequenas empresas para se trabalhar: Incorporadora Akraya"), CNNMoney.com, 25 de outubro de 2012, disponível em: http://money.cnn.com/gallery/news/companies/2012/10/25/best-small-companies.fortune/14.html.

135 **Reconhecimento entre os pares:** conferir Austin Carr, "Can a Corporate Culture Be Built with Digital Tools?" ("Uma cultura corporativa pode ser construída com ferramentas digitais?"), *Fast Company*, 24 de agosto de 2012, disponível em: www.fastcompany.com/3000552/can-corporate-culture-be-built-digital-tools; Lydia Dishman, "Secrets of America's Happiest Companies" ("Os segredos das empresas mais felizes dos Estados Unidos"), *Fast Company*, 10 de janeiro de 2013, disponível em: www.fastcompany.com/30004595/secrets-americas-happiest-companies; Carmen Nobel, "The Most

Powerful Workplace Motivator" ("O mais poderoso fator motivacional no local de trabalho"), *HBS Working Knowledge*, 31 de outubro de 2011, disponível em: http://hbswk.hbs.edu/6792.html.

137 **Diferentemente dos artesãos e trabalhadores do passado:** esse argumento foi primeiramente desenvolvido em Alain de Botton, *The Pleasures and Sorrows of Work* (*Os prazeres e tristezas do trabalho*, New York: Pantheon Books, 2009).

137 **Nós ficamos mais felizes buscando o longo-prazo:** conferir Elliot e Dweck, *Handbook of Competence and Motivation* (*Manual da competência e da motivação*), Peter Schmuck e Kennon M. Sheldon, *Life Goals and Well-Being: Towards a Positive Psychology of Human Striving* (*Objetivos de vida e bem-estar: em direção a uma psicologia positiva do esforço humano*, Seattle: Hogrefe & Huber, 2001).

167 **Nossa trabalho como algo significativo:** conferir Simon L. Albrecht, "Work Engagement and the Positive Power of Meaningful Work" ("Envolvimento no trabalho e o poder positivo do trabalho significativo"), in *Advances in Positive Organizational Psychology* (*Avanços em psicologia positiva empresarial*), editado por Arnold B. Bakker (Bingley, UK: Emerald Group Publishing, 2013), 237-60; Roy F. Baumeister, *Meanings of Life* (*Significados da vida*, New York: Guilford Press, 1991); Viktor E. Frankl, *Man's Search for Meaning* (*A procura do homem por sentido*, Boston: Beacon Press, 2006); Dan P. McAdams e Kate C. McLean, "Narrative Identity" ("Identidade narrativa"), *Current Directions in Psychological Science*, 22, nº 3 (2013): 233-38.

137 **Nós nos sentimos melhor quando nossos objetivos se centram em ajudar os outros:** conferir Melanie Rudd, Jennifer Aaker e Michael I. Norton, "Getting the Most Out of Giving: Concretely Framing a Prosocial Goal Maximizes Happiness" ("Obtendo o máximo de ajudar os outros: abordando concretamente um objetivo pró-social que maximiza a felicidade"), a ser publicado em *Journal of Experimental Social Psychology*, e disponível aqui: http://faculty-gsb.stanford.edu/aaker/documents/GettingMostOutGiving.pdf.

137 **Professor de Administração da Wharton Adam Grant:** conferir Adam M. Grant, Elizabeth M. Campbell, Grace Chen, Keenan Cottone, David Lapedis e Karen Lee, "Impact and the Art of Motivation Maintenance: The Effects of Contact with Beneficiaries on Persistence Behavior" ("O impacto e a arte da manutenção da motivação: os efeitos do contato com os beneficiários sobre o comportamento da persistência"), *Organizational Behavior and Human Decision Processes*, 103 (2007): 53-67. Conferir também Adam M. Grant, "The Significance of Task Significance: Job *Performance* Effects, Relational Mechanisms, and Boundary Conditions" ("A significância de tarefas significativas: efeitos sobre o desempenho no trabalho, mecanismos relacionais e condições fronteiriças"), *Journal of Applied Psychology*, 93, nº 1 (2008): 108-24.

138 **Fluxo e dificuldade progressiva:** conferir Mihaly Csikszentmihalyi, *Flow: The Psychology of Optimal Experience* (*Fluxo: a psicologia da experiência ótima*, New York: Harper Perennial Modern Classics, 2008); Johnmarshall Reeve, *Understanding Motivation and Emotion* (*Compreendendo a motivação e a emoção*, Fort Worth: Harcourt Brace Jovanovich College Publishers, 1992).

139 **Adquirir novas informações aumenta a nossa produção de dopamina:** conferir Nico Bunzeck e Emrah Düzel, "Absolute Coding of Stimulus Novelty in the Human Substantia Nigra/VTA" ("Código absoluto de estímulo da novidade na substância humana Nigra/VTA"), *Neuron*, 51, nº 3 (2006): 369-79; John Tierney, "What's New? Exuberance for Novelty Has Benefits" ("O que há de novo? A exuberância por novidade traz benefícios"), *New York Times*, 13 de fevereiro de 2012, disponível em: www.nytimes.com/2012/02/14/science/novelty-seeking-neophilia-can-be-a-predictor-of-well-being.html.

140 **Aconselhamento (coaching) entre os pares:** conferir Stew Friedman, "How to Cultivate a Peer *Coaching Network*" ("Como cultivar uma rede de contatos de aconselhamento"), *Harvard Business Review Blog*, 05 de fevereiro de 2010, http://blogs.hbr.org/2010/02/cultivate-your-coaching-networ-2/; Robert Hargrove, *Masterful Coaching* (*Aconselhamento em pleno domínio*, San Francisco: Jossey-Bass, 2008); Andrew Thorn, Marilyn McLeod e Marshall Goldsmith, "Peer Coaching Overview" ("Supervisão de aconselhamento entre os pares"), MarshallGoldsmith.com, disponível em: www.marshallgoldsmithlibrary.com/docs/articles/Peer-Coaching-Overview.pdf; Amy Wrzesniewski e Jane E. Dutton, "Crafting a Job: Revisioning Employees as Active Crafters of Their Work" ("Desenvolvendo um trabalho: revendo os funcionários como aqueles que desenvolvem ativamente seus trabalhos"), *Academy of Management Review*, 26, nº 2 (2001): 179-201.

142 **O fluxo tem menos a ver com a pessoa do que com a natureza da tarefa:** conferir Mihaly Csikszentmihalyi, *Creativity: Flow and the Psychology of Discovery and Invention* (*Criatividade: o fluxo e a psicologia da descoberta e da invenção*, New York: Harper Collins Publishers, 1996).

142 **Aprender com *video games*:** para mais informações sobre a relação entre jogos e envolvimento, conferir Jane McGonical, *Reality Is Broken: Why Games Make Us Better and How They Can Change the World* (*Por que os jogos nos tornam melhores e como eles podem mudar o mundo*, New York: Penguin Press, 2011).

143 **Utilize *feedbacks* positivos estrategicamente:** para mais informações sobre o uso estratégico de *feedbacks* positivos, conferir Amy Sutherland, "What Shamu Taught Me About a Happy Marriage" ("O que Shamu me ensinou sobre um casamento feliz"), *New York Times*, 24 de junho de 2006, disponível em: www.nytimes.com/2006/06/25/fashion/25love.html?pagewanted=all.

Capítulo 8: Como pensar como um negociador de reféns pode torná-lo mais persuasivo, influente e motivador

145 **O tiroteio da Escola de Ensino Médio Lindhurst:** conferir Laurie L. Charles, "Disarming People with Words: Strategies of Interactional Communication That Crisis (Hostage) Negotiators Share with Systemic Clinicians" ("Desarmando as pessoas com palavras: estratégias de comunicação interacoinal que negociadores de crises (negociadores de reféns) partilham com médicos sistêmicos", *Journal of Marital and Family Thepary*, 33, nº 1 (2007): 51-68; Laurie L. Charles, *When the Shooting Stopped: Crisis Negotiation at Jefferson High School* (*Quando o tiroteio parou: negociação de crise na Escola de Ensino*

Médio Jefferson, Lanham, MD: Rowman & Littlefield, 2008); Mark Gladstone e Carl Ingram, "Man Surrenders After Terrorizing School" ("Homem se entrega após aterrorizar uma escola"), *Los Angeles Times*, 02 de maio de 1992, disponível em: http://articles.latimes.com/1992-05-02/news/mn-1318_1_high-school-diploma; Robert B. Gunnison e Ken Hover, "School Guman Surrenders – 4 Killed in 10-Hour Ordeal" ("Atirador da escola se rende – 4 mortos no calvário de 10 horas"), *San Francisco Chronicle*, 02 de maio de 1992; Kathy Lachenauer, "Jury Urges Death for Houston" ("Juri condena Houston à morte"), *Sacramento Bee*, 17 de agosto de 1993; Dan Morain e Carl Ingram, "School Dropout Questioned as Town Agonizes" ("Questionamentos sobre o abandono escolar enquanto a cidade agoniza"), *Los Angeles Times*, 03 de maio de 1992, disponível em: http://articles.latimes.com/1992-05-03/news/mn-1981_1_high-school-teacher. Os relatos da primeira pessoa entre os sobreviventes do tiroteio da Escola de Ensino Médio Lindhurst estão disponíveis na página "Angels of Columbine", disponível aqui: www.columbine-angels.com/lindhurst_story.htm.

147 **Por que os pacientes processam seus médicos?:** conferir Howard B. Beckman, Kathryn M. Markakis, Anthony Suchman e Richard Frankel, "The Doctor-Patient Relationship and Malpractice" ("A relação médico-paciente e a prática ruim"), *Archives of Internal Medicine*, 154, nº 12 (1994): 1365-70.

148 **O dilema enfrentado pelos vendedores de carros:** conferir Bonnie Kavoussi, "Car Salesmen Trusted Even Less Than Congressmen" ("As pessoas confiam menos nos vendedores de carros do que nos políticos"), *Huffington Post*, 03 de dezembro de 2012, disponível em: www.huffingstonpost.com/2012/12/03/car-salesmen_n_2231760.html.

148 **Clientes em uma loja da Ford na Flórida:** conferir Rosemary P. Ramsey e Ravipreet S. Sohi, "Listening to Your Customers: The Impact of Perceived Salesperson Listening Behavior on Relationship Outcomes" ("Ouvindo seus clientes: o impacto do comportamento de ouvinte apreendido do vendedor sobre o resultado das relações"), *Academy of Marketing Science*, 25, nº 2 (1997): 127-37. Um artigo relacionado a esse tópico que a vale a pena ser lido é Adam M. Grant, "Rethinking the Extraverted Sales Ideal: The Ambivert Advantage" ("Repensando o ideal extrovertido para as vendas: a vantagem ambivalente"), *Psychological Science*, 24, nº 6 (2013): 1024-30.

148 **Um estudo de 2008 sobre conselheiros financeiros:** conferir Jasmin Bergeron e Michael Laroche, "The Effects of Perceived Salesperson Listening Effectiveness in the Financial Industry" ("Os efeitos da eficiência apreendida da capacidade de ouvinte no mercado financeiro"), *Journal of Financial Services Marketing*, 14, nº 1 (2008): 6-25.

150 **Professores da Escola de Administração da Universidade de Columbia conduziram um estudo para descobrir:** a verdadeira medida é um pouco mais longa; eu a sintetizei aqui para simplificá-la. Para o questionário completo e detalhes sobre o estudo, conferir Daniel Ames, Lily Maissen e Joel Brockner, "The Role of Listening in Interpersonal Influence" ("O papel da capacidade de ouvir sober a influência interpessoal"), *Journal of Research in Personality*, 46, nº 3 (2012): 345-49.

150 **Pesquisa Gallup sobre as relações entre funcionário e gerente:** conferir Marcus Buckingham e Curt Coffman, *First, Break All the Rules* (*Antes de mais nada, quebre todas*

as regras, New York: Simon & Schuster, 1999); Rodd Wagner e James K. Harter, *12: The Elements of Great Managing* (*12: os elementos da grande administração*, New York: Gallup Press, 2006).

151   **O vínculo entre cliente e terapeuta:** conferir David Orlinsky, Michael Ronnestad e Ulrike Willutski, "Fifty Years of Psychotherapy Process-Outcome Research: Continuity and Change" ("Cinquenta anos de processo de resultados de psicoterapia: continuidade e mudança"), in *Handbook of Psychotherapy and Behaviour Change* (*Manual de psicoterapia e mudança comportamental*), editado por Allen E. Bergin, Sol L. Garfield e Michael J. Lambert (New York: John Wiley & Sons, 2004); JoEllen Patterson, Lee Williams, Todd M. Edwards et al., *Essential Skills in Family Therapy: From the First Interview to Termination* (*Habilidades essenciais em terapia familiar: da primeira entrevista ao término*, New York: Guilford Press, 1998).

153   **Anthony Suchman:** eu entrevistei o Dr. Suchman em 03 de dezembro de 2012. Para mais informações sobre a sua pesquisa, conferir Anthony L. Suchman, David J. Sluyter e Penelope R. Williamson, *Leading Change in Healthcare: Transforming Organizations Using Complexity, Positive Psychology, and Relationship-centered Care* (*Conduzindo mudanças no cuidado com a saúde: transformando empresas usando complexidade, psicologia positiva e cuidados centrados nas relações*, London: Radcliffe Publishing, 2011), ou visite a página www.rchcweb.com.

153   **Ativação de uma resposta de medo:** para mais informações sobre a forma como respostas instintivas e abruptas pode minar as relações interpessoais, conferir Daniel Goleman, *Emotional Intelligence* (*Inteligência emocional*, New York: Bantam Books, 1995).

154   **PERRLA:** a ideia de usar PERRLAs para melhorar a qualidade de comunicação foi originalmente introduzida por William Clark, Mariana Hewson, Mary Fry e Jan Shorey, *Communication Skills Reference Card* (*Cartão de referência para habilidades em comunicação*, St. Louis: American Academy on Communication in Healthcare, 1998).

155   **Laurie Charles:** para proteger o caráter anônimo de suas entrevistas, Charles usou pseudônimos em suas publicações. Durante a nossa entrevista em 08 de julho de 2013, ela manteve o caráter anônimo e falou apenas sobre a metodologia que utilizou para conduzir sua pesquisa. Suas descobertas apareceram em Charles, "Disarming People with Words" ("Desarmando as pessoas com palavras"), e in Charles, *When the Shooting Stopped* (*Quando o tiroteio parou*).

156   **Ouvir Houston deu a Tracy:** para mais informações sobre a psicologia por detrás da abordagem de Taylor, conferir Janet B. Bavelas, Linda Coates e Trudy Johnson, "Listeners as Co-Narrators" ("Ouvintes como conarradores"), *Journal of Personality and Social Psychology*, 79, nº 6 (2000): 941-52; Geoffrey L. Cohen, Joshua Aronson e Claude M. Steele, "When Beliefs Yield to Evidence: Reducing Biased Evaluation by Affirming the Self" ("Quando as crenças se tornam evidências: reduzindo avaliações preconceituosas ao afirmar o próprio eu", *Society for Personality and Social Psychology*, 26, nº 9 (2000): 1151-64; Laurence Milleer, "Hostage Negotiation: Psychological Principles and Practices" ("Negociações de reféns: princípios e práticas psicológicos"), *International Journal of Emergency Mental Health*, 7, nº 4 (2005): 277-98; Patterson et al., *Essential Skills in Family Therapy*.

159 **Pesquisas sobre casamentos bem-sucedidos:** conferir Tara Parker-Pope, *For Better: The Science of a Good Marriage* (*Para o melhor: a ciência de um bom casamento*, New York: Dutton, 2010).

197 **A resposta de variação:** conferir Charles Derber, *The Pursuit of Attention: Power and Ego in Everyday Life* (*A busca por atenção: poder e ego na vida cotidiana*, Oxford: Oxford University Press, 2000).

Capítulo 9: Por que os melhores gerentes se centram em si mesmos

161 **Mônica Seles no Aberto da França:** conferir Robin Finn, "Tennis; Seles Stuns Graf to Capture French Open Title" ("Tênis; Seles surpreende Graf e ganha o título do Aberto da França"), *New York Times*, 10 de junho de 1990, disponível em: www.nytimes.com/1990/06/10/sports/tennis-seles-stuns-graf-to-capture-french-open-title.html; Monica Seles, *Getting a Grip: On My Body, My Mind, My Self* (*Pegando na raquete: sobre o meu corpo, minha mente e sobre mim*, New York: Avery, 2009). Sobre esta parte do livro, a primeira virada de set de Seles pode ser vista no YouTube (de forma completa, com os comerciais de 1990), a partir do seguinte link: https://www.youtube.com/watch?v=CRtEm1Qybik.

163 **Grunhidos ao longo da história do tênis:** conferir Tom Geoghegan, "What a Racket" ("Que raquete"), BBC News, 22 de junho de 2009, disponível em: http://news.bbc.co.uk/1/hi/magazine/8110998.stm; Richard Hinds, "Women's Tennis Grunting – a Historical Guide" ("Grunhido das mulheres no tênis – um guia histórico"), *Sidney Morning Herald*, 25 de janeiro de 2012, disponível em: www.stuff.co.nz/sport/tennis/6309163/Womens-tennis-grunting-a-historical-guide; Josh Levin, "Tennis: An Aural History" ("Tênis: uma história aurática"), *Slate*, 14 de setembro de 2011, disponível em: www.slate.com/articles/sports/sports_nut/2011/09/tennis_an_aural_history.html; Jessica Testa, "The Unsettled Science of Tennis Grunting" ("A ciência desconcertante do grunhido no tênis"), *Buzzfeed*, 04 de setembro de 2012, disponível em: www.buzzfeed.com/jtes/the-unsettled-science-of-tennis-grunting.

163 **Jogadores que grunhem consistentemente:** análise do autor lançando mão das partidas e das frequências das novas histórias descrevendo o grunhido dos jogadores em uma busca do Google.

164 **Linhas de busca apresentadas:** uma lista detalhada de de guias de busca da OSHA está disponível aqui: https://www.osha.gov/pls/oshaweb/owadisp.show_document?p_table=STANDARD&p_id=9735&p_text_version=FALSE.

164 **Compartamentos e emoções são contagiosos:** conferir Shawn Achor, *The Happiness Advantage: The Seven Principles of Positive Psychology That Fuel Success and Performance at Work* (*A vantagem da felicidade: os sete princípios da psicologia positivo que municiam o sucesso e o desempenho no trabalho*, New York: Broadway Books, 2010); Sigal G. Barsade, "The Ripple Effect: Emotional Contagion and Its Influence on Group Behavior" ("O efeito da reverberação: contágio emocional e sua influência sobre o comportamento de grupo"), *Administrative Quarterly*, 47, nº 4 (2002): 644-75; Nicholas A. Christakis e James

H. Fowler, *Connected: The Surprising Power of Our Social Networks and How They Shape Our Lives* (*Conectados: o poder surpreendente das nossas redes de contatos sociais e como elas moldam as nossas vidas*, New York: Little, Brown, 2011); Ap Kijksterhuis e John Bargh, "The Perception-Behavior Expressway: Automatic Effects of Social Perception and Social Behavior" ("O modo de expressão da percepção-comportamento: efeitos automáticos da percepção e do comportamento sociais"), *Advances in Experimental Social Psychology*, 33 (2001): 1-40; Elaine Hatfield, John T. Cacioppo e Richard L. Rapson, *Emotional Contagion* (*Contágio emocional*, Cambridge: Cambridge University Press, 1994); Peter C. herman e Janet Polivy, "Normative Influences on Food Intake" ("Influências normativas sobre a ingestão de alimentos"), *Physiological Behavior*, 86, nº 5 (2005): 873-86; C. J. Roel Hermans, Anna Lichtwarck-Aschoff et al., "Mimicry of Food Intake: The Dynamic Interplay Between Eating Companions" (A imitação da alimentação: a dinâmica entre companhias para se alimentar"), *PLoS ONE*, 7, nº 2 (2012): e31027; Brian Wansink, *Mindless Eating: Why We Eat More Than We Think* (*Comer sem pensar: por que nós comemos mais do que pensamos*, New York: Bantam Books, 2006); Robert B. Zajonc, Pamela K. Adelmann, Sheila T. Murphy e Paula M. Niedenthal, "Convergence in the Physical Appearance of Spouses" ("Convergência na aparência física dos cônjuges"), *Motivation and Emotion*, 11, nº 4 (1987): 335-46.

165 **Vínculo entre movimento e estado mental:** conferir Lawrence W. Barsalou, Paula M. Niedenthal, Aron K. Barbey e Jennifer A. Ruppert, "Social Embodiment" ("Incorporação social"), *Personality and Social Psychology Review*, 9, nº 3 (2003): 43-92; John H. Riskind e Carolyn Gotay, "Physical Posture: Could It Have Regulatory or *Feedback* Effects Upon Motivation and Emotion?" ("Postura física: será que ela poderia ter efeitos de regulação ou *feedback* sobre a motivação e a emoção?"), *Motivation and Emotion*, 6, nº 3 (1982): 273-96; Fritz Strack, Leonard Martin e Sabine Strepper, "Inhibiting and Facilitating Conditions of the Human Smile: A Nonobstrusive Test of the Facial *Feedback* Hypothesis" ("Inibindo e facilitando as condições para o sorriso humano: um teste não-obstrusivo para as hipóteses de *feedback* facial"), *Journal of Personality and Social Psychology*, 54, nº 5 (1988): 768-77.

166 **Pesquisa que conduzi com especialistas em motivação na Universidade de Rochester:** conferir Ron Friedman, Edward L. Deci, Andrew Elliot et al., "Motivational Synchronicity: Priming Motivational Orientations with Observations of Others' Behaviors" ("Sincronicidade motivacional: orientações motivacionais com observações do comportamento dos outros"), *Motivation and Emotion*, 34, nº 1 (2009): 34-38.

166 **Nós fizemos com que os participantes entre ouvissem "acidentalmente" tanto um participante altamente motivado quanto um não motivado:** em meio aos círculos de pesquisa, a motivação exprimida por nossos atores é referida como uma motivação intrínseca e extrínseca, respectivamente.

166 **Para entender o valor da imitação:** conferir Benedict Carey, "You Remind Me of Me" ("Você me lembra de mim mesmo"), *New York Times*, 11 de fevereiro de 2008, disponível em: www.nytimes.com/2008/02/12/health/12mimic.html?pagewanted=all&_r=0; Marco Iacoboni, *Mirroring People: The New Science of How We Connect with Others* (*Espelhando as pessoas: a nova ciência de como nos conectamos com os outros*, New York: Farrar, Straus and Giroux, 2008); Jessica Lakin, Valerie Jefferis, Clara Cheng e Tanya Chartrand, "The Chameleon Effect as Social Glue: Evidence for the Evolutionary Significance of Nonconscious Mimicry"

("O efeito camaleão como uma liga social: evidências para uma significância evolutiva da imitação inconsciente"), *Journal of Nonverbal Behavior*, 27, nº 3 (2003): 145-62.

168 **Desenvolvimento da emoção [provavelmente] precedeu... a linguagem:** conferir Daniel Goleman, *Emotional Intelligence* (*Inteligência emocional*, New York: Bantam Books, 1995).

168 **Neurônios especulares:** conferir Sandra Blakeslee, "Cells That Read Minds" ("Células que leem mentes"), *New York Times*, 10 de janeiro de 2006, disponível em: www.nytimes. com/2006/01/10/science/10mirr.html?pagewanted=all; Vittorio Gallese, "The Roots of Empathy: The Shared Manifold Hypothesis and the Neural Basis of Intersubjectivity" ("As raízes da empatia: a hipótese de partilha numerosa e a base neural da intersubjetividade"), *Psychopathology*, 36, nº 4 (2003): 171-80; Iacoboni, *Mirroring People* (Espelhando as pessoas).

209 **Normas sociais:** conferir Michael Hechter e Karl-Dieter Opp, *Social Norms* (*Normas sociais*, New York: Russell Sage Foundation, 2001); Muzafer Sherif, *The Psychology of Social Norms* (*A psicologia das normas sociais*, New York: Harper, 1936); John W. Thibaut e Harold H. Kelley, *The Social Psychology of Groups* (*A psicologia social dos grupos*, New York: Wiley, 1959); Edna Ullmann-Margalit, *The Emergence of Norms* (*A emergência das normas*, Oxford: Clarendon Press, 1977).

168 **Alguns membros do grupo são mais influentes do que outros:** conferir Cameron Anderson, Dacher Keltner e Oliver P. John, "Emotional Convergence Between People over Time" ("Convergência emocional entre as pessoas ao longo do tempo"), *Journal of Personality and Social Psychology*, 84, nº 5 (2003): 1054-68; Thomas Sy, Richard Saavedra e Stephane Cote, "The Contagious Leader: Impact of the Leader's Mood on the Mood of Group Members, Group Affective Tone, and Group Process" ("O líder contagioso: impacto do humor do líder sobre o humor dos membros do grupo, sobre o tom de afetividade do grupo e sobre o processo do grupo"), *Journal of Applied Psychology*, 90, nº 2 (2005): 295-305.

169 **Professor de Administração do MIT Edgar Schein:** conferir Edgar H. Schein, *Organizational Culture and Leadership* (*Cultura empresarial e liderança*, San Francisco: Jossey-Bass, 1985). Para mais informações a respeito dessa linha de pensamento, conferir Charles A. O'Reilly e Jennifer A. Chatman, "Culture as Social Control: Corporations, Cults, and Commitment" ("A cultura como controle social: empresas, cultos e compromissos"), *Research in Organizational Behavior*, 18 (1996): 157-200.

171 **Nível de narcisismo de altos executivos:** conferir Arijit Chatterjee e Donald C. Hambrick, "It's All About Me: Narcissistic Chief Executive Officers and Their Effects on Company Strategy and *Performance*" ("É tudo a meu respeito: chefes executivos e seus efeitos sobre a estratégia e o desempenho da empresa"), *Administrative Science Quarterly*, 52, nº 3 (2007): 351-86. Para mais informações sobre chefes executivos narcisistas, conferir Antoinette Rijsenbilt e Harry Commandeur, "Narcissus Enters the Courtroom: CEO Narcissism and Fraud" ("Narciso vai a julgamento: narcisismo de altos executivos e fraudes"), *Journal of Business Ethics*, 117, nº 2 (2013): 413-29, e Charles O'Reilly, Bernadette Doerr, David Caldwell e Jennifer Chatman, "Narcissistic CEOs and Executive Compensation" ("Chefes executivos narcisistas e compensação executiva"), *Leadership Quarterly*, 25, nº 2 (2014): 218-31.

171 **Outras características da personalidade de um alto executivo:** vale notar que nenhum desses estudos fornece dados suficientes para expor definitivamente o processo pelo qual os altos executivos influenciam os membros de uma empresa. E dado que a maioria dos líderes corporativos não estão muito dispostos a sujeitar suas empresas a observações progressivas, é possível que nós nunca tenhamos evidências suficientes para desvelar o quadro completo. O que esses estudos de fato revelam, no entanto, é que, em um notável número de casos, *a maneira como um alto executivo pensa tem implicações dramáticas sobre como uma empresa atua.*

172 **Uma equipe de pesquisa liderada por Randall Peterson, da Escola de Administração de Londres:** conferir Randall S. Peterson, Paul V. Martorana, D. Brent Smith e Pamela D. Owens, "The Impact of Chief Executive Officer Personality on Top Management Team Dynamics: One Mechanism by Which Leadership Affects Organizational *Performance*" ("O impacto da personalidade do chefe executivo sobre a dinâmica da cúpula da equipe administrativa: um mecanismo pelo qual a liderança afeta o desempenho empresarial"), *Journal of Applied Psychology*, 88, nº 5 (2003): 795-808. Para mais informações sobre como a personalidade de altos executivos afeta os desempenhos de suas empresas, conferir Charles A. O'Reilly III, David F. Caldwell, Jennifer A. Chatman e Bernadette Doerr, "The Promise and Problems of Organizational Culture: CEO Personality, Culture, and Firm *Performance*" ("A promessa e os problemas da cultura empresarial: a personalidade do alto executivo, a cultura e o desempenho da empresa"), *HAAS School of Business*, disponível em: www.stybelpeabody.com/newsite/pdf/ceopersonalitycultureandfinancialperformance.pdf.

173 **Christakis e Fowler:** conferir Nicholas A. Christakis e James H. Fowler, "The Spread of Obesity in a Large Social Network over 32 Years" ("O espraiamento da obesidade em uma grande rede de trabalho ao longo de 32 anos"), *New England Journal of Medicine*, 357, nº 4 (2007): 370-79; Nicholas A. Christakis e James H. Fowler, *Connected: The Surprising Power of Our Social Networks and How They Shape Our Lives* (*Conectados: o poder surpreendente de nossas redes sociais de trabalho e a maneira como elas moldam as nossas vidas*, New York: Little, Brown, 2011); James H. Fowler e Nicholas A. Christakis, "Dynamic Spread of Happiness in a Large Social Network: Longitudinal Analysis over 20 Years in the Framingham Heart Study" ("Espraiamento dinâmico da felicidade em uma grande rede social de trabalho: análises longitudinais ao longo de 20 anos no Estudo Cardíaco de Framingham"), *British Medical Journal*, 337, nº 1 (2008): 1-9.

173 **Dinâmica similar no espraiamento da violência:** conferir Elizabeth Austin, "Treating Violence as a Contagious Disease" ("Tratando a violência como uma doença contagiosa"), Robert Wood Johnson Foundation, 16 de junho de 2003, disponível em: www.rwjf.org/en/about-rwjf/newsroom/newsroom-content/2003/06/treating-violence-as-a-contagious-disease.html; Alex Kotlowitz, "Blocking the Transmission of Violence" ("Bloqueando a transmissão da violência"), *New York Times*, 04 de maio de 2008, disponível em: www.nytimes.com/2008/05/04/magazine/04health-t.html?pagewanted=all.

Capítulo 10: Vendo o que os outros não veem

179 **Violinista clássica Megan Prokes:** eu entrevistei Megan Prokes em 17 de abril de 2013, depois de ler sua história em Mary Kunz Goldman, "Like Father, Like Daughter" ("Tal pai, tal filha"), *Buffalo News*, 17 de junho de 2012.

180 **Audições cegas:** conferir Jutta Allmendinger e J. Richard Hackman, "The More, the Better? A Four-Nation Study of the Inclusion of Women in Symphony Orchestras" ("Quanto mais, melhor? Um estudo em quatro países sobre a inclusão de mulheres em orquestras sinfônicas"), *Social Forces*, 74, nº 2 (1995): 423-60; Carol Neuls-Bates, *Women in Music* (*Mulheres na música*, segunda edição, Boston: Northeastern University Press, 1996); Geoff Edgers, "6 Minutes to Shine" ("6 minutos para brilhar"), *Boston Globe*, 04 de setembro de 2005, disponível em: www.boston.com/news/globe/magazine/articles/2005/09/04/6_minutes_to_shine/; Malcolm Gladwell, *Blink: The Power of Thinking Without Thinking* (*Num piscar de olhos: o poder de pensar sem pensar*, New York: Little, Brown, 2005); Claudia Goldin e Cecilia Rouse, "Orchestrating Impartiality: The Impact of 'Blind' Auditions on Female Musicians" ("Orquestrando a imparcialidade: o impacto de audições 'cegas' sobre as musicistas"), *American Economic Review*, 90, nº 4 (2000): 715-41; Amy Louise Phelps, "Beyond Auditions: Gender Discrimination in America's Top Orchestras" ("Para além das audições: discriminação de gênero nas maiores orquestras dos EUA"), tese defendida na Universidade de Iowa, disponível em: http://ir.uiowa.edu/etd/874.

180 **Em um experimento clássico conduzido no fim dos anos 1970:** conferir Mark Synder e Elizabeth Decker Tanke, "Social Perception and Interpersonal Behavior: On the Self-Fulfilling Nature of Social Stereotypes" ("Percepção social e comportamento interpessoal: sobre a natureza autorrecompensante dos estereótipos sociais"), *Journal of Personality and Social Psychology*, 35, nº 9 (1977): 656-66.

182 **Nossas expectativas iniciais nos conduzem:** conferir Noah Eisenkraft, "Accurate by Way of Aggregation" ("Acurado pela agregação"), *Journal of Experimental Social Psychology*, 49, nº 2 (2013): 277-79; Malcolm Gladwell, "The New-Boy Network" ("A rede de trabalho dos novos rapazes"), *New Yorker*, 29 de maio de 2000: 68-86, disponível em: http://gladwell.com/the-new-boy-network/; Monica J. Harris e Christopher P. Garris, "You Never Get a Second Chance to Make a First Impression" ("Você nunca tem uma segunda chance para causa uma boa primeira impressão"), in *First Impressions* (*Primeiras impressões*, editado por Nalini Ambady, New York: Guilford Press, 2008), 147-67; Christopher Y. Olivola e Alexander Todorov, "Fooled by First Impressions? Reexaming the Diagnostic Value of Appearance-based Inferences" ("Enganado pelas primeiras impressões? Reexaminando o valor diagnóstico das inferências baseadas em aparências"), *Journal of Experimental Social Psychology*, 46, nº. 2 (2010): 315-24; Janine Willis e Alexander Todorov, "First Impressions: Making Up Your Mind After 100-Ms Exposure to a Face" ("Primeiras impressões: tomando uma decisão depois de ser exposto a um rosto 100 vezes"), *Psychological Science*, 17, nº 7 (2006): 592-98.

182 **Âncora cognitiva:** conferir Daniel Kahneman, *Thinking, Fast and Slow* (*Pensando, rápido e devagar*, New York: Farrar, Straus e Giroux, 2011); Amos Tversky e Daniel Kahneman, "Judgement Under Uncertainty: Heuristics and Biases" ("Juízos sob incerteza: heurística e preconceitos"), *Science*, 185, nº 4157 (1974): 1124-31.

183 **Preferência pela beleza:** conferir Melissa Commisso e Lisa Finkelstein, "Physical Attractiveness Bias in Employee Termination" ("Preconceito em relação à atratividade física na demissão de funcionários"), *Journal of Applied Social Psychology*, 42, nº 12 (2012):

2968-87; Karen Dion, Ellen Berscheid e Elaine Walster, "What Is Beautiful Is Good" ("O que é bonito é bom"), *Journal of Personality and Social Psychology*, 24, nº 3 (1972): 285-90; Nancy Etcoff, *Survival of the Prettiest: The Science of Beauty* (*Sobrevivência dos mais belos: a ciência da beleza*, New York: Doubleday, 1999); Daniel S. Hamermesh, *Beauty Pays* (*A beleza recompensa*, Princeton, NJ: Princeton University Press, 2010); Brent Scott e Timothy Judge, "Beauty, Personality, and Affect as Antecedents of Counterproductive Work Behavior Receipt" ("Beleza, personalidade e afeto como antecedentes de uma receita contraproducente em termos de comportamento no trabalho"), *Human Performance*, 26, nº 2 (2013): 93-113; Enbar Toledano, "May the Best (Looking) Man Win: The Unconscious Role of Attractiveness in Employment Decisions" ["Que o melhor (e mais belo) homem vença: o papel inconsciente da atratividade nas decisões de emprego"], *Cornell HR Review*, 14 de fevereiro de 2013, disponível em: http://digitalcommons.ilr.cornell.edu/cgi/viewcontent.cgi?article=1045&context=chrr.

183 **Efeito do halo:** conferir Solomon Asch, "Forming Impressions of Personality" ("Formando impressões sobre a personalidade"), *Journal of Abnormal and Social Psychology*, 41, nº 3 (1946): 258-90; Richard E. Nisbett e Timothy Wilson, "The Halo Effect: Evidence for Unconscious Alteration of Judgements" ("O efeito do halo: evidências para alterações inconscientes de juízos"), *Journal of Personality and Social Psychology*, 35, nº 4 (1977): 250-56.

183 **Apesar de não ser objetivamente melhor em qualquer dessas coisas:** uma exceção que vale frisar para essa conclusão é a posição das vendas. Há alguma evidência sugerindo que vendedores com melhor aparência trazem mais rentabilidade para os negócios. Por que isso ocorre é algo aberto a algum debate. Uma explicação possível: pessoas atraentes são tidas como mais confiáveis, o que as torna mais persuasivas. Outra explicação é que os clientes inconscientemente procuram maximizar seu tempo na companhia de pessoas bonitas e que a forma mais óbvia de alcançar esse objetivo, ao menos quando uma pessoa atraente está tentando fazer uma venda, é procurar seu produto ou serviço.

183 **Altura e sucesso no local de trabalho:** conferir Nancy M. Blaker, Irene Rompa, Inge H. Dessing et al., "The Height Leadership Advantage in Men and Women: Testing Evolutionary Psychology Predictions About the Perceptions of Tall Leaders" ("A vantagem da liderança pela altura em homens e mulheres: testando previsões de psicologia evolutiva sobre as percepções de líderes altos"), *Groups Processes and Intergroup Relations*, 16, nº 1 (2013): 17-27; Timothy A. Judge e Daniel M. Cable, "The Effect of Physical Height on Workplace Success and Income: Preliminary Test of a Theorethical Model" ("O efeito da altura física sobre o sucesso no local de trabalho e a renda: teste preliminar de um modelo teórico"), *Journal of Applied Psychology*, 16, nº 3 (2004): 428-41.

184 **Qualidade da voz:** conferir Rindy C. Anderson e Casey A. Klofstad, "Preference for Leaders with Masculine Voices Holds in the Case of Feminine Leadership Roles" ("A preferência por líderes com vozes masculinas permanece no caso do papel de lideranças femininas"), *PLoS ONE*, 7, nº 12 (2012): e51216; Casey Klofstad, Rindy Anderson e Susan Peters, "Sounds Like a Winner: Voice Pitch Influences Perception of Leadership Capacity in Both Men and Women" ("Parece um vencedor: o tom de voz influencia a percepção da capacidade de liderança tanto em homens quanto em mulheres"), *Proceedings of the Royal Society B: Biological Sciences*, 279, nº 1738 (2012): 2698-704.

184 **Suas vozes fornecem uma pista audível de seu tamanho:** o mesmo efeito também se passa com as mulheres. A razão? Os pesquisadores enfatizam que a voz feminina tende a descer de tom com a idade, o que sinaliza que uma falante com uma voz mais profunda também tem uma boa quantidade de conhecimento e experiência.

185 **Nós não conseguimos deixar de favorecer aqueles que se lembram de nós mesmos:** conferir Lauren A. Rivera, "Hiring as Cultural Matching: The Case of Elite Professional Service Firms" ("Contratar com um encontro cultural: o caso de empresas de serviços com profissional de elite"), *American Sociologial Review*, 77, nº 6 (2012): 999-1022.

185 **A ordem em que nós nos reunimos com os candidatos:** conferir Uri Simonsohn e Francesca Gino, "Daily Horizons; Evidence of Narrow Bracketing in Judgment from 10 Years of M.B.A. Admission Interviews" ("Horizontes diários: evidências de juízos estreitos em 10 anos de entrevistas de admissão para cursos de MBA", Psychological Science, 24, nª. 2 (2013): 219-24.

185 **Primeiramente a cordialidade, depois a competência:** conferir Amy J. C. Cuddy, "Just Because I'm Nice, Don't Assume I'm Dumb" ("Não é porque eu sou bacana, que eu sou bobo"), Breakthrough Ideas of 2009, *Harvard Business Review*, 87, nº 2 (fevereiro de 2009), disponível em: http://hbr.org/web/2009/hbr-list/because-i-am-nice-dont-assume-i-am-dumb; Amy J. C. Cuddy, Matthew Kohut e John Neffinger, "Connect, Then Lead" ("Conecte-se, então lidere"), *Harvard Business Review*, 91, nº 7-8 (julho-agosto de 2013), disponível em: http://hbr.org/2013/07/connect-then-lead/ar/1; Amy J. C. Cuddy, Peter Glick e Anna Beninger, "The Dynamics of Warmth and Competence Judgements, and Their Outcomes in Organizations" ("A dinâmica dos juízos de cordialidade e competência e seus resultados nas empresas"), *Research in Organizational Behavior*, 31, nº 1 (2011): 73-98; Susan T. Fiske, Amy J. C. Cuddy e Peter Glick, "Universal Dimensions of Social Cognition: Warmth and Competence" ("Dimensões universais da cognição social: cordialidade e competência"), *Trends in Cognitive Science*, 11, nº 2 (2006): 77-83; Deborah Son Holoien e Susan T. Fiske, "Downplaying Positive Impressions: Compensation Between Warmth and Competence in Impression Management" ("Minimizando as impressões positivas: compensação entre cordialidade e competência na administração das impressões"), *Journal of Experimental Social Psychology*, 49, nº 1 (2013): 33-41.

186 **Frequentemente transforma... candidatos em mentirosos contumazes:** conferir John Delery e Michele Kacmar, "The Influence of Applicant and Interviewer Characteristics on the Use of Impression Management" ("A influência das características do candidato e do entrevistador sobre o uso da administração de impressões"), *Journal of Applied Social Psychology*, 28, nº 18 (1998): 1649-69; Michele Kacmar, John Delery e Gerald Ferris, "Differential Effectiveness of Applicant Impressions Management Tactics on Employment Interview Decisions" ("Eficiência diferencial de táticas de administração de impressões por parte dos candidatos em decisões de entrevistas de emprego"), *Journal of Applied Social Psychology*, 22 nº 16 (1992): 1250-72; Deborah Kashy e Bella DePaulo, "Who Lies?" ("Quem mente?"), *Journal of Personality and Social Psychology*, 70, nº 5 (1996): 1037-51; Cynthia Stevens e Amy Kristof, "Making the Right Impression: A Field Study of Applicant Impression Management During Job Interviews" ("Criando a impressão correta: um estudo de campo sobre a administração da impressão do candidato

durante entrevistas de emprego"), *Journal of Applied Psychology*, 80, nº 5 (1995): 587-606; Brent Weiss e Robert S. Feldman, "Looking Good and Lying to Do It: Deception as an Impression Management Strategy in Job Interviews" ("Parecebendo bem e mentindo para consegui-lo: decepção como uma estratégia de administração de impressões em entrevistas de emprego"), *Journal of Applied Social Psychology*, 36, nº 4 (2006): 1070-86.

187 **Nós raramente somos eficientes para desvelar a desonestidade:** conferir Paul Ekman, *Telling Lies: Clues to Deceit in the Marketplace, Politics, and Marriage* (*Contando mentiras: dicas para trapaças no mercado de trabalho, na política e no casamento*, New York: Norton, 2009); Maria Hartwig e Charles Bond Jr., "Why Do Lie-Catchers Fail? A Lens Model Meta-Analysis of Human Lie Judgments" ("Por que desveladores de mentiras falham? Um modelo meta-analíticos sobre juízos em relação a mentiras"), *Psychological Bulletin*, 137, nº 4 (2011): 643-59; Marc-Andre Reinhard, Martin Scharmach e Patrick Muller, "It's Not What You Are, It's What You Know: Experience, Beliefs, and the Detection of Deception in Employment Interviews" ("Não é quem você é, mas o que você conhece: experiências, crenças e descoberta de trapaças em entrevistas de emprego"), *Journal of Applied Social Psychology*, 43, nº 3 (2013): 467-79.

189 **A campanha de recrutamento do Google de 2004:** conferir Peter Howe e D. C. Denison, "Cracking the Formula for a Google Job" ("Resolvendo a fórmula em busca de um trabalho no Google"), *Sydney Morning Herald*, 10 de setembro de 2004, disponível em: www.smh.com.au/articles/2004/09/09/1094530769493.html?from=storylhs; "Google Entices Job-Searches with Math Puzzle" ("Google atrai candidatos a vaga com um enigma matemático"), National Public Radio (NPR), 14 de setembro de 2004, disponível em: www.npr.org/templates/story/story.php?storyId=3916173.

189 **Comparando indicações:** conferir Nelson D. Schwartz, "In Hiring, a Friend in Need Is a Prospect, Indeed" ("Nas contratações, um amigo precisando de uma vaga é de fato um prospecto"), *New York Times*, 27 de janeiro de 2013, disponível em: www.nytimes.com/2013/01/28/business/employers-increasingly-rely-on-internal-referrals-in-hiring.html. Conferir também Stephen Burks, Bo Cowgill, Mitchell Hoffman e Michael Housman, "The Value of Hiring Through Referrals" ("O valor das contratrações por meio de indicações"), Artigo de trabalho (Bonn Institute for the Study of Labor, 2013), disponível aqui: http://ftp.iza.org/dp7382.pdf.

189 **Incentivar os funcionários com prêmios:** Schwartz, "In Hiring, a Friend in Need Is a Prospect, Indeed" ("Em contratações, um amigo precisando de um trabalho é de fato um prospecto").

189 **Oferece aos médicos... um bônus:** conferir "100 Best Companies to Work For: The Everett Clinic" ("As 100 melhores empresas para se trabalhar: Clínica Everett"), CNNMoney.com, 04 de fevereiro de 2013, disponível em: http://money.cnn.com/magazines/fortune/best-companies/2013/snapshots/58.html.

190 **Candidatos indicados:** conferir John Sullivan, "The Complete List of Employee Referral Program Best Practices" ("A lista completa de melhores práticas do programa de indicação de funcionários"), ERE.net, 22 de agosto de 2011, disponível em: www.ere.net/2011/08/22/the-complete-list-of-employee-referral-programa-best-practices-part-2-of-2/.

190   **Permite àqueles que indicam candidatos o acompanhamento:** ibidem.

190   **Anunciando abertura de vagas de trabalho primeiramente no âmbito da empresa:** conferir Jen Wetherow, "Canada's Best Workplaces" ("Os melhores locais de trabalho do Canadá"), *Globe and Mail*, 12 de abril de 2011, disponível em: www.theglobeandmail.com/partners/advgreatplacestowork0413/.

191   **Quando nós fazemos um sacrifício pessoal para conseguir algo que queremos:** conferir Leon Festinger, "The Psychological Effects of Insufficient Rewards" ("Os efeitos psicológicos de recompensas insuficientes"), *American Psychologist*, 16, nº 1 (1961): 1-11.

192   **Avalia candidatos... em uma aula de culinária:** conferir Michael Burchell e Jennifer Robin, "Canada's Best Workplaces" ("Os melhores locais de trabalho do Canadá"), *Globe and Mail*, 19 de abril de 2012, disponível em: http://v1.theglobeandmail.com/partners/free/sr/gptw_apr_19_2012/Great%20Places%20to%20Work%20April%2019.pdf.

194   **Candidatos que tiveram experiências positivas no local de trabalho no passado tendem a continuar a ter experiências positivas no futuro:** conferir Wendy Boswell, Abbie Shipp, Stephanie Payne e Satoris Culbertson, "Changes in Newcomer Job Satisfaction Over Time: Examining the Pattern of Honeymoons and Hangovers" ("Mudanças na satisfação no trabalho dos novatos ao longo do tempo: examinando o padrão das luas-de-mel e das ressacas"), *Journal of Applied Psychology*, 94, nº 4 (2009): 844-58.

194   **Ensine-me algo que eu não saiba:** conferir Douglass Edwards, "The Beginning" ("O início"), *Wall Street Journal*, 16 de julho de 2011, disponível em: http://online.wsj.com/news/articles/SB10001424052702304911104576444363668512764?mg=reno64-wsj&url=http%3A%2F%2Fonline.wsj.com%2Farticle%2FSB10001424052702304911104576444363668512764.html.

195   **O uso do humor por parte do candidato:** conferir Rod A. Martin, *The Psychology of Humor: An Integrative Approach* (*A psicologia do humor: uma abordagem integrada*, Amsterdam: Elsevier Academic Press, 2007); Andrea C. Samson e James J. Gross, "Humor as Emotion Regulation: The Differential Consequences of Negative versus Positive Humor" ("Humor como regulação das emoções: as consequências diferenciais do humor negativo em contraposição ao humor positivo"), *Cognition and Emotion*, 26, nº 2 (2012): 375-84; James A. Thorson, F. C. Powell, Ivan Sarmany-Schuller e William P. Hampes, "Psychological Health and Sense of Humor" ("Saúde psicológica e senso de humor"), *Journal of Clinical Psychology*, 53, nº 6 (1997): 605-19.

195   **Contratando por proximidade de formação cultural:** conferir Nigel Bassett-Jones, "The Paradox of Diversity Management, Creativity and Innovation" ("O paradoxo da administração da diversidade, da criatividade e da inovação"), *Creativity and Innovation Management*, 14, nº 2 (2005): 169-75; Katherine Phillips, Sun Young Kim-Jun e So-Hyeon Shim, "The Value of Diversity in Organizations: A Social Psychological Perspective" ("O valor da diversidade nas empresas: uma perspectiva sócio-psicológica"), in *Social Psychology and Organizations*, editado por David De Cremer, Rolf van Dick e J. Keith Murnighan, New York: Routledge Press, 2012), 253-72; Katherine W. Phillips, Katie A. Liljenquist e Margaret A. Neale, "Is the Pain Worth the Gain? The Advantages and Liabilities of Agreeing with Socially Distinct Newcomers" ("A dor vale o ganho?

As vantagens e responsabilidades de concordar com novatos socialmente distintos", *Personality and Social Psychology Bulletin*, 35, nº 3 (2009): 336-50.

Capítulo 11: O que os esportes, a política e a religião nos ensinam sobre o estímulo ao orgulho

200 **O orgulho está associado com:** conferir Matthias H. J. Gouthier e Miriam Rhein, "Organizational Pride and Its Positive Effects on Employee Behavior" ("Orgulho empresarial e seus efeitos positivos sobre o comportamento do funcionário"), *Journal of Service Management*, 22, nº 5 (2011): 633-49; Randy Hodson, "Pride in Task Completion and Organizational Citizenship Behavior: Evidence From the Ethnographic Literature" ("O orgulho no término de tarefas e o comportamento da cidadania empresarial: evidência a partir da literatura etnográfica"), *Work & Stress*, 12, nº 4 (1998): 307-21; Tobias Kraemer e Matthias H. J. Gouthier, "How Organizational Pride and Emotional Exhaustion Explain Turnover Intentions in Call Centers: A Multi-Group Analysis with Gender and Organizational Tenure" ("Como o orgulho empresarial e a exaustão emocional explicam as intenções de pedir demissões em call center: uma análise multigrupal em correlação com o gênero e a permanência empresarial"), *Journal of Service Management*, 25, nº 1 (2014): 125-48; Willem Verbeke, Frank Belschak e Richard P. Bagozzi, "The Adaptive Consequences of Pride in Personal Selling" ("As consequências adaptativas do orgulho da apresentação pessoal"), *Journal of the Academy of Marketing Science*, 32, nº 4 (2004): 386-402; Lisa A. Williams e David DeSteno, "Pride and Perservance: The Motivational Role of Pride" ("Orgulho e perseverança: o papel motivacional do orgulho", *Journal of Personality and Social Psychology*, 94, nº 6 (2008): 1007-17.

200 **O impacto de *fazer* as pessoas se sentirem orgulhosas:** conferir Jeanna Bryner, "Hubristic Group Pride May Indicate Insecurity" ("O orgulho húbrico de grupo pode indicar insegurança"), NBCNews.com, 28 de outubro de 2008, disponível em: www.nbcnews.com/id/27425462/ns/health-behavior/t/hubristic-group-pride-may-indicate-insecurity/; Joey T. Cheng, Jessica L. Tracy e Joseph Henrich, "Pride, Personality, and the Evolutionary Foundations of Human Social *Status*" ("Orgulho, personalidade e as fundações evolutivas do *status* social"), Evolution and Human Behavior, 31, nº 5 (2010): 334-47; Paul Gilbert, "Evolution and Social Anxiety" ("Evolução e ansiedade social"), *Psychiatric Clinics of North America*, 24, nº 4 (2001): 723-51; Paul Gilbert, "The Relationships of Shame, Social Anxiety and Depression: The Role of the Evaluation of Social Rank" ("As relações entre vergonha, ansiedade social e depressão: o papel da avaliação da posição social"), *Clinical Psychology and Psychotherapy*, 7, nº 3 (2000): 174-89; Simon M. Laham, *The Science of Sin: The Psychology of the Seven Deadlies (and Why They Are So Good for You)* [A ciência do pecado: a psicologia das sete mentiras capitais (e por que elas são tão boas para você), New York: Three Rivers Press, 2012]; Christopher Oveis, E. J. Jorberg e Dacher Keltner, "Compassion, Pride, and Social Intuitions of Self-Other Similarity" ("Compaixão, orgulho e intuições sociais da similaridade eu-outro"), *Journal of Personality and Social Psychology*, 98, nº 4 (2010): 618-30; Jessica L. Tracy e Richard W. Robins, "The Psychological Structure of Pride: A Tale of Two Facets" ("A estrutura psicológica do orgulho: um conto de duas facetas"), *Journal of Personality and Social Psychology*, 92, nº 3 (2007): 506-25; Jessica L.

Tracy, Richard W. Robbins e June Price Tangney, *The Self-Conscious Emotions* (*As emoções autoconscientes*, New York: Guilford Press, 2007); Jessica L. Tracy, Azim F. Shariff e Joey T. Cheng, "A Naturalist's View of Pride" ("A visão de num naturalista sobre o orgulho"), *Emotion Review*, 2, nº 2 (2010): 163-77; Jessica L. Tracy, Aaron C. Weidman, Joey T. Cheng e Jason P. Martens, "Pride: The Fundamental Emotion of Success, Power, and Status" ("Orgulho: a emoção fundamental do sucesso, poder e status"), in *Handbook of Positive Emotions* (*Manual de emoções positivas*, editado por Michele M. Tugade, Michelle N. Shiota e Leslie D. Kirby, New York: Guilford Press, 2014); Lisa A. Williams e David DeSteno, "Adaptive Social Emotion or Seventh Sin?" ("Emoção social adaptativa ou o sétimo pecado?"), *Psychological Science*, 20, nº 3 (2009): 284-88.

202 **Sinalizando nossas afiliações:** conferir Robert Cialdini, Richard Borden, Avril Thorne et al., "Basking in Reflected Glory: Three (Football) Field Studies" ["Saboreando a glória alheia: três estudos de campo (de futebol americano)"], *Journal of Personality and Social Psychology*, 34, nº 3 (1976): 366-75; Chris B. Miller, "Yes, We Did! Basking in Reflected Glory and Cutting Off Reflected Failure in the 2008 Presidential Election" ("Sim, nós fizemos! Saboreando a glória alheia e se apartando do fracasso alheio na eleição presidencial de 2008"), *Analyses of Social Issues and Public Policy*, 9, nº 1 (2009): 283-96; Charles Snyder, MaryAnne Lassegard e Carol Ford, "Distancing After Group Success and Failure: Basking in Reflected Glory and Cutting Off Recleted Failure" ("Distanciamento após sucessos e falhas em grupo: saboreando a glória alheia e se apartando da falha alheia"), *Journal of Personality and Social Psychology*, 51 (1986): 382-88.

203 **"Objetivo grande e audacioso":** conferir James C. Collins e Jerry I. Porras, *Built to Last: Successful Habits of Visionary Companies* (*Feitos para durar: hábitos bem-sucedidos de empresas visionárias*, New York: HarperBusiness, 1994); para um qualificador importante sobre o uso dos objetivos grandes e audaciosos, conferir Teresa Amabile e Steven Kramer, "How Leaders Kill Meaning at Work" ("Como os líderes matam o sentido no trabalho"), The McKinsey Quarterly 1 (2012): 14-131.

203 **Visualizando nosso futuro como motivadores:** conferir Martin E. P. Seligman, Peter Railton, Roy F. Baumeister e Chandra SriPhada. "Navigating Into the Future or Driven by the Past" ("Navegando em direção ao futuro ou sendo dirigido pelo passado"), *Perspectives on Psychological Science*, 8, nº 2 (2013): 119-41.

205 **Nós também somos propensos a colaborar e agimos de maneira abnegada em certas circunstâncias:** conferir David M. Buss, *The Handbook of Evolutionary Psychology* (*Manual de psicologia evolutiva*, Hoboken, NJ: Wiley, 2005); Adam M. Grant, *Give and Take: A Revolutionary Approach to Success* (*Dar e receber: uma abordagem revolucionária em relação ao sucesso*, New York: Viking, 2013); Roberts Wright, *The Moral Animal: The New Science of Evolutionary Psychology* (*O animal moral: a nova ciência da psicologia evolutiva*, New York: Pantheon Books, 1994).

205 **Convidando funcionários para indicar instituições sem fins lucrativos:** conferir "Employee Votes Direct $100,000 in Contributions to Nonprofits" ("Votos dos funcionários direcionam 100 mil dólares em contribuições para instituições sem fins lucrativos"), Reuters, 10 de março de 2014, disponível em: www.reuters.com/article/2014/03/mn-allianz-life-idUSnBw105945a%2B100%2BBSW20140310.

205 **Vínculo com as doações pessoais dos funcionários:** conferir "Employee Matching Gifts" ("Doações vinculadas com as contribuições dos funcionários"), CharlesSchwab.com, acessado em 23 de maio de 2014, disponível em: www.aboutschwab.com/community/corporate_giving/employee_matching_gifts.

206 **Organização de uma série de estágios:** conferir "Patagonia Employee Internship Program" ("Programa de estágio dos funcionários da Patagônia"), Patagonia.com, acessado em 23 de maio de 2014, disponível em: www.patagonia.com/us/patagonia.go?assetid=80524.

206 **Programa de dólares para doadores:** conferir Ryan Scott, "The Best Gift You Can Give Your Employees" ("O melhor presente que você pode dar a seus funcionários"), Forbes (2012), disponível em: www.forbes.com/sites/causeintegration/2012/06/26/the-best-gift-you-can-give-your-employees/. Conferir também Akhtar Badshah, "Time, Talent and Treasure – An Essence of Successful Corporate Philanthropy" ("Tempo, talento e tesouro – a essência da filantropia corporativa bem-sucedida"), *Microsoft Citizenship Blog*, 28 de fevereiro de 2011, disponível em: http://blogs.technet.com/b/microsoftupblog/archive/2011/02/28/time-talent-and-treasure-an-essence-of-successful-corporate-philanthropy.aspx.

207 **Mandando flores ou biscoitos:** conferir "2011 Great Place to Work Rankings: Best Small and Medium Workplaces" ("Ranking de 2011 de ótimos lugares para se trabalhar: os melhores locais de trabalho pequenos e médios"), Great Place to Work Institute, acessado em 23 de maio de 2014, disponível em: http://createyours.greatplacetowork.com/rs/greatplacetowork/images/GPTW-SME-2011_booklet.pdf.

207 **Carta para o cônjuge do novo contratado:** conferir ""2011 Great Place to Work Rankings: Best Small and Medium Workplaces" ("Ranking de 2011 de ótimos lugares para se trabalhar: os melhores locais de trabalho pequenos e médios"), Great Place to Work Institute, acessado em 23 de maio de 2014, disponível em: http://createyours.greatplacetowork.com/rs/greatplacetowork/images/GPTW-SME-2011_booklet.pdf.

207 **Convidando membros da família para um *tour*:** conferir Omar Akhtar, "The 25 Best Small Companies to Work For: Talent Plus" ("As 25 melhores pequenas empresas para se trabalhar: um talento a mais"), CNNMoney.com, 25 de outubro de 2012, disponível em: http://money.cnn.com/gallery/news/companies/2012/10/25/best-small-companies.fortune/6.html.

207 **Cestas de presentes para os entes queridos:** conferir "100 Best Companies to Work For: Kimpton Hotels & Restaurants" ("As 100 melhores empresas para se trabalhar: Kimpton Hotels & Restaurants"), CNNMoney.com, 04 de fevereiro de 2013, disponível em: http://money.cnn.com/magazines/fortune/best-companies/2013/snapshots/28.html.

207 **Uma escapadela de fim de semana:** conferir "100 Best Companies to Work For: DPR Construction" ("As 100 melhores empresas para se trabalhar: Construtora DPR"), CNNMoney.com, 04 de fevereiro de 2013, disponível em: http://money.cnn.com/magazines/fortune/best-companies/2013/snapshots/15.html.

207 **Presentes... para os cônjuges:** conferir Omar Akhtar, "The 25 Best Medium-size Companies to Work For: Ehrhardt Keefe Steiner & Hottman PC" ("As 25 melhores

empresas médias para se trabalhar: Ehrhardt Keefe Steiner & Hottman PC"), CNNMoney.com, 29 de outubro de 2012, disponível em: http://money.cnn.com/gallery/news/companies/2012/10/25/best-medium-companies.fortune/10.html.

207 **Uma semana adicional de folga e 5.000 dólares:** conferir Omar Akhtar, "The 25 Best Medium-size Companies to Work For: Akraya, Inc." ("As 25 melhores empresas médias para se trabalhar: Incorporadora Akraya"), CNNMoney.com, 29 de outubro de 2012, disponível em: http://money.cnn.com/gallery/news/companies/2012/20/25/best-small-companies.fortune/14.html.

207 **Refeições preparadas por um chef:** conferir Omar Akhtar, "The 25 Best Medium-size Companies to Work For: Snagajob" ("As 25 melhores empresas médias para se trabalhar: Snagajob"), CNNMoney.com, 29 de outubro de 2012, disponível em: http://money.cnn.com/gallery/news/companies/2012/10/25/best-medium-companies.fortune/12.html.

207 **Ursos de pelúcia:** "Best Medium Businesses to Work for 2011: #3 – Holder Construction Company" ("Os melhores negócios médios para se trabalhar em 2011: 3º lugar – Empresa de Construção Holder"), *Entrepreneur*, acessado em 23 de maio de 2014, disponível em: www.entrepreneur.com/gptw/78.

207 **"Dinheiro para o bebê":** conferir Julianne Pepitone, "Marissa Mayer Extends Yahoo's Maternity Leave" ("Marissa Mayer estende a licença-maternidade do Yahoo"), CNNMoney.com, 30 de abril de 2013, disponível em: http://money.cnn.com/2013/04/30/technology/yahoo-maternity-leave/index.html.

207 **Novo assento do carro:** conferir Omar Akhtar, 'The 25 Best Medium-size Companies to Work For: Integrated Project Management" ("As 25 melhores empresas médias para se trabalhar: Integrated Project Management"), CNNMoney.com, 29 de outubro de 2012, disponível em: http://money.cnn.com/gallery/news/companies/2012/10/25/best-small-companies.fortune/22.html.

207 **Bônus para pais cujos filhos são adotados:** conferir "The Top 20 Job Perks that Make Jobs Better" ("Os 20 principais privilégios no trabalho que tornam os empregos melhores"), *Good Magazine*, 12 de outubro de 2010, disponível em: http://magazine.good.is/slideshows/the-top-20-perks-that-make-jobs-better/9.

208 **Cartão de presente no... aniversário dos filhos:** conferir Omar Akhtar, "The 25 Best Medium-size Companies to Work For: Struder Group" ("As 25 melhores empresas médias para se trabalhar: Grupo Struder"), CNNMoney.com, 29 de outubro de 2012, disponível em: http://money.cnn.com/gallery/news/companies/2012/10/25/best-small-companies.fortune/4.html.

208 **Tempo de folga para acompanhar os eventos das crianças na escola:** conferir Omar Akhtar, "The 25 Best Medium Size Companies to Work For: Spokane Teachers Credit Union" ("As 25 melhores empresas médias para se trabalhar: União de Crédito para Professores Spokane"), CNNMoney.com, 29 de outubro de 2012, disponível em: http://money.cnn.com/gallery/news/companies/2012/10/25/best-medium-companies.fortune/16.html.

208 **Painel [para] trabalhos artísticos dos filhos dos funcionários:** conferir "100 Best Companies to Work For: Alston & Bird LLP" ("As 100 melhores empresas para se trabalhar: Alston & Bird LLP"), CNNMoney.com, 04 de fevereiro de 2013, disponível em: http://money.cnn.com/magazines/fortune/best-companies/2013/snapshots/23.html.

208 **Bolsa anual:** conferir Omar Akhtar, "The 25 Best Medium-size Companies to Work For: Badger Mining" ("As 25 melhores empresas médias para se trabalhar: Badger Mining"), CNNMoney.com, 29 de outubro de 2012, disponível em: http://money.cnn.com/gallery/news/companies/2012/10/25/best-small-companies.fortune/3.html.

208 **Crianças [projetam] o cartão de férias da empresa:** conferir Omar Akhtar, "The 25 Best Medium-size Companies to Work For: Integrity Applications Incorporated" ("As 25 melhores empresas médias para se trabalhar: Integrity Applications Incorporated"), CNNMoney.com, 29 de outubro de 2012, http://money.cnn.com/gallery/news/companies/2012/10/25/best-medium-companies.fortune/2.html.

210 **Títulos de trabalho inflacionados e criativos:** conferir Christine Canabou, "Chief Detonator" ("Detonador do chefe"), *Fast Company*, 30 de junho de 2000, disponível em: www.fastcompany.com/40913/chief-detonator; Diane Jermyn, "Why You Should Give Fancy Job Titles the Cold Shoulder" ("Por que você não deveria prestar atenção a títulos de trabalho chiques"), *Globe and Mail*, 30 de junho de 2013, disponível em: www.theglobeandmail.com/report-on-business/small-business/sb-managing/human-resources/why-you-should-give-fancy-job-titles-the-cold-shoulder/article6583366/; Jerald Greenberg e Suzyn Ornstein, "High Status Job Title as Compensation for Underpayment: A Test of Equity Theory" ("Títulos de trabalho com alto status como uma compensação pelo mal pagamento: um teste da teoria de equidade"), *Journal of Applied Psychology*, 68, nº 2 (1983): 285-97; Arthur D. Martinz, Mary Dana Laird, John A. Martin e Gerald R. Ferris, "Job Title Inflation" ("Inflação do título de trabalho"), *Human Resource Management*, 18, nº 1 (2008): 19-27, Richard Mowday, "Equity Theory Predictions of Behavior in Organizations" ("Previsões de comportamento da teoria de equidade em empresas"), in *Motivation and Work Behavior* (*Motivação e comportamento no trabalho*), 4ª edição, editado por Richard M. Steers e Lyman W. Porter (New York: McGraw-Hill, 1987), pp. 89-110; Erica Swallow, "Should Your Job Title Be More Creative?" ("O seu título de trabalho deveria ser mais criativo?"), *Mashable*, 10 de dezembro de 2011, disponível em: http://mashable.com/2011/12/10/creative-job-titles/; William Taylor, "Does Your Job Title Get the Job Done?" ("O seu título de trabalho realiza o trabalho por si só?"), *Fast Company*, 20 de julho de 2010, disponível em: www.fastcompany.com/1672474/does-your-job-title-get-job-done; Brad Tuttle, "What's It's Really Like to Have a Quirky Job Title? The 'Ambassador of Buzz' Has His Say" ("Como é de fato ter um título de trabalho excêntrico? O 'embaixador do barulho' nos explica"), *Time*, 25 de fevereiro de 2013, disponível em: http://business.time.com/2013/02/25/whats-its-really-like-to-have-a-quirky-job-title-the-ambassador-of-buzz-has-his-say/.

262 **Orgulho autêntico e húbrico:** conferir Jeanna Bryner, "Hubristic Group Pride May Indicate Insecurity" ("Orgulho de grupo húbrico pode indicar insegurança"); Cheng, Tracy, and Henrich, "Pride, Personality, and the Evolutionary Foundations of Human Social *Status*" ("Orgulho, personalidade e as fundações evolutivas do status social");

Tom Jacobs, "Group Members' Insecurity Can Foster Being a Jerk" ("A insegurança dos membros do grupo pode estimular o ato de ser um imbecil"), *Pacific Standard*, 26 de outubro de 2008, disponível em: www.psmag.com/navigation/books-and-culture/group-members-insecurity-can-foster-being-a-jerk-4152; Laham, *The Science of Sin* (*A ciência do pecado*); Tracy et al., "Pride: The Fundamental Emotion of Success, Power, and *Status*" ("Orgulho: a emoção fundamental do sucesso, poder e *status*"); Tracy e Robins, "The Psychological Structure of Pride" ("A estrutura psicológica do orgulho"); Tracy, Shariff, Cheng, "A Naturalist's View Pride" ("A visão do orgulho de um naturalista"); Williams e DeSteno, "Adaptive Social Emotion or Seventh Sin?" ("Emoção social adaptativa ou sétimo pecado?").

Conclusão: Três chaves para se criar um local de trabalho extraordinário

215 **70 por cento dos funcionários estão desmotivados:** conferir Gretchen Gavett, "The Charts That Show We've All Got a Case of the Mondays" ("Dez gráficos que mostram todos nós temos um problema com relação as segundas-feiras"), *Harvard Business Review Blog*, 14 de junho de 2013, disponível em: http://blogs.hbr.org/2013/06/ten-charts-show-weve-all-got-a-case-of-the-mondays/; "State of the American Workplace" ("Estado dos locais de trabalho norte-americanos"), Gallup, disponível em: www.gallup.com/strategicconsulting/163007/state-american-workplace.aspx.

215 **Internacionalmente, 84 por cento dos funcionários:** conferir "The State of the Global Workplace" ("O estado dos locais de trabalho globais"), Gallup, disponível em: www.gallup.com/strategicconsulting/157196/state-global-workplace.aspx.

216 **"Há uma lacuna entre o conhecimento e o envolvimento":** conferir Ricardo Lopez, "Most Workers Hate Their Jobs or Have 'Checked Out', Gallup Says" ("A maioria dos trabalhadores odeia seus trabalhos ou 'os abandona', afirma Gallup"), *Los Angeles Times*, 17 de junho de 2013, disponível em: www.latimes.com/business/la-fi-mo-employee-engagement-gallup-poll-20130617-story.html.

219 **"Equilíbrio entre trabalho e vida":** para mais informações sobre a "integração entre trabalho e vida", dê uma olhada nesse artigos, nos quais eu encontrei, pela primeira vez, a frase: Craig Chappelow, "Strive for Work-Life Integration, Not Balance" ("Luta por integração entre trabalho e vida, não por equilíbrio"), *Fast Company*, 16 de março de 2012, disponível em: www.fastcompany.com/1852042/strive-work-life-integration-not-balance; Ty Kiisel, "'Work Life Balance' Should Be 'Work Life Integration'" ("'O equilíbrio entre trabalho e vida' deveria ser a 'integração entre trabalho e vida'"), *Forbes*, 16 de julho de 2013, disponível em: www.forbes.com/sites/tykiisel/2013/07/16/work-life-balance-maybe-we-should-recognize-its-really-work-life-integration. Também vale a pena ler Jeffrey Pfeffer, "Building Sustainable Organizations: The Human Factor" ("Construindo empresas sustentáveis: o fator humano"), *Academy of Management Perspectives*, 24, nº 1 (2011): 34-45.

Índice

A

Aberto da França (1990), 161-163, 169
Accenture, 190
A criatividade acidental (Henry), 58
Acuidade, 28
Administração científica, 113, 115
Administração para a Segurança e a Saúde no Trabalho (OSHA, em inglês), 164
Adrenalina, 97, 117, 153
Afeganistão, 65
Afirmações que constroem relações, 154-155
Allen, Woody, 49
Allianz Life, 205
Almoço (estendido) e exercícios, 56, 59-60
Alston & Bird, 208
Alter, Michael, 22
Altruísmo empresarial, 205
Amabile, Teresa, 80
Amazon, 66,
Ambiente e felicidade, 69-84
Amizades (estranhos transformados em comunidade), 85-107
Amoldando-se durante a entrevista de emprego, 179-198
Âncoras cognitivas, 182
"A necessidade é a mãe da invenção", 20
Angry Birds (jogo), 128, 132
AOL, 61
Aprendendo com os cassinos (locais de trabalho felizes), 69-84
Aprendendo com os planejadores de festas, 94-96
Apresentação de *skates* de gelo, Ferretti Designs, 36
Aprendizagem no trabalho, 139
Aqueles que fazem dietas, 118
Ariely, Dan, 116-117
Aron, Art, 108-11, 112
Arranjos dos assentos, design do local de trabalho, 34, 44, 89
Arte e a ciência do amor, O sexo e o homem solteiro (Ellis), 12
Atividades após o trabalho e local de trabalho
  Amizades, 85-107, 218-219
Atlassian, 56
Atraindo e mantendo funcionários de altíssimo desempenho, 27-45
As melhores empresas para se trabalhar, 95
Associação de Tênis Feminino, 164
Ataque com drone, 48, 64
Augustin, Sally, 33
Audição seletiva, 179-181
Autoabertura e amizades, 96
Autonomia (paradoxo da liderança), 42, 63, 106, 112, 118-126, 140, 217, 220
Avaliação do orgulho no local de trabalho, 121, 199-213
Azul (cor) e pensamento, 35

B

Banners, recrutamento, 188-189
Banheiros, *design* do local de trabalho, 38, 44, 78
Bares e música, 78
Base da felicidade, 72

BBDO, 55
Bear Stearns, 111
Becker, Franklin, 35
Beethoven, Ludwig van, 13, 49
Bejeweled (jogo), 128, 132
Bell, Alexander Graham, 29
Ben & Jerry's, 62
Berkshire Hathaway, 111-113
Bezos, Jeff, 66
Biden, Joe, 48
Bin Laden, Osama, 64-65
Blair, Bonnie, 36
Blakely, Sara (Spanx), 15-17
Bliss Integrated Communication, 37
Bocejamento e imitação, 165
Bônus, 64, 73, 77, 83, 116-118, 189, 207
Boston Consulting Group, 63
Brady, Tom, 140
Brens, Mr., 145-146, 156-157
Brin, Sergey, 59, 194
Brincadeiras abertas, inflação do título de trabalho, 209
Brown, Stuart, 53
Bryant, Kobe, 14
Buffett, Warren, 111-113, 118
Burger, Edward, 17-18, 23
Buscando a glória alheia, 202

C

Cahill, Daniel, 93
Canal de tarefas, conversas, 160
Candidatos vitimizados, 194
Candidatos sarcásticos, 195
Capacidade ativa de ouvinte, 150-152
Capacidade de ouvir como uma linguagem universal de aceitação, 148
Capacidade passiva do ouvinte, 151
Capela Sistina, 27
Características dos gênios criativos, 13
Carnegie, Dale, 112
Carter, Jimmy, 48
Cartwright, James (General), 48
Casais e contágio comportamental, 165
Cavernas e fogueiras de acampamento, *design* do local de trabalho, 41-43, 218
Centelha: a nova ciência revolucionária dos exercícios e do cérebro (Ratey), 54
Centro de Fertilidade Gênesis, 99
Ciência de fazer amigos, 93-94
Ciência do elogio, 134-135
Ciência psicológica, 130
Charles, Laurie, 221
Charles Schwab, 205
Chatter, 136
Chatterjee, Arijit, 171-172
Christakis, Nicholas, 173
CIA, 47-48
Cincinnati Reds, 9
Cisco, 27, 42, 61
Clifton, Donald, 85-87
Clínica Everett em Washington, 189
Clinton, Hillary, 48

CNN, 16
Coaching, 140-142
Coaching entre os pares, 140-142
Coca-Cola, 90, 111
Cochilo e produtividade, 41, 60-62
Coffitivity.com, 45
Cohen, Sheldon, 100-101
Collins, Jim, 203
Como eliminar os pontos cegos da entrevista que o impedem de apreciar os verdadeiros potenciais das pessoas, 179-198
Com *não* fornecer reconhecimento aos funcionários, 132-133
Como o escritório molda o nosso pensamento, 27-45
Como pensar como um negociador de reféns pode torná-lo mais persuasivo, influente e motivador, 145-160
Como transformar um grupo de estranhos em uma comunidade, 85-107
Combinações cruzados, máquinas caça-níqueis, 71
Competência e felicidade, 130-132
Competição e relações de grupo, 98
Competição do maior perdedor, 100
Competições interdepartamentais, 100
Complicando a vida dos seus funcionários, 155-158
Compromisso com o bem maior, construindo o orgulho, 205-206
Conhecidos que se tornam amigos, 86-87
Connors, Jimmy, 163
Contágio comportamental, 165
Construtora DPR, 207
Construtora Holder, 207
Consumo de alimentos e imitação, 203
Contágio Emocional, 168
Contando uma história usando o espaço, 35-39
Contato visual, capacidade ativa de ouvir, 152
Contratações indicadas, 189
Contratações (ver o que os outros não veem), 179-197
Contribuições de caridade, construindo o orgulho, 173
Cooper, Anderson, 16
Coquetéis, 97, 210,
Corporação de Mineração Badger, 208
Coyle, Daniel, 15
Crescimento e falhas, 10-24
Creswell, J. David, 51
Crianças e imitação, 164-167
Criatividade e exercício, 18-20
Csikszentmihalyi, Mihaly, 138, 142
Cubículo, 31-32
Cuddy, Amy, 185
Cultura de trabalho em tempo integral, 170
Cultura empresarial e liderança (Schein), 170
Currículo falho, 181-184
Curva J, 24

D

Daimler, 63
Dando uma marca à sua experiência no local de trabalho, 35-39
Dante, 210
Daxko, 37
Dean, Jeremy, 83
Decepções veladas, inflação do título de trabalho, 208-210
Deci, Edward, 81, 118

Deliberação consciente × deliberação inconsciente, 49-52
Deloitte, 189, 207
DePree, D. J., 29
Derber, Charles, 160
Desempenho e orgulho, 199-213
Design do local de trabalho (poder do lugar), 27-45
Desigualdade, encorajamento, 123-124
Detonadores do chefe, 210
De onde o orgulho vem, 201-202
Dê um cochilo! Mude sua vida (Mednick), 60
Dia da osmose, Centro de Fertilidade, 99
Dia do cachorro, Hitachi Dada Systems, 75
Diageo, 190
Dicionário *Webster*, 148
Diener, Ed, 82
Dieta de criatividade, 57-59
Dimensão cordial da personalidade, 181-186
Dimensão de competência da personalidade, 185-186
Como reduzir os pontos cegos de suas entrevistas, 190-193
Dinheiro e felicidade, 76-77, 96-97, 128-130
"Dinheiro do bebê", Facebook, 207
Dinheiro para refeições, 73-74
Discussões, 153-155, 160
Distinção, construindo o orgulho, 204-205
Distinção de grupo, construindo o orgulho, 204-205
Distrações, 30, 32, 40, 43, 45, 87
Divulgando eventos positivos, 73-75, 101, 106
  Conferir também jogos × dinheiro
Dunbar, Robin, 103
A dura verdade sobre as contratações, 197

E

eBay, 42
Economia do conhecimento, 120
Editora Workman, 62
Edison, Thomas, 14
Edmonson, Amy, 21
Educação de gênios criativos, 13
Efeito da exposição, 90
Efeito do halo, 183
"Efeito Romeu e Julieta", 119
Einstein, Albert, 49
EKS&H, 207
"Eles", abolindo, 97-100
Eli Lilly, 22
Ellis, Albert, 10-12
Eliminando pontos cegos das entrevistas (contratações), 188-190
Elogio ao comportamento × elogio à pessoa, 134-135
Elogio público × elogio privado, 134-135
E-mail, 34, 40, 62-63, 67, 95, 134-135, 175, 205, 219, 222
Empresa de Energia Hilcorp, 100
Empresas farmacêuticas, 22
Empresa Siderúrgica Midvale, 115,
Empoderar as relações públicas, 63
Enciclopédia de Comportamento Sexual (Ellis), 12
Endorfina, 54
Entrevista para designação de trabalho, 171-1721, 181-186
Entrevistas "cegas", 180, 190
Envolvimento do funcionário, 215-219
Episódio do tanque de água, 98-99

Equilíbrio entre trabalho e vida, 219-220
Equipes e sucesso, 20-21
Ernst & Young, 189
Esclarecendo o que a outra pessoa disse, capacidade ativa do ouvinte, 150-152
Escola de Administração de Londres, 172, 221
Escola de Administração Wharton, 88
Escola de Ensino Médio Lindhurst, Oliverhurst, Califórnia, 145, 155, 158-159
Escritório de ação, 30-31
Escritórios privados, 31-32, 43
Espaços abertos, 32, 43
Espaços comuns, *design* do local de trabalho, 38, 42, 218
Esportes e orgulho, 199-213
Esportes universitários, 136
Espraiando a criatividade, 18-20, 24, 27-29, 33-35, 51-61 216
Estado de abordagem motivacional, 19
Estranhos transformados em uma comunidade (amizades), 85-107
Estudo da utilização de tijolos, 51
Estudo em Amsterdã, 20
Estudo sobre a Holanda, 49
Estudo sobre a Polícia Estadual de Maryland, 88
Estudo sobre conselheiros financeiros, 148-149
Estudo sobre o narcisismo de altos executivos, 171-172
Estudo sobre o pensamento abstrato, 27
Estudo sobre os trabalhadores de *telemarketing*, 137
Estudo sobre pais que desaprovam, 118-120
Estudo sobre vendedores de carros, 148
Etsy, 41
Eventos sazonais em busca de variedade, 75
Evernote, 64
Evert, Chris, 163
Exercícios, 15, 53-57, 65-67, 100, 117, 165
Experiências restauradoras, 41, 218
Experiências × objetos, recompensas, 76-77
Experimento das águias, 98-99
Experimento de compra de carro, 49-52
Experimentos com palavras cruzadas, 50, 164-167
Explorando as falhas em busca de oportunidades, 9-25
Exprimindo empatia, 154, 156, 168
Expressões faciais e emoções, 165, 167, 175
Extração de ferro da areia (Edison), 14

F

Facebook, 59, 136, 207
Falha (o sucesso é superestimado), 9-25
Familiaridade e amigos, 88-90, 96-97
Fast Company, 210
Fator neurotrófico derivado do cérebro (BDNF, em inglês), 54-55
Favre, Brett, 14
Fayard, Anne-Laure, 32
Fazendo perguntas e ouvindo, 120-123
Falha inteligente, 15-18, 20-21, 24
Fazer parte, ouvir, 203-204
FBI, 147, 155
Feedback detalhado, 188, 193
Feedback imediato, 138, 217
Feedback para as entrevistas, 190-193
Feedbacks positivos (não merecidos), 130-136, 143
Felicidade com o carro novo, 129

Ferretti, Steve, 36
Festas, 22, 73, 94, 96-97
Fichas × dinheiro em cassinos, 70-71
Flexibilidade de rotina, 54-57, 123-125, 217-218, 220
Fluxo, 51, 55, 61, 76, 97, 138-139, 142-143
Foco de si mesmas (imitação), 164-169
Foco na recompensa (minimizando), autonomia, 120-123
Foco no futuro, construindo o orgulho, 203-204, 212
Fofoca, 102-105, 107
Fones de ouvido sem fio, chamadas de conferências, 56
Força de trabalho, 39, 133, 139, 196, 215
Formação cultural diversa e contratação, 75, 102, 169-172, 174, 204,-205
Fowler, James, 173
Fraternidade, 191
Freeman, Morgan, 184
Frequência × tamanho dos eventos positivos, 73-75, 100-102, 106
Freud, Sigmund, 10, 187
Friedman, Thomas, 66
Fumantes e motivação, 117-120
FullContact, 64
Funcionários felizes, lucros maiores, 76-77
Funcionários de longa data, construindo o orgulho, 199-201
Funcionários desmotivados, 132-133, 164-167, 215
Funcionários que trabalham duro, construindo o orgulho, 208-212

G

Gallup, 38, 85-86, 148, 150, 215-216, 220
Ganhadores da loteria e felicidade, 72
Gates, Bill, 29
Gates, Robert, 48
Gladwell, Malcolm, 90
Glass, Jennifer, 39
Google, 15, 24, 27, 38-39, 42-43, 52-53, 59, 189, 194
Graf, Steffi, 161, 163
Grandes narrativas, construindo o orgulho, 203-204, 213
Grant, Adam, 137
Grant, Thornton, 192
Gratidão, 79-80, 84, 134, 136, 206
Gratificação imediata, 70
Gretzky, Wayne, 15, 24
Grey Publicidade, 22
Gruber, June, 81
Grupo Admiral, 75
Grupo Studer, 208
Guia de persuasão, 155-158
Guia do homem das cavernas para se construir um escritório melhor, 33-35
Guitar Hero (jogo), 128

H

Habitantes da ilha de Rock Island, 9
Hall da Fama do beisebol, 10, 130
Hambrick, Donald, 171-172
Harter, Jim, 216
Harvard, 21, 38, 80, 113, 180, 185
HCL Technologies, 23
Henry, Charles, 111

Henry, Todd, 58
Herman, Pee-wee, 184
Herman Miller, 29
Hipotálamo, 153
Hitachi Data Systems, 75
História do *design* de escritório, 29-32
Houston, Eric, 145-146, 156
Huffington Post, 61
Humor do candidato, 242

I

IBM, 64, 111
Imitação (focando-se em si mesmos), 164-175
Impacto da altura do candidato, contratações, 183-184
Impacto da altura da sala, 28
Impacto da atratividade, contratações, 184
Impacto das características físicas, contratações, 185
Impacto das cores sobre o pensamento, 27-29
Impacto da qualidade de voz, contratações, 184
Imo, 83
Importância de se desconectar, 62-64, 67
Incorporadora Akraya, 134, 207
Incorporadora Construction Control, 100
Incubadora de soluções, construindo, 140-142
Índia, 116
Influência no local de trabalho, 149-150, 169-175
Instituto Nacional para Brincadeiras, 53
Intel, 27
Interações espontâneas e inovação, 42
Interesses dos gênios criativos, 13-15
Interruptores, CureViolence, 173
Invenção da lâmpada (Edison), 14
iPhad, iPhone, 14, 189
Itens de ação para líderes emergentes
    Aprendendo com cassinos (locais de trabalho felizes), 69-70
    Conferir também o melhor lugar para se trabalho
    Estranhos, tornando-se membros da comunidade (amizades), 85-87
    Focando em si mesmos (imitação), 164-169
    Jogos × dinheiro, 127-128
    Lugar, poder do (*design* do local de trabalho), 27-29
    Pagos para jogar (jogos), 47-48
    Paradoxo da liderança (autonomia), 111-113
    Pensamento do negociador de reféns (ouvir), 145-147
    Ver o que os outros não veem (contratações), 179-181
    O sucesso é superestimado (fracasso), 9-10
Itens de ação para gerentes
    Aprendendo com cassinos (locais de trabalho felizes), 69-70
    Conferir também o melhor lugar para se trabalho
    Estimular o orgulho, 202-203
    Estranhos, tornando-se membros da comunidade (amizades), 85-87
    Focando em si mesmos (imitação), 164-169
    Jogos × dinheiro, 127-128
    Lugar, poder do (*design* do local de trabalho), 27-29
    Pagos para jogar (jogos), 47-48
    Paradoxo da liderança (autonomia), 111-113
    Pensamento do negociador de reféns (ouvir), 145-147
    Ver o que os outros não veem (contratações), 145-147
    O sucesso é superestimado (fracasso), 9-10

J

Jackson, Reggie, 14

Jacobs, Gary, 42
Janelas, *design* do local de trabalho, 33-35
Jardim Botânico de Nova Iorque, 10, 12
Jobs, Steve, 14, 23, 24, 58
Jogadores de tênis, grunhindo, 161-164
Jogadores e máquinas caça-níqueis, 70-71
Jogar (pagos para jogar), 47-48
Jogos de apostas, 69-70
Jogos × dinheiro, 127-128
Jogadores de tênis que emitem grunhidos, 161-164
Johns, Manville, 111-112
Johnson, Silas, 9-10
Jones, James Earl, 184
Journal of Applied Psychology (Revista de Psicologia Aplicada), 62
Journal of Marital and Family Therapy (Revista de Terapia Conjugal e Familiar), 156
Journal of Personality and Social Psychology (Revista de Personalidade e Psicologia Social), 103
Journal of the American Medical Association (Revista da Associação Médica Norte-Americana), 100
Judge, Timothy, 129
Juízos, evitar quando se ouvem, 156

K

Kahneman, Daniel, 182-183
Kelley, Tom, 99
Kim, Peter, 23
Kimpton Hotels & Restaurants, 207
Kramer, Steven, 80

L

Lado obscuro da felicidade, 80-83
Lacuna entre a ciência atual e o local de trabalho moderno, 27-29, 220
Lao Tzu, 210
Lealdade a uma empresa, 34, 87, 113, 189
Lendl, Ivan, 163, 169
Lendo o verdadeiro potencial das pessoas (contratações), 179-181
Leonardo da Vinci, 13, 29
Lewis, Michael, 66
Lições
    Aprendendo com cassinos (locais de trabalho felizes), 69-70
    Conferir também o melhor lugar para se trabalhar
    Estimulando o orgulho, 202-203
    Estranhos transformados em uma comunidade (amizades), 85-87
    Focando-se em si mesmos (imitação), 164-169
    Jogos × dinheiro, 127-128
    O sucesso é superestimado (falhas), 9-10
    Pagos para jogar (jogar), 47-48
    Paradoxo da liderança (autonomia), 111-113
    Pensamento do negociador de reféns (ouvir), 145-147
    Poder do lugar (*design* do local de trabalho), 27-29
    Vendo o que os outros não veem (contratações), 179-181
Liebowitz, Jonathan, 131
Linguagem corporal, emoções, 167, 175
"Linguagem corporal empresarial", 167, 175
LinkedIn, 181

Locais de prospecção e refúgio, 33-35
Locais de trabalho felizes (aprendendo com os cassinos), 69-70
Loehr, Jim, 63
Lojas e música, 77-78
Loomis, Carol, 112
Lorang, Bart, 64
Lucas, Richard, 82
Luz do sol, *design* do local de trabalho, 34-35
Lyubomirsky, Sonja, 76, 222

M

Macrogerenciamento, 125
Maneira errada de construir o orgulho, 202-203
Manhãs para aprendizagem, *insights* à noite, 59-62, 67
Marketing pelo aroma, 78
Martinez, Arthur, 209
Mauss, Iris, 81
Mayer, Marissa, 39
McCain, John, 202
McDonald's, 70, 201
McMurry, 207
Mednick, Sara, 60,
Melhor do que dinheiro (jogos), 127-128
Melhor lugar para se trabalhar
    Envolvimento dos funcionários, 217-218
    Funcionários felizes, maiores lucros, 76-77
    Itens de ação para gerentes; atraindo e mantendo funcionários de alto desempenho; projetando uma extraordinária experiência no local de trabalho; lições; motivando a excelência, 27-45
    Lacuna entre a ciência atual e o moderno local de trabalho, 27-29, 220
    Psicologia, 85, 88, 97, 103, 119, 222
    Três chaves para criar um local de trabalho extraordinário, 215-217
    Ver também Itens de ação para líderes emergentes
Melhorando a lista de candidatos, 181-184
Melhorando as suas decisões de contratações, 188-190
Mentalidade da felicidade, 71
Mentalidade de linha de produção, 115
Memória, 11, 34, 54-55, 60-61, 67, 88, 116-117, 124, 137, 192
Mensagens de texto, 34, 62
Mentalidade de chão de fábrica, 61
Mentalidade de tomada de riscos, promoção, 15-18, 22-23
Mentalidade infantil, 52-53
Mentir durante uma entrevista de emprego, 186-188
Mercedes-Benz, 66
Merck & Co., 22
Mesas com esteiras de corrida, 55-56
Mescla de ruídos, 50
Microgerenciamento, 121, 125
Microsoft, 206
Milligan, Susan, 39
"Ministro da alegria", Grupo Admiral, 75
Ministro da comédia, 210
MIT, 38, 113, 169
Mobília, *design* do local de trabalho, 28, 40-41, 90
Motivação extrínseca, 118, 190
Motivação intrínseca, 118, 122-125, 190, 216
Motivando a excelência, xv-xvi, 270-74

Focando-se em si mesmos (imitação), 164-169
Conferir também melhor lugar para se trabalhar
Jogos × dinheiro, 127-128
Paradoxo da liderança (autonomia), 111-113
Pensamento do negociador de reféns (ouvir), 145-147
Mudança × resposta de ajuda, ouvindo, 155-258
Mullen, Mike (Admiral), 48, 65
Múltiplos entrevistadores, 191
Multitarefas, 126
"Mural dos favoritos", Daxko, 37
Música e felicidade, 78
Musicistas mulheres, 180
Myhren, Tor, 22

N

Natureza (acesso à), *design* do local de trabalho, 33-35
Navratilova, Martina, 163, 169
NBC, 65
Necessidades psicológicas estão no coração do envolvimento dos funcionários, 217-218
Nelson, George, 30
Netflix, 64
Neurônios especulares, 168-169
New York Times, 32, 39, 66, 113, 174
Nietzsche, Friedrich, 203
Nike, 62
"Nível ótimo de bem-estar" (Oishi, Diener e Lucas), 82
Nomeando salas de conferências, *design* do local de trabalho, 37
Nomes dos chefs no cardápio, 206
Normas sociais, cultura da empresa, 168-174
Novos contratados, construindo o orgulho, 207
Novos pais, construindo o orgulho, 207
Noruega, 128
Novidade, 72, 113, 120, 205

O

O andarilho (Osama bin Laden), 47-48, 64
Obama, Barack (Presidente), 47-49, 64-66, 202
Oishi, Shigehiro, 82
O modo como estamos trabalhando não está funcionando (Schwartz), 61
O pequeno livro do talento (Coyle), 15
O princípio do progresso (Amabile e Kramer), 80
O que locais de trabalho felizes podem aprender com um cassino, 69-70
O que os esportes, a política e a religião nos ensinam sobre o estímulo ao orgulho, 199-201
O que os jogos podem nos ensinar sobre a motivação, 127, 128
Os mitos da felicidade (Lyubomirsky), 76
Os princípios da Administração Científica (Taylor), 113-115
Orgulho autêntico, 210-211
Orgulho, estimulando, 202-203
Ornamentação durante a entrevista de emprego, 187
Orquestra Filarmônica de Buffalo, 179-180
Orquestra Sinfônica de Boston, 180
O sucesso é superestimado (falha), 9-10
Óxido nítrico, 34
Owens Corning (Cereais), 190

P

Padronizando as entrevistas, 192
Page, Larry, 15, 59
Pagos para jogar (jogos), 47-48
Pais, construindo o orgulho, 207
Panetta, Leon, 48
Paquistão, 47-48, 64
Paradoxo da liderança (autonomia), 111-113
Parceiros da Unidade de Cuidado (CUP, em inglês), Starbucks, 102
Pensamento de negociador de reféns (capacidade de ouvir), 145-147
Perguntas comportamentais de entrevistas, 193
PERRLA (Parceria, Empatia, Reconhecimento, Respeito, Legitimação, Apoio), 154
Personalidade do líder e da empresa, 171-172
Personalizando os locais de trabalho, 35-39
Pesquisa Q12, 85-86
Peterson, Randall, 172,
Pictometry, 73
Pink, Daniel, 81
P&G, 61
Plantando as sementes para uma comunidade no local de trabalho, 100-102
Plantando sementes em busca de narrativas, orgulho, 213
Plante Moran, 75
Poder do lugar (*design* do local de trabalho), 27-29
Política e orgulho, 199-201
Políticas de horário de folga, 206
Pontos cegos, contratações, 179-181
Pontos de interação entre negócios e clientes, *design* do local de trabalho, 35-39
Porras, Jerry, 203
Positivo (acréscimo) × negativo (remoção), 134-135
Postura para a capacidade ativa do ouvinte, 150-152
Por que líderes enérgicos desenvolvem equipes menos produtivas, 111-113
Por que ótimos locais de trabalho recompensa as falhas, 22-23
Por que você deveria ser pago para jogar, 47-48
Prazeres inesperados e grandes emoções, 75-76
Preconceito na ordem das entrevistas, 185
Prêmio de funcionário do mês, 133
Presença mental para a capacidade ativa do ouvinte, 151
Primeira Guerra Mundial, 115
Primeiras impressões e contratações, 182, 198, 209
Princeton, 180
Processos médicos, 147
Projetando com a finalidade em mente, 43
Projetando um local de trabalho extraordinário
    Aprendendo com os cassinos (locais de trabalho felizes), 69-70
    Estranhos transformados em uma comunidade (amizades), 85-87
    Experiência, 35-39
    O sucesso é superestimado (fracasso), 9-10
    Pagos para jogar (jogar), 47-48
    Poder do lugar (*design* do local de trabalho), 27-29
    Ver também melhor lugar para se trabalhar
Prokes, Megan, 179-181
Propst, Robert, 29-32
Proximidade e amizades, 88-90, 96-97
Psicologia e o melhor lugar para se trabalhar, 217-220
Psicólogos evolutivos, 102

Q

Qualcomm, 59, 75
Questões abertas, 141
Questões de entrevistas relacionadas a juízos situacionais, 192
Questões projetivas, contratações, 194
Questões relacionadas à privacidade, *design* do local de trabalho, 31-32
Quem você conhece, quem você é, 173-174

R

Rádio Flyer, 56
Ramsey, Rosemary, 148
Ratey, John J., 54-55
Razão de falar para ouvir, 159
Razão significativa, autonomia, 120
Reações entre médico e paciente, 148
Reconhecimento entre os pares, 135
Reconhecimento privado dos funcionários, 174
Reconhecimento público dos funcionários, 135, 174
Recompensas e desempenho, 116-117
Recompensando falhas, forma correta de se fazer, 22-23
Redes de contatos sociais, 175
Relação funcionário-gerente, 150
Relacionamentos, início radiante, 76
Religião e orgulho, 199-201
Republican-Times de Ottawa, 9
Reputação da empresa e orgulho, 200
Responsabilidade pessoal e orgulho, 205
Resultado × processo, autonomia, 20-21, 79-80, 121
Reuniões com os funcionários, foco no progresso, 79-80
Revisões de desempenho, 133
Revista *Fortune*, 96, 112
Revista *Inc.*, 16
Revolução Dança, Dança (jogo), 127
Ritmos circadianos, 34
Rock Band (jogo), 128
Ruth, Babe, 10, 12, 14, 23
Ryan, Richard, 118

S

Saguões, *design* do local de trabalho, 36-37
Salo, 55
Snagajob, 95, 207
Sapolsky, Robert, 20
Schein, Edgar, 169-171
Schmidt, Eric, 15
Schroeder, Alice, 112
Schwartz, Tony, 61
Science (revista), 28, 50
Seery, Mark, 19-20
Segredo para melhores relações no local de trabalho, 158-159
Segunda Guerra Mundial, 180
Seles, Mônica, 161-163, 169
Senso de propriedade, construindo o orgulho, 113, 206, 212
Sentimentos negativos (reconhecendo), autonomia, 122
Shakespeare, William, 13, 23
Sharapova, Maria, 163-164
Sherif, Muzafer, 97-99
Sherman, Craig, 201

Sias, Patricia, 93
Siderúrgica Bethlehem, 115
Similaridade e amizades, 108, 116, 129, 229, 271
Similaridade e imitação, 167-169
Simonton, Dean, 13-14, 58
Simplificando o cuidado, 106
Simplynoise.com, 45
Slutkin, Gary, 173-174
Sobrevivência e imitação, 167-169
Sohi, Ravipreet, 148
Soldados da Marinha (Navy SEALs), 64-65
Solidão e estupidez, 87-88
Soluções oferecidas por gênios criativos, 13-15
Som da vitória, 163-164
Sono (profundo) × cochilo, 59-62
S&P, xiv
Spanx, 15-16
Stanford, 20, 124
Status e estabelecimento de normas sociais, 105, 135, 168-169
Status e orgulho, 201-204, 208-212
Stewart, Jon, 131
Subway, 209
Suchman, Anthony, 153-154
SurePayroll, 23
Surpresas e grandes emoções, 75-76

T

Taj Mahal, 27
Talent Plus, 207
Tamir, Maya, 81
Taylor, Frederick Winslow (Taylorismo), 113-118
Técnicas voltadas para a família, construindo o orgulho, 206-208, 219-220
Tentação de falar (resistindo à) para a capacidade ativa do ouvinte, 151
Tentativas × resultados, recompensa, 15-18
Teóricos da autodeterminação, 122
Terroristas do local de trabalho, 127
Teste para Associações Remotas (RAT, em inglês), 18-19
Texas Health Resources, 55
The Daily Show (programa de TV), 131
Time Warner, 62
Títulos dos trabalhos e orgulho, 209
Tom emocional do candidato, 193
Trabalho de jardinagem, 66, 165
Torre Eiffel, 27
Trabalhos significativos, 136-138
Tracy, Chuck, 147, 155-157
Três chaves para criar um local de trabalho extraordinário, 215-217
3M, 52, 59
Trilha sonora (local de trabalho), criando, 45
Trump, Donald e Melania, 12
Twitter, 53

U

União de Crédito para Professores Spokane, 208
Universidade Carnegie Mellon, 51
Universidade Columbia, 150
Universidade Cornell, 35
Universidade do Estado da Califórnia, 88
Unidade Estadual de North Dakota, 52

Universidade Estadual de Penn, 171
Universidade de Buffalo, 19
Universidade da Califórnia-Berkeley, 130
Universidade da Califórnia-Irvine, 40
Universidade do Colorado, 119, 186
Universidade da Flórida, 129
Universidade de Massachusetts, 187
Universidade de Minnesota, 86, 181
Universidade de Nebraska, 85
Universidade de Notre Dame, 101
Universidade da Pensilvânia, 86
Universidade de Rochester, 81, 127-128, 166
Universidade do Estado de Washington, 78, 93
Universidade do Tennessee, 56
Universidade de Zurique, 73
Universidade Metropolitana de Leeds, 56
Universidade Nova Southeastern, 155
Universidade Rice, 27
U.S. News & World Report, 39

V

Validação para a capacidade ativa do ouvinte, 152
Valor das emoções negativas, 81-82, 122
Valor da tristeza, 81, 84
Valor do embaraço, 81, 187
Vanity Fair (revista), 66
Variedade de eventos positivos, impedindo a adaptação, 73-75
Vencedores do Prêmio Nobel, 182
Vendedores, 41, 82, 147-148, 200
Ver o que os outros não veem (contratações), 179-181
Verde (cor) e pensamento, 145
Vergonha e orgulho, 201-202
Vermelho (cor) e pensamento, 28
Viajando, reconhecimento prazeres em casa, 74
Video games, 127-128, 132, 138, 142-143
Vinte e um (jogo), 69, 81
Violência, abafando, 173-174
Vítimas de acidentes e felicidade, 72
Volkswagen, 72
Voluntariando-se, construindo o orgulho, 206, 213

W

Wall Street Journal, 22
Wegmans, xiii, xiv, xvii
Williams, Brian, 65
Williams, Serena, 140, 163-164
Wired (revista), 58

Y

Yahoo!, 39, 59, 62
Yale, 38
Yammer, 136

Z

Zappos, 62, 195
Zolten, Amanda, 22
Zynga, 53